D0989078

LA RÉVOLUTION DÉROUTÉE
1960-1976

DU MÊME AUTEUR

Opinions publiques et Systèmes idéologiques, Écrits du Canada français, tome XII, 1962.

Les Groupes et le Pouvoir politique aux États-Unis, Presses de l'Université Laval et Armand Colin, 1965. Prix de l'Académie française (1965).

Le Bill 60 et le Public, Les Cahiers de l'I.C.E.A., nº 1, janvier 1966.

Le Bill 60 et la Société québécoise, HMH, 1967.

Société et Politique. La vie des groupes, tome I : *Fondements de la société libérale* ; tome II : *Dynamique de la société libérale,* Presses de l'Université Laval, 1971 et 1972.

La Prochaine Révolution, Leméac, 1973.

Nationalismes et Politique au Québec, HMH, 1975.

Quebec. The Unfinished Revolution, McGill-Queen's University Press, 1976.

Pour une véritable politique linguistique, Direction générale des publications gouvernementales, Gouvernement du Québec, 1981.

Québec 1945-2000, tome I : *À la recherche du Québec* ; tome II : *Les Intellectuels et le Temps de Duplessis,* Presses de l'Université Laval, 1987 et 1993.

Le Duel constitutionnel Québec-Canada, Boréal, 1995.

Léon Dion

LA RÉVOLUTION DÉROUTÉE
1960-1976

Boréal

Les Éditions du Boréal remercient le Conseil des Arts du Canada ainsi que le ministère du Patrimoine canadien et la SODEC pour leur soutien financier.

Illustration de la couverture : Jean-Pierre Pincemin, *Hexagones collés,* 1969.

Diffusion au Canada : Dimedia
Diffusion et distribution en Europe : Les Éditions du Seuil

Données de catalogage avant publication (Canada)

Dion, Léon, 1922-1997

La Révolution déroutée, 1960-1976
Comprend des réf. bibliogr. et un index.

ISBN 2-89052-908-8

1. Québec (Province) – Histoire – 1960-1976. 2. Québec (Province) – Politique et gouvernement – 1960-1976. 3. Nationalisme – Québec (Province) – Histoire. 4. Québec (Province) – Histoire – Autonomie et mouvements indépendantistes. I. Titre.

FC2925.2.D562   1998   971.4'04   C98-940947-3
F1053.2.D562   1998

Avertissement

« *Léon a posé sa plume, s'est levé pour se détendre autour de la piscine en attendant le dîner et s'est noyé.* » *C'est ainsi que se terminait la première version du manuscrit que M*^*me* *Denyse Dion nous faisait parvenir, après le tragique accident dont a été victime le grand politologue.*

Nous avions eu le plaisir de publier, en 1995, Le Duel constitutionnel, *et les relations heureuses entre l'auteur et les Éditions du Boréal ont persuadé M*^*me* *Dion de nous proposer* La Révolution déroutée *qui, même si c'est une œuvre inachevée, nous a paru particulièrement importante.*

C'est donc avec respect pour la pensée originale de Léon Dion, avec au cœur le regret de sa disparition, mais aussi avec la certitude que ce livre restera une référence incontournable des années 1960-1976, que nous avons décidé de le publier.

Nous tenons à remercier M^*me* *Denyse Dion de sa confiance et à lui rendre hommage, car sans son travail patient et persévérant, semblable à celui qu'elle a accompli tout au long de la carrière de son mari,* La Révolution déroutée *n'aurait pas vu le jour.*

L'ÉDITEUR

Préface

Au début de l'année 1995, alors qu'il rédigeait Le Duel constitutionnel, Léon avait eu un grave problème de santé qui nous avait fait craindre pour sa vie. Il m'avait alors demandé : « Seras-tu capable de finir mon livre ? » Et je lui avais promis d'essayer.

C'est pourquoi, après le drame de ce décès inattendu survenu le 20 août 1997, j'ai voulu tenir ma promesse et publier son dernier manuscrit : La Révolution déroutée 1960-1976.

Toujours, j'ai servi de secrétaire à Léon. Dès 1954, j'ai dactylographié la première version de sa thèse de doctorat : La Révolution allemande du XXᵉ siècle. L'idéologie politique du national-socialisme, sur une petite machine à écrire manuelle achetée d'occasion. Le résultat n'était pas extraordinaire. Le père Lévesque, avec sa générosité proverbiale, lui avait alors prêté le concours de sa secrétaire personnelle. Léon fut le premier docteur en science politique de l'Université Laval.

Léon travaillait d'une façon très particulière. Il écrivait à la plume, était souvent très difficile à lire. Parfois je ruais dans les brancards lorsque je transcrivais ses manuscrits. Jamais satisfait, il revenait sans cesse sur ses textes, changeait son plan, raturait, faisait des renvois, précisait ses idées, améliorait son vocabulaire. Son œuvre sous presse, ce travail acharné de révision se poursuivait encore, ce qui a causé plusieurs problèmes aux éditeurs ! Ainsi, alors que La Révolution déroutée était presque terminée, il avait décidé, en revenant d'Europe au mois de juin 1997, de retravailler son texte du début à la fin. Il s'est alors attaqué à la seconde partie qu'il avait à peu près terminée, ce qui explique que cette partie est plus élaborée que la première. J'étais en train d'en *faire la saisie lors de son décès. Il n'a pas eu le temps de réviser les chapitres déjà écrits de la première partie, je crois toutefois que leur lecture jette un éclairage suffisamment complet sur la pensée de l'auteur.*

Pour la conclusion, Léon projetait de s'inspirer d'« Une identité incertaine », texte composé pour L'Horizon de la culture : hommages à Fernand Dumont, *sous la direction de Simon Langlois et d'Yves Martin. Il voulait améliorer et allonger cet écrit. J'ai obtenu des Presses de l'Université Laval et des Éditions de l'IQRC la permission de le publier.*

Même si ses livres ne sont pas des autobiographies. Léon n'a jamais eu peur de parler de ses expériences et de ses convictions. Il ne se réclamait d'aucune chapelle. Il a toujours œuvré pour accroître la place et l'importance du Québec au sein de la fédération canadienne. Tous ceux qu'il a conseillés — politiciens de tous les partis, fonctionnaires de tous les gouvernements, responsables de toutes les branches de la société — ont bénéficié de son esprit analytique, de sa clairvoyance et de sa largeur de vues. Il avait un immense respect pour la pensée, les convictions et la liberté des autres et comprenait leurs attentes. Il acceptait toutes les opinions, sauf la violence, et ne choisissait pas ses amis d'après leurs idées politiques.

Dans ce livre entièrement écrit de sa main, Léon Dion pose sur la Révolution tranquille un regard neuf, sans indulgence ni pour lui-même ni pour sa génération. C'est le livre d'un spécialiste de la science politique qui analyse les événements sans complaisance. C'est aussi le livre d'un humaniste qui espère en la sagesse de l'homme.

DENYSE DION
juin 1998

Introduction générale

La mort de Maurice Duplessis, le 7 septembre 1959, entraîna la disparition du pilier principal de l'ancien régime québécois. Elle levait le barrage politique qui bloquait l'instauration d'un nouveau régime[1]. Des barrages, il y en avait d'autres, auxiliaires mais néanmoins importants, tels le cléricalisme et le nationalisme rétrograde. Le deuxième concile du Vatican (1962-1965) précipita le déclenchement de la crise qui couvait depuis longtemps au sein de l'Église d'ici. Le ravalement des deux pouvoirs dominants accéléra le déclin de l'ancien nationalisme qui avait longtemps joui du statut de doctrine officielle.

Le retentissant « désormais » du successeur de Duplessis, Paul Sauvé, en incitait plusieurs à croire que le départ du « Chef » avait suffi pour orienter l'Union nationale sur la voie des changements tant attendus. Qu'en aurait-il été s'il n'était pas mort, à son tour, le 2 janvier 1960 ? L'organisation corrompue et désuète de l'Union nationale restait en place. Le deuxième successeur, Antonio Barrette, privé du concours actif de l'organisateur du parti, Joseph-Damien Bégin, et de son trésorier, Gérald Martineau, qui ne prisaient pas Barrette, subit la défaite aux mains du libéral Jean Lesage.

C'est dans l'exaltation, comme bien d'autres personnes, que je vécus la soirée électorale du 22 juin 1960 qui consacra la victoire libérale. En raison des circonstances particulières que j'ai évoquées dans *Les Intellectuels et le Temps de Duplessis*, à l'âge de trente-sept ans, je venais d'adopter la société canadienne-française comme patrie et de m'éveiller à ses problèmes et à ses aspirations. Cette élection fit naître chez moi un double état d'esprit : un immense soulagement à la pensée qu'elle confirmait le début de la fin de ce que je désignais par l'expression « ancien régime » et un espoir illimité dans ce qui me semblait devoir inaugurer un « nouveau régime ».

La victoire du 22 juin 1960 fut d'autant plus enthousiasmante pour les personnes et les associations désireuses d'un renouveau politique que le cabinet formé par Jean Lesage le 5 juillet comprenait des réformateurs tels Georges-Émile Lapalme, René Lévesque, Paul Gérin-Lajoie et René Hamel. Deux autres réformateurs accédèrent plus tard au cabinet : Pierre Laporte, élu dans Chambly en 1961, fut nommé ministre en 1962 et Eric Kierans, élu dans Notre-Dame-de-Grâce en 1963, joignit le cabinet la même année. Par contre, Georges-Émile Lapalme démissionna de son poste de ministre des Affaires culturelles en 1964. Claude Castonguay, promoteur et artisan d'une des plus grandes réformes politiques de l'époque, fut d'abord président de la Commission royale d'enquête sur la santé et le bien-être social créée sous le gouvernement Johnson dans la foulée du rapport Boucher (1961-1963), avant d'être nommé ministre des Affaires sociales en 1970 sous le gouvernement Bourassa.

Le temps du mépris et du refoulement dans la marginalité de ceux qui souhaitaient un changement de cap radical semblait révolu. Ministres, recteurs et autres dirigeants sollicitaient leur concours avec insistance. Les premiers contacts furent d'autant plus aisés et chaleureux que des liens d'amitié les unissaient souvent les uns aux autres. Se dérober à toute contribution pouvait paraître à plusieurs un reniement de leur passé, mais quelles formes cette contribution pouvait-elle revêtir pour ceux qui tenaient à préserver l'indépendance d'esprit pour laquelle ils avaient lutté durant des années ? Un danger majeur les menaçait dorénavant : celui de la récupération par les pouvoirs. Les personnes qui succomberaient à la tentation de trop s'approcher de ces derniers risquaient de s'y brûler les ailes.

Le Parti libéral, avec son nouveau chef, Jean Lesage, élu le 1er mai 1958, pressait les intellectuels de joindre ses rangs ou, tout au moins, de l'appuyer moralement. Contrairement à l'ancien chef, Georges-Émile Lapalme, qui les méprisait au détriment des intérêts supérieurs de son parti et de la société, Jean Lesage assista à leurs forums, prononça une conférence à l'Institut canadien des affaires publiques et proclama qu'il allait engager un gouvernement libéral « sur les voies d'une politique de grandeur ». « Il faut que ça change », répétait-il à satiété. Il « libérerai[t] la province du régime d'occupation qui l'opprimait et redonnerai[t] à [leur] nationalité l'orientation qu'exigeait l'accomplissement de son destin[2] ».

Le recul du temps ne garantit pas la véracité d'une appréciation définitive d'un événement. La célébration du bicentenaire de la Révolution française suscite des débats passionnés. La période désignée par l'expression « Révolution tranquille », sujet du présent ouvrage, soulève des questions nombreuses et complexes. Il ne fait nul doute que cette période constitue un noyau dur de l'histoire du Québec. Mais il serait téméraire, si tôt après l'événement, de croire qu'il est possible de fixer de façon irrécusable sa portée. Toute mémoire historique est sélective, marquée par l'expérience et les aspirations de chaque génération. Aujourd'hui, de partout, les gens soupirent : « Puissions-nous vivre en des temps plus heureux ! » Pourtant, les conditions qu'ils déplorent furent créées par ceux-là mêmes qui, en 1950, lançaient la même exclamation face aux circonstances pénibles de leur temps. Comment ceux qui vivront le centième anniversaire du 22 juin 1960 apprécieront-ils le train d'événements qui s'ensuivit ? Eux aussi, s'ils ont conservé la mémoire, le jugeront d'après leur état d'esprit.

Bien sûr, les historiens décrivent les personnalités et racontent les événements avec minutie. Mais que furent ces personnages, que signifièrent ces événements, non seulement à l'aune de la société du temps, mais aussi à l'échelle des développements ultérieurs ? Pour être prometteur, tout exercice d'interprétation de ces événements de la part des personnes qui les ont vécus exige d'elles le courage d'abjurer des convictions qu'elles tenaient pour des certitudes et qui pourraient se révéler non fondées à la lumière d'analyses approfondies.

Il n'est pas facile, aujourd'hui encore, de découvrir le fil conducteur de la Révolution tranquille. La question se pose : Y a-t-il un événement clé, un processus structurant autour duquel se serait rattaché tout le reste ? Quelle fut la durée de la Révolution tranquille ? Quatre ans, six ans, seize ans, plus encore compte tenu de la poursuite des réformes amorcées ou logiquement prévisibles et de leurs conséquences ou des tentatives ultérieures pour en faire revivre l'esprit ?

Aucune personnalité dominante n'aurait incarné le nouveau régime comme Duplessis était parvenu à le faire pour l'ancien. Lesage, Johnson, Bertrand, Bourassa occupèrent la scène politique durant quelques années, laissèrent la trace de leur passage à des degrés divers, mais aucun ne fut transcendant au point de rejeter dans l'ombre ses collaborateurs, dont certains furent éblouissants et portèrent à leur crédit des réformes parmi les plus importantes, telles la nationalisation de l'électricité pour René Lévesque, la réforme de l'éducation pour Paul Gérin-Lajoie, celle de la santé pour Claude Castonguay. La puissance de l'Église connut son déclin, les ecclésiastiques se démirent rapidement de leur rôle de premier plan dans de nombreux secteurs de la société civile. Les syndicats, les coopératives se sécularisèrent, de nombreux mouvements sociaux se formèrent et ébranlèrent les fondements de la société réputés immuables depuis longtemps, les mentalités se transformèrent, les valeurs les plus ancrées furent sabordées au profit d'autres normes énoncées jusque-là dans l'abstrait par certains mais peu vécues au sein de la population. L'espace public — l'opinion, les groupes d'intérêt, l'État — s'amplifia et pénétra la société civile à un rythme si rapide et à un degré si élevé que des réformistes eux-mêmes furent dépassés. Par ailleurs, le rôle déjà prédominant du gouvernement fédéral dans la politique et dans l'ensemble de la société québécoise s'accrut à la fin de la décennie 1960 et, dans nombre de cas, fut déterminant.

Tous les ponts ne furent pas rompus, c'était toujours la même société qui était en marche vers son destin. Mais suffira-t-il ici de s'enquérir des anciennes questions qui continueront à se poser, des revendications passées qui seront reprises ou même de soupeser les changements de ton possibles dans la façon de les formuler? Aura-t-on éclairé de façon adéquate le sens de ces années quand on aura scruté la totalité des nouvelles interrogations soulevées, des projets envisagés, des réalisations accomplies, des attentes comblées, des oppositions suscitées ou des répressions subies?

Tout cela, certes, représente autant de facettes d'un ensemble qu'il faudra cerner. Mais il conviendra surtout de préciser les déstructurations et les restructurations, les associations et les dissociations parmi les composantes sociales que ces questions, projets, réalisations, échecs, oppositions et répressions vont entraîner.

Nous savons que les développements consécutifs à la victoire libérale du 22 juin 1960 furent d'une grande importance. Mais marquèrent-ils une rupture avec les années antérieures, firent-ils franchir au Québec une étape qualitative ou se ramenèrent-ils à une accélération des tendances à l'œuvre, au mûrissement de mutations déjà en germination? Nous savons que cette date fut un événement charnière, mais jusqu'à quel point fut-elle le prélude des transformations majeures dans les structures et les esprits au cours des années suivantes? En quoi le 22 juin 1960 inaugurait-il une nouvelle époque? Quels facteurs internes influencèrent les personnes, les collectivités particulières, la société dans son ensemble à un point tel que cette date peut être considérée aujourd'hui comme un repère obligé, mais pas toujours glorifié? Le rythme auquel les réformes furent amorcées et menées à terme fut jugé par les uns trop lent, par les autres trop rapide. Les changements qui s'ensuivirent parurent à l'époque favorables aux uns, néfastes aux autres. Ils sont, aujourd'hui, l'objet d'une remise en question radicale. Si le 22 juin 1960 inaugura vraiment une révolution, cette dernière ne fut pas aussi paisible que le qualificatif « tranquille » qu'on lui a accolé le laisserait croire. Son cours fut agité, dérouté peut-être en son principe même.

Les exposés subséquents soulèveront ces questions et bien d'autres. J'y répondrai en toute franchise. Toutefois, même la plus grande franchise ne garantit pas la compréhension des problèmes examinés. À défaut d'un fil conducteur ou d'événements propres à guider la recherche des explications, il est requis de choisir un concept qui permette des analyses cohérentes et qui fournisse un éclairage adéquat sur la façon dont la société québécoise s'est transformée à compter de 1960 afin de résoudre les problèmes de structure et de mentalité qui se posaient à elle. De quelle manière individus, groupes, institutions et État ont-ils procédé et avec quels résultats?

Il s'agira de suivre à la trace et d'interpréter la dialectique du changement et de la durée qui se posa au cours de cette période, d'identifier les moteurs de l'évolution et les agents de résistance à ce changement, la capacité d'innovation face à l'opposition des procédés reconnus et des habitudes acquises et face à l'incertitude des résultats, de mesurer l'ampleur des transformations et la probabilité de leur durée. Bref, il faudra évaluer si le Québec a changé de juin 1960 à novembre 1976, de quelle façon et jusqu'à quel point.

À quel titre les changements qui suivirent la victoire libérale du 22 juin 1960 peuvent-ils être considérés comme révolutionnaires? Dans la mesure où ils ne se résumèrent pas à de simples mutations, mais entraînèrent des ruptures au moins dans certaines composantes de la société et dans les esprits, ils devaient constituer des changements non seulement quantitatifs, mais, du moins à certains égards, qualitatifs. Les changements doivent s'exprimer par des contradictions qui éclatent au sein des cadres sociaux et dans les esprits, qui se résolvent par la substitution de formes nouvelles aux formes anciennes. La détermination de l'ampleur des transformations commande l'analyse, non seulement des faits, non seulement des pratiques, mais également des représentations que les hommes se font de ces faits et de ces pratiques[3].

Il ne suffit pas de décrire le changement en cours. Un examen approprié du changement exige l'anticipation du devenir qu'il dessine. Cet exercice de prévision ne peut être qu'aléatoire, car nulle méthode n'aboutit à des conclusions certaines ni même à des calculs de probabilités probants.

Dans la onzième thèse sur Feuerbach, Marx forme le projet de transformer le monde, et non plus seulement de l'interpréter comme les philosophes, selon lui, se sont contentés de le faire de différentes manières. Il s'est four-voyé en dépit de la mise au point d'une théorie qu'il jugeait scientifique.

Néanmoins, une étude qui se bornerait à examiner la façon dont le changement se produit serait inadéquate. Il importe de scruter les avenues que le changement ouvre et celles qu'il est susceptible d'ouvrir. Il peut s'en-suivre que le chemin qu'a pris la société bifurque, que celle-ci trouve les moyens d'éviter les écueils et qu'elle s'engage sur des voies plus promet-teuses.

Le phénomène du changement n'atteint sa plénitude qu'à l'aide d'un concept intégrant qui puisse rassembler, comme en faisceau, ses compo-santes autrement éparses. Il s'agit au moins de lui apposer ce que Herbert Spencer appelait un échafaudage, c'est-à-dire un assemblage de matériaux qu'on effectue en vue de construire un édifice et qu'on retire une fois ce dernier terminé. Il est un concept auquel les spécialistes des sciences humaines recourent fréquemment dans le but d'articuler les multiples facettes du changement dans les sociétés occidentales, notamment au Qué-bec : celui de modernité. S'il existe, de nos jours, une notion banalisée, c'est bien celle-là. Recourir au concept de modernité impose mille précautions. Ce concept est présenté parfois comme une découverte récente. Or, il convient de rappeler que des rayons entiers de bibliothèques sont chargés d'ouvrages qui relatent les querelles des « anciens » et des « modernes » à diverses époques depuis des siècles. Peu importe le temps, endosser le changement, c'est se démarquer du passé, de la tradition, c'est être moderne. Les contemporains du VIIe siècle ne savaient pas qu'ils vivaient au haut Moyen Âge, et ceux du XIIIe siècle, au bas Moyen Âge. Ces termes et plusieurs autres semblables furent forgés par la suite. Mais les uns et les autres étaient « modernes » par rapport au bas Empire romain. Les bour-geois des XVe et XVIe siècles ne savaient pas non plus qu'ils étaient « modernes » et, pourtant, c'est aux embryons de société qu'ils forgèrent et à leur style de vie que l'on fait référence quand on discourt sur les débuts de la modernité en Occident. Les principes de la démocratie libérale que les philosophes et les économistes des XVIIe et XVIIIe siècles énoncèrent s'inspi-raient dans une large mesure des pratiques de cette classe[4].

On chercherait en vain une théorie, une loi de la modernité. Employé sans discernement, ce terme camoufle bien des idéologies, bien des igno-rances[5]. Le recours à ce terme se justifie dans la mesure où il sert à repérer les faits, à différencier les composantes de la société et à les relier entre elles.

Adopté comme concept opérationnel, comme hypothèse de travail dans l'intention de découvrir et d'interpréter toutes les facettes du changement, il ne pourra que décevoir[6].

En un sens linéaire, rectiligne, la modernité serait un concept creux. L'analyse du changement ne se justifie que si elle s'attache à découvrir la finalité de la société. En ce sens, la modernité représente, au même titre que la tradition, une conception du monde, un mode de civilisation. Quelle que soit l'époque étudiée, l'analyse ne met le cap sur l'essentiel du moment historique que si elle dévoile la dynamique du changement, si elle décompose en ses éléments la transition de l'ancien au nouveau et si elle met en relief les composantes sous-jacentes de la société qui, en s'incrustant dans les structures, les institutions et les esprits, transforment la société.

La modernisation d'une société peut procurer des gains qualitatifs à la vie intellectuelle et collective, mais elle peut également aboutir à des pertes de valeurs. Le nouveau n'est pas nécessairement meilleur que l'ancien. Il arrive que les changements célébrés comme modernes ne soient que des retours en arrière, des formes de société rejetées depuis plus ou moins longtemps. Le moderne se ramène souvent à du clinquant, à de l'ersatz, il est alors non pas progrès mais recul. Quand la modernité s'affiche de la sorte, « c'est qu'elle cache le vide », écrit Jacques Godbout[7].

La dialectique de la tradition et du changement qui se dénoue dans la modernité se reproduit périodiquement dans l'histoire de l'Occident. Le passé, toujours, bascule dans une tradition dont la mémoire conserve des bribes. Des résidus de ce passé survivent dans les institutions et les esprits sous forme de référents, tantôt limpides, tantôt obscurs, et influent à divers titres sur la construction jamais achevée de la modernité. Comme l'écrit Georges Balandier :

> Le passé y demeure néanmoins inscrit dans ces multiples mémoires — matérielles, culturelles, mentales — qui le gardent en conserve, le laissent disponible et programmable selon les circonstances [...]. Il entretient une continuité sous la surface du conjoncturel, des mouvements et des ruptures qui font percevoir une accélération, un avènement de la vitesse dans toutes les affaires humaines[8].

D'un stade de modernité à l'autre, des caractères fondamentaux des sociétés persistent, des faits de société disparus ou considérés comme une tradition à rejeter sont susceptibles de renaître sous des formes nouvelles. Dans ses traits les plus apparents, la modernité se transmue au gré des conjonctures. Elle est une perpétuelle remise en question des composantes sociales d'hier. Elle n'a de sens que par rapport au changement lui-même. C'est pourquoi « la modernité, c'est le transitoire, le fugitif, le contingent[9] ».

La dynamique de la modernité dans une période donnée ne se découvre que par la détermination des indicateurs particuliers qui caractérisent cette période[10]. Mais ces derniers se greffent sur un type de formation sociale de longue durée. Philosophes et spécialistes des sciences humaines sont unanimes : la « grande transformation[11] » qui s'effectue à compter du XVIe siècle ressortit au principe de la modernité en Occident.

La bourgeoisie marchande est l'agent de cette grande transformation. Son action est révolutionnaire : l'argent se substitue à la terre comme source de richesse, la ville supplante la campagne, l'économie de marché cède le pas à l'économie de subsistance. Bref, elle modèle l'organisation sociale conformément à ses intérêts et à ses aspirations.

L'étiolement des solidarités communautaires au profit des rapports sociaux fondés sur des principes abstraits constitue un indicateur majeur de la modernité. Les changements qui s'ensuivent dans l'ensemble de la société sont immenses. La proclamation de la primauté de la personne réduit ces solidarités à un rang inférieur ou même aboutit à leur condamnation. Les formations sociales particulières au sein desquelles les individus se sont de tout temps reconnus et regroupés, les horizons étroits et familiers à l'intérieur desquels la vie prenait un sens (la parenté, le voisinage) se dissipent avec la croissance de la mobilité horizontale et verticale, l'avènement des communications à distance, l'éclatement de toutes les frontières, la standardisation des normes et des conduites. La sécularisation de la vie privée et de la vie publique entraîne l'éclipse de la morale religieuse au bénéfice de la morale civique. Tous ces changements en profondeur bouleversent les valeurs, transforment les cultures.

Les signes initiaux les plus révélateurs de la modernisation des sociétés sont les changements qui se produisent au sein des structures politiques. Le projet de la bourgeoisie s'ancrait dans l'expérience et les visées économiques de cette classe. Pourtant, c'est d'abord en termes politiques qu'il s'exprima. *An Essay Concerning the True Original Extent and End of Civil Government* de John Locke fut publié en 1690. Ce n'est que quatre-vingt-six ans plus tard, en 1776, qu'Adam Smith le transposa en une théorie économique, *The Nature and Causes of the Wealth of Nations*.

Le gouvernement que préconise Locke a pour objet de garantir la meilleure protection dans la société civile des droits dont chaque individu jouissait dans l'état de nature : la liberté et l'égalité, certes, mais aussi la propriété privée dont le gouvernement a pour mission d'assurer la sécurité en adoptant des mesures propres à sanctionner la transgression. Par ailleurs, selon Adam Smith, les lois économiques fondamentales — la propension à l'échange dans un marché autorégulé et la poursuite par des individus égoïstes de leurs intérêts particuliers — entraînent la division du travail. La valeur d'échange est déterminée par la quantité de travail investie dans la marchandise. Son produit se répartit sous forme de salaire pour le travailleur et de profit pour le propriétaire de l'entreprise. Le salaire devra fluctuer de façon à assurer la subsistance du travailleur et à permettre la reproduction de la force de travail. Le surplus (la plus-value) retourne au propriétaire du capital de la machine. Il revient au gouvernement de veiller à l'application des lois économiques en abolissant les obstacles au libre jeu du capital et du travail (règlements des corporations, les *poor laws*, etc.).

Les buts que visent Locke et Smith s'inspirent du projet bourgeois et convergent. Locke forme le dessein de légitimer la société civile, de remplacer les hiérarchies d'ordres fermés par des classes sociales ouvertes et de substituer la démocratie politique aux régimes absolutistes; Smith, lui, désire remplacer le mercantilisme par le libéralisme économique. De la sorte, ils sont les premiers théoriciens de la démocratie libérale dont l'Occident s'est graduellement imprégné depuis deux cents ans.

Les démocraties libérales fondent leur légitimité sur le principe d'un consensus au moins implicite des citoyens qui s'exprime par une volonté générale au service du bien commun. Elles se réclament des valeurs de liberté, d'égalité et de justice auxquelles elles procurent une existence formelle et, d'une façon beaucoup moins assurée, concrète. Les gouvernements qui les instituent, selon diverses modalités, sont formés de députés élus conformément à la règle de majorité. Ces derniers se regroupent en partis politiques garants d'un certain pluralisme des idées et des intérêts. Les groupes d'intérêt, les mouvements sociaux de plus en plus nombreux et actifs de même que le syndicalisme donnent de l'ampleur à ce pluralisme.

Sous l'impulsion de la résistance des classes ouvrières au processus d'industrialisation sous sa forme libérale, de la crise économique des années 1930 et des bouleversements dus aux deux grandes guerres de ce siècle, les démocraties libérales évoluèrent dans trois directions. Elles raffermirent la sécularisation des sociétés. Elles permirent le mûrissement des cultures nationales dans le contexte des anciennes monarchies et provoquèrent l'éveil des nationalismes, source du dynamisme des peuples qu'exacerbent trop souvent conflits, révolutions et guerres. Enfin, elles

entraînèrent des changements dans les structures et les esprits qui condui-
sirent à une application plus exigeante et plus concrète des valeurs de
liberté, d'égalité, de justice et de compassion et mirent en relief leur dimension collective aussi bien qu'individuelle. Les démocraties libérales faisaient dépendre la prospérité des nations de la seule initiative privée.
Confrontés au spectre de la misère chez le plus grand nombre, les laissés-
pour-compte s'organisèrent en syndicats et, par leurs activités de pression, forcèrent les dirigeants à admettre l'insuffisance de l'initiative privée,
d'où l'accroissement des mesures des gouvernements dans l'organisation
des sociétés pour le mieux-être des citoyens. Ces derniers assumèrent des
responsabilités sans cesse croissantes de régulation des activités socioéconomiques, de redistribution des richesses, en plus d'être des pour-
voyeurs du bien-être social, des innovateurs, des planificateurs autoritaires
et de grands pacificateurs. La démocratie libérale se transforma graduellement en État-providence. Sous l'influence de la théorie économique key-
nésienne, du New Deal de Franklin D. Roosevelt (1933), du rapport Rod-
vell-Sirois (1940) et du rapport Beveridge (1941-1944), l'État-providence
représenta une forme d'organisation politique qui visait à garantir la plus
grande sécurité sociale possible de tous les citoyens dans le contexte du système économique capitaliste[12]. Des pays optèrent plutôt pour diverses
formes de socialisme, estimant que seule une appropriation collective ou
étatique des moyens de production était susceptible d'édifier un véritable
régime de sécurité sociale.

Démocratie, nationalisme et État-providence représentèrent l'essentiel
de l'humanisme sous sa forme politique pour les Occidentaux du milieu
du XXe siècle. Chaque peuple puisa dans ce fonds et le particularisa conformément à son histoire, à ses conditions de vie et à ses projets d'avenir
propres.

Il me semble que c'est sous son aspect politique que la modernité pose
de la façon la plus précise et la plus contraignante pour chaque nation la
question de son identité[13]. Quand une personne se demande qui elle est, ce
qu'elle peut devenir, l'humanisme de la démocratie libérale s'impose à elle
comme une finalité, une contrainte, sinon première, du moins majeure
parmi toutes celles que font peser sur elle les conditions générales de son
existence individuelle et collective. Il en est de même pour chaque peuple
d'Occident. Chacun découvre son identité propre en cherchant, bien
sûr entre autres démarches mais d'une manière obligée, comment il
pourra adapter les prémisses de la démocratie, du nationalisme et de
l'État-providence afin d'atteindre les objectifs particuliers qu'il juge néces-

saires pour se réaliser comme il le souhaite. Il peut opter pour des modalités plus ou moins prononcées d'intervention étatique dans la vie collective, d'où diverses formes d'État-providence (social-démocratie). Il peut également s'engager sur la voie d'un nationalisme ouvert au dialogue avec tous les groupes culturels en son sein et avec les autres peuples ou, au contraire, considérer que la sauvegarde de son identité requiert qu'il s'enferme dans un nationalisme ethnique susceptible de l'enfoncer dans le tribalisme moderne qu'est le fascisme.

À mesure que l'État-providence supplante la vision libérale de Smith et de Locke, l'espace public étatique pénètre davantage non seulement le domaine privé, mais également le domaine public non étatique[14]. La société dans son ensemble se soumet à la « courbure étatique[15] ». L'État-providence, écrit Talcott Parsons, devient « le système intégrateur de tous les éléments analytiques du système social et non seulement de l'un de ses éléments particuliers[16] ». Raymond Aron dit plus simplement que le politique « engage le plus directement la façon de vivre que tout autre aspect de la société [17] ». Georges Balandier précise : « Le secteur politique est l'un de ceux qui portent le plus les marques de l'histoire, l'un de ceux qui saisissent le mieux les contradictions et les tensions inhérentes à toute société[18]. » Gérard Bergeron dit de l'État qu'il est une « Organisation d'organisations[19] ». Dans la préface de ce livre, Lucien Sfez précise qu'il en est ainsi parce que « ce que les autres organisations ne peuvent pas faire, l'État seul le fait. Je veux parler de l'opération symbolique de réunification du monde naturel, de la société et de la vérité. »

Trois développements majeurs suivent des conditions particulières de modernisation de l'Occident. Le premier développement concerne la différenciation de la société civile et de l'État sous l'impulsion de la « grande transformation » survenue au XVIe siècle. La société se fragmente en de multiples pans, les structures sociales se distendent et se disjoignent. La nécessité logique et existentielle de les relier d'une quelconque façon les unes aux autres conduit à concéder à l'État le monopole de l'exercice légitime de la force sur l'ensemble de la société. Loin de n'être que le reflet évanescent de la société comme le prévoyaient les libéraux, l'État s'érige petit à petit en agent contrôleur de celle-ci. Ainsi, s'amorce une différenciation entre société civile et État, laquelle, en s'amplifiant, devient peut-être la principale caractéristique de la modernité, celle dont toutes les autres découleront[20]. L'État se diffuse graduellement dans tout le corps social, le pénètre et augmente indéfiniment son pouvoir sur toutes les parties. La « courbure étatique » que subit la société tend à la structurer de part en part. Contrairement aux attentes des premiers libéraux, l'espace public étatique s'accroît au point de politiser la société civile en profondeur. Ce qui s'est produit est aux antipodes de la prévision de Karl Marx, qui, en 1846, écrivait : « Posez telle société civile et vous aurez tel État politique qui n'est que l'expression superficielle de la société civile[21]. »

Pourtant, au moment même où la pénétration de l'État dans la société civile est à son apogée, à la suite de la Seconde Guerre mondiale, l'organisation de celle-ci se diversifie et se renforce, ses institutions et ses mouvements sociaux s'imprègnent de valeurs et d'intérêts propres qui activent leurs membres, elle accroît sa capacité d'intervention dans tous les domaines, y compris le politique. Bref, elle se dynamise. La question se pose : Est-ce toujours dans l'espace public étatique que les changements majeurs se produisent ou, mieux, l'État est-il toujours le principal agent du changement ? La différenciation de la société civile et de l'État, jugée fondamentale par les premiers théoriciens de la société libérale, est-elle aussi pertinente dans les sociétés industrielles avancées au sein desquelles l'exigence démocratique s'est amplifiée ? Suivant la théorie de la technostructure exposée par Galbraith, « le modèle classique du marché cache la vérité d'un pouvoir, celui de la grande entreprise moderne qui acquiert la capacité d'imposer de plus en plus sa volonté au corps social[22] ».

Georges Lavau tire des nombreuses analyses de cette nature la conclusion que la distinction entre société civile et État s'est brouillée : « Depuis longtemps, les deux se sont mêlés, interpénétrés, contaminés, traversés par des idéologies communes au point où il y a partout de l'État dans les sociétés civiles et du civil dans l'État[23]. » Jürgen Habermas explicite la raison des interpénétrations de la sphère publique étatique. Il évoque le rôle historique capital de la bourgeoisie :

> La sphère publique politiquement orientée acquiert le statut normatif d'être l'organe grâce auquel la société bourgeoise se médiatise elle-même à travers un pouvoir d'État qui répond à ses besoins propres. [...] La mutation structurelle de l'espace public bourgeois permet de se rendre compte à quel point c'est du degré de son engagement et de la manière dont il assume ses fonctions qu'il dépend que l'exercice du pouvoir et celui de la force soient destinés à rester des invariants dans l'histoire, [...] ou que, au contraire, ces pratiques soient elles-mêmes des catégories historiques, accessibles aux transformations les plus radicales[24].

Le deuxième développement, intimement relié au premier, a trait à la diversification des formes de rationalité[25]. L'être humain est doté de la faculté de raisonner, c'est-à-dire de porter des jugements de fait et de valeur sur les connaissances acquises et de transposer ces jugements en règles d'action. Je m'intéresse ici à la manière dont les individus et les collectivités peuvent être considérés comme rationnels, et non à la nature formelle de la raison elle-même. Ronald Rogowski définit la conduite rationnelle comme étant celle qui est « entièrement déterminée par un effort visant à relier les moyens aux fins de façon aussi efficace que possible[26] ». Ainsi envisagée, la rationalité constitue un principe directeur garantissant le choix d'une ligne d'action correcte, ce qui préserve de l'échec tout en produisant le résultat espéré compte tenu des fins poursuivies et des moyens mis en œuvre. Comme les individus, les collectivités, du moins celles qui ont atteint un certain degré d'organisation, sont susceptibles d'accomplir des actes rationnels, et cela non seulement en ce que, par leurs dirigeants et leurs membres, elles font des choix et se fixent des objectifs en fonction d'un examen circonstancié du rapport d'efficacité entre les moyens dont elles disposent et la satisfaction de leurs préférences, mais également en ce que le caractère spécifique de leur rationalité découle dans une large mesure des contraintes systémiques et stratégiques de l'organisation elle-même. Ainsi, S. B. Barnes écrit : « Ce qui devient la conviction institutionnalisée d'un groupe ou d'une collectivité dépend de processus sociaux tout autant que des aptitudes cognitives individuelles[27]. » Alors que certains ne jugent rationnelles que les actions et les décisions politiques fondées sur la recherche d'une efficacité « instrumentale », c'est-à-dire sur une stricte évaluation des coûts et des bénéfices matériels, d'autres font aussi la part d'une rationalité « substantive » ou normative, c'est-à-dire axée sur les moyens propres à la réalisation des valeurs considérées comme des objectifs poursuivis par suite de préférences d'ordre moral[28].

Les rationalités sont multiples. Ce qui les distingue, c'est essentiellement les objets auxquels elles s'appliquent, la nature des fins que poursuivent individus et collectivités. Chaque composante de la société — la culture, la politique, l'économie — a une rationalité qui lui est propre. Selon les circonstances, chacune de ces rationalités est susceptible de primer les autres sans les abolir.

Il ne fait pas de doute que la culture médiévale, dans sa composante majeure, soit la religion chrétienne, procura les standards d'excellence et les unités de mesure qui servaient à fonder les jugements de valeur sur toutes choses. Bref, la religion chrétienne fut la composante essentielle du code social médiéval. Loin de n'avoir été qu'un reflet des contradictions au sein du mode de production féodal ou qu'une forme d'aliénation religieuse comme les marxistes l'affirment dans leurs développements les moins féconds, la religion chrétienne au Moyen Âge fut au centre des conceptions axiologiques et des théories régissant sur le plan normatif toutes les sphères de la vie individuelle et collective. Et loin de n'avoir été qu'un paravent idéologique pour l'économie et le politique, elle s'est cristallisée dans des institutions d'une exceptionnelle solidité dont la structuration a requis la médiation de l'économie et du politique. Inversement, il est impossible de comprendre la politique et l'économie médiévales sans tenir compte des valeurs chrétiennes qui pénétrèrent en profondeur l'une et l'autre et en ignorant les nombreuses pratiques normatives dérivées de ces mêmes valeurs. Si, au Moyen Âge, les Occidentaux, malgré toutes les destructions et les restructurations auxquelles ils firent face, ne perdirent jamais conscience d'une origine commune et d'un destin solidaire, ils le durent avant tout à cette profonde imprégnation de leur code social par la religion chrétienne[29].

La « grande transformation » du XVIe siècle infuse dans la société une rationalité politique axée sur la volonté de puissance, qui s'affirme à mesure que l'État se voit attribuer de nouveaux rôles et des responsabilités accrues[30]. L'objectif, sinon unique, du moins nécessaire, de quiconque entend agir au sein de l'État est la conquête et la conservation du pouvoir. En outre, l'État — ou le système politique — vise sa propre persistance[31], sa survie[32] et la consolidation de son pouvoir[33]. Ce que produit le politique, c'est d'abord du pouvoir, et les institutions politiques constituent des instruments du pouvoir. Le pouvoir, qu'il se présente sous la forme de l'autorité légale ou de la contrainte dictatoriale, s'avère nécessaire parce que, comme l'écrit Burdeau, ce que la communauté politique « transfère au politique, ce sont des problèmes insolubles [qui] renaissent toujours », et « comme le pouvoir n'est pas une puissance miraculeuse capable d'apporter une solution à des problèmes qui n'en comportent pas, son intervention consiste, non à supprimer les difficultés, mais à permettre aux sociétés de vivre avec elles[34] ». « La signification minimale de la politique, écrit de son côté Julien Freund, est de transformer la lutte indistincte en combat réglementé[35]. » Ou encore, comme le dit David Hanson, « c'est en choisissant entre normes et valeurs sociales différentes ou incompatibles que le politique remplit sa fonction d'intégration sociale[36] ». La fin du politique dérive donc du besoin d'une gouverne qui, immanente à la société ou s'exprimant par un appareil propre, fasse en sorte que tous, au-delà des intérêts particuliers qui les meuvent, poursuivent certains buts généraux communs, et notamment veuillent, pour assurer la satisfaction des besoins humains élémentaires, la persistance de la société, le maintien d'un degré adéquat de cohérence axiologique et la garantie d'une sécurité individuelle et collective optimale. Le politique, c'est aussi l'espace de la liberté, de la justice, de la compassion et du rêve.

Le rapport entre le politique et les valeurs est toutefois ambigu du fait qu'il risque d'être constamment masqué par d'autres objectifs ancrés dans les visées utilitaires des individus et des collectivités particulières. Ces derniers se tournent vers le politique pour défendre et promouvoir leurs intérêts, et trouvent une oreille attentive auprès des législateurs dont un des soucis majeurs est leur maintien au pouvoir[37].

Par ailleurs, comme l'écrit Jacques Ellul, «l'État ne dispose pas des atouts requis (ressources, techniques) pour faire prédominer sa propre rationalité politique et bon nombre de citoyens n'ont jamais ressenti envers l'État une ferveur irrésistible qui les faisait succomber à tous ses désirs[38]».

L'essor de l'économie et de la technique, qui fut l'une des manifestations majeures de la «grande transformation», accrédita un mode de raisonnement particulier de type instrumental[39]. Graduellement, celle-ci exerça de l'ascendant sur la rationalité culturelle, axée sur la religion chrétienne, dominante depuis plus d'un millénaire, et entreprit de subordonner à elle la rationalité politique fondée depuis le XVIᵉ siècle sur la règle absolutiste. Bref, au lieu d'être soumis au code culturel chrétien comme au Moyen Âge, les processus de l'activité économique montante furent haussés au rang de rationalité propre, qui ambitionna d'occuper une position hégémonique et de dominer tous les ordres d'existence. Anthony Downs, Mancur Olson et de nombreux autres politologues et économistes estiment même que la meilleure façon de rendre compte de l'ensemble du politique est de le considérer sous l'angle de la rationalité instrumentale.

Le politique ne saurait donc se justifier exclusivement par la relation de pouvoir et les rapports de force qui le caractérisent au premier chef; il requiert en même temps, selon les conditions de temps et de lieu, le support d'une rationalité instrumentale ou d'une rationalité culturelle, ou les deux à la fois, comme c'est le cas dans les sociétés industrielles ou post-industrielles. S'il est toutefois une rationalité généralement prédominante dans les sociétés industrielles avancées, c'est de la rationalité instrumentale qu'il s'agit. Cette dernière s'infiltra dans la rationalité culturelle et la rationalité politique, et elle les pénétra progressivement sans les absorber. Il s'ensuit que les sociétés, tout en changeant dans le temps, échappent à «la disparition des références communes[40]» et persistent dans la durée.

Une contribution majeure de Max Weber consista précisément à montrer comment cette rationalité instrumentale, axée sur le calcul des moyens les plus efficaces d'atteindre des objectifs matériels spécifiques, limités, mathématiquement mesurables et se pliant aisément aux divers procédés d'abstraction et de hiérarchisation, imprégna tout à la fois l'éthique protestante, la législation, la bureaucratie, l'activité scientifique et, finalement, l'ensemble des processus et des organisations de la société industrielle démocratique.

Le troisième développement associé à la modernité consiste dans le bond considérable de la technologie. Cette dernière a immensément accru l'interdépendance des peuples sous tous les aspects. Les communications rejoignent les confins de la planète et sont instantanées. Le monde est devenu un grand village.

Chaque peuple échange avec les autres d'une façon constante et intense. À des degrés divers, chacun emprunte aux autres, les derniers venus à la modernité étant susceptibles d'être redevables à ceux qui les ont précédés. Mais pour que chacun conserve et promeuve son identité, ses emprunts devront être passés au tamis de ses caractéristiques fondamentales et de sa dynamique particulière. Dans le but de préserver les traits de son identité jugés essentiels, une nation faible dressera des barrages contre des idées et des pratiques qui lui sont étrangères. Mais ces dernières l'envahiront tôt ou tard quand les mutations sociales commanderont leur absorption et que les agents du changement investiront ses centres de décision. La pénétration des emprunts, dans ces conditions, risque d'être brutale et d'aggraver les effets nocifs que cette nation cherchait à prévenir. Dans les sociétés modernes, le rythme du changement est plus ou moins rapide : tantôt il s'affole, tantôt il s'immobilise. Dans leur effort pour rattraper les sociétés les plus avancées, celles qui ont pris du retard devront un jour ou l'autre accélérer le pas. Elles risquent de s'essouffler ou de mal absorber les doses massives de changement qu'elles ingèrent gloutonnement.

Sous l'influence de facteurs soit endogènes, soit exogènes, tout changement d'une certaine ampleur constitue un défi pour les sociétés, surtout pour celles dont la capacité d'absorption de l'innovation est faible, mais également pour celles qui sont les mieux équipées pour en maîtriser l'irruption. La caractéristique première de la modernité est le déclenchement d'un mouvement non seulement perpétuel, mais aussi imprévisible : « La modernité est une aventure, une avancée vers des espaces sociaux et culturels pour une large part inconnus, une progression dans un temps de ruptures, de tensions et de mutations[41]. »

L'incertitude est le lot des individus qui vivent ce mouvement perpétuel. Elle s'insinue en eux de diverses manières par suite de leur intégration dans les composantes ou strates sociales — l'écologie, la démographie, la technologie, l'économie, la stratification sociale, la politique, la culture —, une même rationalité instrumentale imprimant sur chacune sa marque indélébile.

Les sociétés traditionnelles connaissent le changement, mais celui-ci s'infiltre à l'intérieur de bornes relativement stables, il ne modifie guère les horizons familiers du temps et de l'espace, il permet à des générations entières de l'absorber, de sorte que les individus le vivent sans en prendre vraiment conscience. Leur histoire est lente. Ce n'est que par nostalgie qu'ils évoquent avec regret « le bon vieux temps » que magnifie la légende.

Par contre, le changement est le propre de la modernité. Il s'agit d'un changement perpétuel qui bouscule sans répit, avec une rapidité souvent foudroyante, structures, institutions et mentalités. La modernité, c'est le changement imprévisible, insensible aux bouleversements qu'il produit. Ces bouleversements sont ambivalents : sous certains aspects, ils favorisent les personnes et les sociétés ; sous d'autres aspects, ils sont susceptibles de produire des dysfonctionnements, des « effets pervers ». La modernisation cause un déséquilibre, elle est source d'inquiétude même chez les personnes qu'elle favorise, et d'angoisse chez celles qu'elle désavantage.

Certes, les répercussions de nombreux cas de modernisation depuis deux siècles ont été bénéfiques, mais les personnes qui vivent le changement n'en perçoivent les effets salutaires qu'après un certain temps. Une période d'adaptation est requise pour structurer l'encadrement des nouvelles façons de vivre. Quand les individus se sont habitués à leur nouvelle existence, la chaîne de changements se renoue et se poursuit, et d'autres efforts en vue d'assimiler des idées et des conduites s'imposent à eux.

Les espoirs que le changement suscite sont souvent déçus. Le mieux-être ne se produit pas de la façon escomptée, les malaises persistent et de nouvelles sources de mécontentement surgissent, d'où un désenchantement qui mène à la résignation ou à la révolte. Certaines formes de révolte — celle de la classe ouvrière au début de la révolution industrielle ou, aujourd'hui, celle des populations que les régimes totalitaires ont asservies — prolongent les soulèvements des esclaves du monde antique ou les jacqueries paysannes du Moyen Âge[42].

Dans les sociétés modernes les plus avancées, il n'y a plus, certes, de maîtres et d'esclaves, de seigneurs et de serfs, de patrons souverains et d'ouvriers assujettis, etc., mais la dialectique du fort et du faible persiste de différentes manières. Des démocraties se relâchent, des nationalismes se débrident, des États-providence briment la justice et l'égalité. Des révoltes qui rappellent les temps anciens éclatent fréquemment, les causes qui les ont engendrées étant identiques. Mais les sociétés modernes avancées voient apparaître une source inédite de protestation : la « contestation globale du système » de la part de catégories relativement favorisées, telle la jeunesse éduquée et au ventre plein des années 1960-1976. Cette jeunesse dénonce une société qui, en adoptant la rationalité instrumentale, aurait perdu son âme, épuiserait les énergies de ses membres dans une poursuite effrénée des biens matériels et ne survivrait qu'en suscitant chez tous, pauvres et riches, un besoin inassouvissable de consommation. Sur les raisons modernes se greffent, dans certains cas, des motifs anciens de colère. Les contestataires s'identifient aux exclus de cette abondance dont les sociétés d'aujourd'hui regorgent. Ils dénoncent ceux qu'ils considèrent comme les profiteurs du système et recourent à diverses formes de violence, dont le terrorisme en certaines circonstances.

Le Québec est terre d'Occident. Il se rattache à deux empires, la Grande-Bretagne et l'Église catholique romaine. Au cours des ans, il a multiplié les liens avec le grand voisin, les États-Unis, et, plus récemment, avec la France, l'ancienne mère patrie. On ne comprend le Québec qu'en le resituant dans ce vaste ensemble. Je n'adhère pas à la théorie de la fragmentation de Louis Hartz[43]. C'est au XVIe siècle, à l'époque du déclin de la féodalité, que la Nouvelle-France se détache du continent européen, donc avant la révolution industrielle et la Révolution française qui inaugurent la démocratie libérale. L'étude de la société canadienne-française d'avant 1920, même d'avant 1960[44], révèle, certes, des traces bien visibles du traditionalisme d'outre-Atlantique. Mais elle trahit également l'influence de plusieurs développements postérieurs à la révolution industrielle et à la Révolution française. En outre, la société canadienne-française est tributaire de l'Église romaine, dont les mandements ont ici force de loi, lient les prélats et l'ensemble des fidèles.

Il est incontestable que l'image d'un Québec depuis longtemps sur la voie de la modernité est plus attrayante que celle d'une société restée engoncée dans des idéologies et des pratiques retardataires. Nous disposons de données sur les caractéristiques les plus diverses des Québécois : âge, sexe, origine ethnique, etc. Et nous ne nous privons pas d'en faire état en maintes occasions. Le débat en cours sur la part traditionnelle et la part moderne de la société québécoise aux différentes périodes, de même que sur le statut des Canadiens français à chacune de celles-ci, projette un faisceau de lumière sur la question du Québec que nous nous posons depuis si longtemps et que nous ne cesserons jamais de nous poser. C'est ainsi que la recherche des caractéristiques qui donnent aux Canadiens français leur identité fait elle-même partie d'une interrogation plus générale sur la nature et le sens de leur destin comme nation. Ne parviendrons-nous jamais à un consensus sur cette question incontournable qui est au cœur même de notre existence collective?

J'ai cru pertinent de qualifier d'«ancien régime» la société canadienne-française, non pas parce qu'elle aurait été moyenâgeuse, mais parce qu'elle était retardataire. Les nombreuses études qui lui sont consacrées aboutissent à des interprétations différentes de son évolution. D'aucuns y décèlent, bien avant 1960, des courants qui la font accéder graduellement à la modernité. D'autres, au contraire, la voient soumise à des personnalités et à des institutions d'un âge révolu.

Le Québec d'avant 1960 n'était pas une société traditionnelle. La présence d'une importante minorité anglophone qui vivait au rythme de la modernité le marquait en profondeur, même si anglophones et francophones se percevaient comme deux solitudes. En outre, les Canadiens français disposaient d'un certain nombre d'institutions dynamiques qui évoluaient au rythme de la modernité de l'époque et, surtout, ce dont les contemporains se rendaient insuffisamment compte alors, qui aspiraient à la modernité. D'où le projet qui fut formé dans les années 1950, et sans doute bien avant, de rattrapage, c'est-à-dire d'accélération de la modernisation, projet qui deviendra le leitmotiv de la Révolution tranquille. Se pourrait-il, en effet, eu égard au retard historique de la société canadienne-française sous nombre d'aspects, qu'elle soit passée après 1960, dans sa structure, ses institutions et sa mentalité, d'un ancien à un nouveau régime ou du moins, à certains égards, qu'il y eût changement de paradigme? Ou plutôt devrait-on convenir que les changements furent de moindre envergure, que le rattrapage ne fut ni majeur ni très rapide? L'examen des indicateurs sociaux dans les années 1960 et la première moitié des années 1970 fournira une première piste. Celui des composantes sociales, de l'écologie à la culture et au politique, des organisations instituées, des mouvements sociaux de même que des nombreuses manifestations, de contestation, parfois violentes, qui secoueront cette société, tout cela dévoilera la vigueur de la dynamique intégrative de même que la vigueur de la division. Bref, il s'agira d'identifier les aspects de la modernité que le Québec inventa, ceux qu'il emprunta, d'évaluer dans quelle mesure il parvint à les assimiler selon ses caractéristiques et ses besoins propres, et de montrer quelle forme revêtit la dialectique du changement et de la persistance au cours de ces années.

PREMIÈRE PARTIE

La Révolution tranquille…
Quelle révolution?

Malgré les progrès réalisés dans les sciences humaines, théoriciens et adeptes de la méthodologie continuent à chercher un procédé capable d'appréhender une société dans son ensemble, de la circonscrire de façon globale. Comment, par exemple, faire éclater le magma social en ses multiples fragments (économiques, culturels, politiques) et comment, en même temps, retracer le principe unificateur de la société qui en instaure et en maintient la cohérence, le décomposer et le recomposer afin de déterminer les éléments constitutifs de sa structure tout en saisissant la spécificité de la période examinée? Comment comprendre les pulsions de diverses natures qui sourdent de l'histoire, des événements, des pratiques, des représentations et des valeurs en évitant les distorsions qui résulteraient d'une concentration sur certains d'entre eux au détriment des autres? Comment conjuguer, sans omission ni distorsion, les facteurs endogènes avec les influences exogènes qui s'exercent de toutes parts et en tous sens, produisent une conjoncture spécifique, indiquent les voies d'une évolution possible, créent des zones d'incertitude et entraînent des contraintes systémiques? Ainsi, pour la société québécoise des années 1960, l'industrialisation, l'urbanisation, l'immigration, les communications, la laïcisation, d'une part, et le fédéralisme canadien, l'impérialisme américain, la guerre froide, les décolonisations, le concile de Vatican II, d'autre part?

Ce livre porte sur les années 1960-1976 que recouvre d'une façon plus ou moins exacte l'expression «Révolution tranquille». Des centaines d'études (livres, articles, commentaires) traitent de l'un ou l'autre aspect de cette époque. Aucun événement, aucun acteur d'une certaine importance ne paraît avoir échappé à des investigations sérieuses. Dans le présent ouvrage, il sera abondamment fait mention de ces travaux. Peu d'entre eux, toutefois, font un examen d'ensemble. Des questions se posent. Ces années seraient-elles constituées de phases divergentes de sorte qu'elles ne formeraient pas une période homogène ? Le temps écoulé est-il trop court pour permettre le recul nécessaire à pour une appréhension valable ? Les conditions sont-elles réunies pour une vaste synthèse qui englobe toutes les composantes sociales et les rassemble ?

Je n'ambitionne pas une pareille synthèse. Je ne dispose pas des matériaux requis ni du temps pour les rechercher et les assimiler. J'aurai tout de même fait œuvre utile si je déblaie suffisamment une partie du terrain pour en inciter d'autres à le parcourir en son entier.

Les ratés se font de plus en plus fréquents et graves au sein du gouvernement Duplessis. Des fissures nombreuses et profondes minent le pouvoir hégémonique de l'Église. Celle-ci n'est plus qu'un géant aux pieds d'argile. Ces avatars présagent l'imminence de l'éclatement de l'ancien régime. À la fin de sa vie, Duplessis comprend que son gouvernement ne suit pas le rythme d'une société dont les composantes dynamiques sont en ébullition. Mais il estime que le changement s'effectue d'une façon désordonnée, en rupture avec les valeurs éprouvées.

Au lendemain de la Seconde Guerre mondiale, la fraction anglaise de la société civile québécoise continue à tirer pleinement profit de son intégration au réseau économique nord-américain. Tel n'est pas le cas des gens d'affaires canadiens-français. Ces derniers n'œuvrent pas à la fine pointe du développement industriel et financier de leur immense environnement. Leurs entreprises dépassent rarement le niveau local ou régional et ne produisent qu'une faible valeur ajoutée. Certes, la vigueur des composantes dynamiques de la société canadienne-française (les coopératives, les syndicats, les entreprises industrielles également, les médias qui prennent de l'essor, notamment la télévision) s'accroît. Leur influence, qui s'exerçait jusque-là d'une façon presque souterraine, se déploie au grand jour. Une nouvelle classe moyenne apparaît à la suite de la pénétration dans l'ensemble du Québec des réseaux technologiques, économiques, scientifiques et culturels qui s'étendent à l'échelle du continent nord-américain. Le rôle de premier plan que remplit le Canada dans l'ordre international stimule, chez les Canadiens français, le sentiment que leur espace ne se borne pas aux rives du Saint-Laurent, mais couvre le monde entier. Les réformes liturgiques, à la suite du concile du Vatican II, révolutionnent l'Église québécoise et provoquent un choc salutaire, bien que douloureux par moments, chez les clercs et chez les laïcs.

La venue de contingents imposants d'immigrants d'origines diverses modifie la composition ethnique et culturelle de la population, particulièrement dans l'agglomération montréalaise. Sans prendre conscience des pulsions qui les agitent, les Canadiens français s'éveillent au pluralisme. Les collectivités, de plus en plus hétérogènes, s'imbriquent les unes dans les autres, parfois dans l'interdépendance, parfois dans l'opposition. Sous l'influence de ces processus complexes, la société canadienne-française se transforme, se diversifie ; la ville supplante la campagne, les groupes sociaux se multiplient et accroissent leurs interactions, des acteurs nouveaux et influents émergent de toutes les sphères de la société. Le Québec est mûr pour l'avènement d'un nouveau régime.

Mais par qui, par quoi, comment s'effectuera l'impulsion requise pour que toutes ces profondes mutations se cimentent dans une grande transformation qui ferait accéder l'ensemble de la société canadienne-française à la seconde phase de la modernité ?

De jeunes intellectuels canadiens-français, pour la plupart formés aux nouvelles disciplines des sciences humaines, commencent à dégager le sens de cette grande transformation. Ils rejettent l'interprétation traditionnelle de l'histoire des Canadiens français, celle du nationalisme de survivance depuis longtemps dissociée de la réalité sociale. Ils s'opposent rudement sur le choix des principes à la base d'une analyse correcte. Les uns, ceux de *Cité libre* et de la Faculté des sciences sociales de l'Université Laval, dénoncent tout nationalisme au nom de la primauté de la personne. Les autres, ceux de l'école historique de l'Université de Montréal, préconisent au contraire un néo-nationalisme séculier en accord avec les tendances évolutives. En réalité, les artisans de la Révolution tranquille puiseront dans les enseignements des uns et des autres.

Les changements requis dans la gouverne du Québec étaient d'une ampleur telle qu'ils confinèrent à une véritable révolution. En un tour de main, il fallait saborder le « libéralisme conservateur », auquel le gouvernement Duplessis persista à s'agripper jusqu'à la fin malgré son caractère anachronique et nocif pour le Québec, et faire enfin pleinement bénéficier ce dernier des mesures de l'État-providence que les États-Unis et le gouvernement fédéral avaient graduellement mis en vigueur depuis deux décennies. D'une certaine manière, il incomberait aux successeurs de l'« ancien régime » de procéder à une véritable reconstitution de l'État.

Le gouvernement du Québec n'avait pas le choix : il lui fallait adopter les mesures de l'État-providence, notamment celles ordonnées par le gouvernement fédéral, en tenant compte des conditions particulières du Québec. Il ne pouvait se borner à répondre passivement aux demandes des individus et des groupes. Il devait intervenir d'une façon active, prendre les décisions jugées nécessaires mêmes si elles n'étaient ni demandées ni populaires. Ainsi, il devait protéger les citoyens contre les risques inhérents à la vie en société — la pauvreté, la maladie, le manque d'instruction, l'exclusion — par des mesures de redistribution des revenus, par des interventions directes auprès du secteur privé, par la création d'entreprises publiques, etc.; il devait également procéder à la programmation, à la planification et à la réglementation entourant ces mesures, de même qu'à la mobilisation de la population visée pour permettre leur adoption et leur mise en œuvre.

Les écueils à écarter étaient nombreux, les réformes nécessaires, profondes. Il y avait quatre exigences préalables. Premièrement, il fallait affermir l'indépendance du politique vis-à-vis de l'autre pouvoir, l'Église, dont Duplessis avait sérieusement affaibli les assises. Deuxièmement, il fallait instaurer un climat plus harmonieux et plus favorable au Québec dans les relations avec le gouvernement fédéral. Il était en même temps important de rénover en profondeur l'appareil politique afin de l'adapter aux besoins d'une société en ébullition et de répondre aux attentes des composantes les plus dynamiques, voire d'excéder ces attentes dans certains cas : réformer l'administration, la fiscalité, les tribunaux, les mœurs partisanes et les opinions politiques. Troisièmement, il fallait enrayer la mise en périphérie de l'économie québécoise dans le contexte nord-américain. Quatrièmement, il fallait diminuer, sinon abolir, la dépendance traditionnelle du gouvernement à l'égard des syndicats financiers étrangers.

Plus encore, le nouveau gouvernement se devait de secouer l'apathie d'une bonne partie de la population, de suppléer aux insuffisances des organisations sociales par la création de sociétés d'État et de régies, de nature économique surtout, mais aussi sociale. Dans un contexte de rareté relative des ressources et des compétences, il lui fallait démarrer sans tarder le train de réformes dans tous les domaines, tant l'urgence était manifeste. Il devait éviter de concevoir les réformes requises d'après une rationalité étroitement politique, c'est-à-dire partisane et électoraliste, et de les inféoder à une rationalité strictement instrumentale au profit de la seule bourgeoisie, fût-elle canadienne-française, ou encore de la nouvelle classe moyenne, particulièrement sa fraction technocratique en voie de formation que les réformes gouvernementales consolideraient. Il lui fallait considérer les effets de ces réformes qui ne devaient pas s'effectuer au détriment des artisans de la culture et des classes les moins favorisées.

Dans la mesure où elle s'effectue, la reconstruction de l'État provoque jusqu'à un certain point une réfection du tissu social. Certains aspects de la société civile sont particulièrement touchés. Les Québécois découvrent le politique comme pouvoir réel. La plupart des aspects de la vie collective — l'éducation, la santé, la sécurité sociale, l'économie — se politisent à des degrés divers. L'organisation sociale dans son ensemble s'en trouve affectée. La rationalité instrumentale propre à la seconde phase de la modernité l'imprègne en profondeur : les organisations confessionnelles se sécularisent et se démocratisent, les priorités de l'action collective relèvent d'impératifs techniques et économiques. Mais c'est souvent par en haut, d'autorité, et non pas toujours selon son impulsion propre que la société se modifie. De nouvelles solidarités pénètrent tous les pores de la société qui se planifie, mais sous l'égide d'une bureaucratie étatique.

Cet État dont les Québécois sentent chaque jour les pulsions polyvalentes, ils veulent le contrôler à leur profit. L'ordre des valeurs unanimes se rompt ou, plutôt, l'époque de consensus imposés est révolue. Les cadres sociaux se renforcent, les groupes se multiplient et se diversifient. Le pluralisme des valeurs et des ordres sociaux que la démocratisation entraîne et sanctionne devient un attribut majeur de la société. Groupes et organisations, devenus hétérogènes et autonomes, réagissent de plusieurs manières à la volonté de régulation de l'État. Parfois ils l'appuient, parfois ils s'y opposent. Soumis aux influences internes, ils ressentent différemment les effets des événements qui ont lieu à l'extérieur : Vatican II, guerre du Viêtnam, « nouvelle frontière » de John F. Kennedy, décolonisations. Les uns seront peu touchés, les autres seront atteints en profondeur. Le statut politique des collectivités sera organique ou non organique, selon qu'elles sont reconnues ou mises au ban par le gouvernement et qu'elles entretiennent ou non avec lui des rapports par l'entremise des appareils institutionnalisés d'interaction : les partis politiques, les groupes d'intérêt, les mouvements sociaux et les appareils récupérés ou créés par l'État (Centres locaux de services communautaires ou CLSC).

Les rétroactions consécutives aux actions et aux décisions du gouvernement dans les divers domaines affecteront de façons bien différentes les segments de la société. Elles engendreront une double dynamique, tantôt d'intégration ou d'approbation, tantôt de division ou de contestation. L'intensité de ces dynamiques variera selon les situations. Ici, l'intégration ou la non-intégration politique sera inconditionnelle, c'est-à-dire librement consentie ou mise en retrait volontairement (refusée absolument) ; là, elle sera conditionnelle, c'est-à-dire tactique ou mise en retrait involontairement (plus ou moins imposée par le gouvernement). Une société se compose de collectivités diverses, les unes organiques — celles qui sont reconnues par le pouvoir politique comme indispensables à son fonctionnement —, les autres non organiques — celles que le pouvoir refuse à des degrés divers de reconnaître comme utiles à son fonctionnement. Le Conseil du patronat du Québec (CPQ) ou le Front de libération du Québec (FLQ) représentent des exemples du premier cas; les Opérations dignité du Bas-Saint-Laurent et de la Gaspésie constituent des exemples du second cas.

Par ailleurs, certaines collectivités s'intègrent dans la société de façon conditionnelle ou de façon inconditionnelle; d'autres, au contraire, se mettent volontairement en retrait et refusent toute intégration.

Le tableau suivant reproduit les divers types de rapports des collectivités avec le pouvoir politique[1].

Degré d'institutionnalisation des collectivités
Position par rapport au système politique en place

Statut juridique	Position inconditionnelle	Position conditionnelle
Organique	Intégration consentie	Intégration tactique
Non organique	Mise en retrait volontaire	Mise en retrait subie

Contempteurs des collectivités organiques (le Parti libéral, l'Union nationale et le Parti québécois d'une façon conditionnelle à l'égard du régime politique canadien, les associations patronales, de nombreux groupes d'intérêt et des institutions reliées à cet ordre établi ou dépendantes de lui, telles les universités), les collectivités non organiques (comités de quartier urbains, régimes défavorisés), les étudiants, les syndicalistes, les défenseurs de la langue française, les militants pour la laïcité, pour l'indépendance politique du Québec ou pour l'avènement du socialisme qui souhaitent s'intégrer dans l'ordre établi à certaines conditions ou qui refusent tout compromis avec ce dernier, attaquent, de manière plus ou moins radicale, l'idéologie dominante et l'organisation générale des sociétés.

L'examen de ces cas d'intégration ou d'exclusion politique, de collaboration ou de répression devrait éclairer le jeu de la dialectique entre l'État et la société civile. Il devrait notamment montrer jusqu'à quel point et de quelle façon la société québécoise s'est recentrée durant les années qui ont suivi la victoire libérale du 22 juin 1960.

Cette première partie vise à clarifier la nature de la Révolution tranquille, à scruter la direction du tournant qu'elle imprime à la société québécoise, à esquisser les aspects majeurs de la société qu'elle modifie et les facteurs d'incertitude qu'elle engendre.

CHAPITRE I

La nature de la Révolution tranquille

I. LA PART DU RÊVE

À l'origine d'une entreprise, on trouve toujours une part de rêve. Même s'il est excessif, déçu par la suite, sans un beau rêve — sans un souffle idéaliste puissant, sans une plongée dans l'utopie —, rien de grand ne peut s'accomplir.

Ainsi que je l'ai déjà écrit, je passai la soirée des élections du 22 juin 1960 chez des amis. La déception fut grande aussi longtemps que l'avance initiale de l'Union nationale se maintint, mais ce fut l'exubérance, à 23 heures, quand les libéraux prirent définitivement le dessus. Cette victoire, presque personne ne l'espérait jusqu'aux derniers jours de la campagne électorale. Il y avait si longtemps que le vieux s'arc-boutait pour ne pas mourir.

Les intellectuels et les partisans libéraux que nous étions célébrèrent la victoire libérale comme une délivrance. Nous fêtions non seulement la défaite d'un parti, mais la fin d'un régime que nous stigmatisions : le cléricalisme dogmatique, la politique despotique et le nationalisme traditionaliste. Nous applaudîmes Jean Lesage lorsqu'il pavoisa : « Mesdames et messieurs, la machine infernale, avec sa figure hideuse, nous l'avons écrasée[1]. »

L'euphorie qui régnait cette nuit-là parmi mon groupe d'amis s'exprimait également dans des milliers de foyers. Nous avions l'impression de sortir d'un long sommeil, qu'une rupture profonde s'accomplissait à ce moment même avec le passé, et un sentiment de puissance germait en nous : désormais, le renouveau que nous avions rêvé était à portée de la main. Nous n'avions aucune compassion pour les vaincus. Dans des conversations subséquentes avec des lieutenants de l'Union nationale, j'appris qu'eux avaient vu dans cette défaite la fin d'un règne, d'une époque, et l'avaient subie comme un drame personnel. D'aucuns avaient été des profiteurs, mais d'autres s'étaient révélés être des collaborateurs intègres.

Le 22 juin 1985, à l'occasion de son vingt-cinquième anniversaire, tous les médias commémorèrent cet événement. Cette commémoration est devenue pour plusieurs, notamment pour les baby-boomers, un soir mythique qu'ils ont vécu enfants et dont ils conservent un souvenir nostalgique. Nombre d'aînés disent avoir éprouvé ce soir-là un soulagement dont le souvenir est encore vivace. Il faudrait des pages entières pour faire saisir aux personnes qui n'étaient pas présentes la mesure de l'exaltation ressentie par les contemporains. Quelques témoignages rappelleront les dimensions uniques, pour eux, de cette élection.

Au cours de la première réunion du cabinet, le 6 juillet, le premier ministre Jean Lesage déclare : « C'est plus qu'un changement de gouvernement, c'est un changement de vie[2]. »

Georges-Émile Lapalme écrit que l'élection d'un gouvernement libéral représentait « une victoire du rêve sur la réalité en même temps qu'une saisie sur la peau des choses [...] l'Amérique tout entière enregistrait une petite secousse politique qui se mit à faire des ronds sur tout le continent nord-américain. [...] On aurait dit que toutes les personnes s'étaient donné la main pour rectifier le tir de l'avenir et surtout pour humer l'air des temps nouveaux[3] ».

Pierre Elliott Trudeau grogne déjà un mois après la victoire libérale : « J'en suis à me demander si au-devant de l'histoire tout cela ne sera pas interprété comme le triomphe posthume de monsieur Duplessis[4]. » Deux ans plus tard, il revient à de meilleurs sentiments et se prend à regretter : « Et pensez jusqu'à quel point cette révolution — parce que c'est une révolution — se serait accomplie plus rapidement encore s'il y avait plus de gens comme Lévesque au pouvoir, si toutes les forces de la démocratie étaient représentées dans le gouvernement actuel[5]. » Mais en 1965, il estimait que la révolution était trop explosive, qu'elle en était rendue à ébranler un Canada étale. Il décida alors d'aller lui-même prendre en main le gouvernement à Ottawa afin de restaurer l'équilibre du fédéralisme canadien, rompu selon lui au profit du Québec. À plusieurs reprises, notamment le 17 avril 1982 à la suite de la proclamation par la reine de la nouvelle Constitution canadienne, il répéta qu'il était venu à la politique fédérale pour dire non « à la dérive de la Révolution tranquille vers la politique de grandeur ».

Cette élection, dit Denis Monière, produit « le dégel québécois[6] ». Selon Marcel Rioux, elle représente un « phénomène social total », elle « met en cause la société tout entière : elle la traverse de part en part ; elle remet en question les vérités séculaires et les pouvoirs les mieux établis. Elle marque une rupture avec une période historique du Québec[7]. » Pour lui, « le Québec […] exprimait une espèce de matin du monde avec sa candeur et sa foi en l'homme[8] ». Cette élection est « le printemps du Québec[9] ». Fernand Ouellet qualifie la Révolution tranquille de « point tournant majeur[10] » et Jean-Marc Piotte de « changement d'époque[11] ». Les termes que Marcel Mauss emploie pour désigner les révolutions vaudraient pour cette élection, qui aurait été un instant privilégié mais critique dans lequel se dénoue « une crise décisive pour une société[12] ».

C'est peut-être André Laurendeau qui a le mieux traduit la portée de cet événement en écrivant qu'il fut « la courte époque des intellectuels au Québec[13] ». Ce fut vrai pour les intellectuels qui avaient, depuis plus de dix ans, tant écrit pour dénoncer ce qu'ils qualifiaient, non sans exagération, de « grande noirceur ». Ce fut le signal du dégel, de l'arrivée du printemps du Québec qu'ils désespéraient de voir un jour, tellement l'hiver qu'eux et leurs pères avaient vécu leur avait paru dur et long.

Grâce aux efforts soutenus des intellectuels et des chefs de file dans les secteurs dynamiques de la société, les conditions favorisaient en 1960 l'accélération du développement du Québec dans tous les domaines, pourvu que ceux qui avaient si bien lutté dans l'opposition déploient la même énergie pour prévenir l'essoufflement rapide du nouveau régime à l'avènement duquel ils avaient tant contribué. Pour ma part, de 1960 à 1963, je débordai d'activité : une trentaine de commentaires de six minutes à la suite du journal télévisé du soir sur des sujets d'actualité, des conférences dans les congrès de groupes d'action et de partis politiques, une participation à plusieurs colloques, des articles dans les journaux et périodiques français et anglais ; bref, je me fis un devoir de collaborer de mon mieux au travail d'assainissement dans le sens que j'estimais le meilleur. Je me préoccupais particulièrement, à l'époque, des problèmes reliés à l'opinion publique émergente et aux groupes d'action afin d'affirmer le pluralisme et l'esprit démocratique, et de veiller à ce que les contrôles adéquats s'exercent sur le nouveau gouvernement libéral afin de l'empêcher de retomber dans les ornières politiques de l'ancien gouvernement.

Malgré mon préjugé favorable envers le nouveau gouvernement, je m'inquiétais de son devenir. Une composante essentielle à l'instauration d'une saine et durable démocratie — le contrôle des gouvernants par une opinion publique alerte et éclairée — ferait-elle défaut à ce moment-là ? Un an après la victoire libérale, je craignais que l'ardeur réformiste du nouveau gouvernement ne se dissipât faute, précisément, d'une opinion indépendante et exigeante. Je m'interrogeai :

> Sommes-nous vraiment à l'aube d'un nouveau régime ou est-ce que le 22 juin n'aura entraîné qu'un simple transfert du pouvoir ? [...] Nous nous trouvons en politique — comme dans plusieurs autres domaines — en période de transition. Plaise à Dieu que nous sachions éviter un autre naufrage[14].

C'est peut-être à l'occasion d'une conférence non publiée adressée aux réalisateurs de Radio-Canada, en mai 1961, que j'exprimai le mieux mon état d'esprit d'alors. Je me montrais d'un optimisme prudent :

> Serons-nous, comme groupe culturel, annihilés progressivement ou laissés infirmes par une expansion technique et démographique défavorable ? Peut-être, mais nous le serions tout aussi probablement et bien plus rapidement par une guerre nucléaire ! La seule façon, à mon sens, pour chaque individu de préparer un avenir qui ne soit pas fatalement catastrophique pour la nation et pour l'humanité, c'est de mettre du soleil, de la joie, de l'amour et du travail dans le présent pour que les enfants, les ouvriers, les écoliers, les étudiants d'université partout aient la conviction qu'être Canadien français et contemporain de la grande ère technique et de mélange des peuples qui est la nôtre, cela ne prête pas motif à des attitudes de découragement et de repliement ethnocentrique. [...] C'est parce que je suis pour des formes positives d'engagement et pour les efforts constructifs que je réprouve ceux qui se bâtissent une réputation en jouant sur les tares, les faiblesses, la peur, les anxiétés, la lâcheté et le grégarisme des individus. La tâche de l'éducateur et de l'écrivain consiste à élever, à redresser et non à abaisser, à avilir ou à flatter les vices des hommes. [...] une idéologie catastrophique est, sur le plan des collectivités, insensée et, sur le plan des individus, tout à fait morbide et toxique tant qu'elle ne prévoit pas de débouchement dialectique sur un « grand soir » quelconque. Et l'expérience toute récente des nouvelles nations d'Afrique ne fait que renforcer ma conviction. [...] Les motifs et les prétextes de pessimisme n'existent plus ou, du moins, peuvent maintenant être transposés en volonté d'action. [...] La formule espagnole trace les grandes lignes de notre programme : *Tener un hijo ; plantar un arbol ; escribir un libro* (avoir un fils ; planter un arbre ; écrire un livre).

II. UNE MATRICE DE RÉFÉRENCE

Une société ne s'explique pas seulement par les événements qui s'y sont déroulés, par les individus qui en ont été les promoteurs ni même par les institutions qui l'ont encadrée et animée, elle se comprend également par les interprétations diverses du sens de son évolution qui sont proposées.

La victoire libérale du 22 juin 1960 fut pour les Canadiens français du Québec un événement qui revêtait la dimension d'un avènement. Sa portée fut moindre pour les anglophones en raison de la conscience de la dominance de la langue anglaise au Canada et sur le continent nord-américain et de leur identification à une histoire glorieuse, celle du Canada et de la Grande-Bretagne, à laquelle beaucoup d'entre eux continuent à s'identifier.

La première question, et peut-être la plus fondamentale, que pose l'élection du 22 juin 1960 est celle de son concours au sens de l'identité nationale des Canadiens français et de la place qu'ils occupent dans leur histoire.

Mais quelle identité, quelle histoire les Canadiens français possèdent-ils et surtout ont-ils conscience de posséder? Les jugements de quatre étrangers dans les années qui précèdent ou suivent l'insurrection de 1837 ont pesé et pèsent encore très lourd sur la perception qu'ils ont d'eux-mêmes et de leur destin. Le Français Alexis de Tocqueville, après un court séjour en 1831, publie un récit de voyage sans doute fort sympathique à leur endroit; cependant, l'avenir qu'il prévoit pour eux n'est guère prometteur : ils survivront mais au prix d'une grande dépense d'énergie. Cette dissipation de forces les empêchera de se doter de bases sociales solides pour affronter un environnement anglais dominant :

> Nous arrivons au moment de la crise. Si les Canadiens ne sortent pas de leur apathie d'ici à vingt ans, il ne sera plus temps d'en sortir. [...] Et ce serait en vérité dommage car il y a ici tous les éléments d'un grand peuple. [...] Je viens de voir dans le Canada un million de Français braves, intelligents, faits pour former un jour une grande nation française en Amérique, qui vivent en quelque sorte en étrangers dans leur pays. Le peuple conquérant tient le commerce, les emplois, la richesse, le pouvoir. Il forme les hautes classes et domine la société entière. Le peuple conquis, partout où il n'a pas l'immense supériorité numérique, perd peu à peu ses mœurs, sa langue, son caractère national. Aujourd'hui, le sort en est jeté. Toute l'Amérique du Nord parlera anglais. [...] Les Canadiens forment un

peuple à part en Amérique, peuple qui a une nationalité distincte et vivace, […] qu'on pourra vaincre mais non fondre par la force dans le lieu de la race anglo-américaine[15].

L'Américain Henry D. Thoreau, à la suite d'un court séjour à Montréal et à Québec en 1850, esquisse une comparaison avec les États-Unis désolante pour le Canada :

> Pourquoi faut-il que le Canada, sauvage et inhabité comme il est, nous donne l'impression d'un pays plus vieux que les États-Unis à moins que ses institutions soient vieilles. Chaque chose semblait lutter là-bas contre une sorte de rouille antique comme il s'en forme sur les vieilles armures et les pièces d'artillerie en fer […] la rouille des conventions et des formalités. […] S'il n'y avait pas de rouille sur les toits et les clochers de métal, il y en avait sur les habitants et les institutions. Néanmoins le travail de polissage continue avec entrain. […] Les principaux articles d'exportation doivent être les sacs de toile de jute, le vert-de-gris et la rouille. Ceux qui les premiers ont construit ce fort, venus de la vieille France, chargés du souvenir et de la tradition de l'époque et des coutumes féodales, étaient incontestablement en retard sur leur âge, et ceux qui maintenant l'habitent et le réparent sont en retard sur leurs ancêtres et leurs prédécesseurs. Ces vieux chevaliers pensaient qu'ils pouvaient transplanter le système féodal en Amérique. […] Les Français ont occupé le Canada, mais non par droit de noblesse, mais féodalement ou par droit roturier. C'est un peuple de paysans[16].

Plus près de nous, l'analyse d'un autre observateur français, André Siegfried, est moins impressionniste. Les conclusions de ce témoin exceptionnel sont également empreintes de pessimisme à l'endroit de la condition et de l'avenir des Canadiens français :

> La politique canadienne est un champ clos de rivalités passionnées. Entre Anglais et Français, protestants et catholiques, s'y poursuit une lutte séculaire, tandis qu'à leur côté grandit une influence qui peut-être couvrira tout, celle des États-Unis[17].

Trente ans plus tard, son jugement est plus incisif, plus pathétique :

> Quel Français de France ne s'est senti choqué de voir que, dans des cités aussi françaises par la population que Montréal ou Québec, une civilisation autre que la sienne domine manifestement et sans conteste ? […] Mais n'est-il pas pénible que l'anglais semble être la langue des dirigeants et le français celle des inférieurs ?

Devant cette obstination tant soit peu malveillante, les Canadiens ont fini par s'incliner. [...] Et il faut voir là malheureusement une défaite significative[18].

Le jugement du Britannique Lord Durham énoncé en 1839, moins de deux ans après l'insurrection qui avait laissé les habitants du Bas-Canada vaincus et humiliés, est le plus péremptoire et le plus noir :

> On ne peut guère concevoir de nationalité plus dépourvue de tout ce qui peut vivifier et élever un peuple que celle des descendants des Français dans le Bas-Canada, du fait qu'ils ont conservé leur langue et leurs coutumes particulières. C'est un peuple sans histoire et sans littérature[19].

Ce constat du Lord célèbre de la Grande-Bretagne impériale démoralise les Canadiens à un point tel que nombre d'entre eux croient à sa véracité. Nous le citons avant tout parce que, contrairement aux deux témoignages précédents qui n'exprimaient que des opinions, celui-ci est extrait d'un rapport revêtu du sceau impérial et servant de canevas à l'Acte d'union de 1840 qui unit les deux Canadas. Lord Durham anéantit l'espoir en un avenir meilleur que pouvaient encore entretenir les habitants. Leur démoralisation s'est transmise de génération en génération jusqu'à aujourd'hui. La morgue qu'il témoigne à l'endroit de nos ancêtres nous atteint encore au vif par-delà les siècles.

Si vraiment les Canadiens français avaient eu le sentiment d'avoir une histoire qui leur fût propre et suscitât chez eux l'enthousiasme, ils auraient reconnu en elle un événement clé, un saint patron ou une épopée qu'ils auraient célébrés le jour de leur fête nationale. Mais pour eux, point de déclaration d'indépendance le 4 juillet 1776 comme dans les treize colonies américaines, point de prise de la Bastille le 14 juillet 1789 comme en France, point de *Saint Patrick's Day* le 17 mars comme chez les Irlandais, mais une Saint-Jean-Baptiste qu'ils célébrèrent pour la première fois le 24 juin 1837[20], alors qu'ils étaient sur le point d'être sauvagement écrasés par le général britannique John Colborne, surnommé le « vieux Brulôt ». N'avaient-ils donc d'autre choix que de commémorer un martyr, un saint patron qui invite à la pénitence comme l'écrit Paul de Malijay : « Il n'y a qu'un moyen de conjurer les dangers. Le Patron du Canada nous l'indique ; c'est faire pénitence. [...] Or, si le mal est dans la nation, la pénitence doit être nationale, pour être digne, c'est-à-dire efficace[21]. » Leur passé fut-il si indigent qu'ils furent réduits à commémorer un saint qui appartient à l'ensemble de la chrétienté, un quelconque aventurier, ou encore un personnage ou un événement auquel ils ne s'identifiaient que médiocrement, à l'endroit duquel ils ne ressentaient guère d'émotion, tels saint Jean Baptiste, Dollard des Ormeaux, le roi du Canada — le roi d'Angleterre — ou la Confédération canadienne sanctionnée le 1er juillet 1867 qui les divisa et les laissa sans piété pour leur pays ? Ils ne vécurent pas le « rêve américain », et c'est avec regret et nostalgie qu'ils furent les spectateurs du dynamisme irrésistible que la date mémorable du 4 juillet infuse au pays du sud mû par la conviction d'une « destinée manifeste[22] ».

A-t-il vraiment fallu attendre jusqu'au 22 juin 1960 pour que les Canadiens français ne se considèrent plus comme un peuple sans guère de destinée et prennent confiance en eux-mêmes ? Peut-être cherchaient-ils à protéger leur intégrité personnelle et collective en faisant si peu de cas de leur histoire, de cette portion importante de leur histoire qui les avait tenus humiliés et dépendants. Ils en excluaient sciemment de leur conscience de larges pans dont le souvenir les blessait : la Conquête de 1760, l'insurrection écrasée de 1837-1838 et le régime politico-clérical instauré au milieu du XIXe siècle qui dura plus de cent ans. Ils espéraient que « l'équipe du tonnerre » libérale les délivrerait enfin de ce passé déprimant. C'est ce sens qu'il convient de donner au propos de Jean Larose :

> La question québécoise a été dépassée, peut-être même avant d'avoir pu se poser vraiment, par la question moderne. […] on peut penser qu'il était inévitable que l'époque de la Révolution tranquille […] achoppe sur la modernisation ou sur la modernité [23].

Jocelyn Létourneau écrit :

> […] l'image d'un Canada français traditionnel et archaïque, incarné par le régime duplessiste, s'est graduellement imposée dans la mémoire collective ; […] à l'inverse, c'est à travers la vision de l'accession à la modernité qu'a été appréhendée toute cette portion de l'histoire québécoise qui commence avec 1960 [24].

Et Daniel Jacques renchérit :

> […] ce temps marque une rupture déterminante au sein de la destinée de ce peuple, car son avènement parmi les nations modernes, d'abord lent et presque inconscient, s'est révélé en cet instant irréversible[25].

En 1960 comme en 1950, les Canadiens français ne ressentent guère la nécessité de renouer avec leur histoire. Ils semblent estimer qu'elle ne leur serait d'aucune utilité pour affronter les temps nouveaux. Ils ne vivent pas cette « communion mystérieuse de l'homme dans l'histoire » dont parle Ariès, cette « saisie du sacré immergé dans le temps, un temps de progrès qui ne détruit pas, où tous les âges sont solidaires[26] ». Plus grave encore, ils n'éprouvent pas comme un manque cette absence de communion avec leur passé. Ici, peut-être découvre-t-on l'une des raisons majeures de la perte de confiance et d'enthousiasme qui se produira chez eux après les premières années de la Révolution tranquille.

La Révolution tranquille représente certainement un temps fort, une matrice de référence, un noyau dur de l'histoire québécoise. Elle paraît marquer le passage brusque d'un régime de société à un autre, d'une totalité historique à une autre. Il serait pourtant pitoyable de l'élever au rang d'événement fondateur de la société canadienne-française. Une pareille conclusion confirmerait l'impression qui hante périodiquement la conscience des Canadiens français de n'avoir guère d'histoire ou d'avoir une histoire dont les racines sont très courtes. L'effervescence que déclenche la victoire libérale du 22 juin 1960 s'explique avant tout par les frustrations subies dans les dernières années de l'ancien régime. En 1960, pour la première fois peut-être, les Canadiens français se résolvent à prendre en main leur présent, à établir une « communion mystérieuse » avec leur temps.

Voir dans la Révolution tranquille le vrai commencement de l'histoire canadienne-française, ce serait consommer une rupture avec le passé qui réduirait à presque rien le sens de l'identité collective et qui anéantirait la conscience. Marc-Adélard Tremblay écrit pourtant :

Les Québécois francophones ont mis au rancart des coutumes vieilles de plus d'un siècle sans avoir encore inventé des formules de substitution ou des valeurs de remplacement. Ils ont abandonné, miette par miette, des traits fondamentaux de leur spécificité culturelle sans avoir encore pleinement assimilé des éléments qui pourraient avoir un poids culturel analogue dans le profil des valeurs nationales[27].

Une révision fondamentale de l'historiographie s'impose. Elle doit s'engager dans deux directions. Les sédiments du passé doivent être déblayés, non seulement dans le but de le plier aux fins d'une idéologie comme chez Lionel Groulx, Maurice Séguin, Guy Frégault et Michel Brunet, mais aussi dans celui de nous enseigner notre passé avec autant d'exactitude que possible compte tenu des documents existants. Peut-être découvrirons-nous que des institutions et des conduites lointaines éclairent des modes d'organisation ou des comportements récents ou même actuels dont nous nous expliquons mal la présence. Ainsi, Tocqueville retraçait ici des éléments du régime seigneurial français. Il voyait dans la façon dont les Canadiens se comportaient devant l'administration en 1831 un résidu de l'Ancien Régime français. Marcel Trudel amplifie sans doute les habitudes de vie empruntées à l'Ancien Régime français, mais les données qu'il a compilées et les faits qu'il narre indiquent que nous tenons plus de nos ancêtres français que nous ne l'estimons[28]. Une excellente étude sur le régime seigneurial canadien a été publiée dernièrement[29]. De pareilles plongées dans le passé sont susceptibles d'éclairer des facettes obscures du présent. Cette refonte de notre historiographie montrera que l'histoire canadienne-française est celle d'une petite nation tragique même, mais une nation qui, à d'autres périodes, fut heureuse. Il nous faut découvrir et assumer tout « le poids de l'héritage », puisque « la réflexion sur les commencements peut nous être utile devant les défis actuels de la société québécoise »[30].

Il est important de scruter sans passion l'évolution de la société canadienne-française depuis la fin du XIXe siècle pour bien apprécier la portée historique de la Révolution tranquille. Malheureusement, le débat de l'historiographie actuellement en cours risque d'aboutir à un dialogue de sourds : les uns n'examinent cette période que sous l'angle du Canada français ; les autres, au contraire, considèrent le Québec dans son ensemble comme le seul objet d'étude pertinent. De toute évidence, données et conclusions divergent absolument. Les uns décrivent une société canadienne-française soumise à des institutions conservatrices qui la contraignent à la stagnation jusqu'en 1960 ; les autres, à l'opposé, y décèlent des courants qui, depuis la fin du XIXe siècle, font accéder le Québec à la modernité conformément au modèle occidental. Pour tous, la victoire libérale du 22 juin 1960 est importante, puisqu'elle inaugure la Révolution tranquille. Mais pour les uns, elle entraîne une rupture radicale avec le passé tandis que, pour les autres, le Québec reste une société « normale » et la Révolution tranquille ne provoque qu'une simple accélération de mutations depuis longtemps à l'œuvre.

III. LA NATURE DE LA RÉVOLUTION TRANQUILLE

Les années 1960 offrent un terrain d'une richesse exceptionnelle pour l'analyse de la dynamique du changement, de la résistance au changement et de la contestation du changement. Le Québec a conscience qu'une ère nouvelle, enthousiasmante, commence pour lui. Il rejoint les peuples qui éprouvent le même sentiment : les États-Unis de Kennedy, la France du général de Gaulle, les colonies qui accèdent à l'indépendance. En outre, le pontificat de Jean XXIII et Vatican II secouent l'Église catholique dans ses fondements réputés depuis longtemps inébranlables.

Quand l'expression « Révolution tranquille » fut-elle forgée ? Et par qui ? Son origine est obscure. Elle est sans doute une traduction de *Quiet Revolution*. D'aucuns estiment que Brian Upton aurait inventé l'expression dans un article du *Montreal Star* au début de 1961. Peter Gzowski recourt à cette expression dans un article publié dans le *Maclean's Magazine* en 1961. Le terme se retrouve également sous la plume d'un auteur anonyme du *Globe and Mail*. L'expression se généralise durant les années suivantes. Elle inspire même les titres de deux ouvrages de langue anglaise : *Quebec : The Not So Quiet Revolution* de Thomas Sloan et *The Quiet Revolution* de Hugh Bingham Myers. Ces deux auteurs se montrent surpris et heureux de constater que les Canadiens français s'engagent enfin sur la voie de la modernité, mais ils s'inquiètent, et même s'irritent, de l'agressivité du gouvernement québécois à l'endroit du fédéral et surtout de la turbulence qu'engendre le mouvement « séparatiste ».

Dans son autobiographie, René Lévesque écrit que le père Georges-Henri Lévesque lui aurait déclaré dès juillet 1960 : « Dépêchez-vous. […] Ce qui se passe, c'est une révolution. Il ne faut pas la laisser échapper ! » Et il ajoute : « C'était la première fois que j'entendais cette expression, dont on devait tant abuser par la suite en lui accolant, sans doute parce que le sang n'eut pas à couler, le qualificatif de "tranquille"[31] ».

Le terme « révolution » évoque une suite d'événements brusques, chargés d'un haut potentiel de violence et infligeant à une société des changements majeurs, sinon des ruptures. La France fut sans conteste révolutionnaire de 1789 à 1799 et la Russie, de 1917 à 1922. Ces deux révolutions éclatèrent soudainement, mais elles furent l'aboutissement d'une longue période d'incubation qui, à l'insu des dirigeants, se déroula sous l'influence de forces souterraines. Elles furent caractérisées par une violence extrême, par la terreur, par des exécutions et des répressions de toute nature. Elles furent totales, enfin, en ce qu'elles entraînèrent le renversement des élites dirigeantes et le sabordement du régime politique en vigueur.

Qu'en est-il du Québec au lendemain du 22 juin 1960 ? La suite accélérée de réformes évoque l'idée de révolution, d'autant plus que, dans ce cas, les détenteurs des deux pouvoirs, le clérical et le politique, empêchent jusqu'en 1960 qu'elles s'accomplissent même si, du moins dans ses composantes dynamiques, la société les souhaite depuis longtemps[32]. Ces réformes ont une ampleur suffisante pour permettre de conclure qu'elles signifient la fin d'un régime et le début d'un autre, au sens large du terme. Elles n'engendrent pas directement la violence, mais donnent naissance à des effets pervers et, sous le vent de la liberté nouvellement conquise, s'accompagnent de mouvements de contestation qui, dans certains cas, recèlent un potentiel élevé de désordre social, de violence et de répression politique.

Lorsque l'expression « Révolution tranquille » se généralise au Québec, celle-ci est déjà bien en cours et peut-être même sur le point de diminuer d'intensité, ce qui survient en 1965. Certains estiment aujourd'hui qu'elle fut « un slogan en forme de paradoxe historique[33] », un simple rattrapage. Marcel Rioux la qualifie plus justement de « rattrapage et [de] dépassement[34] ». Pierre Vallières écrit qu'elle fut « un étendard [...] comme l'autonomie fleurdelisée servait de drapeau à feu Duplessis », que ces années permirent une « sortie d'Égypte » qui se réduisit à une simple « évolution capitaliste[35] ». Plus tard, il précise cette idée :

> Nous avions besoin d'une révolution. Nous nous sommes contentés de mots. Que le système sorte vainqueur du débat n'a rien de surprenant puisque nulle part ni à aucun moment nous n'avons osé agir contre lui. Quelques bombes ont fait semblant de l'égratigner. Quelques discours ont tenté de noircir sa réputation. Mais nos actes de tous les jours l'ont vénéré comme s'il était une force intouchable[36].

Le jugement de Vallières est particulièrement significatif. Il convient de le signaler dès maintenant en raison du rôle de premier plan que cette critique radicale devait jouer dans le remous qui secoua la société québécoise à l'époque. Un tel jugement reflète l'état d'esprit de nombreux intellectuels de la fin de la décennie 1960 et des années 1970 qui identifient l'idée de révolution au grand soir du marxisme-léninisme alors que l'ensemble de la formation sera sabordée au profit du communisme. Les dirigeants politiques et patronaux ne poursuivent pas ce projet. Ils s'affairent au contraire à consolider le régime capitaliste en vigueur sur le continent nord-américain tout en tentant de l'infuser ici et là d'éléments sociaux-démocrates.

Pour bien apprécier la nature de la Révolution tranquille, il importe de la replacer dans son contexte. S'il est vrai qu'elle met fin à l'ancien régime canadien-français, il serait erroné de peindre tout un siècle de notre civilisation sous les traits d'une « grande noirceur » comme bon nombre d'intellectuels se complaisaient à le faire durant les années 1950 et comme certains le font encore aujourd'hui. Certes, ceux qui ont connu cette époque, tel Marcel Rioux, estiment qu'il se produisit, en 1960, un « dégel politique et intellectuel[37] ». L'examen rétrospectif de cette période confirme ce jugement. Mais l'ancien régime n'était plus qu'un géant aux pieds d'argile depuis la fin de la Seconde Guerre mondiale. Le dégel s'accomplit sans le fracas qui accompagne la débâcle des rivières au printemps. D'une part, des forces, mues par le besoin de s'épanouir dans la liberté, employaient une énergie croissante en vue de faire éclater la carapace épaisse d'une société en apparence homogène et presque immobile que les pouvoirs soutenaient tant bien que mal pour leur propre survie. Les maîtres d'œuvre de la Révolution tranquille coalisèrent avec un profit immense ces forces dans le vaste courant de changements qu'ils créèrent. D'autre part, les dirigeants de l'ancien régime s'effacèrent presque en douceur. Les contestataires des années 1950, les intellectuels, les syndicalistes et les artistes occupèrent sans entrave les postes laissés vacants. Dans les termes de Daniel Jacques : « La Révolution tranquille fut essentiellement une mise en ordre, la fin réfléchie d'un Moyen Âge à notre mesure[38]. »

Bien plus que les réalisations attribuables à la Révolution tranquille, l'aura qui émane de cette période rend compte de la glorification persistante dont elle est l'objet. La Révolution tranquille est un phénomène culturel au sens large du terme. Elle est en premier lieu un produit de l'esprit, des désirs et des rêves. L'éclat du nouveau éblouit d'autant plus que le présent est terne. Surtout si l'on considère que ce renouveau est attendu depuis longtemps, qu'il est devenu, en réalité, un passage obligé vers la liberté. L'apparente apogée de l'ancien régime, sous la férule de Duplessis, masquait sa décrépitude. Il fallait une personne pour catalyser le grand remous qui s'imposait. Si ce n'était pas Paul Sauvé, ce serait Jean Lesage ou quelqu'un d'autre.

La Révolution tranquille, c'est la confiance en soi qui s'éveille parmi le peuple, c'est le sentiment général que tout devient possible, que rien ne résistera à la ferme volonté de changement dans tous les domaines exprimée par les chefs de file et ressentie par la population. C'est la certitude que des changements profonds se produisent et continueront de se produire, qu'aucun obstacle ne parviendra à les empêcher, que l'avenir est indéfiniment prometteur. La Révolution tranquille, c'est la conviction que les Canadiens français s'épanouiront en s'affirmant, en étant présents au monde et non plus en s'isolant. C'est la prise de conscience que les conditions de leur épanouissement individuel et collectif, conformément à leur culture, sont à leur portée et qu'il est nécessaire de ne pas les laisser échapper. Les mots nouveaux qui l'expriment, le discours tenu à l'époque où elle se déroule nourrissent l'imaginaire qui la magnifie.

Une révolution traverse sa phase radicale en peu d'années. Les changements majeurs d'ordre qualitatif se réalisent brusquement sans que les acteurs principaux eux-mêmes en prennent pleinement conscience. Soumise à de fortes impulsions souvent contraires, elle détourne ses fins en même temps qu'elle s'accomplit. Celles-ci sont parfois inventées, ou tout au moins réajustées après coup. L'élan initial s'arrête rapidement, le sens du changement dévie, le changement lui-même se banalise, les acquis se consolident, les technocrates succèdent aux maîtres d'œuvre, une restauration plus ou moins complète et permanente peut s'ensuivre.

La Révolution tranquille parcourt à sa mesure cet itinéraire classique. Le Parti libéral du Québec a la bonne fortune de tirer profit du besoin de changement de régime qui s'exprime de façon pressante dans les années 1950, besoin clairement perçu chez certains, peu ressenti chez d'autres, et de le propager dans l'ensemble de la population. On comprend dès lors pourquoi le début de la Révolution tranquille produit chez plusieurs un choc comparable à celui du déclenchement d'une crise. « L'équipe du tonnerre » de 1960 et les protagonistes de « Maîtres chez nous » de 1962 accomplissent la plupart des grandes réformes qui caractérisent son aspect politique. Dans les quatre premières années, de nouveaux ministères, de nombreuses régies et sociétés publiques sont créées. En 1963 a lieu la nationalisation de l'électricité. À la suite de l'adoption du projet de loi n° 60 instituant un ministère supérieur de l'Éducation au printemps 1964 et de la création de la Caisse de dépôt et de placement en 1965, la poursuite d'une autonomie « positive » à l'égard du gouvernement fédéral prend fin ; l'équipe libérale éclate. Lévesque, Kierans et Gérin-Lajoie s'effacent devant Lesage, qui prend seul la direction de la plupart des opérations. On observe en 1965 un ralentissement du rythme des réformes.

La période chaude de la Révolution tranquille sur le plan politique est terminée, elle a atteint sa phase de consolidation plutôt que de maintenir son « rythme de croisière ». La Société générale de financement est créée dès 1961, mais elle connaît des débuts difficiles. Évoquée en 1960, SIDBEC est encore une entreprise inachevée en 1966 ; le premier volume du rapport Parent d'avril 1963 épuise le ferment révolutionnaire de la commission créée en mars 1961. Les volumes subséquents portent sur les aménagements institutionnels et ne sont terminés qu'en août 1966.

Le Comité d'étude sur l'assistance publique (comité Boucher) est une réforme entreprise le 6 décembre 1961, au début de la Révolution tranquille. Il dépose son rapport en juin 1963. Le Régime d'assistance publique du Canada, institué en 1966, en entérine les principaux principes. Ce n'est que le 9 novembre 1966, sous le gouvernement Johnson, qu'est créée la Commission sur la santé et le bien-être social (commission Castonguay), dont un des objectifs est de contrecarrer le programme d'assistance publique fédéral jugé centralisateur. À la fin des années 1960 et au début de la décennie 1970, sous le gouvernement Bourassa, la mise en œuvre des recommandations du rapport Castonguay, dont le dernier volume paraît en 1972, est achevée. En 1967, l'Exposition universelle de Montréal, *Terre des hommes,* provoque un sursaut d'émerveillement que suit le désenchantement occasionné par la diminution soudaine des investissements, par le départ de René Lévesque du Parti libéral du Québec et par la création du deuxième Front syndical contre les politiques gouvernementales.

Au début des années 1960, le sentiment prédominant d'avoir liquidé le passé fait rapidement place à la crainte d'une restauration. Les mesures progressistes adoptées durant la Révolution tranquille provoquent des débats qui révèlent la résistance du conservatisme dont sont encore imprégnés de nombreux éléments de la société québécoise. Les élites traditionnelles résistent au changement, et les échos de leurs propos se répercutent parmi la population. Lesage lui-même oscille entre le conservatisme et le progressisme. Si ce n'était Lévesque, Gérin-Lajoie, Laporte, Kierans, les intellectuels et quelques fonctionnaires et conseillers progressistes et compétents, y aurait-il une Révolution tranquille ou y aurait-il plutôt une simple évolution sous la pression des groupes d'intérêt et du gouvernement fédéral?

À l'occasion d'un colloque tenu en février 1965, j'ai soutenu que, loin d'être mort, le conservatisme pourrait bientôt redevenir la formule politique dominante au Québec. Me basant sur les conclusions d'un examen du débat historique sur le *bill* 60, au cours duquel les traditionalistes prirent rudement parti contre les recommandations progressistes du rapport Parent, j'ai déclaré:

> Le débat sur le bill 60 représente en effet beaucoup plus que la somme des interventions d'associations et d'individus sur une question controversée [créer un ministère de l'Éducation]. Ce qui établit à mes yeux l'importance unique de ce débat, c'est qu'il permet d'identifier d'excellente façon les lignes de force et de faiblesse de la société québécoise. [...] Ceux qui estiment que le conservatisme dans

le Québec n'est plus qu'un résidu que le passage du temps va effacer se trompent grandement. Il suffirait que le conservatisme redevienne la formule politique dominante pour que se produise un retournement complet de la situation des idéologies[39].

À ce moment-là, je prévois le retour au pouvoir de l'Union nationale à la suite des élections prévues l'année suivante. Les propos de son chef, Daniel Johnson, font craindre une restauration de l'esprit et des méthodes de l'ancien régime, à l'exception du domaine constitutionnel où tout laisse présager une reprise de l'offensive au lieu du ramollissement dans lequel s'enlise le gouvernement Lesage depuis la tournée décevante de son chef dans l'Ouest en octobre 1965. Johnson remporte la victoire aux élections générales du 5 juin 1966. Avec 47 % des suffrages, le Parti libéral obtient 50 sièges, tandis que l'Union nationale en arrache 56 malgré seulement 41 % des suffrages ; le RIN, les créditistes et deux indépendants se partagent le reste des voix. « […] résultat le plus mathématiquement absurde de l'histoire électorale du Québec », écrit Gérard Bergeron[40]. Plus surprenant encore, plutôt que de mettre en pièces de nombreux acquis de la Révolution tranquille, comme il a menacé de le faire durant la campagne électorale, Johnson les maintient, et persiste même à laisser la Révolution tranquille suivre son cours, lequel, il est vrai, a passablement ralenti. Dans les années subséquentes, les projets inaugurés sont menés à terme, mais peu de réalisations évoquent le dynamisme de la Révolution tranquille. Avec le décès de Daniel Johnson, le 26 septembre 1968, sa dimension symbolique se refroidit sous Jean-Jacques Bertrand, même si ce dernier adopte diverses mesures progressistes. Sous Robert Bourassa, elle n'est plus que cendres.

L'exubérance de la Révolution tranquille s'épuise en quatre ou cinq courtes années, son souffle ralentit rapidement, se ranime par à-coups, puis semble s'éteindre définitivement. Mais la volonté de changement exprimée alors, les décisions et les projets mis en route ont prolongé ses effets dans tous les régimes qui se sont succédé depuis, et jusque dans les domaines considérés comme les plus cruciaux : l'éducation, la santé et le bien-être, la question linguistique, l'économie, le statut politique du Québec, etc. Ainsi, la Révolution tranquille a longtemps survécu à elle-même. Après avoir traîné une vie larvée dans la première moitié de la décennie 1970, la victoire du Parti québécois le 15 novembre 1976 l'a ressuscitée en quelque sorte, lui a redonné un second souffle, jusqu'au référendum du 20 mai 1980 qui a brutalement polarisé la société québécoise. Qui sait si les questions non résolues qui se sont posées depuis ne vont pas entraîner le

Québec dans une troisième phase de changements qui portera encore la marque des élans qui ont permis les événements capitaux de 1960 et de 1976? Quel puissant faisceau de lumière se projetterait de nouveau sur les assises mêmes de la société québécoise si des cycles semblables devaient présider au changement!

Il y a plus encore. Le rêve d'un nouveau régime, qui est le principe de la Révolution tranquille, survit à son épuisement politique. Il se manifeste sous les formes les plus diverses, à la marge de la politique, pour la soutenir ou pour la contester. Il sous-tend les objectifs de la multitude de mouvements sociaux qui sourdent d'une société civile en effervescence, des manifestations qui se déclenchent de toutes parts. Il s'exprime même sous une forme perverse dans le Front de libération du Québec (FLQ). Quand la concertation devient radicale, elle enclenche la répression politique. « Le samedi de la matraque », ce n'est pas en 1974 qu'il eut lieu, ni en 1970, mais en octobre 1964, à la suite d'incidents mineurs à l'occasion d'une visite de la reine Élisabeth II à Québec.

Les antécédents de la Révolution tranquille comme son déroulement ont été œuvre collective. Le projet de société qui germe dans les années 1950, les idées qui s'épanouissent dans la décennie suivante émanent des intellectuels, des organisations dynamiques, des politiciens qui aspirent à la pleine liberté de pensée et d'expression dans tous les domaines, et qui cherchent les moyens d'épurer la société des tares de tout un régime en place depuis plus de cent ans.

René Lapierre se réclame d'un « idéalisme sceptique », « formule qui ferait de la Révolution tranquille non plus une période close, un musée attachant de la dernière partie du millénaire, mais le début d'un processus qui commencerait tout juste à être visible[41] ». Ce propos n'est pas insipide. Il projette dans un temps indéfini l'épanouissement du rêve qui est à l'origine de la Révolution tranquille.

CHAPITRE II

Les espoirs de la Révolution tranquille

I. LES CHEMINS DE LA MODERNITÉ

Les « nouveaux » intellectuels des années 1950 ont l'obsession de la modernité. Le caractère rétrograde des deux pouvoirs, le clérical et le politique, de même que leur perception pessimiste des conditions de la société civile de leur époque les amènent à se concentrer sur la première étape des valeurs modernes, c'est-à-dire à les approfondir, à les considérer dans l'abstrait. L'affirmation de la raison contre l'arbitraire, la primauté de la personne, la promotion de la démocratie, le plaidoyer pour la liberté, la justice, le pluralisme et la sécularisation de l'espace public, toutes ces composantes de la modernité cimentent l'essentiel des analyses de ces intellectuels. Par contre, ils se divisent à propos du nationalisme, idéologie pourtant issue de la pleine accession des nations à la modernité au XIXᵉ siècle. Les uns rejettent le nationalisme et l'assimilent aux formes perverses qu'il a revêtues au XXᵉ siècle, tandis que les autres proclament que la nation canadienne-française requiert le soutien d'un nationalisme fervent qu'il est possible de concevoir et de concrétiser de façon à garantir sa rectitude.

L'absence presque complète dans le discours des nouveaux intellectuels de la forme instrumentale de la rationalité, pourtant prédominante au fur et à mesure que la société se modernise, étonne. Ils ne se préoccupent guère de science, de technologie et d'urbanisation. Les questions économiques retiennent longuement leur attention, mais ils en parlent surtout pour décrier le pénible état d'infériorité des Canadiens français. La rationalité dominante est indiscutablement chez eux d'ordre culturel.

Par rapport à la décennie 1950, la période de la Révolution tranquille approfondit, complète et concrétise la modernité dans quatre directions. Elle privilégie la rationalité instrumentale, renouvelle le nationalisme et fait de l'État le maître d'œuvre du changement. Enfin, elle distribue rôles et conduites en se référant non plus à des valeurs morales, mais plutôt à leur rentabilité, laquelle est appréciée suivant des critères quantifiables, dont l'argent, sous les multiples aspects qu'il revêt, est le plus prestigieux et le plus gratifiant.

L'un des principaux fils rouges de l'écheveau des changements survenus dans la société canadienne-française au cours de la période 1960-1976 est, en effet, la prédominance croissante d'une rationalité instrumentale dans les critères de jugement qu'on invoque pour orienter les représentations et légitimer l'action. Il serait toutefois erroné de croire qu'il y a absence d'une dimension instrumentale de la rationalité parmi les Canadiens français d'avant 1960. Elle est au contraire présente dans nombre de domaines. Ainsi, les sciences de la nature démarrent vers 1920 et les sciences humaines, vers 1940 ; ces dernières sont en pleine fermentation dans la décennie suivante bien que la société et même leurs promoteurs n'en soient pas tout à fait conscients. Dans *Les Intellectuels et le Temps de Duplessis,* je conclus à ce sujet :

> Dans les années cinquante, la possibilité existe de changer la vie, de faire évoluer la société. Les contemporains y parviennent plus qu'ils ne le croient : des revues se créent, des universités se développent, des institutions accèdent à la maturité, des nouveaux médias accroissent l'ouverture sur le monde et rapprochent les intellectuels du peuple. Malheureusement, les pouvoirs rétrogrades en place freinent l'évolution des composantes dynamiques de la société. Ils bloquent son accession à la modernité. Il faut détruire le vieux pour construire le neuf[1].

Ce sera précisément l'une des principales caractéristiques de la Révolution tranquille d'avoir favorisé l'éclatement des sciences dans tous les domaines et d'avoir facilité le plein exercice de leur rôle social, c'est-à-dire leur épanouissement sous la forme de la recherche et du développement d'où découlent l'innovation et de nouvelles technologies.

Sous l'impulsion de leur acclimatation rapide aux applications innombrables de la science, les Canadiens français deviennent des participants de plus en plus enthousiastes du développement industriel du Québec, lequel a cours depuis longtemps à l'instigation des Américains. L'une des manifestations les plus évidentes de l'emprise de la rationalité instrumentale chez les Canadiens français réside dans l'importance que prennent pour eux les soucis d'ordre économique : soumission aux lois du marché, concurrence, appât du gain, individualisme, frénésie de la consommation, propension à l'investissement chez un certain nombre. Avec l'essor de la grande entreprise canadienne-française, une bourgeoisie d'affaires se forme, à laquelle va s'associer, à des degrés divers, une nouvelle classe moyenne constituée d'intellectuels et de fonctionnaires qui actionnent les leviers de l'université et de l'État. Simultanément, l'urbanisation, qui avait stagné durant la grande crise et fait un bond prodigieux de 1951 à 1961 (de 66,5 % à 74,3 %) poursuit, à un rythme un peu plus lent, sa progression de 1961 à 1971 (de 74,3 % à 80,6 %). Ce n'est toutefois que durant cette dernière décennie que les Canadiens français prennent pleinement conscience qu'ils n'ont plus de vocation rurale : éclatement de l'esprit paroissial traditionnel, régression saisissante de la pratique religieuse, premiers signes de la dislocation de la famille.

Face au taux de croissance élevé de la population jusqu'en 1961 et à la réduction constante de ce taux par la suite, à la reprise de l'immigration à partir de 1946 et à la stupéfiante diminution du taux de natalité entre 1951 et 1971 — de 29,8 à 14,8 naissances par 1000 habitants, le taux d'accroissement naturel passant de 21,2 en 1951 à 19,1 en 1961 à 8 en 1971 —, on fait souvent état de l'effet dit du *war baby boom* sur le déroulement de la Révolution tranquille[2]. Il convient de noter que les premiers-nés de l'après-guerre ne sont âgés que de dix à quinze ans en 1960, que l'afflux maximal de naissances survient en 1957 et non en 1947. Ce n'est qu'à la fin de la décennie 1960 que les enfants de l'après-guerre font sentir leur présence de façon palpable en tant que génération. Ils contestent la société mais en visant le système en place dans son ensemble, sans cible précise. La hausse considérable de la consommation et bien d'autres phénomènes de même nature attestent un changement qualitatif des attitudes et des comportements, sans aucun doute sous l'influence de l'irruption d'une rationalité instrumentale.

Des sociologues importants, Guy Rocher et Fernand Dumont, conclurent que la Révolution tranquille fut principalement d'ordre culturel :

> C'est sur le plan de la culture que les changements majeurs et les plus radicaux se sont produits au cours des dernières années [...]. Le rythme de cette transformation culturelle a été si rapide qu'il a étonné et pris par surprise les hommes de ma génération[3].

[…] la Révolution tranquille fut d'abord une révolution culturelle […] la production idéologique y fut plus abondante que jamais dans l'histoire de ce pays[4].

Oui, certes, la Révolution tranquille doit en grande partie la ferveur qu'elle suscite à son symbolisme puissant dans l'esprit des contemporains, au caractère quasi magique qu'ils lui attribuent. La nostalgie ressentie aujourd'hui pour cette époque découle moins des changements socio-politiques eux-mêmes — finalement, on a oublié ce qu'ils furent et de quelle façon ils se produisirent — que du souvenir magnifié d'une trans-mutation des esprits et d'un bouillonnement des espoirs à l'origine de ces changements.

Dans certaines idéologies séculières, périphériques par rapport au courant central de la Révolution tranquille mais néanmoins de plus en plus envahissantes à mesure que le dessein originel de celle-ci s'estompe, se devine une transposition de l'esprit religieux de naguère : adhésion fer-vente au Rassemblement pour l'indépendance nationale (RIN), conversion aveugle au marxisme-léninisme dans sa version eschatologique, adhésion dogmatique au fédéralisme rappelant la conversion de saint Paul sur le chemin de Damas.

La Révolution tranquille se nourrit de désirs nouveaux, d'idéalisme, d'utopie même. La rationalité culturelle, c'est-à-dire axée sur la poursuite des valeurs pour elles-mêmes sans égard à leur aspect pratique, est omni-présente. Mais cette rationalité est fréquemment soumise aux impératifs techniques et économiques de la rationalité instrumentale, laquelle pénètre également la rationalité politique au point que des motifs d'ordre tech-nique et économique imprègnent les actions et les décisions du gouverne-ment dans les domaines les plus divers.

L'une des forces motrices majeures de la Révolution tranquille est un nationalisme puissant. Comme tout le reste de la formation sociale, ce nationalisme est d'essence moderne et porte l'empreinte de la rationalité instrumentale. Je l'ai qualifié de nationalisme « positif », de « croissance », d'« affirmation »[5]. Il s'agit d'un nationalisme qui déclenche chez les indivi-dus et les collectivités un besoin irrésistible d'action dans tous les domaines. Il signale le rejet du paradigme de l'archaïque nationalisme de survivance, frileux et dépressif, dont l'intention visait à décourager toute forme d'engagement le moindrement audacieuse.

Le gouvernement Lesage crée un ministère des Affaires culturelles dès 1961. Privé d'un personnel adéquat[6], doté d'un maigre budget, ce minis-tère, malgré le poids personnel et politique de son titulaire, Georges-Émile

Lapalme, sombre dans l'insignifiance. Il est l'objet de plaisanteries, même au sein du conseil des ministres. Il n'est rien d'autre que la « bébelle à Lapalme ». Ulcéré, celui-ci démissionne et quitte la politique en 1964.

Des considérations d'ordre économique aussi bien que culturel aiguillent la question du statut de la langue française à mesure qu'elle s'insinue davantage dans les préoccupations politiques durant la décennie 1960. Le triste épisode du *bill* 63, qui en 1969 institue le libre choix de l'école française ou anglaise pour tous, témoigne de la soumission servile du gouvernement Bertrand aux impératifs financiers et aux mercantiles pressions anglophones.

La grande réforme de l'éducation, à la suite de l'adoption du *bill* 60 en 1964, s'inspire bien faiblement d'une rationalité culturelle. L'opposition au projet d'un ministère de l'Éducation se réclame certes de motifs conservateurs, mais la cible qu'elle vise principalement est l'« américanisation » de l'éducation à laquelle, selon elle, la réforme aboutirait, c'est-à-dire la mise en place d'un lourd appareil technocratique. La préférence aveugle accordée à des critères de performance, d'efficacité et de rendement, objectent ses adversaires, entraînera l'abandon des éléments essentiels de la culture canadienne-française. Dans les termes d'aujourd'hui, les opposants à cette réforme la dénoncent parce qu'elle s'inspire d'une rationalité instrumentale au mépris des impératifs culturels d'une philosophie saine de l'éducation. Le premier ministre Jean Lesage ne justifia-t-il pas la réforme de l'éducation, à laquelle il s'était pourtant opposé avec fermeté, en déclarant que « s'instruire, c'est s'enrichir » ? À l'époque, j'ai vigoureusement appuyé la réforme[7]. J'admets aujourd'hui que le sentiment d'urgence que j'éprouvais alors quant à la nécessité d'une profonde réforme du système d'éducation en vigueur obstruait mon angle de vision. Sans me ranger du côté des conservateurs, j'aurais dû exiger que la réforme s'inspirât bien davantage de critères qualificatifs tout en poursuivant des objectifs tels que l'accès généralisé à l'éducation pour tous les jeunes et la mise à jour des programmes et de la pédagogie. Un aspect de la réforme témoigne toutefois de la persistance d'une rationalité culturelle : l'école et les commissions scolaires conservent leur caractère confessionnel.

Pourquoi attribue-t-on si souvent à la politique la rupture avec le passé que la Révolution tranquille aurait entraînée ? Contrairement aux changements qui se produisent dans les autres composantes de la société — changements assumés sans grande surprise parce qu'ils ne font qu'accélérer le rythme d'une évolution sur laquelle l'emprise directe des individus est faible —, les réformes politiques résultent de décisions prises délibérément à un moment donné par les gouvernants et souvent réclamées par les individus et les collectivités particulières. Leur soudaineté et leur caractère impératif saisissent les esprits ; leurs effets souvent imprévisibles et déconcertants tiennent l'attention des citoyens constamment en alerte.

Apprécié à l'aune occidentale, le changement majeur survenu dans le domaine politique au début de la Révolution tranquille n'est qu'un simple rattrapage. Le gouvernement du Québec répudie le libéralisme conservateur et s'immerge dans l'État-providence. Mais, à l'échelle du Québec, cette réorientation bouleverse l'idéologie et la pratique politiques. Duplessis n'avait adopté certaines mesures dans le champ de la sécurité sociale que sous la pression des circonstances. Il avait bafoué l'esprit de l'État-providence, c'est-à-dire l'intervention des gouvernements afin de contrecarrer le libre jeu du marché en redistribuant la richesse collective de manière à promouvoir la justice sociale. Une conception positive de l'autonomie provinciale se substitue à l'ancienne chimère négative. Il arrive même que le Québec devance le fédéral et dicte les règles. Ainsi, dès la première conférence fédérale-provinciale à laquelle le premier ministre Lesage participe, il fait endosser les principes de péréquation et de retrait facultatif d'une province des programmes fédéraux avec une pleine compensation financière.

De même que de nouveaux nationalismes comblent le vide que crée le déclin du sentiment religieux, l'État-providence se substitue à l'Église déclinante. Il est l'objet d'un culte analogue à celui que les Canadiens français vouaient à cette dernière. C'est un culte doux, exaltant mais sans délire collectif. La justice sociale qu'il a pour mission de promouvoir remplit une fonction semblable à la charité dont l'Église était dispensatrice.

Mais la modernité dans laquelle baigne l'État sous la Révolution tranquille le soumet aux impératifs d'une rationalité instrumentale prépondérante. Les acteurs politiques estiment qu'un discours qui traite de planification, de développement, d'aménagement, de participation et de concertation favorise la recherche et la conservation du pouvoir ; il exalte en même temps le droit au bien-être, la démocratie réelle. Les premières grandes réponses qu'ils apportent concernent la nature et le fonctionnement de l'appareil gouvernemental ainsi que la restructuration et la formation d'une fonction publique vraiment professionnelle. La mesure politique la plus spectaculaire de la Révolution tranquille est sans doute la nationalisation de l'électricité en 1962. Cette mesure se conjugue parfaitement avec la transformation du tissu urbain de Montréal dans les années qui précèdent l'Exposition universelle de 1967.

Quand les maîtres d'œuvre de la Révolution tranquille façonnent la culture, l'économie et le politique, la rationalité instrumentale gouverne fréquemment leur mode de pensée et les termes de leur argumentation. Ils révèlent de la sorte qu'ils s'imprègnent de l'esprit de la modernité.

II. DES ATTENTES DÉÇUES

Si la victoire libérale du 22 juin 1960 suscite chez les personnes qui attendent le renouveau un enthousiasme qui se communique à l'ensemble de la population, la configuration générale de la restructuration sociale qui suivra est prévisible : la société canadienne-française s'engage résolument dans le dédale de la modernité selon le modèle des sociétés qui l'ont précédée dans cette voie. Mais est-elle préparée au choc du changement de régime ? Un certain nombre de collectivités sont déjà modernes à des degrés divers, et des intellectuels ont formulé et propagé les grands principes de la modernité. Certains de ceux-là, qui ont contribué à l'avènement de la Révolution tranquille, lui font faux bond tandis que d'autres en deviennent les phares. Des réformes, entreprises dans les années subséquentes, ont fait antérieurement l'objet de revendications : l'effet de surprise est minime quand elles sont adoptées. Toutefois, les conditions de leur mise en application sont susceptibles de décevoir. Un abîme peut se creuser entre l'ordre d'intention et l'ordre d'exécution. En outre, les réactions *subjectives* que suscitent les réformes diffèrent souvent de leurs répercussions *objectives*.

Il y a plus. L'une des caractéristiques majeures de la Révolution tranquille est la libération des esprits. Bien des idées, bien des mouvements sociaux que l'ancien régime freinait s'expriment désormais dans les forums. Nombre d'entre eux accentuent ou même déroutent la Révolution tranquille. Une minorité croissante et de plus en plus aguerrie promeut la cause de l'indépendance du Québec, celle de la laïcité ou celle du socialisme.

La modernité envahit une société dont les élites vigilantes ont longtemps filtré le changement qu'elles approuvaient ou qu'elles ne pouvaient empêcher afin qu'il s'intègre sans heurt dans l'expérience familière de ses membres. L'arrivée brusque de la modernité risque d'ébranler l'équilibre mental des gens que ses secousses vigoureuses, et non plus amorties, atteignent. Les grandes orientations de la Révolution tranquille sont prévisibles puisqu'elles s'inspirent de l'État-providence déjà bien implanté ailleurs. Les pressions du gouvernement fédéral avaient contraint Duplessis à endosser diverses mesures de sécurité sociale, mais il s'était refusé à entériner l'esprit de la modernité qui prescrivait ces mesures. Il s'ensuit que la modalité de la transplantation au Québec de l'idéologie et de la pratique de l'État-providence, au cours de la Révolution tranquille, suscite de fortes réactions chez les individus et parmi les collectivités particulières qui n'ont pas atteint le stade de la modernité.

L'adoption des mesures découlant de la poursuite de la modernité sous la dictée de l'État-providence accélère le rythme et l'ampleur du changement dans tous les domaines. Les signes de changement s'exhalent de tous les pores de la société. L'infiltration de la rationalité instrumentale dans l'agencement de la culture, de l'économie et du politique réoriente les représentations et les actions des individus et des collectivités particulières. Le pluralisme et l'hétérogénéité croissants de la société, dus à l'urbanisation et à l'immigration, la rendent de plus en plus complexe. L'organisation sociale se déstabilise, les structures protectrices — la famille, l'école, la paroisse, l'Église, l'État paternaliste, les notables locaux — s'affaissent. L'incertitude lancine les plus vulnérables ; l'insécurité et l'anxiété les rongent.

Il semble qu'il ne reste plus guère que l'État pour gérer l'incertitude. Et il s'attribue cette fonction avec voracité, au point de la monopoliser. Il devient le levier principal du changement, à la fois dispensateur de biens et de services et garant des valeurs de l'État-providence : l'universalité de l'accès, la redistribution équitable, etc. La plupart des institutions et des acteurs sociaux acceptent sans trop maugréer cette nouvelle forme de dépendance et se délestent allègrement de leur part de responsabilité.

La tâche consistant à définir les grands objectifs des réformes ne pose guère de difficultés. Les pays qui devancent le Québec sur la voie de l'État-providence les ont établis des années auparavant. Ce sont les moyens de les atteindre qui, dans nombre de cas, font problème. La mise en œuvre des réformes dépend des dispositions aléatoires des citoyens et des ressources disponibles qui ne sont pas toujours adéquates. Dans le cas où les réformes projetées font l'objet de revendications formulées depuis longtemps — dans les domaines de l'éducation, de la santé, de l'hydroélectricité, de la fonction publique, de la culture ou en ce qui a trait au code du travail —, elles s'effectuent en quelques années seulement. Contrairement à l'opinion reçue, la Révolution tranquille accomplit ces réformes à la pièce, l'une après l'autre, sans programme d'ensemble. Leurs promoteurs luttent presque de façon solitaire, en s'assurant de peine et de misère les appuis requis au sein du conseil des ministres et de la députation libérale. Ce n'est vraiment qu'après coup qu'on parlera de cette période comme ayant résulté d'un projet de société. Même là où l'adoption des réformes fait suite à une étude sérieuse, comme dans le secteur de l'éducation, leur mise en œuvre est précipitée sous la pression du sentiment d'urgence et par le souci de rattraper les sociétés environnantes plus avancées. Des effets pervers peuvent s'ensuivre sur le plan des valeurs trop peu soupesées engagées dans l'action ou sur celui des réactions au changement mal jaugées des populations en cause.

Des réformes majeures se produisent également dans des domaines où les revendicateurs des années 1950 ont très peu ou pas du tout déblayé le terrain. Le gouvernement entend renforcer l'économie. Les dix régies d'État et les entreprises publiques créées dans des secteurs jugés stratégiques pour le développement économique proviennent d'initiatives gouvernementales que les intellectuels et les groupes d'action ont peu sollicitées dans les années précédentes. L'objectif principal de ces nouveaux organismes est l'accroissement de la présence française dans l'économie du Québec et le renforcement des entreprises de propriété française. Ils suscitent plus ou moins d'intérêt, d'autant que les résultats ne pourront être appréciés qu'après un certain temps.

Toujours pour redresser l'économie et favoriser le développement régional, le gouvernement cherche à adapter aux conditions intérieures les méthodes de planification, de participation programmée et de concertation en vogue dans les pays qui lui servent de modèles. C'est ainsi que, dans le contexte de la loi fédérale connue sous le sigle ARDA *(Agricultural Rehabilitation and Development Act)* de 1961, le gouvernement du Québec met sur pied en 1963 le Bureau d'aménagement de l'Est du Québec (BAEQ). Le rapport de cet organisme d'étude, déposé en 1966, propose la création d'un Office régional de développement (ORD) qui ne sera jamais institué, de Conseils régionaux de développement (CRD) et de régions administratives. Dès 1960, le Conseil d'orientation économique est créé, mais il se révélera peu efficace. En 1969, le gouvernement lui substitue l'Office de planification et de développement du Québec (OPDQ). L'année suivante, le Québec emprunte aux États-Unis et au Canada la méthode de rationalisation des choix budgétaires désignée sous le nom de *Planning Programming Budgeting System* (PPBS).

Les résultats de la plupart de ces tentatives de planification sont décevants. L'opposition qu'elles suscitent excède largement leurs acquis. Une conséquence durable de ces tentatives est la mise en place d'une bureaucratie qui est à l'écoute des grands groupes d'intérêt au détriment des élus et des notables locaux et régionaux. Ces bureaucrates ne seront pas des idéologues mais des pragmatiques, ou plutôt leur idéologie sera le pragmatisme.

Dès 1965, l'impression d'un ralentissement du rythme et de l'ampleur des réformes se propage. Le premier ministre Lesage affirme que les réformes se poursuivent « au galop », mais « la population s'est habituée au rythme[8] ». René Lévesque estime au contraire qu'il y a eu « trop de *paroles* et dans bien des domaines pas assez de *réalisations* et de *réponses*[9] ». Les raisons du sentiment d'une fatigue politique sont nombreuses. Le discours flamboyant de la politique de grandeur qui illuminait de mille feux chaque projet de réforme s'éteint. Le lancement de la campagne électorale de 1966 se fait autour d'un slogan inspiré d'une banale rationalité instrumentale : « Pour un Québec prospère ». Des réformes attribuées à l'impulsion originelle de la Révolution tranquille seront adoptées après 1965, mais aucune ne secouera autant l'opinion que la création d'un ministère de l'Éducation au printemps 1964. Le débat passionné que ce projet de réforme provoque éclipse d'importantes réalisations ultérieures. Pour des raisons différentes, la contribution au processus de réforme de deux ministres, René Lévesque et Paul Gérin-Lajoie, décroît après 1964. La décision de Pierre Elliott Trudeau, de Jean Marchand et de Gérard Pelletier de s'engager dans la politique fédérale en 1965 détourne l'attention d'un grand nombre vers cet autre ordre de gouvernement. La même année, le voyage de Lesage dans l'Ouest canadien, au cours duquel il essaie vainement de promouvoir la cause d'un statut spécial pour le Québec dans un Canada bilingue, ébranle sa confiance et ternit son prestige dans l'ensemble du Canada et au Québec même.

Un moment désorientés, les individus qui résistent au changement, qui ne parviennent pas à s'y adapter ou encore que les transformations contrarient se mobilisent au sein de l'Union nationale de Daniel Johnson ou dans les organisations réfractaires au changement. Le conservatisme n'est pas mort, loin de là. Déjà en 1965, d'aucuns constatent qu'il pourrait bien redevenir la formule politique dominante à la suite de l'essoufflement du réformisme du Parti libéral ou d'une victoire électorale de l'Union nationale. Dès le début de la Révolution tranquille, les forces d'inertie au sein de la société civile freinent le mouvement de réforme ou le détournent de son cours. Des collectivités s'opposent au changement, d'autres s'y résignent, mais, après un certain temps, estiment qu'il est trop rapide ou qu'il s'égare. Plusieurs, même à l'intérieur du gouvernement, demandent grâce : « Il faut ralentir parce que les gens sont essoufflés[10]. » Espérer qu'une société pourra maintenir un rythme rapide de changement durant plusieurs années, c'est s'illusionner. Les agents de changement s'épuisent. Le changement ne peut être constant. Ceux qui y résistent s'enhardissent, tandis que des revendications imprévues explosent, provoquées par des composantes sociales que le pouvoir et les classes dominantes ignorent. Les facteurs d'incertitude qui accompagnent le changement ou que les opposants suscitent amplifient les effets pervers des réformes ou les éloignent de leurs objectifs.

Le discours emphatique du début de la Révolution tranquille a suscité des attentes démesurées. Un peuple longtemps sevré s'emballe, ses exigences augmentent, il croit que tout changement est progrès et que le progrès est irréversible et permanent. L'engouement accroît les attentes. L'obtention d'un bien infiniment désirable quand on en a été privé aiguise l'appétit pour un autre bien dont la convoitise affadit l'acquisition. C'est ainsi que l'on devient chasseur d'absolu[11]. Le goût de l'absolu tue, écrit Schopenhauer.

Être à la chasse de l'absolu, c'est s'exposer à la frustration. N'y aurait-il de vrai en politique que la déception qui réduirait l'assouvissement de la soif de liberté et de justice et l'harmonisation de l'intérêt privé avec le bien commun à de simples mouvements cycliques[12]? Les raisons de la déception sont nombreuses. La satisfaction des besoins supérieurs de l'être humain est irréalisable. Combien de fois n'a-t-on pas repris la formule « trop peu, trop tard » à la suite d'une action politique pourtant instamment réclamée? Ou, encore, des réformes promises tardent, ne se réalisent que partiellement, échouent même. Ainsi, le Québec n'obtient pas le statut politique particulier qu'il réclame; des réformes dont l'objectif est de servir la cause des plus démunis avantagent les classes favorisées. Malgré les efforts de planification du changement, ses effets demeurent, dans une large mesure, imprévisibles, insolites, voire pervers. Un public de plus en plus éduqué et de mieux en mieux informé devient plus exigeant. Des réformes programmées en fonction des besoins et des aspirations d'une génération ne conviennent pas à ceux de la génération suivante ou bien épuisent les ressources de la société avant que celle-ci puisse en bénéficier. Et ainsi de suite.

Une conséquence particulièrement grave des déceptions qui s'accumulent de la sorte est la perte de confiance dans l'État, qui a trop promis et de qui les citoyens ont trop attendu. Telle est la première conclusion que révèle l'autopsie de la Révolution tranquille.

Daniel Jacques dit de la Révolution tranquille qu'elle fut « un doux renversement[13] ». S'il ne s'était agi que d'éliminer les scories de l'ancien régime, cette expression serait juste. Réduire l'ampleur des interventions politiques sur la société à l'élimination des aspects débilitants ou caducs du passé, ce serait les restreindre à de simples opérations de rénovation de l'édifice ancien. Or, même les réformes qui ne visent qu'à corriger les lacunes manifestes du passé comportent une marge d'incertitude et entraînent des déceptions pour certaines catégories de citoyens. Ainsi, la création, dans des centres régionaux, des écoles polyvalentes qui éliminent les écoles paroissiales est source de désagrément pour les populations touchées et engendre le mécontentement.

À mesure que la Révolution tranquille s'accomplit, elle pénètre en terre inconnue. Par exemple, les procédés propres à accroître la part des Canadiens français dans la croissance économique et à permettre le développement régional ne font jamais l'objet d'investigations adéquates de la part des gouvernements, des intellectuels et des collectivités dynamiques. Durant la Révolution tranquille, des ministres soucieux de s'engager dans ces voies s'en remettent à des fonctionnaires qui, à cause de leurs études ou de l'expérience acquise dans la fonction publique fédérale, s'estiment ou sont réputés compétents. Le gouvernement se lance dans des entreprises hasardeuses de planification et de participation organisée. Tels des apprentis sorciers, les fonctionnaires et les chercheurs, malgré leur talent et leurs efforts, risquent d'être dépassés par leurs créations en raison de leur manque d'expérience. C'est ainsi que le rapport des chercheurs du BAEQ, qui recommande entre autres la fermeture de certaines paroisses dites marginales au terme d'une longue suite de considérations inspirées de la rationalité instrumentale la plus pure, révolte les leaders locaux, curés pour la plupart, et provoque la création des Opérations dignité visant à empêcher la mise en œuvre de cette recommandation jugée barbare. Devant pareille levée de boucliers, le gouvernement tergiverse et cherche des solutions dont pourront s'accommoder les communautés locales.

Il y a plus encore. Des poussées de contestation radicale, nourries en partie de sources intérieures et en partie de sources extérieures, déconcertent les chefs de file de la Révolution tranquille. Ici comme ailleurs, les enfants du baby-boom s'agitent. Ils brandissent les oriflammes de l'indépendance politique du Québec, du marxisme-léninisme, du maoïsme, du castrisme. Ils s'identifient à la cause des pays qui secouent le joug du colonialisme. Ils vivent à leur façon les révoltes des étudiants sur les campus américains, les péripéties du mouvement de mai 1968 à Paris. Les plus ardents s'initient à la contre-culture, fondent des revues clandestines, se livrent au terrorisme. Les syndicats de travailleurs multiplient les revendications et prennent une part active à la lutte des jeunes en faveur de la langue française, de l'indépendance politique, etc. L'oppresseur a pour noms « capitalisme », « classe dominante », « État », bref, « système ».

La contestation radicale représente pour les pouvoirs et les sociétés qu'elle menace un défi d'autant plus redoutable qu'elle vise non seulement leur fonctionnement, mais aussi leur structure, sinon le régime lui-même. La contestation provoque des conflits souvent difficiles à résoudre. Tout comme le changement social, elle n'est ni bonne ni mauvaise en soi. Chacune est un cas d'espèce. Dans les régimes politiques, qu'ils soient démocratiques ou totalitaires, la contestation remplit souvent des fonctions utiles, voire nécessaires. Quand elle est surmontée, elle représente une source d'intégration sociale de première importance. Elle enrichit la société et la dote de ressources renouvelées lui permettant de poursuivre son mouvement historique. Ainsi :

> [...] l'histoire humaine démontre que, en règle générale, le conflit contribue à la bonne santé des sociétés : il rompt des équilibres depuis trop longtemps stables et il constitue en même temps l'un des principaux modes de régulation sociale. Les sociétés stagnent si la manière dont elles sont dirigées ne suscite pas des individus et des groupes déçus, mécontents et, dès lors, contraints en quelque sorte de la transformer. Elle révèle aussi que les droits personnels et collectifs furent et sont encore le fruit de la protestation des opprimés contre des dirigeants satisfaits des avantages que leur procure la jouissance de leurs privilèges[14].

La contestation aurait-elle dérouté la Révolution tranquille ? Que serait devenu le Québec, après 1965, si une dure contestation ne l'avait pas secoué ? Une fois l'impulsion initiale de la Révolution tranquille épuisée, le Québec se serait-il assoupi dans le ronronnement de la poursuite des réformes amorcées ou annoncées ? Ou encore, se serait-il enfoncé dans un nouveau conservatisme alors que le besoin de réformes était toujours aussi pressant ?

La Révolution tranquille se heurte à des oppositions dès les débuts : fondation du Rassemblement pour l'indépendance du Québec en 1960, premières manifestations du Front de libération du Québec en 1963. Cette opposition est radicale et tenace. À moins qu'ils ne soient aveugles, les dirigeants de la Révolution tranquille ne peuvent faire autrement que de s'en apercevoir. Andrée Fortin écrit : « À compter de 1967 la Révolution tranquille s'essouffle dans la contestation[15]. » Il est certes insensé de considérer le déferlement de critiques qui se produit dans l'ensemble du Québec comme une simple prolongation de la Révolution tranquille. Mais l'élan initial se fige en cessant d'être tranquille ou, plutôt, il se projette peut-être dans une autre direction, retrouvant autrement son impulsion qui s'était affaissée.

L'inaptitude des dirigeants à résorber les conflits sociaux alimente la contestation. Des revendications radicales ou même banales qu'ils ignorent ou bafouent entraînent un état de crise. Stimulées par la déception ou la colère, les revendications s'amplifient. Les causes qui les ont engendrées deviennent secondaires et, d'amplification en amplification, aux revendications mineures succèdent des mouvements qui ébranlent la légitimité du régime politique, ainsi que des manifestations houleuses et des affrontements avec les forces de l'ordre susceptibles de dégénérer en désobéissance civile, en terrorisme, en guerre civile ou en révolution.

L'État libéral et démocratique moderne et ses appareils ne survivent aux bouleversements sociaux que parce qu'ils sont dotés d'une faculté d'intégration des oppositions virtuellement illimitée. Élections et partis, consultation, participation, concertation, cogestion même permettent à diverses formes d'opposition, sauf les plus radicales peut-être, de s'exprimer, de s'articuler à la formule politique dominante, voire de se substituer à cette dernière. L'État dispose en outre d'un arsenal de procédés moins nobles mais souvent plus efficaces : récupération et marginalisation des contestataires par la menace, le chantage, la rétribution sous forme d'argent ou d'emploi, la persuasion, la propagande, le contrôle de l'opinion, l'infiltration et, en dernier recours, la répression (brimades, arrestations, emprisonnements). Le pouvoir formel de contraindre n'est toutefois efficace que si l'État sait en user d'une façon modérée, mais sans pusillanimité non plus. Il convient de citer le propos sagace de Jean-Jacques Rousseau : « […] le plus fort n'est jamais assez fort pour être toujours le maître, s'il ne transforme sa force en droit et l'obéissance en devoir. […] Sitôt qu'on peut désobéir impunément, on le peut légitimement […]. Convenons donc que force ne fait pas droit, et qu'on n'est obligé d'obéir qu'aux puissances légitimes[16]. » Retenons cette observation de Rousseau, car de nombreux événements qui se produisent au Québec comme ailleurs démontrent sa pertinence. Mais il faut savoir évaluer correctement les délits et les sanctionner selon une juste mesure.

Les formes que revêt la contestation pour s'exprimer au cours de la Révolution tranquille, et plus spécialement de 1968 à 1976, sont-elles excessives par rapport aux dérobades et aux mensonges des dirigeants ? Sont-elles proportionnées aux déceptions ressenties ? Les conditions particulières de l'époque, ici comme ailleurs, les amplifient-elles démesurément ? La répression politique que les classes dirigeantes réclament et qu'elles acclament déroute la Révolution tranquille.

Bien des formes de contestation, surtout parmi les étudiants, sont globales, sans cible précise. Elles visent le « système », c'est-à-dire l'ensemble des composantes de la société qu'elles estiment de connivence avec l'État, lui-même jugé répressif. Le délire contestataire se dissipe dans les grèves, l'occupation de locaux, les conciliabules, les écrits et les actions terroristes, apparemment sans gain permanent pour les contestataires et sans profit pour la société. En grande partie, la contestation s'enlise dans ses contradictions, ses revendications globales, ses accusations mesquines portées contre les personnes et les institutions.

Ces révoltes ne manquent pas de pertinence pour l'époque. Ce que les contestataires condamnent, sans parvenir à formuler clairement pour eux-mêmes et pour les autres les motifs de leur colère, c'est un régime de société qui en est venu, dans une très large mesure, à dépendre de critères de jugement relevant d'une rationalité instrumentale généralisée et contraignante, alors que chez eux prédomine une rationalité culturelle ou sociale. Leur vision du monde et de la vie relève non pas de l'idéologie, mais plutôt de l'utopie, dans le sens qu'en propose Raymond Ruyer : « […] un exercice mental sur des possibles collatéraux […][17]. » Quoi, sans doute, de plus conforme à leur mode de raisonnement et aux sources de leur sensibilité que la poursuite de leur vague projet d'un « système de remplacement » ? Quoi de plus éloigné de l'espace et du temps réels de ces années, de moins réalisable dans les conditions existantes ? Quels éclatants signaux d'alarme perdus, par contre, pour des dirigeants jugés « unidimensionnels[18] », claustrés dans l'économisme, le technocratisme et le pragmatisme ?

III. LA RESTAURATION D'UNE SOCIÉTÉ

Dans les années 1950, les intellectuels et les chefs de file des secteurs dynamiques de la société québécoise déplorent, d'une même voix, le retard des Canadiens français dans la plupart des domaines. Ce retard, ils le constatent non seulement au regard des pays occidentaux qui ont accédé à la modernité aux XVIIIe et XIXe siècles, mais également par rapport aux anglophones québécois et surtout à la province voisine, l'Ontario[19]. Et ils s'interrogent : comment rénover, restructurer la société, comment la conformer au modèle de la modernité ? Les artisans de la Révolution tranquille vont s'attaquer à ce problème. Les obstacles sont levés. L'emprise de l'Église se relâche, le pouvoir politique n'est plus retardateur. De quels moyens disposent-ils désormais pour accélérer la modernisation ? Les ressources endogènes se révèlent inadéquates, puisque l'objectif visé est un changement de cap. Ceux qui ignorent ou méprisent leur histoire, qui ont ressenti le besoin de rompre avec les anciens et ceux qui ont recueilli leur legs et qui le perpétuent, il va de soi qu'il leur revient de mettre en œuvre les idées modernistes qu'ils ont exposées pour combattre l'ancien régime. C'est de nouveau vers l'extérieur qu'ils vont se tourner pour le choix des moyens et des fins[20].

De nombreux courants étrangers s'insinuent dans les idéologies et les institutions canadiennes-françaises de l'ancien régime. Mais les pouvoirs dominants et les élites filtrent les rapports, ils les conjuguent avec le mouvement propre des structures et la hiérarchie des valeurs de la société. À tous les ports d'entrée aussi bien qu'à tous les carrefours, des sentinelles vigilantes veillent à ce que les changements s'harmonisent avec la durée.

Une société qui estimerait que son avenir dépend du rejet de la tradition se priverait de ses racines et s'étiolerait. Privés des balises familières, ses membres s'agiteraient de façon désordonnée. Au lieu de se bâtir comme un édifice bien structuré, cette société deviendrait une tour de Babel. Ainsi que l'écrit Georges Balandier, «toute transition, quelle que soit son ampleur, ne peut tout abolir ; pas plus que la révolution ne peut tracer une coupure totale[21]». Il serait tragique pour un peuple de conclure à l'inutilité, voire à la nocivité de son passé. Une brisure aussi profonde, une société peut-elle la perpétrer ?

S'interrogeant sur les conséquences de la Révolution française, certainement le phénomène le plus marquant des temps modernes, Tocqueville écrit : « Quelque radicale qu'ait été la Révolution, elle a cependant beaucoup moins innové qu'on le suppose généralement[22]. » François Furet confirme ce jugement : « La continuité de l'histoire de France a effacé les traces de ses ruptures[23]. » Une autre grande révolution de l'âge moderne, la Révolution russe, malgré les bouleversements de tous ordres qui l'ont ponctuée, n'a pourtant pas non plus effacé complètement le passé. Ivan IV le Terrible (1530-1584) revit dans la personne de Staline[24].

Les Canadiens français n'aiment pas leur passé et ne l'ont probablement jamais aimé. Notre littérature est remplie de gémissements, de désespérances à son sujet. Ainsi, Marie Desjardins écrit : « De toute évidence, les jeunes sont littéralement écœurés des vaines complaintes, des molles revendications, des griefs mesquins, des sanglots longs des héros (quelle pitié !) de notre littérature[25]. »

Nous pouvons pourtant, nous devons pour nous-mêmes et pour la génération montante, retrouver dans les replis du souvenir les traces d'un passé qui ne fut pas seulement tragédie et dépossession, mais aussi, à certaines heures du moins, félicité et conquête. Au cœur de la mémoire, le passé ne meurt pas entièrement. Ses racines se sont étirées, enchevêtrées, greffées, plusieurs ont séché ou ont été extirpées, d'autres restent vivaces. Sous le poids des circonstances et des projets des humains, des bribes valables de savoir, des parcelles riches d'émotions refoulées émergent. Néanmoins, un tri s'impose. L'historiographie récente déblaie quelque peu un terroir maintes fois foulé, mais rarement exploré de façon systématique.

Il y a longtemps que la société canadienne-française n'est plus traditionnelle au sens anthropologique et sociologique du terme. De l'arsenal imposant d'idées et d'institutions dont disposait la société traditionnelle, soit la religion catholique, la paroisse, le mode de vie rural et paysan, les notables et la langue française, il n'y a guère que cette dernière qui ait survécu, intacte, aux profondes transformations ayant eu lieu dans tous les domaines depuis le début du XXᵉ siècle. Le destin de la langue française, avec la sauvegarde de la foi religieuse, a toujours été au centre des inquiétudes et des revendications des Canadiens français. Des vieux rêves catholiques et français, seule la langue française peut encore constituer un projet autour duquel la collectivité entière se rassemble. Les Canadiens français se réclament aujourd'hui de la langue française comme on s'accroche à une bouée de sauvetage. Depuis les années 1960, elle est, à certaines heures, devenue un sujet d'angoisse et une cause majeure de sentiments exacerbés et d'actes violents. La conscience croissante du fait que la promotion de la langue française est inséparable de l'élévation du statut économique des personnes qui la parlent et de la nécessité d'une plus grande marge de manœuvre vis-à-vis du gouvernement fédéral exaspère les esprits, surtout parmi la jeunesse et chez nombre d'intellectuels. Les orientations du gouvernement du Québec durant les premières années de la Révolution tranquille nourrissent ces sentiments.

Les transformations qui se produisent dans tous les domaines posent avec une acuité sans précédent le problème de la pertinence du passé pour bâtir le présent et l'avenir. « Dans une période de changement rapide et radical comme celle qu'a connue le Québec ces dernières années, la signification du passé devient cependant plus ambiguë[26] », écrit Guy Rocher.

La modernité a broyé les résidus de la société traditionnelle. S'ensuit-il que toutes les traditions ont été sabordées ou même faut-il constater sans faire un examen plus approfondi que toutes les traditions méritent d'être liquidées ?

Il convient de rappeler, une fois de plus, que sous l'ancien régime, particulièrement au temps de Duplessis, bien des valeurs et des conduites anciennes sont perverties. L'ultramontanisme dogmatique étouffe dans l'esprit l'inquiétude créatrice; le conservatisme politique s'efforce de réduire la société à l'immobilisme; l'ethnocentrisme nationaliste rive les projets d'action à des préoccupations de survivance.

Que devient dès lors la religion dont la mission est d'injecter au peuple un « supplément d'âme »? Que deviennent la famille, l'école, les médias, les collectivités particulières, les mouvements sociaux? Que deviennent les intellectuels? N'y aurait-il plus que l'État pour galvaniser la société? L'État concentrerait-il toutes les sources d'épanouissement individuel et collectif, la religion étant reléguée au rang des préoccupations mineures et le nationalisme étant mis au service des visées politiques? Les artisans de la Révolution tranquille se seraient-ils révélés irresponsables au point d'avoir négligé de s'interroger sur le destin des valeurs ancrées dans la tradition, sur la pertinence des valeurs de remplacement et sur les conditions propices à leur intégration dans une société déjà structurée?

L'engouement pour les valeurs et les pratiques nouvelles au cours de la Révolution tranquille engendra la volonté de mettre au rancart toutes les anciennes façons de penser et d'agir qui, si elles avaient été articulées avec précaution aux emprunts étrangers, auraient favorisé la bonne fortune des réformes nécessaires dans tous les domaines. En les identifiant toutes, sans en faire un examen attentif, aux idées et aux pratiques réactionnaires dont il fallait absolument se départir, les artisans de la Révolution tranquille empêchaient la société d'atteindre la seule véritable grandeur : celle qui aurait perpétué le sens de la durée. En rejetant inconsidérément l'ancien, ils ont dilapidé un patrimoine qui recelait des richesses certaines, malgré le dénuement de ceux qui l'avaient légué, et que, dans notre quête d'une identité nouvelle, nous chercherions aujourd'hui à découvrir.

Dans la phase initiale de la Révolution tranquille, l'État, tel un démiurge, devient le maître d'œuvre, sinon unique du moins toujours principal, de la restauration sociale. C'est à lui seul que l'on confie la responsabilité de secourir la langue française, de promouvoir l'économie, de réformer et d'orienter l'éducation, de raviver la culture, de soutenir les groupes d'action et les mouvements sociaux, de supprimer les inégalités entre les individus et les groupes sociaux, de prévoir l'avenir et de garantir la paix sociale au moyen de la participation et de la concertation. Par la suite, des organisations dynamiques de la société civile, le patronat et la classe d'affaires montante au premier chef, le syndicalisme et divers mouvements sociaux à un degré moindre, prennent graduellement la relève d'un État vacillant dont l'énergie s'est épuisée.

Une interprétation valable du sens de l'évolution au cours de la Révolution tranquille et de sa portée historique doit retenir un facteur du changement que je considère comme le fil explicatif de cette époque : l'irruption d'une rationalité instrumentale, issue de la suprématie croissante de l'économie et de la technique, qui étend son empire sur une large part de la société civile. Sous l'égide du patronat et du monde des affaires, cette rationalité instrumentale envahit la politique elle-même, récuse la rationalité sociale du syndicalisme et de nombreux mouvements sociaux, et refoule à l'arrière-plan les anciennes élites dont la rationalité culturelle avait jusque-là aiguillé l'histoire et balisé le passé.

DEUXIÈME PARTIE

Une société à recentrer

Une question préalable : si la victoire électorale du Parti libéral du Québec, le 22 juin 1960, a vraiment l'ampleur d'un changement de régime, comment en rendre compte? On peut parler de continuité, si l'on porte le regard vers l'organisation du Parti libéral, du côté de l'Union nationale, des créditistes et d'une bonne partie de la population. De rattrapage, si l'on considère l'origine et la nature de plusieurs changements survenus au cours des années suivantes. Ou de rupture, si l'on examine le discours et les énoncés d'objectifs des chefs de file politiques et sociaux progressistes de même que les pulsions radicales au sein de la société civile.

Le renouveau n'éclate pas comme un coup de tonnerre en 1960. Sous plusieurs aspects, le changement sourd de remises en question, de débats et de conflits que l'on observe durant une longue période, jusqu'au rêve, ambigu par contre et vécu par un petit nombre : les patriotes de 1837-1838. Bien avant les années 1950, le changement prend naissance en suivant des voies souvent souterraines, tracées par des individus et des groupes que discréditent d'une main plus ou moins ferme les pouvoirs clérical et politique dominants. La volonté de changement s'enclenche irrésistiblement au cours de la décennie 1950. Nombre de ceux qui réclament le changement et qui en vivent l'amorce ne prennent pas pleinement conscience de la nature quasi révolutionnaire de leurs revendications. D'autres, parmi la génération montante des intellectuels, des dirigeants du patronat, des syndicats, du mouvement coopératif, des dirigeants du Parti libéral du Québec, saisissent et parfois exagèrent le caractère radical des objectifs poursuivis.

Dès 1963, Jean-Marc Léger déclare avec raison :

Ne disons pas que tout a commencé en 1960 : ce serait trop facile et d'ailleurs injuste et simpliste. Constatons plutôt que quelque chose de nouveau a commencé en 1960, plus justement, que quelque chose s'est formé et s'est exprimé, quelque chose qui depuis longtemps était en gestation[1].

L'examen attentif de la société canadienne-française au cours de la Révolution tranquille montre l'ampleur des changements survenus, surtout, bien entendu, par rapport aux idéologies et à la pratique des dirigeants de l'ancien régime, mais même par rapport à celles des intellectuels progressistes des années 1950.

Devenue le discours des nouveaux dirigeants, la valorisation du changement stimule le mouvement des réformes déjà engagées dans les secteurs dynamiques de la société, accroît le sentiment d'urgence et anime la volonté d'action. Le changement est perçu comme un défi permanent qui requiert la mobilisation de toutes les énergies. Il légitime la conviction stimulante d'une rupture avec le passé. Le quasi-délire de mots et de slogans exaltants forgés durant les premières années de la Révolution tranquille contraste avec la stérilité des admonitions des dirigeants de l'ancien régime et avec le pessimisme des intellectuels des années 1950. Bien entendu, les projets de changement scintillent souvent moins que les représentations qu'on s'en fait. Du moins, ces dernières sont stimulantes, contrairement aux représentations dominantes dans les temps révolus qui furent démotivantes.

À l'échelle occidentale, la conjoncture durant la Seconde Guerre mondiale et les années qui ont suivi favorise l'émergence de leaders exceptionnels et de transformations de grande envergure dans tous les domaines. Mais, au Québec, eu égard notamment à la pérennité de chefs conservateurs et autoritaires, le redressement requis tarde à se manifester. Quand se produit le démarrage dans les années 1960, son apparente soudaineté lui confère des allures de révolution.

En 1960 toutefois, les conditions ont bien changé depuis l'accession de Duplessis au pouvoir en 1936 et son retour en 1944. La Seconde Guerre mondiale, dont le déroulement et les conséquences sont tragiques pour l'Europe et la plupart des pays asiatiques, permet à l'Amérique du Nord de retrouver la prospérité que la crise économique des années 1930 a anéantie. Durant les années 1940 et 1950, le Canada et le Québec jouissent d'un essor inégalé depuis les années 1920, dont profitent les Canadiens français. Effervescence technologique, baby-boom, nouvel abandon massif de la campagne pour la ville, forte immigration, transformation des modes de vie, accès généralisé à l'éducation, force de travail de plus en plus nombreuse et mieux formée, restructuration des professions, du patronat, du syndicalisme, prolifération de mouvements sociaux et invention de nouvelles communications conjuguent leurs effets de telle façon que les assises de la société craquellent. Les besoins se font de plus en plus pressants, les exigences de plus en plus précises. Les esprits s'émancipent. Le ralentissement économique qui dure de 1957 à 1961 accroît le nombre de chômeurs — qui passe de 2 % de la population active en 1947 à 6 % en 1959 — et amplifie la demande de réformes.

La conception que Duplessis, à l'instar de la plupart de ses prédécesseurs, a de la politique et du fédéralisme canadien freine l'adoption de mesures propres à stimuler la société civile et l'adhésion aux programmes de l'État-providence, c'est-à-dire l'intervention des gouvernements dans le but de contrecarrer le libre jeu du marché et de promouvoir la justice sociale. Il en résulte des conséquences déplorables pour le développement socioéconomique du Québec et la condition de ses citoyens. Toutefois, sous la pression de la population, Duplessis se résigne à rendre diverses dispositions de l'assistance publique élaborées au Québec compatibles avec les normes fédérales de la sécurité sociale. Il finit même par en adopter certaines, comme dans le cas de l'assurance-chômage en juillet 1959, tout en proclamant que ces mesures représentent des entorses à l'autonomie provinciale.

Une composante majeure de la Révolution tranquille consiste dans la promotion, pour la première fois dans l'histoire, du politique. Mais elles errent, les nombreuses personnes qui affirment que cette promotion résulte de la seule action de personnalités politiques. Certes, celle-ci fut requise et décisive, sans pourtant être exclusive. Loin d'être toujours les instigateurs de la mouvance politique au cours de la Révolution tranquille, les politiciens sont souvent les échos des pulsions au sein de la société civile. Leurs gestes d'éclat influent sur les perceptions que les citoyens et les politiciens eux-mêmes se font du politique. Ces pulsions qui sourdent du corps social contraignent le gouvernement à approfondir le rôle du politique.

Des grèves nombreuses et dures parmi les travailleurs syndiqués et les étudiants du secteur privé et du secteur public — lequel obtient le droit de grève en 1965 —, des graffitis « Québec libre » sur les ponts et les murs des établissements publics, une explosion de mouvements sociaux, des manifestations populaires, un déferlement du terrorisme et une répression musclée marquent cette période que l'on persiste à qualifier de Révolution tranquille.

L'interaction étanche de la dynamique sociale avec la dynamique politique rend malaisée toute tentative visant à cerner la nature de la Révolution tranquille. Sa dimension sociale la prépare ; sa dimension politique l'estampille.

La poursuite harmonieuse du développement socioéconomique du Québec, dans son ensemble et plus spécialement dans sa composante canadienne-française, exige la création d'une gouverne capable d'articuler

les demandes de plus en plus pressantes qui émanent des secteurs dynamiques de la société et dont les effets sur les classes sociales et les esprits
échappent de plus en plus au contrôle des pouvoirs traditionnels.

La volonté de réforme qui s'exprime parmi les dirigeants politiques à
la suite de la victoire électorale du 22 juin 1960 incite à estimer que la composante politique fut le moteur principal du mouvement de la société dans
les années qui suivirent. C'est dans la finalité progressiste assignée au politique que se situerait l'épicentre de la commotion que paraît subir le corps
social. La nouvelle finalité politique semble faire partie intégrante des pulsions jusque-là centrifuges au sein de la société civile, au point que l'on
serait enclin à affirmer que la réforme du politique, notamment dans la
substitution de l'idéologie et de la pratique de l'État-providence à celles du
libéralisme conservateur et régressif de l'ancien régime, aurait entraîné
rien de moins que l'irruption d'un nouveau paradigme. Pourtant, ce fut le
gouvernement fédéral qui ouvrit la voie au plein épanouissement de l'État-
providence au Québec avec le Régime de pensions du Canada, le Régime
d'assurance-maladie et la réforme des programmes de sécurité sociale. En
outre, des secousses internes ébranlaient l'ordre existant depuis des années,
mais la cohésion des dirigeants avait assuré sa persistance.

La société civile exige du gouvernement du Québec qu'il s'aguerrisse,
qu'il remplisse presque toutes les fonctions d'un État, même si son statut
constitutionnel est celui d'une simple province du Canada. Cet État, ce
n'est pas dans un vide social qu'il va s'étoffer et agir. Au contraire, il s'insé-
rera dans une société qui lui préexiste, avec laquelle il entretiendra des rapports dialectiques.

Les attentes sont illimitées. Les composantes dynamiques de la société
réclament depuis des années que leur gouvernement légitime les valeurs
émergentes, qu'il intègre et consolide les changements survenus, qu'il
transmue en une unité d'action leurs efforts fragmentaires et dispersés,
qu'il les mobilise dans la réalisation des projets qu'elles nourrissent mais
sont impuissantes à réaliser seules, qu'il se révèle suffisamment efficace
pour prendre les décisions nécessaires et contrôler leurs effets. La poursuite
harmonieuse du développement social exige impérativement une gouverne soucieuse d'articuler d'une manière ordonnée les pulsions sociales
surgissant de toutes parts et dont les conséquences pour les institutions, les
classes sociales et les individus sont aléatoires.

Ce n'est pas par hasard que la Révolution tranquille s'amorce durant
les cent jours du gouvernement Sauvé qui, pourtant, ne dispose comme
moyen d'action que du vétuste appareil politique de l'Union nationale.

Son célèbre « désormais » entend signifier que le gouvernement doit s'aguerrir de façon à orienter et discipliner une société en ébullition. Le principal mérite du gouvernement est de favoriser l'éclosion des changements qui se produisent dans les secteurs dynamiques de la société, de la technologie à la culture, et qui touchent tous les Québécois. C'est sous l'impulsion du politique que certaines transformations majeures s'effectueront au sein de la société civile.

Comme on l'a déjà vu, la reconstruction de l'État favorise la rénovation du tissu social. L'espace public s'étend et imprègne des pans entiers de la société civile. Il corrige la faiblesse de l'armature de la société québécoise en prenant appui sur ses composantes plus dynamiques et les entraîne dans sa vaste mouvance. Il enserre la vie des individus. Pour la première fois, ceux-ci deviennent pleinement des citoyens et se perçoivent comme tels. Ils s'apprivoisent à la politique, ils apprennent à contrôler leur gouvernement, à évaluer les personnalités politiques au-delà des affinités partisanes. Leur conscience civique s'épanouit. Ainsi que l'écrit Daniel Jacques :

> L'État fut chargé de la tâche d'épurer le corps de la communauté des traces malheureuses de notre passé et de conformer le corps social à la mesure de ces idéaux nouveaux. Les nouveaux programmes de l'État, tout en facilitant l'institution d'une plus grande justice sociale au sein de la société québécoise, produisirent une mutation des rapports humains dont nous n'avons pas encore mesuré l'ampleur réelle[2].

Des relations dialectiques s'établissent entre le corps politique et le corps social et produisent des effets d'entraînement. En même temps que les Québécois découvrent le politique comme pouvoir réel, les changements dans les composantes de la société civile leur procurent de nouvelles conditions de vie. De nombreux aspects de la vie collective — l'économie, les services sociaux, la santé et l'éducation — se transforment, l'organisation sociale dans son ensemble s'en trouve modifiée. La nature de la Révolution tranquille, on doit la rechercher non seulement dans les projets et les réalisations politiques, mais aussi dans la mouvance de la société civile.

Les transformations qui se produiront dans tous les domaines toucheront le Québec dans son ensemble et tous les Québécois. Le redressement requis, bien qu'il soit majeur, n'exigera pas une somme d'énergie démesurée. La composante anglaise de la société québécoise vit au rythme de l'Ontario et des États-Unis. Eu égard aux retards accumulés dans de nombreux secteurs d'activité, les Canadiens français seront souvent les bénéficiaires privilégiés du renouveau.

En 1960, les assises de la société canadienne-française sont encore fragiles. Dans les secteurs dynamiques, elle tente d'emboîter le pas aux autres sociétés nord-américaines. Pour le reste, elle suit le mouvement avec passivité. Les besoins de cette société sont pourtant immenses : renforcer ses bases technologique et économique ; contribuer à la concorde parmi les classes sociales et les groupes d'âge, réformer l'éducation à tous les niveaux, veiller à la paix linguistique tout en haussant le prestige et l'usage du français, contribuer à relever la confiance des Canadiens français en eux-mêmes et accroître leurs chances de succès dans tous les domaines, adapter les valeurs et le sens de la nation aux exigences d'une société qui s'oriente vers le changement.

Contrairement à ce qu'estimait Karl Marx, un nouvel ordre social n'émerge pas nécessairement de la gangue du vieil ordre. Des changements d'une grande ampleur nécessitent un ancrage ferme dans les secteurs dynamiques de l'ancienne société, et des greffes sur les valeurs et les conduites attrayantes de l'extérieur sont souvent requises.

Pour la société canadienne-française, les greffes sont d'autant plus aisées et naturelles que celle-ci a toujours été perméable aux influences étrangères. La Grande-Bretagne, la France, les États-Unis et l'Église catholique ont marqué en profondeur les idéologies et les institutions de l'ancien régime. Il serait naïf de croire que la Révolution tranquille puise tous les ressorts de son dynamisme dans le seul terroir de la société canadienne-française. Au contraire, les emprunts sont probablement plus massifs et certes recherchés de façon plus fébrile qu'auparavant. Ainsi, les catholiques endossent avec un enthousiasme imprudent les réformes du concile de Vatican II, les amplifient même, ce qui contraste avec le passé alors que les évêques recouraient à une panoplie de sanctions ecclésiastiques pour parvenir à imposer leurs visées ultramontaines. Depuis la Conquête anglaise, la France avait rarement affirmé sa volonté d'une présence tangible ici jusqu'au séjour en France de Jean Lesage en 1961, à l'inauguration de la Maison du Québec à Paris, aux ententes bilatérales qui ont été conclues, notamment dans le domaine de l'éducation, et à la visite du président de Gaulle en juillet 1967 à l'occasion de l'Exposition universelle *Terre des hommes.*

C'est aux États-Unis surtout que les artisans de la Révolution tranquille empruntent les modèles jugés propres à affirmer l'idée et la pratique de la démocratie, de même que la plupart des moyens devant guider la réforme des institutions, comme le système d'éducation, la fonction publique, la gestion des entreprises et la culture populaire. Les influences américaines imprègnent en profondeur le nouveau tissu social du Québec. Elles s'exercent de toutes les manières imaginables : par un choix délibéré, par une invasion plus ou moins brutale ou par une voie souterraine. Le gouvernement américain, attentif depuis le début aux événements qui se déroulent au nord de sa frontière, redouble sa surveillance. L'ambassadeur des États-Unis à Ottawa, le consul général des États-Unis à Montréal et celui du Québec envoient régulièrement au Département d'État à Washington des rapports sur les orientations du gouvernement, sur l'action des mouvements indépendantistes et sur René Lévesque[3].

Le sentiment de l'urgence des réformes incite les maîtres d'œuvre de la Révolution tranquille à relâcher leur vigilance. Leur objectif principal est d'accélérer le rythme du changement au Québec et dans la société canadienne-française en particulier. Le rythme et l'ampleur des emprunts croissent en même temps que le souci et la faculté de les assimiler diminuent. Les changements radicaux qui ont lieu au Québec placent ce dernier, bien plus que dans le passé, dans l'œil des autres. Ottawa, Washington, Paris, le Vatican sont aux aguets. Ils s'émerveillent ou s'inquiètent des courants d'idées et des événements qui se produisent ici et qu'ils ont pourtant eux-mêmes balisés différemment. Les promoteurs de la Révolution tranquille cherchent à obtenir de ces autres la reconnaissance du Québec, en particulier dans sa dimension canadienne-française. Se mirer en eux donne l'illusion que le Québec se grandit à leur mesure. C'est là un procédé plus ou moins conscient du minoritaire face au majoritaire, du petit à l'égard du plus grand.

Mais être dans le champ de vision des autres, se nourrir de l'extérieur plutôt que de ses propres réserves n'est pas sans danger pour une société. Plus la quantité ingurgitée est grande, plus la qualité diminue. En outre, emprunter, c'est se placer sous la surveillance intéressée de son créancier. Pour une société petite et encore fragile, le faire sans se soucier des effets sur son mode de vie et sur son métabolisme, c'est risquer la perte de son authenticité, l'aliénation tout en nourrissant l'illusion d'une libération.

La Révolution tranquille se déroule dans une période de grands bouleversements à l'échelle planétaire. Bien des influences d'origine extérieure s'infiltrent au sein de la société civile. Parmi la fraction de la jeunesse qui aspire à l'indépendance politique du Québec et qui, dans nombre de cas, choisit la voie du socialisme sous des formes diverses — marxisme-léninisme, maoïsme ou castrisme —, plusieurs s'extasient devant la décolonisation qui s'effectue dans plusieurs pays du tiers monde. Ils condamnent l'intervention militaire des États-Unis au Viêt-nam. Les révolutions algérienne, chinoise, cubaine et en Afrique noire incitent un petit nombre au terrorisme. Black Panthers, contestation étudiante dans beaucoup d'universités américaines, printemps de Prague (1968), mouvement de mai à Paris (1968) se répercutent dans les collèges et les universités du Québec. Les procédés divergent mais les motifs, ramenés à l'échelle canadienne-française, se ressemblent. Les soubresauts qui se produisent ailleurs revêtent ici une portée mystique : de nombreux jeunes placent au rang des Kennedy, de Gaulle, Jean XXIII et Martin Luther King des figures comme celles de Mao, Castro, Che Guevara et Malcolm X.

Une attention disproportionnée qui serait apportée aux influences exogènes de la dynamique de la société canadienne-française après 1960 conduirait à voiler les facteurs endogènes de sa restructuration, ceux qui émanent de son propre fonds, de son intégration au Québec dans son ensemble et de son articulation au régime fédéral canadien. Je veillerai à ne pas commettre cette distorsion.

Les antécédents de la Révolution tranquille comme son déroulement furent une œuvre collective. Le projet de société qui germe dans les années 1950, et dont plusieurs éléments étaient déjà esquissés bien avant, les idées qui s'épanouissent dans la décennie suivante proviennent des intellectuels, des organisations dynamiques, des politiciens qui aspirent à la pleine liberté de pensée et d'expression dans tous les domaines, et qui cherchent les moyens d'épurer la société des tares du régime en place depuis plus de cent ans. Durant les belles années de la Révolution tranquille, le Québec est un véritable laboratoire d'expérimentations multiples, les unes couronnées de succès, les autres laissées en plan ou aboutissant à des échecs.

Qui furent les « pères » de la Révolution tranquille ? Cette question que l'on pose constamment donne lieu à dix ou vingt réponses plausibles, comme le montre la série de colloques sur « les leaders politiques du Québec contemporain ». Qui fait l'histoire ? Les chefs ? Ou bien les mouvements sociaux, les classes, les structures ? « Les hommes font leur propre histoire, dit Karl Marx dans le *18 Brumaire de Louis Bonaparte,* mais ils ne la font pas dans des conditions qu'ils choisissent eux-mêmes[4]. » Ce sont les circonstances, la passion mise au service d'une cause à laquelle ils croient, l'aptitude à « se corriger en fonction de ses propres erreurs[5] » qui permettent aux dirigeants de se révéler grands aux yeux de leurs contemporains et, d'abord, à leurs propres yeux. Tout mouvement historique de grande envergure entraîne le surgissement de nombre d'individus et de collectivités. Il importe de distinguer les pionniers des artisans et ceux-ci des héritiers, exécutants, profiteurs ou victimes.

Si les circonstances l'avaient favorisé, Adélard Godbout, premier ministre du Québec durant les années de la Seconde Guerre mondiale (1939 à 1944), serait peut-être parvenu à secouer le vétuste appareil du gouvernement du Québec et du Parti libéral pour amorcer des changements sociopolitiques durables dans les domaines de l'agriculture, de l'éducation, des relations ouvrières et de la fonction publique. On lui doit le droit de vote accordé aux femmes en 1940 et leur éligibilité aux postes électifs, la nationalisation de la Montreal Light, Heat and Power et l'électrification rurale, l'instauration de la gratuité de l'enseignement primaire, l'obligation de fréquenter l'école jusqu'à seize ans et l'élévation du niveau général de l'éducation, la création du Conservatoire de musique et d'art dramatique, etc. Malgré ses interventions visant à favoriser l'autonomie du Québec, il ne put contrecarrer les empiétements du fédéral dans des domaines que la Constitution réservait aux provinces ni résister aux contrecoups de la crise de la conscription, à la hargne du *big business* et, peut-être davantage, aux dénonciations le traitant de libre-penseur de la part des élites cléricale et politique conservatrices qui sentaient leur hégémonie menacée (notamment dans le domaine de l'éducation) par les visées progressistes de Godbout. La création de la Commission du service civil était une menace pour le « patronage », pratique séculaire si profitable aux amis du pouvoir établi, qu'il soit conservateur ou libéral. Les revanchards de l'Union nationale et les nationalistes regroupés essentiellement sous la bannière du Bloc populaire triomphèrent du Parti libéral de Godbout aux élections générales du 8 août 1944[6]. La victoire de Duplessis sonna la fin des projets de réforme sous l'égide du politique et le retour du favoritisme effréné de l'ère Taschereau.

Georges-Émile Lapalme est probablement celui qui a le mieux formulé les objectifs qui seront au cœur de la Révolution tranquille. Piètre politicien, il fait figure de nain auprès de Duplessis. Lui qui méprise les intellectuels qui boudent le Parti libéral, il synthétise d'une façon magistrale leurs idées, en 1959, dans un texte qui sert de référence aux rédacteurs du programme libéral de 1960[7].

En ce qui concerne Jean Lesage, sa connaissance des objectifs et du fonctionnement du gouvernement fédéral dont il a été ministre du Nord canadien et des Ressources naturelles de 1953 à 1957, sa belle prestance, sa capacité de se faire lui-même, souvent après de fortes dénégations, le porte-parole principal des mesures progressistes de ses meilleurs ministres, sa manière concrète de promouvoir l'autonomie du Québec, son art d'énoncer des formules choc propres à galvaniser l'opinion, tout cela justifie son titre d'indispensable catalyseur de la Révolution tranquille durant quatre ou cinq ans.

Jean Marchand, le père Georges-Henri Lévesque, André Laurendeau, Maurice Lamontagne, les intellectuels progressistes, ceux-là et d'autres qui ont vécu dans le cadre contraignant du régime Duplessis et dénoncé ses tares sont également des pionniers identifiables et souvent identifiés de la Révolution tranquille. Ils œuvrent au sein d'organisations progressistes qui leur servent de soutien : les syndicats, la Faculté des sciences sociales de l'Université Laval, l'école historique de l'Université de Montréal, *Le Devoir*, *Cité libre* et le Parti libéral du Québec[8]. En outre, le secrétaire d'un syndicat, le gérant d'une coopérative, l'agronome, le journaliste et toutes personnes qui ont exercé des fonctions obscures mais essentielles dans les organisations progressistes sont des acteurs nécessaires du renouveau.

Par contre, certains de ceux qui ont le plus contribué au déclenchement de la Révolution tranquille, comme Pierre Elliott Trudeau, dénoncent ce qu'ils considèrent comme ses excès et, afin de lui faire échec, rallient finalement le Parti libéral fédéral.

Jean Lesage et quelques membres de son équipe, comme René Lévesque, Paul Gérin-Lajoie et Eric Kierans, sont les artisans de la composante politique de la Révolution tranquille. À leur suite, Daniel Johnson et certains collaborateurs, tels Jean-Jacques Bertrand, Jean-Guy Cardinal, Jean-Noël Tremblay et, à un degré moindre, Robert Bourassa, et des ministres, tels Jean-Paul L'Allier, Guy Saint-Pierre et Claude Castonguay, prennent la relève. Que certains soient des vedettes fougueuses et d'autres de sobres acteurs, à vrai dire cela importe peu. Mais que serait l'envergure de leurs actions sans l'émergence d'une nouvelle élite qui se substitue à l'ancienne, sans les intellectuels, les dirigeants des organisations dans tous les domaines, sans le concours direct de fonctionnaires, comme Michel Bélanger, Arthur Tremblay, Claude Morin, Roch Bolduc, Jacques Parizeau, Guy Frégault, Éric Gourdeau, Roland Parenteau, Louis Bernard, Roger Marier, André Marier, Yves Martin et combien d'autres ? Que seraient les effets de leurs actions sans l'appui tacite et parfois explicite d'une population capable et souvent désireuse de changement ?

Le rôle des premiers héritiers, ceux qui viennent immédiatement après eux, est de les assister et, devenus à leur tour dirigeants, de suivre leurs traces. Dans les années 1970, arrivent ceux qu'on surnommera les « parvenus de la Révolution tranquille », ceux qui se complairaient à profiter des acquis et à tout mettre en œuvre pour les perpétuer. Enfin, survient la génération montante qui s'insurge contre les « privilèges » dont jouissent les aînés, privilèges dont ils s'estiment privés tout en devant en assumer le poids. Ainsi va l'histoire. Les nouveaux venus cherchent à se dégager des conséquences fâcheuses attribuées à tort ou à raison à l'œuvre de leurs aînés[9]. Il se peut que leurs efforts les conduisent, qu'ils en soient conscients ou non, à forger les matériaux d'une prochaine révolution[10], matériaux sans aucun doute bien différents de ceux dont disposaient les promoteurs de la Révolution tranquille.

Un examen, même succinct, du recentrage de la société québécoise au cours de la Révolution tranquille impose un premier devoir : celui d'englober l'espace public et d'en révéler toute la visibilité, ce que les politologues américains appellent *political salience*. Le schéma suivant illustre ma représentation de cet espace.

L'espace public politique

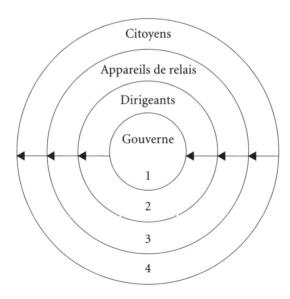

Je distingue quatre paliers de l'espace public. Les cercles concentriques indiquent la position et la nature de l'action de ces paliers. Le cercle intérieur comprend la gouverne proprement dite, c'est-à-dire les quatre fonctions de l'État moderne : le gouvernement, la législation, l'administration et le judiciaire ; le deuxième cercle regroupe les dirigeants des appareils de relais ou d'intermédiation : les partis, les groupes d'intérêt et les mouvements sociaux ; le troisième, les membres de ces appareils ; enfin, le quatrième cercle correspond aux citoyens qui participent de diverses manières au processus politique : consultations et opinions publiques. Les lignes brisées par des flèches qui traversent les paliers soulignent le rapport d'influence entre chaque catégorie d'acteurs de la gouverne aux citoyens et, inversement, de ceux-ci aux membres de la gouverne. Ces rapports d'influence déclenchent la dynamique qui donne une impulsion à l'espace public politique.

Je me garde bien de restreindre mon champ d'investigation à la seule gouverne, quelle que soit l'ampleur de son rôle. Un tel procédé ne couvrirait qu'une partie du champ de la réalité, en plus d'exclure les courants externes qui influent sur le cours des événements sans le concours ou à l'insu de la gouverne.

Dans cette partie, je ne me propose pas de faire une analyse exhaustive du recentrage de la société civile ni de la reconstruction de l'État pendant les années 1960-1976. Il serait redondant d'insister sur les modalités de la réorganisation du gouvernement et de l'administration publique, la vie parlementaire, les partis et les élections, la fiscalité, la création des nombreuses régies et entreprises publiques, les réformes sociales, les relations internationales et les relations fédérales-provinciales. Il existe d'excellentes biographies sur la plupart des personnalités de cette période ; de même, des ouvrages sur tous ces sujets s'étalent sur plusieurs rayons des bibliothèques. Tous les jours, de nouvelles publications leur sont consacrées. Et, d'ailleurs, il serait saugrenu de les considérer méticuleusement : leurs effets, bénéfiques ou pervers, se prolongent jusqu'à aujourd'hui et continueront à influer sur les conditions de demain. Dans la suite de cet ouvrage, je ferai état de certains de ces sujets chaque fois qu'ils seront utiles à la compréhension des thèmes traités.

Les gouvernements qui se succèdent au Québec s'activent à glorifier le sens de l'État du Québec auprès d'une population dont l'expérience qu'elle a du politique l'incite au contraire à le déprécier. Leur approfondissement des conditions que l'État du Québec doit remplir pour répondre aux besoins et aux aspirations des citoyens, particulièrement les Canadiens français, les conduisent à conclure qu'il est nécessaire de réviser en profondeur le rôle et l'organisation de l'espace public québécois et à réclamer du gouvernement fédéral des réformes institutionnelles et constitutionnelles majeures, d'où la vigueur des revendications auprès du gouvernement fédéral.

La volonté de changement qui s'exprime au Québec amène le gouvernement fédéral, à l'instigation des Québécois, à s'interroger sur la pertinence de la rénovation de son appareil politique et administratif et sur celle de la Constitution canadienne elle-même : il crée la Commission royale d'enquête sur le bilinguisme et le biculturalisme.

La présente partie se divise en trois chapitres portant sur les sujets suivants : le néo-nationalisme ; les pulsions au sein de la société civile ; la valorisation du politique.

CHAPITRE III

Le néo-nationalisme

Un intense nationalisme est une des forces motrices de la Révolution tranquille. Il revêt plusieurs aspects : le nationalisme que diffusent les gouvernants, les différents types de nationalisme que propagent les mouvements sociaux. Chez plusieurs, il est l'objet d'un culte analogue à celui que les Canadiens français professaient envers la religion chrétienne aujourd'hui déclinante. Il peut s'exprimer sous la forme d'un culte doux sans susciter un délire collectif. Il peut également prendre des formes virulentes. Il arrive aussi que le nationalisme survive sous d'autres formes aux causes qui l'ont engendré.

La rhétorique du nationalisme est exaltante. Elle permet une dérobade invitante aux individus qui, plus ou moins consciemment, troquent une analyse réfléchie des faits contre des représentations subjectives de la réalité. Cette dérobade risque de les conduire à considérer l'idéologie qu'ils ont adoptée comme une fin absolue, comme la vérité. On doit scruter le rapport entre l'imaginaire et la réalité parce que, dans les collectivités comme chez les individus, le nationalisme est perçu comme un aspect de cette réalité et que, à des degrés divers, il influe sur elle, il la colore de diverses manières. Il est noble et enrichissant, notamment pour la culture, mais il s'exprime sur un autre registre que celui de l'analyse rigoureuse des faits et il ne doit jamais se substituer à elle. La nation ne saurait être envisagée comme un cadre susceptible d'enfermer toute la réalité d'une société. Je suis d'orientation libérale et la foi qui me nourrit est celle de la solidarité entre tous les hommes.

Ce néo-nationalisme, même sous les formes que je jugeais constructives, je le ressentais pourtant non comme une chose désirable en soi ou comme un fait de société irréversible, mais comme la résultante de conditions remédiables qui, une fois dissipées, le rendraient périmé. Malheureusement, les conditions qui l'alimentaient, elles, semblent profondément incrustées dans la réalité. Jusqu'à quel point, comment et quand, en dépit des meilleurs efforts, pourraient-elles être corrigées d'une façon convenable?

Si des collectivités insistent pour se définir comme une nation, cela tient certes au fait qu'elles y puisent une source de valorisation, mais aussi au fait qu'elles estiment avantageux de s'en inspirer dans leur propre cheminement culturel, social et politique. « La nation, écrit Jocelyn Létourneau, est une construction mais elle est aussi une référence agissante[1]. »

La victoire libérale du 22 juin 1960 survient au moment où, au sein de la société civile, surgissent des mouvements étrangers à l'ancien nationalisme de résistance que promeuvent, entre autres, la Société Saint-Jean-Baptiste depuis 1843, la Ligue de l'Action nationale depuis 1917 et L'Alliance laurentienne de Raymond Barbeau depuis 1957 qui arbore la devise « Dieu, famille, patrie ».

Ce nationalisme réchauffé répugne à la génération montante des années 1950. Dès 1952, André Laurendeau s'inquiète de l'avenir du nationalisme: Pourquoi « une bonne partie de la jeunesse paraît-elle indifférente ou hostile au nationalisme[2] »? s'interroge-t-il. Plus tôt, il a lui-même répondu à sa question: « Notre nationalisme ne saurait être pleinement efficace, pleinement juste et vrai, que dans la mesure où il s'attaquera aux difficultés sans nombre de la vie sociale, où il s'y retrempera, où il s'y rajeunira[3]. » Il constate plus tard avec un brin de tristesse que « la jeunesse délaisse joyeusement le nationalisme pour se tourner vers le social ».

Les jeunes intellectuels qui s'orientent ainsi vers le social ne rejettent pas pour autant tout nationalisme:

> Il est temps qu'à côté de l'histoire nationale s'élabore une histoire sociale qui reprenne, sous de nouveaux angles, l'expérience politique, économique et culturelle des Canadiens français en tant qu'ils furent des ouvriers, des paysans et des bourgeois, c'est-à-dire des hommes qui ont travaillé et cherché à se définir par rapport aux structures concrètes à l'intérieur desquelles leur existence prenait virtuellement son sens et qui, sans doute, ont aspiré vers certaines formes de libération et de transcendance[4].

De son côté, Fernand Dumont écrit :

> Le nationalisme a masqué trop longtemps ici, comme ailleurs, les problèmes posés par l'inégalité sociale pour que, dans ce combat pour une communauté plus profonde, nous ne trouvions pas à la fois des tâches d'hommes et le visage d'une patrie enfin devenue notre contemporaine[5].

Dans les années 1950, non seulement la génération montante délaissait le nationalisme d'antan, mais encore elle méprisait et dénonçait la politique en vigueur. Elle rêvait d'abattre celle-ci au profit d'une politique se préoccupant des besoins du jour.

Depuis des années, une révision fondamentale secouait le nationalisme traditionnel. Avant toute autre chose, on doit mentionner l'œuvre et l'action d'une équipe dénommée l'« école historique de Montréal », sous la direction de Maurice Séguin, de Guy Frégault et de Michel Brunet. Ces historiens doivent être considérés comme des précurseurs de la recherche récente de l'identité canadienne-française fondée sur des prémisses essentiellement politiques. Cette recherche du soi canadien-français à travers le politique marqua en profondeur l'évolution sociale et politique tout au long de la Révolution tranquille.

Le véritable maître à penser de l'école historique de Montréal, Maurice Séguin, condensa en quelques courtes phrases les principaux arguments sur lesquels s'appuie tout le mouvement indépendantiste :

> L'annexion politique, dans une économie moderne et dynamique, entraîne inévitablement la subordination politique. L'infériorité politique et l'infériorité économique se conjuguent et s'aggravent. La culture elle-même, au sens le plus général du terme, intimement liée aux réalités politiques et économiques, est fortement perturbée au point où on ne peut plus parler, pour le peuple minoritaire, de véritable autonomie culturelle. Pour cette école, l'indépendance politique complète est absolument nécessaire[6].

Le problème, selon Séguin et les autres membres de l'école historique, c'est que cette indépendance, pourtant nécessaire selon eux, est irréalisable.

Rivés sur la rupture que fut la Conquête de 1760, ils estiment qu'elle a signé l'arrêt de mort non seulement d'une colonie, mais d'une société en formation en Amérique. Maurice Séguin décrit sous forme de paradigme les effets pervers de la Conquête :

Un peuple majeur indépendant et un peuple mineur annexé.

Le drame des deux impossibles et de l'inévitable survivance.

— impossible indépendance ;

— impossible disparition ;

— inévitable survivance dans la médiocrité[7].

Michel Brunet reprend ce paradigme en une formule choc qu'il répète sur tous les tons : « Majorité dominante mais incapable d'assimiler la minorité ; minorité viable mais sous tutelle. »

J'ai qualifié la pensée des membres de l'école historique de Montréal de « nationalisme pessimiste[8] ». Fernand Dumont explique l'origine du dilemme impossible auquel aboutit l'école historique de Montréal :

> Chez eux, le nationalisme d'antan s'exaspère ; il devient un diagnostic implacable sur la brisure sociologique que fut la Conquête anglaise. À leur sentiment, il s'agit moins de continuer une pensée nationale affadie que de débrider, par une chirurgie impatiente, un empêchement qui remonte à deux siècles en arrière, de mettre au jour un mal de structure[9].

La victoire libérale du 22 juin 1960 provoque chez les intellectuels une décharge d'adrénaline. Le slogan « Notre maître le passé » s'éteint et un nouveau mot d'ordre, « Notre espoir, l'avenir », embrase les esprits et les cœurs.

Au sortir d'un long et dur hiver, voici le printemps venu. Les intellectuels vont semer dans l'enthousiasme, surveiller la maturation des plants durant l'été, quand le soleil est chaud et que le vent souffle du sud, se hâter d'engranger les fruits à l'automne en craignant le retour d'un autre long et dur hiver pour la vie de l'esprit. Ils ont puissamment aidé à préparer les conditions propices à la pensée et à l'action novatrices, ils doivent participer à la grande œuvre de renouveau à laquelle tous sont appelés à contribuer.

Quelle société de référence le Québec sera-t-il pour la génération montante d'intellectuels, quels rôles s'attribueront-ils au sein de cette société ? Il s'agira pour eux non pas de faire table rase du passé, mais de savoir séparer le bon grain de l'ivraie dans la tradition, d'être les hérauts de la liberté tant pour l'individu que pour la collectivité, d'affronter le nouveau, d'assumer la modernité, de respirer à pleins poumons l'air de l'Amérique en protégeant leur identité, tout autant, mais autrement, que l'ont fait leurs pères avant eux.

La victoire libérale du 22 juin 1960 fait exploser au grand jour la fin du consensus rompu depuis deux ou trois ans parmi les intellectuels progressistes sur les voies à emprunter pour concrétiser leur volonté de moderniser entièrement le Québec. La raison de leur remarquable cohésion durant les années 1950 se résumait à leur opposition commune au régime Duplessis. Celui-ci terrassé, rien ne retient plus la pleine expression de leurs divisions. Leur liberté nouvelle, ils la clament sans délai sous la forme d'un pluralisme éclaté. La crise parmi les collaborateurs de *Cité libre,* l'essoufflement de l'Institut canadien des affaires publiques (ICAP), l'échec du Rassemblement, le coup de moulinet à la Don Quichotte que fut la création par Pierre Elliott Trudeau de l'Union des forces démocratiques sont autant de signes de la fin de leur apparente unanimité[10]. Personne, aucun médium ne fait écho à la suggestion de Maurice Lamontagne, en 1961, d'instituer une organisation progressiste afin de restaurer un semblant d'unité parmi les intellectuels de *Cité libre,* les dirigeants du mouvement syndical, les penseurs du Parti libéral du Québec et les « amis » du *Devoir* de Gérard Filion et d'André Laurendeau. Tous estiment qu'ils travaillent à fonder la modernité sur des valeurs identiques : un humanisme intégral et une démocratie restaurée, ancrée dans la tolérance et la solidarité. Leur perception de ces valeurs et les voies préconisées pour les appliquer divergent.

C'est parmi les intellectuels progressistes que le sens de la Révolution tranquille se précise. Ils deviennent plus nombreux, plus sûrs d'eux-mêmes et ils espèrent exercer une influence sur les décideurs économiques, sociaux et politiques. Ils se voient comme les hérauts d'une société libérale accordée avec les besoins de l'époque.

Sur le plan politique, certains sont des fédéralistes inconditionnels et des antinationalistes ; d'autres, également fédéralistes, cherchent à renforcer la position du Québec au sein du régime fédéral canadien ; d'autres encore pensent que l'épanouissement de la société requiert une rupture plus ou moins complète avec le Canada. S'affirmant de plus en plus au cours des années, plusieurs rejettent le libéralisme, endossent diverses formes de socialisme et prônent de façon plus ou moins soutenue la dissidence jusqu'à préconiser l'éclatement de l'ordre sociopolitique existant.

La Révolution tranquille est le creuset d'un nouveau nationalisme, nationalisme d'affirmation nationale pour lequel l'État doit être le moteur de la promotion des Canadiens français et qui remet en question le fédéralisme canadien. Ce néo-nationalisme, je le ressens dans toutes ses variétés, même celles que je ne partage pas. Je me refuse pourtant à la logique d'une idée posée comme un absolu, à toute représentation de la situation sous la forme d'une idéologie englobante mise au service d'une cause unique : la rupture irréparable d'une société en voie de formation que la Conquête anglaise aurait provoquée ; ou, au contraire, les bienfaits illimités ou les méfaits irrémédiables du fédéralisme canadien au regard du développement du Québec et de la promotion des Canadiens français ; ou, enfin, le remède rédempteur que serait l'indépendance politique. Mais, dans chacune de ces représentations du passé ou de l'avenir du Québec, je cherche le fond de vérité aussi bien que d'illusion qu'elle contient. C'est ainsi que l'adhésion à l'une ou l'autre conception du néo-nationalisme soulève la question de son incidence sur les valeurs de liberté et de justice pour les individus et les collectivités particulières : comment assurer la nécessaire promotion des Canadiens français tout en sauvegardant et en privilégiant le bien commun de la communauté politique québécoise dans son ensemble ? D'où ces nuances, cette ambivalence de ma pensée qui déçoit les personnes qui réclament des solutions claires à des problèmes insolubles, du moins dans les conditions présentes, comme c'est souvent le cas en politique. Par contre, je réfléchis longuement sur les questions intermédiaires, je les analyse et porte sur elles un jugement aussi clair que le permettent les connaissances que j'ai acquises à leur sujet.

Les conférences prononcées à l'occasion du 3ᵉ Congrès des affaires canadiennes en 1963 ayant pour thème « Les nouveaux Québécois » représentent, selon moi, la meilleure expression des courants d'idées, convergents ou opposés, qui s'agitent au début de la Révolution tranquille et se diffusent dans les actions et les décisions des mouvements sociaux, des groupes d'intérêt, des partis et du gouvernement. Les conférenciers sont pour la plupart des figures marquantes de la récente vague néo-nationaliste : Jean-Marc Léger, Charles Taylor, Jacques Parizeau, Bernard Landry, Denis de Belleval, Michel Chartrand, Daniel Johnson et Pierre Laporte. J'ai le privilège d'ouvrir cette conférence, le soir du 5 novembre, en compagnie de Jean-Marc Léger. Les idées exprimées en cette occasion ne résonnent pas dans une tour d'ivoire. Des organisations porteuses de ces idées surgissent de partout. Chacune, à sa façon, marquera le cours des événements dans les années suivantes. Deux courtes citations tirées de nos propos illustrent la vigueur et le contraste des idées qui s'affrontent au cours de cette conférence, reflets fidèles des courants de pensée qui se bousculent dans une bonne partie de la population et au sein du gouvernement.

Jean-Marc Léger s'interroge :

> On nous demande où conduit, où peut conduire le néo-nationalisme ? Il me semble que logiquement il conduit, par étapes plus ou moins rapprochées, et selon des cheminements peut-être imprévisibles, il conduit tout naturellement à

la pleine réalisation de la nation, au passage de la survie à la vie, de la défense à l'action, de la résistance à l'expression et à la création. Il conduit en même temps à la définition et à la construction d'un État national[11].

En février 1964, pour le compte de l'Ordre de Jacques-Cartier, Léger publie le *Manifeste canadien-français,* un document d'orientation souverainiste : « Québec, nation réelle mais anormale, nation de locataires, de minoritaires et de prolétaires dominés et asservis dans leur propre pays », y lit-on, qualificatifs qui se retrouvent presque textuellement dans la chanson de Félix Leclerc *L'Alouette en colère,* écrite au moment des événements d'octobre 1970 : « J'ai un fils dépouillé, comme le fut son père, porteur d'eau, scieur de bois, locataire et chômeur dans son propre pays. » Le principal effet du *Manifeste* sera de précipiter l'éclatement officiel, le 27 février 1965, de l'Ordre aux prises avec de nombreux problèmes d'organisation et d'orientation depuis quelques années déjà[12].

De mon côté, je nuance mon propos. Je déclare que je n'écarte pas la formule séparatiste, mais que je considère, pour le moins, que cette option est prématurée. Je conclus :

> Le néo-nationalisme est fondamentalement sain en lui-même et dans ses conséquences possibles. Il devrait permettre au Québec de s'engager résolument sur la voie du développement, pourvu que des attitudes et des comportements doctrinaires ne viennent pas le stériliser en cours de route et pourvu que nous sachions être diligents[13].

Durant ces années traversées de remous de diverses natures, bien des intellectuels progressistes cherchent dans le discours politique du gouvernement le moteur du développement du Québec qu'ils appellent de tous leurs vœux depuis dix ans. Leur valorisation du politique contraste avec son ravalement durant l'ancien régime. Il contraste aussi avec le mépris que leurs aînés nourrissaient à son endroit jusque dans les années 1950, au cours desquelles, toutefois, ils cherchaient des formules propres à le réhabiliter. Le grand dégel intellectuel, l'enthousiasme délirant dans tous les domaines de la pensée déborde le politique, mais le retrouve à chaque carrefour. « Ce bouillonnement, écrit Laurendeau, dépasse la politique et pourtant ne cesse de l'atteindre[14]. » Dans l'esprit d'un public de plus en plus étendu, certains, surtout parmi ceux qui ont étudié les sciences sociales, deviennent en quelque sorte des gourous. Pourtant, eux non plus ne sont pas doués d'une clairvoyance particulière pour la pratique politique.

S'ils s'en approchent imprudemment, comme tous les autres, ils se brûlent les ailes. Le dommage sera d'autant plus grave que leurs prises de position ou leurs avis mal inspirés auront entraîné les gens qui leur faisaient confiance. Les politiciens exploitent à leur avantage les bonnes dispositions des intellectuels à leur égard. Ils les invitent à se joindre à eux à titre de députés ou de fonctionnaires. Quant à ceux, la plupart, qui ne rallient pas les rangs de la politique active, ils ne les traitent pas de « pelleteux de nuages » comme au temps de Duplessis, ils ne les boudent pas non plus comme le faisait Lapalme à la même époque. Ils les courtisent parce qu'ils expriment ce que, peut-être, une bonne partie du peuple pense sans avoir les moyens de l'exprimer. Ils les redoutent et cherchent à les récupérer afin de les convertir à leur cause ou, tout au moins, de les rendre inoffensifs.

Les intellectuels ne s'acquittent bien de leurs responsabilités à l'endroit de la société qui les nourrit que s'ils savent se ménager l'oasis de réflexion que requiert la pensée critique. Penser d'une façon critique, cela peut revenir à s'associer à des causes aujourd'hui marginales, mais cela dénote un souci d'humanisme, de justice. C'est déformer la vraie vocation de la pensée critique que d'épouser toutes les causes qui dérangent provisoirement les dirigeants et qui retomberont demain dans le néant après avoir fait beaucoup de bruit mais sans aucun effet tangible. Entre Sartre et Aron, je préfère Aron.

Les politiciens désormais s'accaparent les rêves collectifs — ils les transforment, les concrétisent, les fondent dans leurs projets —, particulièrement ces rêves que font et nourrissent les poètes, les romanciers et les chansonniers, ces magiciens de l'imaginaire. Le risque d'une récupération politique est toujours présent, surtout pour ces derniers qui, perdus dans les méandres de la politique, se compromettent, s'adonnent au bricolage, la maculent ou la subliment au gré de leur imagination. Plus enivrante est l'exultation d'une idéologie, d'un mouvement, d'un parti dans leur phase ascendante, plus grand sera le désenchantement quand cette idéologie, ce mouvement, ce parti glisseront vers leur phase descendante[15].

L'État sur lequel glosent plusieurs intellectuels, c'est l'État du Québec qu'ils se représentent comme un État national. Cet État national que l'école historique de Montréal considérait comme désirable mais impossible, peut-être enfin le moment de se mettre à le bâtir est-il venu.

CHAPITRE IV

Les pulsions au sein de la société civile

Le tribut à payer pour les années d'expansion freinée sera lourd. Les organisations ne succombent pas toutes aux appas du néo-nationalisme d'affirmation, mais la plupart en sont marquées à divers degrés. Des organisations nationalistes traditionnelles subissent le contrecoup du courant progressiste de la Révolution tranquille. D'autres se créent, plus ou moins contestataires, dont les fins et l'action, dans certains cas, provoquent des remous qui ébranleront une société aux assises heureusement devenues plus solides que naguère. Je me bornerai ici à esquisser le profil de six de ces organisations : le Crédit social, qui, dans son bref parcours, a vécu une véritable métamorphose idéologique ; la Société Saint-Jean-Baptiste ; le Rassemblement pour l'indépendance nationale (RIN) ; la revue *Parti pris* ; le Front de libération du Québec (FLQ) ; la Commission royale d'enquête sur le bilinguisme et le biculturalisme.

À l'exception du Crédit social et de la Commission royale d'enquête sur le bilinguisme et le biculturalisme, le degré d'institutionnalisation politique de ces organisations est faible ou inexistant. Le Crédit social, œuvrant au fédéral et au Québec, est organique et son intégration au régime politique existant est consenti ; la Société Saint-Jean-Baptiste est organique et son intégration à celui-ci qui est d'abord consenti, devient graduellement tactique ; le RIN et la revue *Parti pris* sont organiques et leur intégration au régime politique existant est tactique ; le FLQ est non organique et s'exclut catégoriquement du régime politique existant. L'action positive ou négative des quatre premières organisations sur des segments ou sur l'ensemble de la société civile exerce sur le régime politique existant des effets plus ou moins perceptibles. Quant au FLQ, le système le réprime et, à la fin, décrétera son illégalité. De son côté, la Commission royale d'enquête sur le bilinguisme et le biculturalisme est de nature organique et son intégration au régime politique est consentie.

I. LE CRÉDIT SOCIAL

Je ne ferai qu'ébaucher la courte mais étincelante odyssée du Parti créditiste au Canada et au Québec. Il ne fut pas un parti dominant mais, en raison de ses étonnants succès électoraux au Québec, il fut fort dérangeant, surtout au fédéral où il empêcha le Parti libéral de former un gouvernement majoritaire de 1962 à 1965. C'est en raison de ses orientations idéologiques que je le considérerai ici. Sous cet aspect, il s'apparente à un mouvement social : fédéraliste bien que de plus en plus nationaliste à Ottawa, il se mue graduellement en une formation quasi indépendantiste au Québec.

Les remous qui se produisent chez les créditistes illustrent d'éloquente façon les soubresauts au sein de nombreuses organisations découlant des conditions du déroulement de la Révolution tranquille. Il s'agit d'un mouvement populiste, illustration de la diversité d'impulsions qui s'agitent dans le Québec profond, rural et populaire.

Les débuts du mouvement créditiste au Québec remontent à la création de la revue *Vers demain,* en 1939, par Gilberte Côté-Mercier et Louis Évens. Cette revue se veut le moyen d'expression d'un courant protestataire populiste de droite. Vouée à la défense des valeurs conservatrices traditionnelles, elle donne naissance à un mouvement connu sous le nom de Bérets blancs, dont le rayonnement est fort restreint. Ce mouvement donne à son tour naissance à l'Union créditiste des électeurs, aussi appelée le Ralliement des créditistes[1].

Sous la direction charismatique du flamboyant Réal Caouette, qui utilise avec grand succès la télévision comme moyen de propagande dans les régions rurales et semi-urbaines, le Ralliement des créditistes s'impose graduellement sur la scène fédérale à la fin des années 1950 et au début des années 1960. Caouette s'allie au Parti créditiste canadien que dirige Robert Thompson et dont l'aire d'influence se limite aux provinces de l'Ouest. À l'occasion des élections fédérales générales du 18 juin 1962, le Ralliement des créditistes obtient 26 % des suffrages au Québec et rafle 26 des 75 circonscriptions, cependant que dans l'Ouest seulement 4 candidats sont élus.

L'ampleur du succès créditiste étonne les organisateurs libéraux et progressistes-conservateurs. Dans Québec-Est, l'ancienne circonscription d'Ernest Lapointe et de Louis Saint-Laurent, Maurice Lamontagne essuie un échec électoral cuisant face à un inconnu, le créditiste Robert Beaulé, un employé de la compagnie des chemins de fer du Canadien National. Lamontagne explique l'impressionnante montée des créditistes par le fait que les idées des intellectuels progressistes ne rejoignent pas le peuple. Je considère plutôt qu'il s'agit d'un phénomène de transition : les intellectuels progressistes ne sont pas encore parvenus à propager leurs idées alors que les élites traditionnelles (vieux politiciens, notables locaux, intellectuels d'arrière-garde) maintiennent leur ancienne emprise sur la population[2].

Le succès phénoménal du parti de Caouette contraste avec l'échec cuisant de celui de Thompson. Caouette revendique la direction du Parti créditiste canadien ou, du moins, le droit à une direction conjointe. Mais, le soir des élections fédérales du 8 avril 1963, le nombre d'élus au Québec n'est plus que de 20 au lieu du succès escompté. Le congrès créditiste de Granby, le 30 août, confirme la rupture entre Caouette et Thompson. En outre, des députés du Ralliement des créditistes, atteints du « virus » néo-nationaliste, annoncent leur intention de s'engager sur la scène provinciale au Québec. Cette réorientation tente Caouette lui-même. Il considère désormais que le Ralliement des créditistes est « un mouvement essentiellement nationaliste luttant pour les Canadiens français au sein de la Confédération ». Il préconise une décentralisation des compétences fédérales dans les domaines de l'immigration, de la monnaie et de la fiscalité. Lui-même persiste cependant à agir sur la scène fédérale.

Au cours de l'année 1963, de violentes secousses ébranlent la cohésion du Ralliement. Ils sont de plus en plus nombreux, les organisateurs locaux et les partisans qui favorisent la création d'un parti à l'échelle provinciale[3].

Le Ralliement national (RN) est fondé en mars 1966 sous la direction conjointe de René Jutras et de Laurent Legault. Son programme est résolument nationaliste, à mi-chemin entre la promotion du statut d'État associé pour le Québec et l'indépendance politique. Il échoue lamentablement aux élections générales de 1966. Un adjoint dissident de Réal Caouette, Gilles Grégoire, est élu président du Ralliement national. En 1968, le parti fusionne avec le Mouvement souveraineté-association que René Lévesque vient de fonder. Ce dernier devient président du nouveau parti, le Parti québécois, en octobre 1968, tandis que Grégoire devient vice-président.

Le 25 janvier 1970, le Ralliement créditiste du Québec est fondé sous la présidence de Camil Samson. Son programme emprunte plusieurs éléments à celui de l'Union nationale sur son déclin, dont une forte teinte nationaliste. Aux élections générales d'avril 1970, le Ralliement créditiste obtient 12,4 % du vote et 12 candidats sont élus. Mais cet élan est de courte durée : les députés de cette formation ne sont plus que deux en 1973. En 1976, Camil Samson est élu comme créditiste et Fabien Roy, à titre de chef d'une nouvelle formation : le Parti national populaire.

Toutes ces compromissions avec diverses formes du néo-nationalisme de la part de protagonistes plus ou moins orthodoxes de la doctrine créditiste produisent chez un certain nombre de partisans un retrait vers les valeurs les plus traditionnelles prônées par les Bérets blancs de Gilberte Côté-Mercier.

En 1971, une dernière dissidence éprouve les créditistes : Yvon Dupuis fonde le Parti créditiste et en devient le président. Un journal bimensuel, *Défi*, est l'outil de propagande du parti[4]. Ce dernier est un échec, mais le journal *Défi* révèle la persistance de l'idéologie conservatrice traditionnelle dans la culture politique de l'époque. Les correspondants de *Défi*, « tribune de la voix populaire », proviennent surtout des milieux populaires et ruraux ; les intellectuels y sont peu nombreux. Le journal rejoint plus de 2 000 abonnés. Il emprunte au Crédit social l'idée de la primauté de la personne et le mépris des « requins de la finance ». Il professe toutes les valeurs morales de la tradition que propageaient les Bérets blancs : respect de l'autorité qui vient de Dieu et que l'ordre établi exerce en son nom, soumission à l'Église et à la religion catholiques, retour à une éducation scolaire se conformant aux valeurs morales et confessionnelles que le système mis en place en 1964 « bafoue », glorification de la sévérité dans le domaine des mœurs, retour aux valeurs familiales que représente l'autorité paternelle, dénonciation des idéologies contraires à une « saine démocratie » : le « communisme anti-chrétien, anti-humain et anti-rationnel », le « socialisme d'État » qu'incarnent la Société générale de financement et Hydro-Québec, la « bureaucratie d'État particulièrement odieuse dans les domaines de la santé et de l'éducation », et ainsi de suite. Le journal suspend sa publication en 1973.

II. LA SOCIÉTÉ SAINT-JEAN-BAPTISTE

La nostalgie de l'ancien consensus parmi les « élites » traditionalistes canadiennes-françaises persiste malgré l'explosion des pluralismes dans les années 1960. Des intellectuels de droite fondent le revue *Tradition et Pro-*

grès (1957-1962) pour dénoncer le courant progressiste que le Parti libéral du Québec nourrit et dont il tire profit. L'Union nationale achète plus de la moitié du millier d'exemplaires de la revue. Sous la direction de François-Albert Angers, la Ligue d'action nationale, dont la revue *L'Action nationale* est le principal véhicule, perpétue la vision conservatrice. Sous la flambée progressiste des années 1960, elle endosse la dimension politique du néo-nationalisme dans son sens graduellement indépendantiste à la façon de Jean-Marc Léger.

Des impulsions de même nature agitent la Fédération de la Société Saint-Jean-Baptiste[5], le principal mouvement voué depuis sa fondation en 1843 à la défense de la société canadienne-française, de la langue française, de la religion catholique et des traditions. Elle se donne pour mission d'éclairer et de guider les gouvernements et la population afin qu'ils aient une claire intelligence et une pleine conscience des problèmes nationaux. En juin 1972, la Fédération devient le Mouvement national du Québec (MNQ)[6].

La Société Saint-Jean-Baptiste de Montréal est de loin la société la plus importante et la plus active du MNQ. Son nationalisme se déleste de son contenu archaïque plus rapidement que d'autres sociétés membres. Son sens politique s'affine davantage. Son objet de référence politique devient « l'État du Québec ». Elle estime posséder en propre les ressources maté-rielles et intellectuelles requises pour la poursuite de ses objectifs spéci-fiques. Des dissensions internes surgissent et s'amplifient entre les parti-sans d'une réorientation du mouvement et la vieille équipe toujours acquise aux valeurs de la tradition. Le 21 décembre 1972, la Société avise le MNQ de son intention de se désaffilier le 31 mars suivant. Des négocia-tions entre Jacques-Yvan Morin, président du MNQ, et François-Albert Angers, président de la Société Saint-Jean-Baptiste, évitent le divorce, mais l'autonomie de cette dernière s'accroît dans les années suivantes au point qu'elle devient une organisation quasi parallèle[7].

Le MNQ continue à intervenir au nom de toutes les sociétés membres quand il s'agit de la défense ou de la promotion de causes d'intérêt général, telle la langue française. Même en ces occasions, la Société Saint-Jean-Baptiste est souvent le principal moteur de l'action. Les autres sociétés membres se bornent généralement à des préoccupations régionales.

La Société Saint-Jean-Baptiste, comme d'ailleurs le MNQ, est un mou-vement élitiste. Un nombre très restreint de personnes, une oligarchie occupant des postes stratégiques dans toutes les organisations nationa-listes, dirige le mouvement. Ainsi, la moyenne d'années de service à titre de directeur général du MNQ est de neuf ans. L'autorité des directeurs généraux est absolue et incontestée. Ils concentrent tous les pouvoirs, contrôlent tous les moyens d'action, et agissent sans demander formellement l'opinion des membres. Les messages et les mots d'ordre sont généralement peu diffusés et trop abstraits pour rejoindre ces derniers. Cependant, tous les endossent. La seule véritable participation des membres consiste en une contribution financière annuelle sous forme d'assurance. Privé de ressources adéquates, le mouvement a une capacité de mobilisation extrêmement faible. Son crédit repose sur la notoriété des dirigeants et leur aptitude à infiltrer les dirigeants de groupes d'action influents.

Les moyens de propagande du mouvement sont principalement de nature symbolique : congrès annuels, colloques, banquets, conférences publiques, célébration de grands événements patriotiques (telle la commémoration de la victoire des patriotes à Saint-Denis en 1837), salut au drapeau, distinctions attribuées à des patriotes (dont la médaille *Bene merendi de patria*), et ainsi de suite. Le mouvement participe activement aux festivités de la Saint-Jean-Baptiste le 24 juin, fête nationale du Québec : feux de la Saint-Jean, défilés, discours, danses populaires. Le rassemblement du 24 juin 1968, à Montréal, auquel était présent Pierre Elliott Trudeau, candidat aux élections fédérales du 25 juin et chef du Parti libéral du Canada, dégénéra en une échauffourée au cours de laquelle Pierre Bourgault, président du Rassemblement pour l'indépendance nationale, fut arrêté.

Chaque congrès annuel se conclut par une série de résolutions. Les seizième et dix-septième congrès de 1962 et de 1963 de la Fédération, qui va devenir le MNQ en 1972, confirment sa volonté de renouvellement. Une première résolution touche l'engagement consistant à dresser le bilan des avantages et des inconvénients pour les Canadiens français de l'indépendance politique du Québec et de ceux qu'entraînerait une refonte radicale de la Constitution canadienne. Dans une deuxième résolution, la Fédération condamne la philosophie du rapport de la Commission d'enquête sur l'enseignement (rapport Parent), l'absence d'une volonté de promouvoir l'éducation nationale et le rôle « excessif » accordé au gouvernement dans la conduite de l'éducation. Une troisième résolution porte sur la reconnaissance du français comme seule langue officielle du Québec et comme langue prépondérante de travail. Enfin, le congrès endosse les propositions sur la fiscalité du chef de l'opposition, Daniel Johnson (père), à l'occasion du débat sur le discours gouvernemental du budget.

Dans le but d'accroître sa présence et son influence, la Société Saint-Jean-Baptiste prend une part active aux fronts communs qui se forment au cours de ces années pour la promotion des intérêts des Canadiens français. Je la soupçonne d'être à l'origine des interventions négatives de treize associations qui, les 26 et 28 août 1963, à l'occasion du débat sur le projet de loi n° 60 portant sur la création d'un ministère de l'Éducation et d'un Conseil supérieur de l'éducation, proposent un amendement dans des termes identiques. Opposées à la création d'un tel ministère, elles recommandent que le Conseil supérieur fasse « effectuer des études et des recherches qu'il juge utiles et nécessaires à la poursuite de son activité par un centre de recherche permanent qui sera institué à cette fin ». François-Albert Angers, directeur de la revue *L'Action nationale,* membre très influent de la Fédération de la Société Saint-Jean-Baptiste, qui est aussi l'intervenant le plus actif au cours de ce débat — sept interventions — et le plus réfractaire à la création d'un ministère de l'Éducation, pourrait bien être l'auteur de cet amendement. La Fédération de la Société Saint-Jean-Baptiste se manifeste à trois reprises ; la Société Saint-Jean-Baptiste de Montréal et celle de Québec, une fois chacune au cours du mois d'août. Elles demandent des garanties pour le maintien du confessionnalisme, l'accroissement des prérogatives du Conseil supérieur aux dépens du ministre, le confessionnalisme des sous-ministres. La Fédération prend position en faveur des amendements proposés par les évêques[8].

En 1968-1969, la Fédération milite au sein du Mouvement Québec français à l'occasion des événements scolaires de Saint-Léonard et de l'adoption du projet de loi n° 63 du gouvernement Bertrand qui permet le libre choix de l'école française ou anglaise.

En 1962, la Société Saint-Jean-Baptiste réclame la convocation des États généraux de la nation. Le 5 octobre 1963, cette demande a des échos à l'Assemblée législative du Québec. Le député Jean-Jacques Bertrand propose la résolution suivante :

> Cette chambre est d'avis qu'un comité spécial devrait être institué [...] pour étudier de quelle façon pourraient être formés et réunis les États généraux de la nation canadienne-française en vue de déterminer les objectifs à poursuivre dans la préparation d'une nouvelle constitution et les meilleurs moyens d'atteindre ces objectifs.

Le ministre Paul Gérin-Lajoie propose d'amender cette résolution afin que soit biffée toute mention de la convocation des États généraux. Dans une entrevue télévisée le soir même, je dis préférer l'amendement de Paul Gérin-Lajoie. Je suggère que le comité parlementaire ait pour mandat de préparer un mémoire à l'intention de la Commission royale d'enquête sur le bilinguisme et le biculturalisme que le gouvernement fédéral vient de créer. Le 7 octobre, par un vote unanime, l'Assemblée législative, en accord avec l'amendement Gérin-Lajoie, institue le comité spécial. Claude Morin est nommé secrétaire de ce comité, qui siégera de façon épisodique jusqu'à la victoire de l'Union nationale en juin 1966. Par la suite, il s'enlisera et ne produira aucun rapport.

De son côté, la Fédération de la Société Saint-Jean-Baptiste poursuit son objectif de susciter la création des États généraux du Canada français. Leur proclamation date de 1964. Ils tiennent leurs assises préliminaires en 1966[9]. Le président d'honneur est le chanoine Lionel Groulx, qui livre le message inaugural. Dans son allocution d'ouverture, le président Jacques-Yvan Morin déclare que les États généraux visent à rejoindre « tous les secteurs de la société et de l'opinion canadienne-française ». Des néo-nationalistes, des fédéralistes et des indépendantistes, mais également des nationalistes traditionalistes — environ 8 000 personnes — adhèrent au mouvement, qui se veut « un instrument pour galvaniser la nation ». Les États généraux tiennent des assises nationales en 1967 et en 1969. Celles de 1967 sont les seules qui soient marquantes. Le 24 novembre, à la Place des Arts de Montréal, plus de 2 500 personnes, dont 2 000 délégués censés représenter les circonscriptions électorales du Québec et les régions où les Canadiens français ont pris souche en dehors du Québec, célèbrent l'ouverture officielle des États généraux du Canada français. Au nombre des personnalités présentes : René Lévesque, président fondateur du Mouvement souveraineté-association, Jacques-Yvan Morin, président, Solange Chaput-Rolland, Claude Ryan, Jean-Marc Léger, mais aussi Rosaire Morin et Gérard Turcotte, ex-chanceliers du défunt Ordre de Jacques-Cartier. Rosaire Morin est le maître de cérémonie de l'assemblée. François-Albert Angers prononce l'allocution d'ouverture. En conclusion, il cite la Charte des Nations unies, qui affirme le respect du principe de l'égalité du droit des peuples à disposer d'eux-mêmes (art. 1, §2). D'où il tire les propositions suivantes :

1) Les Canadiens français constituent une nation.
2) Le Québec constitue le territoire national et le milieu fondamental de cette nation.
3) La nation canadienne-française a le droit de disposer d'elle-même et de choisir librement le régime politique sous lequel elle entend vivre[10].

Les résolutions de l'atelier politique portent sur six thèmes : l'intégrité du territoire, les relations internationales, le droit à l'autodétermination, la

Constitution du Québec, la démocratie de participation et la convocation d'une assemblée constituante[11].

Composés d'éléments hétéroclites privés, les États généraux éclatent en raison du manque de ressources, de dissensions intestines croissantes, de l'orientation politique et sociale qu'il convient d'adopter et de la recherche chez certains d'une notoriété mise au service d'une autre cause. Des intellectuels, des membres du Parti libéral ainsi que le Rassemblement pour l'indépendance nationale se dissocient de l'action des États généraux ou quittent ces derniers. Les assises du 5 au 9 mars 1969 signent la dissolution des États généraux.

Les antagonismes d'ordre idéologique et les rivalités personnelles qui aboutissent à la dissolution des États généraux se répercutent au sein de la Fédération de la Société Saint-Jean-Baptiste. La création du MNQ en 1972 et la menace d'une rupture de la part de la Société Saint-Jean-Baptiste de Montréal résultent en bonne partie des rivalités au sein des États généraux.

III. LE RASSEMBLEMENT POUR L'INDÉPENDANCE NATIONALE

Le 10 septembre 1960, le Rassemblement pour l'indépendance nationale (RIN) est fondé. André d'Allemagne et Pierre Bourgault en sont les maîtres d'œuvre. Un manifeste définit l'objectif du mouvement :

La seule raison d'être du RIN est de favoriser et d'accélérer l'instauration de l'indépendance au Québec[12]

À NOUS DE CHOISIR :

rester une petite nation dans un grand pays

ou

devenir une grande nation dans un pays plus petit[13].

En réclamant l'indépendance totale du Québec, le RIN rejette le pessimisme né de la conquête et manifeste sa foi dans la nation canadienne-française issue d'une des grandes civilisations de l'histoire[14].

Septembre 1960, c'est moins de trois mois après la victoire libérale du 22 juin qui inaugure la Révolution tranquille. Le RIN en est incontestablement l'un des premiers fruits, un fruit légitime bien que non reconnu comme tel par plusieurs promoteurs de la Révolution tranquille. Par la qualité et la pertinence de son action, il influe, à son tour, sur le cours de la Révolution tranquille. Dans nombre de circonstances, il aiguillonne l'action des dirigeants sociaux et politiques, et les entraîne plus loin. Étant donné que sa position vis-à-vis du régime existant est de nature organique et de visée tactique, plutôt que non organique par exclusion volontaire, il est réputé d'orientation bourgeoise.

Parmi les promoteurs du RIN, certains sont des nationalistes traditionnels qui font peau neuve. D'autres représentent une fraction très articulée de la génération montante d'intellectuels qui s'oppose à la précédente, celle de *Cité libre*.

Des vingt membres fondateurs du RIN, dix possèdent une formation universitaire, six sont des recrues de l'Alliance laurentienne, dont un, Marcel Chaput, est également actif dans la Société Saint-Jean-Baptiste et l'Ordre de Jacques-Cartier. Quatorze sont de Montréal, six de Hull-Ottawa[15]. Les principales têtes d'affiche, outre d'Allemagne, fondateur du mouvement, sont Marcel Chaput, le rebelle, expulsé le 20 janvier 1963 ; Pierre Bourgault, théâtral et charismatique ; Andrée Ferretti, radicale de gauche ; Guy Pouliot, le terne président d'octobre 1962 à mai 1964. Les trois derniers joignent le RIN dans les mois qui suivent sa formation.

Plusieurs membres prennent une part active à la rédaction de la constitution du RIN, à la formulation de l'idéologie, à l'organisation des congrès, aux diverses formes d'action et fomentent ses nombreux conflits internes. Bon nombre s'expriment par des discours ou dans des écrits souvent d'une qualité littéraire remarquable. Le livre de Marcel Chaput est plutôt un pamphlet[16] qui, en raison des circonstances de sa publication, obtient un succès de librairie : plus de 15 000 exemplaires vendus en trois mois. Le jugement d'André Laurendeau est lapidaire : « L'essai de monsieur Chaput mérite une attention sévère[17]. » Les deux livres d'André d'Allemagne[18] sont les mieux articulés et les plus fiables.

Le RIN représente la formulation la plus articulée jusque-là de la dimension indépendantiste du néo-nationalisme des années 1960. Tout autant que les diverses formes du néo-nationalisme fédéraliste de l'époque, il est un rejet du nationalisme traditionnel frileux purement défensif, qu'il ne se prive d'ailleurs pas de dénoncer, continuant sous cet aspect sur la lancée de *Cité libre*.

Dans sa préface au premier livre d'André d'Allemagne, son directeur de thèse, Marcel Rioux, lui reproche de définir le RIN comme un simple groupe de pression. Pour Rioux, « le RIN est un mouvement social qui exprime et vise *un phénomène social total*[19]. » Ce jugement est excessif. Le RIN n'est pas un mouvement qui recherche un renversement absolu, par la violence si cela s'avère nécessaire, du régime sociopolitique établi. Il est d'orientation et d'esprit rigoureusement démocratiques et essentiellement bourgeois. Il n'est pas non plus un groupe de pression. Jamais il n'entreprend d'agir directement sur les gouvernements en vue d'influencer leur action et leurs décisions. Il ne rédige aucun mémoire à leur intention, n'entretient aucun lobby. Jamais les gouvernants ne sollicitent son avis. André d'Allemagne lui-même définit fort justement le RIN comme « un mouvement de propagande et d'action populaire ». Le RIN est un mouvement révolutionnaire dans un sens large, une excroissance de la Révolution tranquille. Il entend porter à sa limite le projet de réforme du fédéralisme canadien que poursuivent les dirigeants de la Révolution tranquille. Il le radicalise jusqu'à préconiser la rupture complète, mais par le recours à des moyens démocratiques. Par rapport au régime politique, le degré d'institutionnalisation du RIN est relativement faible, mais son statut d'organisation légitime et légale ne fait l'objet d'aucune contestation officielle de la part du gouvernement québécois ni de la part du gouvernement fédéral jusqu'en 1963. Le 8 mars 1963, il devient un parti politique officiellement reconnu et présente des candidats aux élections générales de 1966. Son statut juridique est organique, mais son intégration au régime politique est d'ordre tactique.

Comme son nom l'indique, le RIN se veut rassembleur, catalyseur des indépendantistes. Il se présente lui-même comme absolument libre de tout lien avec quelque groupement que ce soit :

> Le RIN n'est aucunement lié, associé ou affilié à aucun autre organisme existant. Les membres du RIN sont par ailleurs entièrement libres d'exprimer et de faire valoir, à titre personnel, leurs idées et leurs convictions sur les questions qui ont trait à la politique interne, à la religion, à la théorie économique et aux doctrines sociales[20]…

Les groupes indépendantistes sont nombreux, leurs objectifs et leurs modes d'action, fort diversifiés. Ils sont indépendantistes à des degrés divers. Ils sont de droite, de gauche ou sans orientation doctrinale précise. Les principaux sont l'Alliance laurentienne de Raymond Barbeau, fondée le 25 janvier 1957 et l'Action socialiste pour l'indépendance du Québec (ASIC), fondée le 8 septembre 1960 dont le principal moyen d'expression est la *Revue socialiste* de Raoul Roy.

Le RIN cherche à former des fronts communs avec ces mouvements. Le RIN et l'ASIC adoptent des positions communes en certaines circonstances, mais un nombre restreint des membres du RIN endossent l'orientation socialiste d'Andrée Ferretti, qui s'apparente à l'idéologie de l'ASIC. En conformité avec la position dominante des néo-nationalistes des années 1960, ils favorisent plutôt les mesures devenues séduisantes de l'État-providence. Pour la défense de certaines causes, particulièrement la langue française, le RIN s'allie à d'autres organisations, comme la Société Saint-Jean-Baptiste, la Ligue d'action nationale et les syndicats. Il donne son approbation aux mesures jugées progressistes du gouvernement Lesage. Les problèmes d'orientation et d'organisation internes qui se posent à lui sont d'une gravité telle qu'il ne pourra consacrer qu'une part minime de son énergie à l'établissement des fronts communs avec des mouvements qui se veulent eux-mêmes rassembleurs des tendances indépendantistes.

Même si six des membres fondateurs du RIN proviennent de l'Alliance laurentienne, organisation de droite corporatiste et fascisante qui cherche également à rallier tous les indépendantistes, l'orientation progressiste dans laquelle le RIN s'engage l'empêche d'entretenir avec elle des rapports harmonieux qui se concrétiseraient sous la forme d'un front commun. Des membres du RIN ne se privent pas de dénoncer de nombreuses positions jugées rétrogrades dans le livre du chef de l'Alliance, Raymond Barbeau : *Le Québec est-il une colonie?* S'ils partagent le projet indépendantiste de l'Alliance laurentienne, ils rejettent son fonds réactionnaire. Ils se délestent du lyrisme de ses convictions. Ainsi des envolées comme la suivante ne se retrouvent guère dans les propos des membres du RIN :

> Les Laurentiens seront des citoyens nouveaux. Une ère puissante débute avec eux : ils rallieront tous les ressuscités, ils récupéreront tous les naufragés et ils régénéreront la nation laurentienne jusque dans ses fondements. Laurentie, symbole de patrie reconquise. Nous renaissons à l'espoir et à la liberté. Toute la jeunesse crie à la génération des morts : Laurentie, ma patrie [21].

Bien des membres du RIN durent s'ébaudir à la lecture du propos suivant : « La Laurentie serait un magnifique tombeau [22]. » Ils durent corroborer, du moins en partie, le commentaire de Michel Brunet : « Ne répétons pas les erreurs du passé. Le fascisme, l'antisémitisme et le séparatisme des années 1930 ont desservi la cause nationale [23]. » Gérard Pelletier estime que de pareilles tendances existent dans le RIN :

> Même dans le RIN, une part importante des effectifs confondait le séparatisme avec la réaction et manifestait des tendances politiques plus rapprochées du franquisme que du socialisme [24].

Ce jugement vaut dans une certaine mesure pour Marcel Chaput et ses partisans. Mais s'agissant d'André d'Allemagne et de la majorité des membres du RIN, même s'ils n'ont pas endossé le socialisme, il n'est pas pertinent.

Le RIN se donne certes comme objectif premier la promotion de l'indépendance politique du Québec. Il ne puise pas son imaginaire dans le Québec rural, mais plutôt dans celui du nouveau nationalisme urbain et industriel. L'article I de sa constitution l'indique d'une façon on ne peut plus explicite :

> Le Rassemblement pour l'indépendance nationale est un organisme culturel et politique [terme remplacé, après mars 1963, par l'expression « parti politique »] dont le but est de propager l'idée de l'indépendance du Canada français et de favoriser ainsi la création d'un État français souverain, dans les limites du Canada, englobant le territoire de la province de Québec[25].

Le libellé de l'article I demeure inchangé jusqu'au congrès d'octobre 1967. Sa nouvelle formulation correspond mieux à l'idéologie du RIN et souligne la radicalisation de sa conception sociale au cours des années, notamment sous l'influence d'Andrée Ferretti :

> Le Rassemblement pour l'indépendance nationale est le parti politique voué à la décolonisation du Québec par la création d'un État souverain, démocratique et laïc en représentant pleinement tous les travailleurs.

L'argumentation maîtresse du RIN se présente sous la forme d'une double triade dialectique. La première triade : la Conquête de la Nouvelle-France est la thèse ; la réduction de la Nouvelle-France à l'état de colonie anglaise, l'antithèse ; la libération politique du Québec, la synthèse. La seconde triade : l'Acte d'union du Haut-Canada et du Bas-Canada et l'Acte de l'Amérique du Nord britannique (désigné depuis la révision de 1982 sous le nom de Loi constitutionnelle de 1982) sont la thèse ; l'évolution de ceux-ci vers un régime politique quasi unitaire dans lequel le Québec se fond dans le tout canadien est l'antithèse ; l'accession du Québec à l'indépendance politique, la synthèse. Les deux processus politiques s'imbriquent d'ailleurs l'un dans l'autre.

Au vu des nationalismes du passé, l'histoire pèse sur le RIN d'un poids très lourd. Au commencement fut la Conquête anglaise de la Nouvelle-France par la force des armes. Pour le RIN, la Conquête fut un grand malheur aux conséquences innombrables et irrémédiables. Dès le début de son livre *Le Colonialisme au Québec,* André d'Allemagne se réclame de Guy Frégault, selon qui la Conquête signe « l'arrêt de mort d'une société[26] » :

> Quant à la bourgeoisie « canadienne », elle fut rapidement ruinée par la conquête. De la nouvelle métropole arrivèrent les traditionnels exploiteurs, les « colons » qui furent encouragés à s'approprier les ressources du pays conquis. C'est alors que s'effectua, et de façon définitive, la dépossession du peuple canadien-français : la puissance économique, financière, commerçante et industrielle passait aux mains du conquérant. En même temps, sur le plan politique, la Conquête inaugurait la phase purement impérialiste : régime militaire, imposition des lois et des institutions du conquérant, privation de tout pouvoir politique pour le peuple conquis[27].

L'Acte d'union de 1840 et l'Acte de l'Amérique du Nord britannique de 1867 perpétuent les effets de la Conquête : l'un et l'autre empêchent la société canadienne-française de se développer selon son génie propre. Avec le passage du temps, « la lutte de libération prend l'air d'une querelle intestine de la société dominée, querelle dont le responsable reste apparemment absent, en faisant agir ses intermédiaires à sa place. Conditionné par la propagande, trouvant son sort acceptable, l'ensemble de la population dominée perd ses réflexes de défense, s'effrite dans sa personnalité et aspire à "ressembler à son conquérant". […] Le colonialisme est un génocide qui n'en finit plus[28]. »

Le terme qui définit la condition actuelle du Québec est « colonialisme ». « Un peuple est colonisé, écrit d'Allemagne, lorsque son histoire est faite par un autre peuple, lorsque les décisions dont dépend sa vie collective sont prises par d'autres[29]. »

La condition de coloniaux a fait des Canadiens français un peuple de minoritaires, inférioris és, dépersonnalisés, réduits à la servitude, aliénés, condamnés à s'isoler du reste du monde pour survivre, devenus étrangers à eux-mêmes dans leur propre pays. Ces qualificatifs dépréciatifs fourmillent dans les propos des membres du RIN. Celui de « Nègres blancs d'Amérique », qui jaillit de l'imagination de Pierre Vallières en 1967, les résume tous[30]. Leur condition tragique est personnifiée par le mouton, symbole de l'immolation, qui trône dans les défilés de la Saint-Jean-Baptiste le 24 juin, jour de la fête nationale.

La condition coloniale pourrit toutes les composantes de la société canadienne-française : politique, économique et culturelle.

La Constitution canadienne de 1867 aggrave la condition coloniale des Canadiens français. Le Canada s'est donné un régime politique pseudo-fédératif qui se transforme graduellement en un régime unitaire. Le statut du Québec, province comme les autres, se dégrade constamment; il devient une grande municipalité de l'État central. La Constitution canadienne refoule toute velléité de libération chez le peuple conquis. Ainsi, Jean-Marc Léger affirme:

> Le Canada dévore le Québec: démographiquement, économiquement, constitutionnellement, culturellement. Vient un moment où un seuil est franchi, où l'acuité des problèmes est telle et tel le pourrissement de la situation, qu'il faut recourir à des moyens radicaux mais qu'à l'instant où l'on s'en rend compte, on n'a plus la force morale ou physique, ou les deux, de consentir l'effort nécessaire. [...] La fédération canadienne représente pour le Québec une sorte d'effrayant mythe de Sisyphe: l'essentiel des menaces et des maux aujourd'hui dénoncés, l'étaient déjà voici un siècle: ils l'étaient, avec plus de vigueur encore, voici un demi-siècle puis un quart de siècle; ils subsistent aujourd'hui plus aigus que jamais. Et l'accélération de l'histoire, plus sensible qu'à toute autre époque, ne peut que précipiter le mouvement[31].

La condition de colonie politique du Québec que d'Allemagne, Chaput, Bourgault et bien d'autres membres du RIN estiment avoir démontrée d'une façon irréfutable engendre l'infériorité économique depuis toujours abyssale des Canadiens français. D'Allemagne écrit:

> L'économie du Québec, c'est bien connu, est celle d'une colonie évoluée. [...] À cause de circonstances historiques, le peuple québécois se retrouve dans un état de grand dénuement au moment même où il songe à prendre en mains sa destinée. Écarté du monde de la haute finance et de la grande entreprise par sa pauvreté séculaire, écarté des problèmes essentiels de la politique par le jeu de la constitution et par celui des politiciens, le peuple québécois se trouverait en très mauvaise posture s'il ne possédait pour atteindre ses fins, un levier très puissant: l'État[32].

Pour renforcer sa conclusion, d'Allemagne recourt à un argument d'autorité, celui de l'économiste anglais Charles O. Bettelheim, pour qui «la première condition du progrès économique et social est l'indépendance politique[33]». La culture canadienne-française est dépourvue des moyens qui lui permettraient de se développer selon ses caractéristiques propres. La déprime culturelle dont souffrent les Canadiens français est une autre conséquence de leur longue condition coloniale : « La nation est essentiellement une collectivité historique et culturelle et la culture nationale est le produit de l'histoire d'un peuple[34]. »

Pierre Vadeboncœur précise :

> La langue, la culture! Vieilles valeurs. Valeurs toujours présentes, bien sûr, mais précisément emportées vers leur fin par une politique désormais ennemie de son objet prétendu. [...] langue, culture, liberté et pouvoir sont aujourd'hui absolument indissociables. Il n'y aura plus un jour ici de langue et de culture françaises, de liberté et de pouvoir, que munis de toute la force politique à laquelle nous puissions prétendre[35].

André d'Allemagne et surtout Marcel Chaput dénoncent les méfaits du bilinguisme vis-à-vis de la langue française. Dans la fonction publique et dans l'entreprise privée au Québec, l'anglais est partout la langue prédominante, souvent unique. Le bilinguisme est un facteur majeur d'assimilation à l'anglais pour les Canadiens français et une source constante d'humiliation. Chaput déclare :

> Un homme ne peut avoir qu'un seul système de pensée. [...] Au contraire, notre bilinguisme à nous n'est que l'union délétère de deux branches dépourvues de troncs, union dont la conséquence ne peut être que la connaissance chétive et informe de notre langue maternelle. [...] Mais heureusement [...] cette condition de minorité qui fait de nous un peuple sans avenir, enfermé dans le cercle vicieux d'un bilinguisme dévastateur, les six millions de Canadiens français ne sont plus tenus de l'accepter[36].

D'Allemagne épilogue sur les effets désastreux du bilinguisme sur la langue française.

L'histoire du Canada français depuis la Conquête et le cours des événements qui suivent, le RIN les accueille comme un héritage qu'il lui faut assumer; un héritage de misère que, selon lui, l'école historique de Montréal a fort bien retracé. Mais il se refuse à considérer cet héritage comme une condition du Québec destinée à se perpétuer. Il estime que les Canadiens français peuvent et doivent transmuer la vision pessimiste de l'école historique de Montréal en une représentation jugée réaliste d'un devenir empreint d'une grandeur que rien ni personne ne pourra plus juguler.

Mais ni Frégault, ni Brunet n'offrent de solution […]. Pour eux la « nuit coloniale » est sans étoiles. Ils voient dans la situation québécoise quelque chose de
fatidique, une sorte de verdict définitif de l'Histoire. Ainsi leur œuvre est-elle
aussi désespérante qu'ambiguë[37].

La lutte pour l'indépendance politique que le RIN entend mener vise
à surmonter le pessimisme de l'école historique de Montréal. Ne plus être
une minorité dépendante mais devenir une majorité qui s'affirme dans la
plénitude de ses droits, telle est pour le RIN la solution à la condition du
Québec. La mission qu'il entend poursuivre sera d'éveiller chez les Canadiens français la confiance de voir la nation devenir maîtresse de son destin, la foi dans l'avènement d'un État québécois libre et rédempteur. S'il
insiste sur la condition de colonialisme dans laquelle les Canadiens français
croupissent, ce n'est pas pour perpétuer la longue tradition de lamentation
stérile, c'est au contraire dans l'intention d'attiser chez tous le désir et le
besoin d'une libération de la condition d'oppression. Le RIN nourrit sous
une forme extrême l'une des pulsions majeures, sinon la principale pul-
sion, qui mettent en avant durant quelques années la dimension politique
de la Révolution tranquille.

Si la Constitution canadienne, que le RIN considère comme un simple
appendice de la Conquête, prolonge jusqu'à aujourd'hui le chemin de
ronces que celle-ci a tracé, il faut à présent s'arc-bouter sur ce mouvement
séculaire et déboucher un jour, demain peut-être, sur un carrefour dont
une voie sera une nouvelle histoire, celle de la « reconquête », celle de l'indépendance politique du Québec.

Le RIN concentre son organisation à Montréal. Le président et le vice-
président sont élus pour un mandat d'un an par l'assemblée générale. Il est
constitué d'un comité exécutif, d'un conseil central, de conseillers généraux, de diverses sections régionales à Hull, Québec, Trois-Rivières et
Rimouski, de nombreux comités et services, actifs surtout à Montréal. L'assemblée générale adopte les résolutions que les diverses instances, chacune
selon ses prérogatives, ont pour mandat d'exécuter[38]. Le RIN inaugure son
secrétariat en janvier 1962 en présence de nombreuses personnalités, dont
Pierre Elliott Trudeau. En septembre, le RIN lance un journal, *L'Indépendance*. En juin, il annonce son intention de se transformer en parti politique. Cela sera fait en 1963. Aux élections de juin 1966, il recueille 9 % du
vote populaire.

Au moment de son apogée comme mouvement, en 1963, le nombre de
membres est d'environ 3 000. Devenu parti politique le 5 mars 1963, il

atteint le chiffre maximum de 7 000 à 8 000. Il s'établit à 5 000 durant les cinq années suivantes. C'est bien peu. Le rayonnement du RIN est toutefois plus étendu. Beaucoup de ses meneurs sont des intellectuels et des leaders d'opinion. Les médias consacrent au RIN une large couverture, particulièrement à l'occasion de ses congrès ou d'événements particuliers au cours desquels il signale sa participation avec éclat. Il se dote d'un riche symbolisme. Le lys rouge est son principal insigne ; une tête de bélier stylisée noir et rouge constitue son emblème ; le fleurdelisé devient son drapeau. Le choix du bélier doit ridiculiser la présence du mouton dans les défilés du 24 juin. Le RIN organise de nombreuses assemblées publiques ; la plus importante, celle de décembre 1961 tenue moins d'un mois après le Congrès des affaires canadiennes à Québec au cours duquel Marcel Chaput s'est signalé, attire 2 000 personnes. Le RIN distribue de nombreux tracts, il couvre de graffitis les établissements publics, les routes et les ponts : « Québec libre », « Le Québec aux Québécois », « On est capable », « À bas la Confédération », « Soyons maîtres chez nous » et autres formules que concoctent les membres et de nombreux sympathisants, surtout des étudiants. Il fait des sit-in dans les restaurants de l'ouest de Montréal pour obtenir que l'on s'adresse en français à la clientèle. Il est omniprésent dans les défilés de la Saint-Jean-Baptiste. Il célèbre les patriotes de 1837-1838, particulièrement Jean-Olivier Chénier, tué à la bataille de Saint-Denis le 14 décembre 1838. Le RIN peut se targuer de deux « hauts faits ». Le premier est l'accueil triomphal accordé au général de Gaulle sur le balcon de l'hôtel de ville de Montréal le 24 juillet 1967. Ce triomphe, il l'a préparé directement et indirectement en dispersant ses membres au sein d'une foule survoltée et en inspirant au général la conclusion de son discours qui reprend son principal slogan : « Vive le Québec libre ». Le second haut fait est la participation majeure du RIN à la manifestation du défilé de la Saint-Jean-Baptiste de 1968 à laquelle Pierre Elliott Trudeau assiste, imperturbable, et au cours de laquelle il y a 135 personnes blessées et 300 arrestations, dont celle, remarquable entre toutes, de Pierre Bourgault[39].

Le programme du RIN, qui s'avère progressiste, compte parmi les plus vigoureux élans de la Révolution tranquille. André d'Allemagne mentionne quarante résolutions sur les plans culturel, économique, social et politique qui ont été adoptées à l'occasion des congrès. La plupart sont pertinentes et d'une grande portée : la proclamation du français comme seule langue officielle ; l'instruction gratuite à tous les niveaux ; la création d'un ministère de l'Éducation ; la planification économique ; la déclaration des droits des citoyens ; l'égalité juridique de la femme et l'équité salariale pour les hommes et les femmes ; l'établissement d'un programme national de santé et de bien-être prévoyant des soins médicaux gratuits ; le droit de syndicalisation et de grève pour tous les salariés, y compris les cadres et les fonctionnaires ; la refonte de la législation ouvrière en un code du travail ; la représentation proportionnelle à l'Assemblée nationale ; l'obligation pour les partis de rendre public l'état de leurs finances ; le recrutement des fonctionnaires par voie de concours[40].

Il convient de remarquer que ces résolutions sont puisées dans l'arsenal de l'État-providence, que plusieurs seront mises en œuvre par le gouvernement du Québec et que la plupart sont compatibles avec le régime fédéral en vigueur. D'ailleurs, le RIN souligne généralement les mesures et les décisions du gouvernement du Québec consécutives à ses recommandations, mais il reconnaît suffisamment bien les limites de son influence pour ne pas s'en attribuer bruyamment le mérite. Dans les cas où il estime que les réformes sont insatisfaisantes, comme dans celui de la création d'un ministère de l'Éducation, il recourt à tous les moyens démocratiques dont il dispose pour proclamer son opposition.

Les trois seules résolutions qui sont inconciliables avec le régime fédéral sont la lutte contre l'impérialisme et le colonialisme, la déclaration d'indépendance du Québec et la proclamation de la république. Ce serait l'absence plutôt que la présence de ces résolutions qui causerait une surprise !

L'évaluation de l'influence du RIN sur l'évolution du Québec depuis sa fondation le 10 septembre 1960 jusqu'à sa dissolution le 26 octobre 1968 ne peut être qu'approximative. Par ses ramifications en raison de la présence et de l'action de ses anciens membres, son emprise par la suite sur nombre d'organisations — les syndicats, les associations étudiantes et surtout le Parti québécois — est certes considérable, mais comment la mesurer ?

L'irruption dans l'opinion publique du RIN est fulgurante. C'est à l'occasion du Congrès des affaires canadiennes sur le thème « Le Canada, expérience ratée... ou réussie ? », à la mi-novembre 1961, que le RIN fait pour la première fois les manchettes dans les médias canadiens. L'invité le plus attendu est Marcel Chaput, élu président de l'organisation en octobre, qui vient de lancer un livre faisant sensation : *Pourquoi je suis séparatiste*. La conférence se déroule sous le haut patronage du gouverneur général du Canada.

Au nombre des conférenciers se trouvent des universitaires, des politiciens et des journalistes parmi les plus respectés du pays : André Laurendeau, Jean-Jacques Bertrand, Jean-Noël Tremblay, Michael Oliver, Murray

Ballantyne, Mason Wade, Gérard Pelletier, René Lévesque et, bien entendu, le premier ministre Jean Lesage. Douglas Fisher soulève la colère des participants avec une déclaration fracassante : « Qu'a donc le Canada français à nous offrir qui devrait nous inciter à la "bonne entente", nous pousser à apprendre le français, etc. ? Et je me demande ce que nous pourrions dire au sujet de la culture canadienne-française. Que ses principaux produits furent Maurice Richard et Lily St-Cyr [cette dernière était effeuilleuse dans un cabaret de Montréal]. » C'est à ce moment, un peu après midi, le 17 novembre, que Chaput fait son entrée dans l'amphithéâtre de la Faculté de médecine de l'Université Laval. Tous l'attendent, mais sa venue est incertaine. Il est chimiste au Conseil de la recherche pour la défense à Ottawa. La direction et son supérieur immédiat, Henry Watson, lui ont interdit de venir à Québec, même à ses frais. Il a défié l'interdiction. Accueilli comme un héros à la gare du Palais, il reçoit une ovation monstre à son entrée dans l'amphithéâtre de la part des quatre cents invités, mais aussi de la part du millier d'étudiants qui se pressent au fond de la salle et sur le parvis de l'édifice pour l'entendre. Devant cette partie de l'auditoire survoltée et les invités pour la plupart médusés, il déclare :

> Le Québec, mère patrie des Canadiens français, est purement et simplement, et quoi qu'en disent mes illustres collègues à cette tribune, une colonie d'Ottawa. [...] Les Canadiens français sont un peuple conquis et ils ne se sont jamais relevés de la conquête. [...] Le Québec est de fait une colonie d'Ottawa. [...] Vous me direz que c'est leur faute, qu'ils n'avaient qu'à se préparer davantage, qu'à apprendre plus d'anglais, peut-être, et que sais-je encore. Et moi je vous dis que depuis 200 ans, le peuple canadien-français a mené une vie de tutelle, que depuis 200 ans, la nation canadienne-française n'a pas vécu la même histoire que les anglophones. La différence qui existe sur tous les plans entre l'histoire du Canada anglais et celle du Canada français est la différence que l'on découvre entre l'histoire du conquérant et l'histoire du conquis, l'histoire de l'impérialiste et l'histoire du colonisé. [...] Aucune concession, aucun compromis ne pourrait nous satisfaire, ne pourrait nous sortir de la condition d'infériorité dans laquelle nous sommes [...]. Pour les séparatistes d'aujourd'hui le temps des récriminations est passé. Passé aussi le temps des courbettes, des agenouillements et des compromis. [...] Ainsi donc, les Canadiens français se lèvent aujourd'hui pour réclamer la souveraineté de leur État : le Québec. [...] l'indépendance du Québec n'est donc pas le rêve fantaisiste d'une poignée de séparatistes en quête de tapage, c'est tout simplement l'aspiration légitime d'un peuple jadis conquis et qui, après 200 ans de vie coloniale, lutte pour sa libération[41].

L'expérience vécue à Québec suscite chez André Laurendeau le commentaire circonspect suivant : « Une expérience enrichissante. Les textes
dont j'ai pris connaissance sont francs, directs, parfois brutaux. On dialogue dans la bonne entente[42]. » Il sollicite mes commentaires sur l'événement. Le compte rendu suivant résume mes réflexions d'alors :

> L'état d'esprit séparatiste, qu'il faut considérer comme un des sentiments les plus
> profondément ancrés parmi les Canadiens français du Québec, a depuis deux ou
> trois ans trouvé un ensemble de conditions favorables à son expression au grand
> jour. Dans un débat aussi vital qui engage la « bonne » façon d'interpréter le passé
> et d'envisager le présent et l'avenir de la collectivité que nous formons, il semble,
> de prime abord, qu'il n'y ait pas de place pour des réflexions qui n'aboutissent pas
> à une prise de principe « pour » ou « contre » l'option proposée. Cependant, à la
> réflexion, on s'aperçoit que toute option de principe prise à ce stade-ci serait
> grandement inconsidérée parce que, à mon avis, la validité même des prémisses
> implicites ou explicites sur lesquelles s'appuient les arguments séparatistes n'a
> pas jusqu'ici, en dépit de l'ampleur du débat en cause, fait l'objet d'une interro-
> gation sérieuse[43].

Je m'inscris en faux contre toute explication supposée causale qui justifie la validité d'une argumentation sur la base d'un facteur unique tel
qu'il ressort de la conférence de Chaput : la Conquête anglaise que prolonge l'Acte de l'Amérique du Nord britannique de 1867 d'où, selon lui,
dépend tout le reste qu'il résume par la « condition coloniale » qui aurait
jusqu'à ce jour affligé les Canadiens français :

> Je reconnais que la vigueur apparente du mouvement séparatiste repose sur sa
> forte charge émotive sur une partie de la population, surtout parmi les jeunes
> mais, à mon avis, la seule émotion ne suffit pas à établir la validité d'une cause.
> On ne lutte pas contre une émotion. On cherche à comprendre les raisons de sa
> présence[44].

Puis je pose deux questions :

> Le fédéralisme canadien a-t-il toujours été aussi inflexible pour le Québec que le
> séparatisme l'affirme ? Les Québécois eux-mêmes ne portent-ils pas une large
> part de responsabilité du long retard de la mise en train du nouveau régime alors
> que les conditions objectives favorisaient son avènement en 1935[45] ?

Et je conclus :

> Après tout, s'il y a bien eu la Conquête anglaise de 1760, si nous n'avons pas eu de nouveau régime en 1935, si nous faisons toujours partie de la Confédération canadienne, nous avons quand même vécu le soir du 22 juin — ce soir-là où il nous avait semblé que nous partions à la conquête d'une nouvelle destinée après deux siècles de repliement maladif sur nos malheurs collectifs durant lesquels nous avions tout bonnement survécu ou plutôt où nous avions malgré tout grandi plus que certains ne veulent bien l'admettre[46].

On pourrait croire que la performance triomphale, et sans conteste magistrale dans sa forme, de Chaput à Québec a incité les commentateurs à faire montre d'une certaine retenue dans leurs propos. Il n'en a pas été ainsi.

Quelques jours à peine passent et voici que certains commentaires sont non seulement négatifs, mais d'une agressivité mordante. Faut-il en imputer la raison à l'orientation idéologique des critiques, au peu d'attention que méritent les propos des séparatistes, tellement ils seraient d'une pauvreté flagrante ? Le rédacteur en chef du journal *La Presse*, Gérard Pelletier, ne tarde guère à exprimer la conviction que le séparatisme n'est qu'un phénomène passager. Dès le 30 décembre 1961, il écrit que « le Canada français va parler moins de séparatisme » et, le 25 août 1962, il proclame sa disparition : « La vague séparatiste s'est perdue dans les sables. » Dans *La Patrie* du 2 août 1962, Yves Michaud est encore plus catégorique : « Le séparatisme est mort », croit-il constater.

Les jugements sur le RIN et le séparatisme en général ne sont pas tous aussi durs et dépourvus d'empathie, loin de là. Les appréciations de nombreux commentateurs, même de ceux de tendance fédéraliste, font souvent montre d'une plus grande réserve envers le phénomène, et parfois d'une meilleure compréhension de sa raison d'être et de sa signification dans les conditions des années 1960. André d'Allemagne rapporte les propos de vingt personnalités d'allégeances diverses en réponse à un sondage du *Devoir* au printemps 1961 : Pierre Laporte, Jean-Noël Tremblay, Jean-Marc Léger, Jean-Louis Gagnon, Jacques-Yvan Morin, André Raynault, Michel Brunet, René Paré, François Cloutier, Jean Duceppe, Thérèse Casgrain, Michel Roy, Roger Duhamel, Paul Lacoste, Richard Arès, Jean Marchand, Claude Jodoin, Louis Laberge, Lionel Groulx et Georges Daignault[47]. Plusieurs d'entre eux deviendront indépendantistes dans les années suivantes. En 1961, bon nombre sont non pas négatifs mais circonspects. De multiples témoignages vont dans le sens de la conclusion du père Arès : « Théoriquement, c'est une bonne chose mais, en pratique, on va la payer extrêmement cher », ou encore de celle du chanoine Groulx : « Je ne suis pas séparatiste. […] L'indépendance du Québec, est-ce une utopie? […] immédiatement, oui ; dans quarante ans, qui peut le dire? » D'autres font confiance aux capacités du fédéralisme de se renouveler de façon à satisfaire les besoins et les aspirations des Québécois. Par contre, le président de la Confédération des travailleurs du Canada, Claude Jodoin, se révèle hostile et méprisant : « Les extrémistes sont toujours néfastes […] Le séparatisme, c'est ridicule. »

Le principal obstacle auquel fait face le RIN ne vient pas de ses détracteurs, mais plutôt des innombrables conflits qui se déclenchent à tout propos en son sein et qu'il parvient très mal à apaiser : conflits entre les régions, conflits concernant le dosage du contenu national et du contenu social du mouvement, conflits parmi les membres du mouvement « en train de devenir un "ramassis" plutôt qu'un "rassemblement"[48] ». Les membres couvrent tout l'échiquier politique, de la droite, notamment parmi les anciens membres de l'Alliance laurentienne, à la gauche socialiste. Ils ne s'entendent que sur deux points : ils militent pour l'indépendance politique inconditionnelle du Québec et ils dénoncent la violence sous toutes ses formes d'une façon absolue :

> *Le RIN a toujours été, demeure et demeurera opposé à la violence.* Pour nous, la lutte pour l'indépendance doit se faire par des moyens pacifiques, démocratiques et légaux. […] On ne convainc personne avec des bombes, mais avec des arguments : nous condamnons donc la violence et le terrorisme sous toutes ses formes. […] L'indépendance se fera d'elle-même lorsque la majorité du peuple le voudra vraiment[49].

> Nous affirmons que la meilleure garantie contre le terrorisme, ce sont les mouvements comme le RIN. Plus le RIN sera fort, plus les terroristes seront faibles[50].

Hormis ce qui concerne les questions de l'indépendance et de la violence, tout oppose, parfois même avec fracas, les membres du RIN les uns aux autres. Ils sont loin d'être fidèles à leur première maxime : le consensus général et obligatoire, ce consensus qui leur apparaît pourtant comme une condition absolue de l'indépendance.

Le grand conflit déclencheur de nombreuses et coûteuses controverses a pour cause l'« affaire Chaput ». Héros d'un jour, ce dernier devient vite indésirable, un paria dans le mouvement. Dès les débuts, il entend régenter le RIN, dont les structures sont très centralisées et dont les décisions doivent suivre strictement les règles de la démocratie. Élu président au congrès d'octobre 1961, il se présente de nouveau en 1962, contre Guy Pouliot qui l'emporte par une forte marge. En décembre de la même année, il fonde le Parti républicain du Québec (PRQ) avec l'appui de moins d'un tiers des membres du RIN. Déjà candidat dans la circonscription de Bourget aux élections générales de novembre 1962, il ne recueille que 3 000 voix sur 51 000 votants et perd son dépôt. Le 17 décembre, il quitte le RIN. Pour bien montrer que ce départ ne l'attriste guère, le RIN l'exclut officiellement le 20 janvier 1963! Même isolé, non seulement Chaput persiste à promouvoir sa cause, mais il vit comme un pacha, se livre à de folles dépenses et s'endette lourdement. Dans le but de se renflouer, le 8 juillet 1963, il entreprend un jeûne. Il lui faudra trente-trois jours pour réunir les 100 000 dollars requis. Le 18 novembre 1964, « le Gandhi séparatiste » est contraint d'observer un second jeûne, qu'il abandonne après deux mois, n'ayant cette fois recueilli que 20 000 dollars. Cette déconfiture le précipite définitivement dans l'anonymat[51].

Andrée Ferretti représente une autre source majeure de conflit. Luttant contre les dirigeants du RIN devenu parti politique en 1963, particulièrement contre le président Pierre Bourgault, à propos, entre autres, du refus de la majorité d'adopter un programme d'orientation socialiste, elle donne à son tour sa démission, le 18 mars 1968.

Au moment de sa formation en 1960, pour André d'Allemagne et la plupart des membres, le RIN était « un mouvement de propagande et d'éducation populaire ». Au congrès spécial de juin 1962, le RIN annonce son intention de devenir un parti politique. C'est le projet de fondation du Parti républicain du Québec qui amène le RIN dans cette nouvelle voie. Ses structures mal affermies, ses faibles moyens, le nombre restreint de ses membres, l'absence d'un leader reconnu, d'organisateurs aguerris, de personnes connaissant les arcanes de la politique, tout cela ne le prépare pas à s'engager dans cette direction. Un parti n'est pas un mouvement. Un parti requiert une unité de pensée et d'action, le respect de l'orientation (de la « ligne ») adoptée par les instances régionales, des assises populaires solides. Le RIN se conduit exactement de façon contraire, comme il sied d'ailleurs à un mouvement dont l'objectif est de débattre des idées et non de passer à l'action politique immédiate.

Durant deux mois, jusqu'à la disparition du PRQ de Chaput, le Québec a officiellement deux partis politiques indépendantistes! Sa décision de se convertir en parti politique engendre beaucoup de remous et multiplie les tensions au sein du RIN : bien des membres sont mal à l'aise et estiment que la liberté d'expression est désormais réduite, que les débats ont perdu de leur intensité et qu'il est suicidaire pour le RIN de se transformer en parti politique. Loin de s'atténuer, ces tensions s'aggraveront dans les années suivantes.

Les dissensions entre les dirigeants eux-mêmes sont constantes : Chaput jusqu'à sa démission et son expulsion, Pouliot, Bourgault, Ferretti jusqu'à sa démission, tous aspirent à assumer le leadership, au moins moral, du RIN. En raison de leur orientation idéologique divergente, de leurs appuis insuffisants, ils ne parviennent pas à s'imposer.

La conjonction de tous ces facteurs explique en grande partie la dissolution — à mon avis malheureuse — du RIN le 26 octobre 1968. J'estime que les conflits personnels et l'impossibilité pour les chefs potentiels d'imposer un leadership incontesté constituent la raison principale de la diminution de son rayonnement externe dans les années consécutives à ses débuts fulgurants. Dans une conférence, je note cette carence, cette grande faiblesse du mouvement séparatiste :

> Je n'écarte pourtant pas la formule séparatiste puisqu'elle s'est imposée tout à l'heure comme une des options théoriquement possibles à l'époque du néo-nationalisme. Mais j'estime que cette formule n'a pas encore été suffisamment acclimatée aux conditions d'ici pour lui permettre d'imprégner, sans les briser, et les consciences et les structures sociales. Elle a besoin, pour être utilisable, d'être au préalable filtrée et apprivoisée par un grand cerveau et un grand cœur typiquement canadien-français ; elle a besoin de se fusionner à nos idiosyncrasies dominantes, de prendre forme avec les valeurs et les normes qui inspirent et sanctionnent nos actes quotidiens, bref, de s'enraciner profondément parmi le peuple. On me demandera : cet homme existe-t-il ? La question n'est pas là. Il s'agit de savoir si la conjoncture évoluera de façon à ce que l'idée séparatiste puisse s'incarner dans un parti capable d'attirer à lui tous les secteurs de la société et de rejoindre le peuple. Parmi ses membres, il se trouverait sans doute quelqu'un jouissant d'une grande autorité et d'un grand prestige qui prendrait la tête du parti et en ferait un mouvement puissant[52].

On déduira que je m'érige « prophète après l'événement » : ces phrases furent prononcées le 5 novembre 1963. Ce soir-là, un nom s'imposait à mon esprit : René Lévesque.

De tous les jugements portés sur le RIN, quatre, à mon avis, doivent retenir particulièrement l'attention. Chacun à sa façon éclaire l'évolution et l'influence du RIN sur le déroulement de la Révolution tranquille : ce sont ceux du *Rapport préliminaire* de la Commission royale d'enquête sur le bilinguisme et le biculturalisme, d'André Laurendeau, de Pierre Bourgault, d'André d'Allemagne et de René Lévesque.

> Assez petite minorité, et ce de leur propre aveu, les séparatistes exercent au sein de la société canadienne-française une influence qui dépasse leurs effectifs. Ils se recrutent principalement dans les milieux urbains, comptent dans leurs rangs beaucoup d'étudiants, d'artistes, d'intellectuels et de « professionnels », et ils appartiennent à toutes les tendances politiques ; mais leurs leaders et le gros de leurs militants s'affirment démocrates et anti-terroristes. Les partisans de la violence ont obtenu la vedette et dramatisé la crise, mais ils ne sont que l'écume de la vague.
>
> Les séparatistes ont puisé leurs arguments dans l'arsenal nationaliste excepté leur proposition principale : « Minorité bien traitée, les Canadiens français n'en sont pas moins une minorité. Pour reprendre leur destin en main, ils doivent opter pour l'État souverain du Québec, où ils seront enfin une majorité. » Aux yeux d'un séparatiste, la double équation « majorité = métropole » et « minorité = colonie » n'est pas une métaphore mais une stricte expression de la réalité. Elle signifie qu'au Canada le centre des grandes décisions politiques et économiques est situé hors de « la nation canadienne-française » qui les subit. Il faut donc « décoloniser » la minorité, et lui permettre d'échapper à sa condition de « nation esclave ».
>
> À côté de ce séparatisme idéologique, qui a souvent joué à l'égard des partis politiques un rôle de stimulant et de juge, se dessine un courant de pensée beaucoup plus important, mais difficile à décrire avec exactitude. C'est ce que nous avons appelé un « quasi-séparatisme », en pensant au grand nombre d'indécis et de pragmatistes que nous avons rencontrés, et qui se reconnaissent à la caractéristique suivante : ils posent tous les problèmes uniquement en fonction du Québec[53].

Les membres du RIN attendent avec impatience la position de Laurendeau, qui jouit d'une forte estime dans les milieux nationalistes. Ce dernier ne les laisse pas languir. Dans son jugement, peut-être le plus complet sur le séparatisme — il s'y met à trois reprises en quinze jours —, Laurendeau pose deux questions : comment séparer le Québec sans provoquer une réaction violente de la part du Canada anglais ? Quels avantages retirerait-on du séparatisme ?

[Le séparatisme] c'est une attitude claire, stimulante, et surtout « logique ». Elle est de nature à séduire les jeunes esprits. […] À partir de constatations réalistes […] le séparatisme conclut logiquement à une situation qui n'est pas réaliste — qui n'est pas viable. […] Le Québec n'est pas une île de l'Atlantique : son départ du Canada signifie la mort du Canada. Je n'arrive pas à comprendre comment un gouvernement canadien pourrait accepter — sans une réaction violente ou en tout cas sans réaction vigoureuse — le saccage d'un pays qu'il administre depuis un siècle. J'ai parlé de la déception que se préparaient les jeunes séparatistes, ceci part évidemment d'une conviction profonde : à savoir qu'ils vont heurter un mur. […] En tant que protestation, il a un sens : à un refus, il oppose un refus. Peut-être fera-t-il comprendre à une partie de l'élite anglo-canadienne ce que les faits ont pour nous de scandaleux et d'intolérable[54].

Ces objections lui attirent les foudres de Pierre Bourgault :

Vous êtes d'une génération qui ne bâtit plus rien que sur des désillusions […]. Nous sommes prêts à vous écouter mais à la condition que vous relisiez vos écrits de jeunesse, que vous retrouviez un peu du cœur qui les animait. S'il vous en manque, nous vous offrons le nôtre[55].

Le reproche de Bourgault touche Laurendeau. Dans un bloc-notes du 28 octobre 1961, ce dernier reconsidère le séparatisme, cette fois de l'intérieur, avec tout son « cœur » :

Le séparatisme exprime au grand jour une pensée longtemps secrète, une intention d'habitude inavouée, une tendance presque toujours réprimée d'un grand nombre de Canadiens français. Cet idéal clandestin, les indépendantistes l'apportent au grand jour : on jugera mieux ainsi de ce qu'il est. Dans ce domaine comme dans tant d'autres, nous sortons de l'ère du tabou […]. Bref, cette idée nous appartient à tous. Il était important qu'on le fasse sentir […]. Je regarde les groupes indépendantistes comme des mouvements qui proposent une idée et nous interrogent nous-mêmes sur une question grave[56].

En 1967-1968, deux personnalités fortes s'affrontent : Pierre Bourgault, réélu président du RIN le 31 mars 1968, et René Lévesque, fondateur et président du Mouvement souveraineté-association. L'aversion que les deux hommes éprouvent l'un pour l'autre aggrave leurs profondes divergences sur les deux questions : nationale et sociale. Pour Bourgault, Lévesque est « un esprit colonisé ». Lévesque se moque des « coups de gueule » de Bourgault. Pierre Godin écrit à ce sujet : « Avec son penchant avoué pour les mêlées de rue, l'agressif Bourgault ajoute aux difficultés croissantes de son parti. [...] Le goût d'exciter les passions le domine. [...] Il a tout de l'agitateur [...]. Le Pouvoir, pour Pierre Bourgault, c'est celui qu'il tire de la provocation verbale et de sa force de persuasion[57]. »

Avec comme toile de fond la violence que le Front de libération du Québec (FLQ) déverse sur la province, plusieurs dirigeants et membres du RIN craignent d'être à tort associés à ce mouvement terroriste. Il serait tout à fait erroné de faire de Bourgault un felquiste par association. Il n'a jamais promu la violence comme solution.

Vingt ans ont passé. Bourgault fait un retour sur les années du RIN, années qui ont profondément marqué toute sa vie, tellement il les a vécues intensément. Dans un court texte, il condense en treize propositions la signification du RIN pour l'époque et pour la suite de l'histoire :

> 2) [...] Il faut admettre qu'il [le RIN] mit un certain temps à se débarrasser d'un certain discours « hystérique » qui mettait trop d'accent sur les ressemblances entre le Québec et les nouveaux pays africains indépendants et pas assez sur leurs différences, notamment dans l'analyse de leurs conditions économiques et matérielles. [...]
>
> 5) Même si le RIN avait rompu très tôt avec les objectifs de la Révolution tranquille (qui ne visaient qu'à maintenir ou agrandir un peu le champ des pouvoirs de la province de Québec) il n'en fut pas moins un de ses principaux moteurs. J'entends par là que l'action du RIN poussait les éléments progressistes du Parti libéral à aller plus loin et plus vite dans la définition de leurs objectifs et à rendre plus acceptable aux yeux de la population cette « révolution » face à « tous ces séparatistes radicaux et extrémistes ». [...]
>
> 8) Puisqu'on parle du Parti québécois, parlons-en un peu, un tout petit peu. Simplement pour poser une question : René Lévesque aurait-il pu fonder le Parti québécois, avec le succès que l'on sait, sans la présence active du RIN de 1960 à 1968 ? [...]
>
> 10) Sans l'action indépendantiste des années 60 à 70, la culture québécoise aurait-elle connu l'explosion que l'on sait ? Certainement pas puisqu'elle s'en inspira largement. [...]
>
> 13) [...] Le souvenir le plus marquant que je garde du RIN aujourd'hui, c'est celui d'un parti indépendantiste qui ne s'est jamais trahi[58].

Le ton modéré du témoignage de Pierre Bourgault est fort juste sur plusieurs points.

Dans une entrevue au journal *Le Soleil,* le 24 juin 1985, André d'Alle-magne, toujours indépendantiste mais l'esprit rasséréné, émet deux obser-vations fort instructives. Il estime toujours que les Québécois sont des colonisés, mais il formule une idée absente du RIN des années 1960 : le combat des indépendantistes « se situait dans le cadre de la décolonisation qui a amené plusieurs pays du Tiers-Monde à l'indépendance politique ». En proclamant que le Québec était une colonie, le RIN s'inscrivait dans un mouvement universel, une perspective que la revue *Parti pris* mettrait au cœur de son argumentation et qui étofferait sa prétention de déborder le particularisme dont le nationalisme canadien-français a toujours été empreint.

Au sujet du rapport du RIN à la Révolution tranquille, d'Allemagne souligne avec emphase, dans cette entrevue, un jugement déjà présent au temps du RIN :

> La Révolution tranquille et le mouvement indépendantiste se sont nourris l'un et l'autre. C'est du torrent de revendications de toutes sortes, libéré par la Révolu-tion tranquille, que le mouvement indépendantiste a quitté les salons littéraires pour s'emparer de la rue. C'est de la pression indépendantiste que la Révolution tranquille est passée du « Maître chez nous » des libéraux de Jean Lesage en 1960 à « L'égalité ou l'indépendance » des unionistes de Daniel Johnson en 1968.

Toutefois, selon lui, ce vaste « rattrapage » qu'a été la Révolution tran-quille « n'a guère modifié les raisons de la faire cette indépendance ».

René Lévesque s'exprima souvent, et la plupart du temps de façon inci-dente, sur sa vision du RIN et de son rôle historique. Son ton fut souvent bourru et son propos fort dépréciatif. Je puise dans ses mémoires ceux qui me paraissent le mieux exprimer sa pensée :

> [...] de cette floraison bigarrée que les années 60 avaient fait surgir d'un sol [...] seul le RIN s'était donné un semblant de structure et une pensée cohérente, laquelle obtenait malheureusement moins d'échos que les coups de gueule de son chef, Pierre Bourgault. [...] Bref, le radicalisme verbal du RIN en particulier ne me disait rien qui vaille. Aux yeux de jeunes militants rinistes [...] je n'étais moi-même qu'une espèce d'éteignoir dont les appels au réalisme leur parais-saient ridiculement dépassés. [...] Surtout, et plus sérieusement, l'indépen-dance s'était tellement promenée dans la rue avec le RIN, acquérant de manif en manif un caractère absolu, durci comme s'il pouvait s'agir d'une fin en soi, que son nom n'était plus, hélas, qu'un appel à la matraque ! [...] Un autre résultat [la

manifestation du 24 juin 1968], dont j'avoue qu'il m'apporta un certain soulagement, fut l'interruption des pourparlers que nous avions entamés avec le RIN et
qui traînaient lamentablement. La dernière incartade, qui révélait un manque
frappant de sens politique, nous fournissait au moins l'occasion de mettre fin à
ce dialogue de sourds[59].

Il y a quand même, à l'époque, des négociations incluant, outre le RIN
et le MSA, le Ralliement national dirigé par Gilles Grégoire, une formation
indépendantiste de droite puisant ses effectifs surtout dans les milieux
ruraux et dans les milieux populaires des villes, exhalant des relents de cré-
ditisme dont il a été naguère un adepte influent. Des négociations inten-
sives se poursuivent jusqu'en juin 1968. Elles révèlent plusieurs désaccords,
l'un d'entre eux concernant la question linguistique. Les membres et les
sympathisants du RIN sont les principaux porte-parole du slogan : « Québec français » ; de son côté, le MSA préconise une position plus souple à
l'égard de l'anglais et des anglophones. En outre, la route qu'il s'est tracée
vers l'indépendance — qu'il appelle « souveraineté » — est autrement plus
sinueuse que celle du RIN. Après le « lundi de la matraque », ainsi que les
membres et les sympathisants du RIN ont dénommé les échauffourées du
24 juin, le MSA suspend les négociations avec le RIN. De timides tentatives
subséquentes de rapprochement en août aboutissent à une impasse.

À la mi-octobre, le MSA devient un parti politique ; le 26 octobre, le
RIN se dissout et invite ses membres à rallier le nouveau Parti québécois.
Pourquoi cette désignation qui semble marquer l'appropriation par le
Parti de tous les Québécois et de l'ensemble du territoire du Québec ? Elle
émane d'une opération dans les coulisses de Gilles Grégoire. Elle sera par
la suite une source de désapprobation chez les adversaires et, parfois, de
démonstration d'une fatuité exaspérante chez nombre de partisans. Elle a
toujours contrarié René Lévesque, qui écrit dans ses mémoires : « [...] je
n'eus plus qu'à m'habituer à cette appellation de Parti québécois que je ne
continuerais pas moins à trouver plutôt présomptueuse[60]. »

Ce sont des personnes comme André d'Allemagne et Pierre Bourgault
qui ont propagé l'idée d'indépendance politique du Québec, mais c'est
René Lévesque qui a converti le projet indépendantiste en un parti politique visant le pouvoir. Aux élections générales de 1966, le RIN se présente
dans 76 circonscriptions sur 108. Avec 9 % du vote, nulle part il n'obtient
un pourcentage important des suffrages. Aux élections de 1970, 23,1 % des
électeurs optent pour le Parti québécois, 30,2 % en 1973, 41,4 % en 1976.
Le choix de la séparation politique du Québec stagne aux environs de

11 %, sauf dans le sondage de Regenstreif qui l'établit à 14 % en 1970. Par contre, en 1970, un sondage Goldfarb place à 35 % le pourcentage des Québécois favorables à la souveraineté-association[61]. Six ans ont suffi au Parti québécois pour remporter une victoire électorale et former un gouvernement. Qu'ajouter de plus ? Jamais durant cette période un parti politique préconisant la séparation pure et dure du Québec n'aurait fait une percée électorale dans cette province.

Aurait-il mieux valu que le RIN redevînt en 1968 le mouvement qu'il avait été à l'origine au lieu de se dissoudre ? J'estime que oui pour plusieurs raisons. Il aurait pu exercer à l'égard du Parti québécois le rôle que joue la Fabien Society à l'endroit du Labour Party britannique : l'aiguillon qui, grâce à sa pleine liberté d'action, prolonge sans entraves sa réflexion en toutes circonstances et dans le sens de son orientation fondamentale, et qui, de l'extérieur, pousse constamment le parti à ne pas déroger de ses principes malgré les tentations électorales et autres de s'y soustraire. Le RIN s'abolissant, le projet indépendantiste qu'il poursuivait ne s'éclipsa pas. Ses membres, fidèles à leurs convictions, furent certainement un acquis majeur pour le Parti québécois. Mais, en diverses occasions, ils provoqueraient des remous qui détourneraient le Parti de l'une de ses préoccupations essentielles : plutôt que d'avoir à résoudre des dissensions internes périodiques et jamais résorbées, consacrer toutes ses énergies à l'élaboration d'un programme endossé par tous au cours d'un congrès avec le minimum de débats stériles afin de lui permettre de vaincre les partis adverses et de remporter les élections à venir.

Soumettre le RIN à l'analyse causale déçoit. Cela contrevient au premier précepte de méthode en sciences humaines : à moins de disposer d'une preuve péremptoire, le recours à un facteur unique pour rendre compte d'un événement ou d'un phénomène ne permet pas de démontrer la véracité de la suite de l'argumentation ou de l'infirmer. Le RIN ignore ce précepte. Il ne soumet à aucun examen les conditions susceptibles de juger de la pertinence de la cause qu'il promeut.

Je n'épiloguerai pas sur les dénégations divergentes, parfois opposées, que les historiens portent sur la Conquête anglaise : pour les uns, elle fut un malheur ; pour les autres, plutôt un bienfait. Je la considère comme un événement affligeant qui perturba la vie des Canadiens de l'époque. Elle aurait pu provoquer la disparition de leur langue, la langue française, et l'anéantissement de leurs institutions.

Les dispositions de l'Acte du Québec de 1774 préviennent l'anglicisation forcée des Canadiens. Cet acte résulte du besoin de pacifier les

Canadiens au moment où l'Amérique du Nord est en ébullition. Il garantit aux Canadiens leur droit civil et leur langue.   *1774*

Les efforts des Canadiens pour obtenir une plus grande reconnaissance de leur autonomie de la part de la puissance impériale britannique aboutissent à l'Acte constitutionnel de 1791. Ce dernier concède de plus amples prérogatives à l'Assemblée vis-à-vis de l'exécutif anglais. Les revendications des Canadiens s'amplifient et on n'y satisfait pas au gré de l'Assemblée. Le mécontentement entraîne la « rébellion » de 1837-1838. Le rapport de Lord Durham de 1839 entend régler le cas des Canadiens. Il propose une solution que plusieurs interprètent comme une volonté d'assimiler ces derniers. C'est l'Acte d'union de 1840, qui soude le Bas-Canada français et le Haut-Canada anglais dans le dessein de mettre les Canadiens en tutelle. Les années qui suivent sont accablantes pour la bonne réputation de fair-play britannique.

Je me refuse toutefois à penser avec le RIN qu'il s'ensuivit une rétrogradation du Québec en une simple colonie de l'Union. Sous ce régime, les députés du Bas-Canada, dirigés par Louis-Hippolyte Lafontaine, parviennent, non sans effort, à imposer l'usage du français à l'Assemblée du Canada-Uni et à améliorer le statut politique du Bas-Canada au sein de l'Union.

Dans les années 1850-1860, la population du Haut-Canada, en bonne partie à la suite de l'afflux des loyalistes américains, dépasse celle du Bas-Canada. La parité à l'Assemblée qu'impose l'Acte d'union défavorise désormais le Haut-Canada. D'où la proposition d'un nouveau statut constitutionnel, qui reçoit la faveur de la majorité des délégués du Bas-Canada. L'Acte de l'Amérique du Nord britannique de 1867 fonde le Canada et instaure un régime fédératif. Il supprime toute trace de tutelle de la province de Québec de la part du gouvernement fédéral ou des autres provinces. Celle-ci obtient les mêmes compétences juridiques et législatives que les autres provinces et s'astreint aux mêmes obligations. Le Québec devient une province à l'égal des autres provinces.

Le gouvernement fédéral et les provinces ne parviennent pas à s'entendre en 1867 sur les modalités d'amendement de la Constitution canadienne et doivent s'en remettre au Conseil privé du Royaume-Uni pour procéder à des amendements constitutionnels. Le statut de Westminster de 1931 supprime la restriction frappant la modification ou l'abrogation de lois édictées par le Royaume-Uni concernant le Canada. La révision constitutionnelle de 1982, au grand soulagement de la Grande-Bretagne, « rapatrie » la Constitution au Canada par suite de l'adoption d'une formule complexe d'amendement. Le Québec refuse d'adhérer à cette révision constitutionnelle.

Toutefois, d'Honoré Mercier à Maurice Duplessis, de Jean Lesage à tous ses successeurs, le Québec s'est toujours considéré comme une province différente des autres provinces en raison de sa langue et de sa culture françaises et de ses institutions héritées de l'époque coloniale française. Depuis l'entrée en vigueur de la Constitution de 1867, les revendications de compétences particulières pour le Québec s'expriment sous la forme d'une volonté d'autonomie politique avec plus ou moins de fermeté selon les périodes et le tempérament des gouvernants. Les premiers ministres québécois et la majorité des citoyens ne proclament pas que le Québec est une colonie du Canada. Ils requièrent sous diverses formes un « statut spécial » qu'ils n'obtiennent jamais à leur satisfaction.

Le Canada n'opprime pas le Québec. Il est incapable de *reconnaître* son caractère unique et d'enchâsser ce fait dans sa Constitution. Les revendications auxquelles on ne satisfait jamais et qui sont toujours reprises en vain justifient-elles le saut vers l'indépendance? Un certain nombre estiment que l'indépendance est une solution concevable, voire inévitable. D'autres persistent dans la recherche d'une formule qui procurerait un statut spécial au Québec.

Je suis fédéraliste. J'ai toujours dit que je comprends les motifs qui inspirent les indépendantistes, mais que je ne les partage pas.

Le fédéralisme canadien n'est pas inamovible. Selon les circonstances et les dirigeants, le gouvernement fédéral chercha à accroître ses compétences aux dépens des provinces ou, au contraire, il se montra disposé à les assouplir à leur profit. Il fut tantôt centralisateur, tantôt décentralisateur. Il tenta à diverses reprises d'empiéter sur les prérogatives provinciales, parfois avec succès — notamment à l'occasion des deux guerres mondiales, d'où la recrudescence de la revendication d'autonomie des provinces, surtout du Québec. Le gouvernement Duplessis (1944-1959) multiplia les récriminations sans trop de profit. La récupération et même l'accroissement des compétences politiques du Québec durant les années 1960 sont attribuables surtout au gouvernement Lesage. L'ampleur du succès de ce gouvernement est si impressionnante qu'il émerveille et déconcerte les dirigeants des autres provinces et les observateurs de l'extérieur. Ce succès constitue même l'une des caractéristiques majeures de la Révolution tranquille.

Il faut accorder au RIN le mérite d'avoir traité avec éclat les deux principaux obstacles qui entravent l'épanouissement du Québec dans le cadre du Canada : la précarité du français au sein de l'appareil fédéral et la condition de minorité permanente des Canadiens français dans l'ensemble canadien. Il faut également lui reconnaître le mérite d'avoir martelé le caractère intolérable, révoltant de ces faits pour un peuple qui entend à bon droit se tenir debout, à l'égal de l'autre peuple.

Le RIN minimisa le fait que, dans les années 1960, le gouvernement fédéral et le gouvernement du Québec cherchaient, avec plus ou moins de conviction, à remédier à la situation afin que les Canadiens français se sentent plus à l'aise comme Canadiens et adhèrent de leur plein gré à la fédération. S'il avait reconnu loyalement les efforts des gouvernements de l'époque et les avait soutenus, cela aurait réduit à néant le projet indépendantiste qui était sa raison d'être.

En 1963, le gouvernement fédéral crée la Commission royale d'enquête sur le bilinguisme et le biculturalisme qui a pour mandat de procéder à un examen minutieux de la situation et de « recommander les mesures à prendre pour que la Confédération canadienne se développe d'après le principe de l'égalité des deux peuples qui l'ont fondée ».

En ce qui a trait à la condition du français et des Canadiens français dans la sphère d'activité fédérale, la Commission a fort bien rempli son mandat.

C'est à la Commission royale d'enquête sur le bilinguisme et le biculturalisme, à laquelle je consacrerai une section ultérieurement, que l'on doit le premier examen exhaustif et factuel de la condition misérable du français au sein de l'appareil fédéral. Elle a la franchise d'affirmer que l'administration fédérale est anglaise, que la participation des Canadiens français — en particulier ceux qui viennent du Québec — est bien insuffisante, au bas de l'échelle, et qu'elle s'amenuise à mesure que l'on s'élève dans la hiérarchie jusqu'à devenir dérisoire au sommet.

Outrepassant son mandat, selon certains, la Commission révèle également, de façon détaillée et chiffrée, la faible participation des Canadiens français dans la plupart des secteurs économiques, à l'exception de l'agriculture, au Québec même, et leur absence quasi complète de contrôle sur les grands leviers de l'économie québécoise. Elle ne se borne pas à enregistrer ces tristes constats. Elle scrute les moyens propres à remédier à ces conditions intolérables. Ces moyens, je les ai indiqués plus haut. Entre autres, il y a le recours à de nombreuses mesures énergiques au sein de l'administration fédérale pour y favoriser la venue et la promotion des Canadiens français, l'enseignement du français aux fonctionnaires anglophones et l'adoption d'une loi sur les langues officielles devant régir tous les organismes fédéraux dans la capitale et dans toutes les régions du Canada. La Commission recommandait qu'au Québec l'autorité responsable instaure le français principale langue de travail à tous les échelons pour le secteur privé.

Les « pages bleues » examinent les questions cruciales de majorité et de minorité pour les Canadiens français. Malheureusement, la Commission ne parvient pas à procéder aux études de situations qui sont requises et à produire les recommandations aptes à redresser la situation partout où la majorité impose sa loi à la minorité.

Les *Livres* proprement dits du rapport s'échelonnent de 1965 à 1972. Il est trop tard pour qu'ils influent sur les positions intangibles du RIN. Les membres du RIN lisent avec avidité le *Rapport préliminaire* de la Commission, publié en 1965, et réagissent avec enthousiasme : il leur paraît confirmer leurs convictions. Au Québec, plusieurs participants aux rencontres régionales de 1964 font écho aux arguments du RIN : le Canada domine et asservit les Canadiens français, même si ceux-ci sont une minorité bien traitée ; la participation des Canadiens français au sein de l'appareil fédéral et dans l'entreprise québécoise est dérisoire. Voici, selon eux, qu'une commission fédérale confirme leur conclusion inébranlable : les Canadiens français croupissent dans une condition coloniale.

La Commission, elle-même fortement ébranlée par l'extrême polarisation des sentiments négatifs de part et d'autre, conclut que le Canada est mal en point, d'où le titre du *Rapport préliminaire* : *La Crise canadienne.* Laurendeau, que les propos hargneux de participants, des deux côtés, blessent, pressent en cours de route les réactions de bien des Canadiens français : « Un séparatiste qui vivrait notre expérience actuelle en sortirait encore plus convaincu. Un jeune nationaliste serait certainement tenté par le séparatisme[62]. » Il aurait pu ajouter : un anglophone, surtout dans les provinces de l'Ouest, qui vocifère à propos des Canadiens français : *Let them go !,* qui entendrait les propos des participants séparatistes aux rencontres régionales au Québec en sortirait encore plus convaincu de la justesse de ses convictions. Un jeune anglophone plutôt tiède à l'endroit des Canadiens français serait lui aussi certainement tenté de s'écrier : *Let them go !* Dans *Parti pris,* Paul Chamberland qualifie ironiquement les commissaires de « dangereux extrémistes ». En parlant de « crise » et de « dernière chance », les commissaires ont eux-mêmes concouru « à ébranler le système qui les avait mandatés[63] ».

Les « pages bleues » ont exposé bien mieux que le RIN le second problème : l'inégalité des deux partenaires. Mais la Commission n'a pas su procéder à un examen rigoureux de tous les faits et a échoué en ne proposant pas de recommandations réparatrices. Ce sont les maîtres d'œuvre de la Révolution tranquille qui, dans leurs plus belles années, se sont attaqué au problème et l'ont en partie résolu.

Au bout de cinq ans de réclamations de toutes sortes, maîtrisant parfaitement des dossiers complexes, ce qui démontre ses qualités de négociateur imaginatif et opiniâtre, le gouvernement du Québec, sans avoir à recourir à des amendements constitutionnels, parvient à rectifier en sa faveur nombre d'irritants dans la nature et le fonctionnement du fédéralisme canadien. Ainsi, le Québec obtient le contrôle de près de la moitié de sa fiscalité; sur le plan institutionnel, il obtient le retrait facultatif pour les provinces — à certaines conditions — des programmes fédéraux dans les domaines provinciaux avec pleine compensation fiscale; il obtient le contrôle entier du Régime des rentes que le gouvernement fédéral établit, d'où la création de la Caisse de dépôt et de placement; sur le plan culturel, ses artistes et chercheurs retirent une part, parfois plus que proportionnelle à la population du Québec, des subventions du Conseil national des sciences, du Conseil des Arts et de l'Office national du film. Les Québécois bénéficient grandement du développement prodigieux de Radio-Canada dont Montréal contrôle la grande « succursale » du siège social situé à Ottawa au profit surtout des Canadiens français.

En outre, Québec apprend à mieux utiliser les compétences que la Constitution canadienne lui octroie à l'avantage de tous les Québécois, en particulier des Canadiens français. Auprès du gouvernement fédéral, il est très revendicateur et parvient, non sans difficulté il est vrai, à mieux réclamer ou faire confirmer des pouvoirs constitutionnels et administratifs.

Enfin, les années 1960 voient le réveil du plus merveilleux et productif imaginaire que le Québec ait connu jusque-là. Jamais auparavant artistes, poètes, romanciers, chansonniers n'ont atteint ce sommet d'excellence, jamais ils n'ont été aussi populaires. Le souffle indépendantiste, certes, inspire cet imaginaire, mais le dynamisme politique de la Révolution tranquille le stimule également.

L'apothéose de cette période éblouissante est l'Exposition universelle de 1967 *Terre des hommes*. La seule ombre de cet été inoubliable est l'exclamation « Vive le Québec libre » du général de Gaulle sur le balcon de l'hôtel de ville, qui projette sur toute cette beauté le spectre du colonialisme. Cependant, les séparatistes et les prédicateurs du « Québec colonie du Canada » sont contents ce soir-là! Les millions de visiteurs retournent chez eux, charmés par la splendeur de l'Exposition universelle, admirant le

dynamisme de la société québécoise et sa joie de vivre. Plusieurs se pro-
mettent de revenir pour examiner de plus près les raisons de la métamorphose, en si peu de temps, d'une société considérée naguère comme « *a
priest ridden province* » croupissante dans un régime de « grande noirceur ».

Les promoteurs de la Révolution tranquille n'ont de cesse de dénoncer
les travers persistants pour le Québec du fédéralisme canadien et, surtout,
ils continuent à exiger des mesures correctives. C'est ainsi que le 9 décembre 1968, le gouvernement du Québec institue la Commission d'enquête
sur la situation de la langue française et sur les droits linguistiques au Québec (commission Gendron). Le rapport de cette commission, remis en
1972, prolonge les recommandations de la Commission royale d'enquête
sur le bilinguisme et le biculturalisme. En outre, il faut comprendre que
tous les effets correctifs des mesures adoptées par le gouvernement du
Québec pour pallier la condition insatisfaisante du fédéralisme requièrent
un certain temps avant de se faire sentir. Il serait malséant de reprocher au
RIN de ne pas avoir reconnu pleinement le bien-fondé de l'action du gouvernement fédéral, notamment en ce qui concerne la promotion du français dans la sphère de sa compétence que l'on va constater à compter des
années 1970, ni les mérites des mesures progressistes du gouvernement du
Québec dans nombre de domaines.

Le RIN approuve certaines actions du gouvernement du Québec que
lui-même a préconisées et s'en attribue une part du mérite, mais il s'obs-
tine à nier le fait que la Révolution tranquille entraîne un changement
radical du politique, tant à l'intérieur du Québec qu'à l'égard du gouvernement fédéral. Dans la mesure où il reconnaît le caractère progressiste des
changements réalisés, il soutient que l'aboutissement logique de la Révolution tranquille n'est pas une réforme, même radicale, du fédéralisme canadien, mais l'indépendance politique du Québec. À ses yeux, les gains obtenus ne diminuent pas le besoin ni l'attrait de l'indépendance. Au contraire,
ils accroissent ce besoin et cet attrait.

Le RIN fait fausse route en s'obstinant à attribuer la cause unique de la
double infortune des Canadiens français à leur statut toujours et à jamais
colonial aussi longtemps que le Québec n'aura pas conquis son indépendance politique. Selon lui, les Canadiens français, certes, sont une minorité
bien traitée, mais une minorité tout de même dans le moule du colonialisme. Il n'y a pas lieu de chercher d'autres raisons pour quitter le Canada.
Nulle nécessité, dès lors, de procéder à des analyses de faits, de produire des
données chiffrées de la situation : la cause est aveuglante ; le remède, évident.

Du point de vue du RIN, l'indépendance n'a pas à se justifier. Elle est « un idéal qui se défend de lui-même. [...] Un jour il faudra parler des modalités du pouvoir. Mais chaque chose en son temps[64]. » Après l'indépendance, des problèmes surgiront. Le Québec disposera alors de moyens pour les résoudre alors que ceux auxquels font face aujourd'hui les Canadiens français sont insolubles : le Québec ne détient aucun pouvoir lui permettant de les résoudre, c'est le gouvernement fédéral qui possède ces pouvoirs. L'indépendance est perçue comme une panacée à tous les maux. Des erreurs, bien entendu, un Québec indépendant en commettra, mais ce seront « ses » erreurs et il disposera des outils pour les corriger.

Cette vision primaire d'une réalité complexe témoigne de l'étanchéité du mur d'émotivité que le RIN dresse pour protéger ses membres et sympathisants contre le caractère prometteur des mesures visant à corriger la condition des Canadiens français que les gouvernements, au même moment, s'affairent à concevoir et à appliquer.

Proclamer *ad nauseam*, dans les années 1960, que le Québec est une colonie du Canada, c'est faire aveuglément fausse route. C'est, sans le vouloir, contribuer à garder les Canadiens français dans l'état d'immobilisme politique dans lequel l'ancien régime les a maintenus.

Un constat aussi incroyable, de la part de personnes intelligentes et éduquées, énoncé avec une conviction inébranlable, a de quoi déconcerter. D'aucuns concluent à une intoxication idéologique : une transposition latérale des ouvrages de Frantz Fanon, Jacques Berque, Albert Memmi et autres pourfendeurs du colonialisme leur aurait en quelque sorte embué l'esprit[65]. J'estime cette explication insuffisante. Le RIN se réclame peu de ces auteurs socialistes de la décolonisation. Par contre, les collaborateurs de la revue *Parti pris* s'en inspireront abondamment. Pierre Bourgault, avec plusieurs de ses compagnons, constate qu'il ne convient pas de comparer littéralement le Québec à l'Afrique. La colonisation comporte donc des variantes que ni lui ni d'autres ne s'attardent à démontrer. Dans son *Journal*, André Laurendeau s'interroge :

> [...] au *Québec d'aujourd'hui*, chez les nationalistes à tendance séparatiste, il y a une impatience et une exigence extraordinaires : cela devient tout ou rien. J'appelle cela une attitude de désespoir. Serait-ce une intuition, propre à leur génération, des conditions qu'impose la société moderne, et par conséquent de la nécessité de mobiliser la petite nation ? Je le croirais davantage si je les sentais plus réalistes. Mais ils ne me paraissent pas bien comprendre les mécanismes de la société, ni mesurer la passivité qui demeure dans les masses[66].

Il me semble qu'on ne comprend pas la vraie nature du RIN si on le considère comme un désaveu brutal et ignare de la Révolution tranquille. Il serait peut-être plus juste de le voir comme un possible aboutissement normal, et à ses yeux obligé, de la logique de cette révolution qui se serait accommodée aussi bien de la poursuite du projet sécessionniste que d'une réforme du fédéralisme canadien.

Je résumerai cet exposé en trois observations.

Une première observation : pour le RIN, l'affirmation de la condition coloniale du Québec est une certitude fondée sur un rabâchage historique, alors qu'elle devrait être non pas un postulat, mais une hypothèse qu'un examen rigoureux des faits confirmerait ou infirmerait. Pour le RIN, également, le fait que les Canadiens français constituent une minorité permanente suffit à établir un constat irréfutable : ils vivent un état de dominés et dépossédés par rapport à la majorité anglaise que l'adoption d'aucune norme d'ordre juridique ou politique cherchant à établir l'égalité « entre les deux peuples » ne saurait supprimer ou tout au moins atténuer. Le RIN est une idéologie séduisante sans fondement sociologique consistant. Pour cesser d'être irréaliste, il lui aurait fallu passer à un deuxième stade, s'assurer une prise sur la réalité et poursuivre un but proprement révolutionnaire, c'est-à-dire un « renversement de la praxis ». Tel sera l'objectif de la revue *Parti pris*. Dans la conclusion de son livre *Le Colonialisme au Québec*, d'Allemagne reconnaît que la révolution devrait être la finalité du RIN :

> Ce qu'il faut au Québec, c'est une authentique révolution. En ce sens qu'il ne s'agit pas de réformer la structure et les institutions traditionnelles de l'intérieur, en en conservant l'esprit mais au contraire de les supprimer pour les remplacer par d'autres qui d'ailleurs restent partiellement à définir[67].

Une deuxième observation : le RIN entend travailler à mettre un terme à l'état de minorité permanente des Canadiens français par la proclamation de l'État du Québec. Ceux-ci deviendront l'immense majorité dans le nouveau pays. Qu'adviendra-t-il alors de la minorité anglophone ? La réponse d'André d'Allemagne est catégorique :

> […] le RIN insiste sur l'unité culturelle de la nation. En conséquence, les Québécois trouvent leur identité dans une culture d'inspiration et de langue françaises à laquelle *doivent* s'intégrer tous ceux qui veulent faire partie de la collectivité nationale. Rejetant le statut de minorité, le RIN considère les Québécois francophones comme une majorité assimilatrice, ou qui doit le devenir[68].

Une troisième observation : le programme du RIN se concentre sur la poursuite d'un objectif, celui de briser le Canada. Combien de pays occidentaux, unitaires ou fédératifs, stables et démocratiques, feraient preuve d'une tolérance comparable à celle du Canada : légitimer la transformation d'un mouvement séparatiste en un parti politique, lui permettre de présenter des candidats aux élections générales du Québec et de devenir susceptible de s'emparer du pouvoir et de provoquer la sécession du Canada ?

Les conséquences de la sécession du Québec seraient incommensurables pour le Canada : perte de 15 % de son territoire, de 28,8 % de sa population au recensement de 1961, de 80 % de sa population francophone, d'immenses ressources naturelles, de la province la plus urbanisée et la plus industrialisée après l'Ontario ; fracture du pays en deux parties : les provinces de l'Atlantique isolées à l'est, l'Ontario et quatre autres provinces à l'ouest, situation qui rendrait les unes et les autres vulnérables à l'attraction des États-Unis. La persistance d'un Canada de la sorte affaibli et morcelé serait-elle assurée ?

Et pour le nouveau pays que deviendrait le Québec, quelles conditions internes seraient les siennes ? Quel serait son statut international ?

Le RIN ne jugea pas utile de poser ces questions. Il aurait dû persuader les gouvernements de tenter de pallier ces incertitudes en procédant à une rénovation fondamentale du régime fédératif. Il en fut incapable. Il faut se souvenir de la conjoncture des années 1960 : bien peu de gens concédaient au RIN — et, à compter de 1968, au Parti québécois — des chances de faire une percée électorale significative.

Au Québec, les gouvernants se montrent fort conciliants à l'endroit des indépendantistes. En même temps, dans leurs revendications d'une plus grande autonomie politique, d'un statut particulier sinon de la réforme du fédéralisme par l'institution d'États associés, et en vue d'inciter le gouvernement fédéral à plus de souplesse, ils n'hésitent pas à faire planer la « menace séparatiste ». Certains ne se privent pas de l'amplifier.

Au fédéral, en 1962, l'instabilité gouvernementale semble s'être installée à demeure. Le premier ministre John Diefenbaker n'entend rien au grand réveil du Québec. Mieux conseillé et plus avisé, en juillet 1963, le premier ministre Lester B. Pearson institue la Commission royale d'enquête sur le bilinguisme et le biculturalisme. Il attend d'elle qu'elle analyse la situation et lui fasse des recommandations propres à dissiper toute menace à l'égard de la confédération canadienne. Dans l'immédiat, cette mesure peut suffire comme palliatif. Elle peut aussi aggraver les tensions.

Mais dans l'avenir ? Si le risque de sécession se précisait, à quel autre stratagème recourir ? Un dernier résidu de colonialisme subsiste au Canada : seul le parlement du Royaume-Uni peut, à la demande du Canada, amender la Loi constitutionnelle de 1867. Non seulement le Canada ne dispose pas de sa Constitution, mais celle-ci ne comprend aucune clause portant sur l'éventuelle sécession d'une province. En 1971, le gouvernement du Québec refuse son consentement à l'adoption de la charte de Victoria qui aurait permis le rapatriement de la Constitution canadienne. L'adoption de la charte de Victoria aurait procuré un droit de veto au Québec, à l'Ontario, aux quatre provinces de l'Ouest et à celles de l'Atlantique.

À l'époque, le gouvernement Bourassa est d'allégeance fédéraliste. S'il avait été circonspect à l'occasion d'une conférence constitutionnelle, peut-être le fédéral et les provinces auraient-ils pu s'entendre sur les modalités de la sécession de l'une d'entre elles. Mais il est douteux, dans les conditions de l'époque, qu'ils auraient cru utiles même de soulever la question.

Ces observations, il me fallait les faire. Elles vont au cœur du projet indépendantiste. Toutefois, conclure à partir de ces seules considérations aboutirait à produire une explication partielle et partiale de la raison d'être du mouvement indépendantiste, et en particulier du RIN, dans les années 1960.

Certains Canadiens français se sentent mal à l'aise — à l'étranger presque — au Canada. La tentation de l'indépendance est une constante de leur histoire. Elle tourmente nombre d'entre eux. C'est là un fait. Il faut l'expliquer.

Pourtant, au RIN, on pense clair, sinon vrai. Son option indépendantiste ne souffre aucun flottement. Le RIN est le premier mouvement au Québec à promouvoir l'indépendance globale et sans atermoiement. Il est le premier mouvement à proclamer sans ambages ce que le Québec sera : un pays souverain dans la société des nations. Il est indépendantiste sans se soucier des conséquences possibles de la séparation. On s'engage, puis on verra. Ce n'est pas au RIN que sévit la « souveraineté rampante » bougonne, hésitante, à moitié amputée avant même d'être conquise, que Jean Larose dénonce[69].

Que le sursaut de besoins et d'aspirations soudainement ressentis que déclenche la Révolution tranquille dans les années 1960 incite certains à s'émouvoir bien davantage que par le passé à l'idée de l'indépendance, cela également se comprend. Les conditions d'euphorie et d'impatience dans lesquelles la Révolution tranquille se déroule font de l'aspiration indépendantiste un phénomène normal et légitime : pourquoi se satisfaire de moins quand on croit pouvoir obtenir plus ? C'est dans ce terreau particulier, me semble-t-il, que plongent les racines les plus profondes du mouvement indépendantiste de l'époque. Selon Marcel Rioux, bien des Canadiens français s'estiment « mieux armés pour bâtir en Amérique du Nord un pays différent[70] ». Sans la Révolution tranquille, il n'y aurait pas eu de RIN, du moins pas sous la forme qu'il a revêtue. Mais, peut-on se demander, sans le RIN, le dynamisme de la Révolution tranquille aurait-il été aussi puissant, ses actions et ses revendications auraient-elles été aussi pressantes et aussi fructueuses ?

Dès 1962, j'ai dit du souffle qui animait le RIN qu'il tenait de l'émotion. Je n'ai pas dit qu'il s'agissait d'une absurdité. Le problème de l'émotion, c'est qu'elle n'est pas une expérience susceptible d'être vérifiée ou réfutée. L'émotion est un fait. Elle génère des sensations fortes, agréables, mais elle ne possède pas le ressort déclencheur d'actions et de décisions qui se produisent réellement, et non seulement dans l'imagination. La raison, sans une émotion forte qui la vivifie, risque également d'être stérile sur le plan de l'action. Emmanuel Kant fait la distinction entre *Vernunft,* la raison raisonnante, pure et froide, et *Verstand,* la raison raisonnée, tempérée par l'émotion. La *Verstand,* c'est la raison imprégnée d'une passion qui nourrit, dynamise l'action. Les grands mouvements de société, les grandes transformations résultent d'un dosage adéquat de raison et de passion.

Chargé d'une émotion lourde, le RIN dédaigne l'argumentation rationnelle. Il s'en remet à une historiographie tendancieuse et à une solution aléatoire. Le colonialisme est la cause de tous les maux qui accablent les Canadiens français ; l'indépendance est la panacée.

De leur côté, les fédéralistes inconditionnels ne parviennent pas à susciter chez plusieurs Canadiens français la ferveur envers le Canada : virtuoses sur le clavier de la raison, ils sont pitoyables sur celui de l'émotion.

Dans leurs belles années, les promoteurs de la Révolution tranquille injectent parmi les composantes de la société la conviction que leurs possibilités d'action sont quasi illimitées, que leurs entreprises peuvent se poursuivre toujours plus loin, que le succès est certain. C'est qu'ils savent souder à la perfection la cohérence de la raison et la part de rêve.

IV. LA REVUE *PARTI PRIS*

En octobre 1963, Paul Chamberland, Pierre Maheu, André Brochu, André Major et Jean-Marc Piotte fondent le revue *Parti pris*[71].

Cent un auteurs publient six cent quatre-vingt-dix sept articles répartis sur cinquante-trois numéros variant de soixante à deux cents pages. La revue est mensuelle, sauf du mois de septembre 1966 au mois de janvier 1968 où elle devient bimensuelle. La majorité des textes de fond, surtout les éditoriaux non signés et les manifestes, sont écrits par les fondateurs ou les premiers collaborateurs. Comme *Cité libre*, *Parti pris* est une revue d'hommes ; six femmes signent douze courts articles. Les fondateurs sont de jeunes intellectuels. Jean-Marc Piotte les décrit comme suit :

> Nous avons en moyenne vingt-quatre ans. Nous avons vécu au sein d'une famille bourgeoise ou ouvrière et étudié dans nos institutions cato-cana-françaises : école secondaire, collège classique, école normale, université. Nous avons un ou deux ans de travail dans le corps, et pour quelques-uns d'entre nous un ou deux ans de vie conjugale [...]. Notre formation ? La plupart d'entre nous sommes licenciés en lettres ou en philosophie[72].

Dans son premier numéro, *Parti pris* se définit comme « une revue politique et littéraire ». Il publie quarante-quatre textes littéraires, dont trente-deux poèmes, sept de Paul Chamberland et six de Gaston Miron. Dès le deuxième numéro, il se dit plutôt « revue politique et culturelle ». Ce changement de désignation correspond davantage à la vocation qu'il entend poursuivre. Tout au long de son existence, la revue met l'accent sur le politique. Sa raison d'être, son objectif central, eux, restent intangibles. Ses trois pierres d'assise sont : l'indépendance, le socialisme et la laïcité. Le « Manifeste 63-64 » les formule avec une netteté qui ne sera jamais édulcorée :

> Nous luttons pour l'indépendance politique au Québec parce qu'elle est une condition indispensable de notre libération ; nous croyons que l'indépendance politique ne serait qu'un leurre si le Québec n'acquérait en même temps son indépendance économique [...] l'essentiel pour nous est de nous libérer de ceux qui, à l'intérieur comme à l'extérieur du Québec, nous dominent économiquement et idéologiquement et qui profitent de notre aliénation. L'indépendance n'est que l'un des aspects de la libération des Québécois par la révolution. Nous luttons pour un État libre, laïque et socialiste[73].

C'est avant tout par rapport à *Cité libre* qu'il convient de mesurer la portée de *Parti pris* en ce qui concerne l'évolution de la société québécoise. L'une et l'autre revue représentent des outils d'expression d'importance majeure de leur époque respective. À ce seul titre, des ouvrages qui entendent scruter ces deux époques sous leurs aspects les plus caractéristiques se doivent de consacrer à *Parti pris* comme à *Cité libre* un examen sérieux[74].

André Major et André Brochu, deux des fondateurs de *Parti pris,* ont collaboré à *Cité libre.* Pierre Vallières, Charles Gagnon, Gérald Godin, Gabriel Gagnon, Jacques Ferron et Pierre Vadeboncœur qui, très tôt, se joignent à *Parti pris,* sont eux aussi des dissidents de *Cité libre.*

Durant la première année de son existence surtout, *Parti pris* s'acharne sur *Cité libre.* Il lui reproche son antinationalisme, son individualisme, son universalisme abstrait. À l'inverse, il professe la suprématie du « nous collectif ». Ainsi, Paul Chamberland écrit : « Le nationalisme est le seul mode de *conscience homogène* et *totalisant* de la société québécoise[75]. »

Parti pris assume l'héritage de *Cité libre,* mais surtout pour le contester. Comme *Cité libre,* il déboulonne l'ancien régime, ou ce qui en reste à ses yeux : le cléricalisme, les résidus du pouvoir de l'Église. Mais *Parti pris* rejette la principale part de l'héritage de *Cité libre.* Il condamne cette revue pour avoir cautionné l'idéologie libérale de la bourgeoisie. Il dénonce le libéralisme économique qui rive les travailleurs au statut de prolétaires.

Cité libre se réclamait de la revue *Esprit* d'Emmanuel Mounier ; *Parti pris* s'inspire de la revue *Les Temps modernes* de Jean-Paul Sartre. *Cité libre* endossait les enseignements de John Maynard Keynes et les propositions du rapport Beveridge en matière de sécurité sociale ; *Parti pris* invoque le marxisme-léninisme. *Cité libre,* du moins Pierre Elliott Trudeau, s'appuyait sur les enseignements d'Élie Kedourie pour démasquer les méfaits de tout nationalisme ; *Parti pris* suit Frantz Fanon, Jacques Berque et Albert Memmi pour démontrer sa thèse de la condition coloniale des Canadiens français.

Cité libre s'était appliquée à la critique de la société des années 1950 et à la proclamation des valeurs propres à l'État-providence ; *Parti pris* privilégie l'action en vue de transformer la société telle qu'elle devient dans les années 1960.

À *Cité libre,* du moins jusqu'au tournant des années 1960, les collaborateurs étaient pleinement libres de s'exprimer à l'intérieur de balises très larges ; à *Parti pris,* chacun est également libre mais à la condition de respecter la « ligne » d'inspiration marxiste-léniniste telle que la revue la précise périodiquement. Contrairement à ceux de *Cité libre,* les collaborateurs de *Parti pris* pensent et écrivent en équipe. Quel que soit l'auteur d'un texte, on doit présumer que la revue s'exprime à travers lui. *Cité libre* était pluraliste, *Parti pris* est doctrinaire.

Sous la plume « anticitélibriste », acérée pourtant, des collaborateurs de *Parti pris,* sous celle de Pierre Maheu dès le premier numéro de la revue, perce l'admiration pour les collaborateurs de *Cité libre,* et même la conscience d'une filiation : « [...] nos pères, par exemple, les gens de *Cité libre*, étaient eux aussi partis d'une certaine révolte moins radicale que la nôtre, mais révolte tout de même ; mais ils avaient trouvé à leur volonté d'opposition l'objet rêvé, le providentiel Duplessis[76]. »

De tous les aînés, seul Pierre Vadeboncœur, devenu l'un des leurs après avoir été l'un des plus prolifiques et des plus antinationalistes collaborateurs de *Cité libre*, trouve grâce aux yeux des collaborateurs de *Parti pris*. C'est le seul qu'ils reconnaissent comme un « maître à penser ».

> Pelletier, Marchand, Trudeau ont analysé une société dont ils voulaient qu'elle prît conscience de son temps. [...] Il n'y avait pas de grandes audaces dans ce qu'ils définissaient pour elle. Il y avait au contraire un parti pris de simplement l'actualiser. [...] Le groupe *Cité libre* n'essayait guère d'introduire d'idées nouvelles mais plutôt de révéler les anciennes. [... Ils] ont tout simplement été déloyaux sur ce plan avec les jeunes lecteurs de *Cité libre* d'il y a quelques années ; [...] ils ont opté contre la jeunesse, l'histoire, l'avenir[77].

Gérard Pelletier et Pierre Elliott Trudeau ne tardent guère à vilipender les renégats de *Cité libre* qui viennent de fonder *Parti pris*. Le premier fait une analyse pondérée du contenu du premier numéro de *Parti pris*, mais il le condamne sans appel :

> On comprend par ailleurs que les laudateurs de *Parti pris* reprochent leur réalisme à ceux d'entre nous qui refusent de monter dans « le véhicule le plus puissant que nous ayons vu en un siècle » sans tout au moins vérifier les pneus au préalable. [...] Car pour établir le bien-fondé d'un objectif politique, il leur aurait fallu aborder la réalité, montrer qu'il est possible d'incarner dans les faits les idées qu'ils préconisent. Or on est frappé, dès les premières pages de ce premier numéro de *Parti pris*, par le mépris de la réalité qui caractérise la démarche des collaborateurs[78].

Visant à la fois le RIN et *Parti pris*, Pierre Elliott Trudeau, à son habitude, est plus mordant :

> En 1960, tout devenait possible au Québec, y compris la révolution. [...] Une génération entière était enfin libre d'appliquer toutes ses énergies créatrices à mettre ce petit peuple arriéré à l'heure de la planète. [...] Hélas, la liberté s'est avérée une boisson trop capiteuse pour être versée à la jeunesse canadienne-française de 1960. [...] La vérité, c'est que la contre-révolution séparatiste est le

fait d'une minorité petite bourgeoise impuissante qui craint d'être laissée pour
compte par la révolution du XXe siècle. […] Certains contre-révolutionnaires se
donnent le change eux-mêmes en s'affublant de déguisements marxistes-léni-
nistes, tout comme l'ont déjà fait ces chefs africains qu'ils prennent du reste
comme modèles. […] Le séparatisme, une révolution? Mon œil. Une contre-
révolution, la contre-révolution national-socialiste[79].

Dans *Les Intellectuels et le Temps de Duplessis*, je reproche à Pelletier et
à Trudeau d'avoir fait un dogme de leur antinationalisme et d'avoir, de la
sorte, détourné de *Cité libre* ceux qui, de plus en plus nombreux, étaient à
la recherche d'un néo-nationalisme dans la mouvance de la Révolution
tranquille. Dans leur incapacité d'entretenir avec eux un dialogue fécond,
ils purent amener certains à penser que la seule issue qui s'offrait à eux était
l'indépendance et les convaincre de fonder le RIN. Par contre, j'admets
aujourd'hui qu'aucun dialogue n'était possible entre ces deux collaborateurs de *Cité Libre* et des collaborateurs de *Parti pris* tels que Vadeboncœur
et Vallières, qui, eux, s'engageaient sur la voie du socialisme et du refus de
la démocratie libérale[80].

Au-delà de *Cité libre*, c'est à une critique impitoyable de la finalité de la
Révolution tranquille que les collaborateurs de *Parti pris* se livrent. Ils en
sont pourtant des fils légitimes, mais des fils rebelles.

À l'époque, je n'avais aucune inclination à l'endroit de *Parti pris*. Son
interminable recherche de la « ligne » de pensée et d'action correcte, sa certitude présomptueuse de détenir la vérité m'irritaient. Ma propre adhésion
à la théorie systémique faussement jugée bornée à l'examen des conditions
de l'équilibre social et réfractaire au changement, de même que ma
conception libérale de la vie de l'esprit et de la société, était aux antipodes
des principes théoriques de *Parti pris*[81].

L'examen minutieux de *Parti pris* par Pierrette St-Amant dans le cadre
de ma recherche sur les cultures politiques au Québec me permit d'approfondir ses fondements doctrinaires, redéfinis à chaque manifeste annuel,
mais m'ancra dans ma conviction qu'ils étaient aberrants. Je suis plus
conciliant aujourd'hui. Tant d'énergie dans une cause qu'avec le moindre
réalisme les collaborateurs de *Parti pris* auraient sue perdue d'avance doit
avoir eu, dans les conditions des années 1960, quelque pertinence qui
m'échappait alors.

Pendant près de cinq ans, *Parti pris* fut le principal lieu de référence des
intellectuels d'après *Cité libre* qui avaient opté à la fois pour l'indépendance et le socialisme. La revue fut le centre de grands débats de la part des

nombreux intellectuels et étudiants qui s'aventuraient à scruter la multitude de questions que ces mouvements d'idées soulevaient : débat, bien
sûr, concernant la bonne façon d'adapter nationalisme et marxisme à la
situation québécoise ; débat sur les conditions de la lutte des classes, quand
elle devait convenir que seule la bourgeoisie nourrissait ici une conscience
de classe, débat sur le rôle de la violence, la bonne façon de procéder à la
« décolonisation » du Québec, etc.

Parti pris est sans conteste la revue majeure des années 1960. Il ne
mérite pas le quasi-oubli dans lequel on le remise depuis une vingtaine
d'années. Comme le RIN, il exerça une profonde influence sur la jeunesse
étudiante et, à un moindre degré, sur la direction syndicale. Une influence
qui, comme pour le RIN, se prolongea bien après sa disparition.

Parti pris se saborde en 1968, c'est-à-dire au moment même où une
révolution culturelle majeure, qu'il a en partie engendrée — ou dont il a
été l'écho principal —, se déroule au Québec, propagée surtout par la jeunesse étudiante, mais se répercutant dans la société, notamment parmi les
organisations syndicales, patronales et professionnelles.

C'est précisément l'argument principal que Pierre Maheu invoque
pour condamner *Cité libre* qui rend compte de la pérennité de celle-ci et de
l'oubli relatif de *Parti pris* :

> [...] et ils [les collaborateurs de *Cité libre*] étaient devenus la loyale opposition de
> Sa Majesté : la société avait utilisé leur révolte, ils avaient pris leur place, jouaient
> leur rôle dans le bon fonctionnement des institutions. Une fois le glorieux épou-
> vantail [Duplessis] décédé, ils se retrouvèrent à leur grande surprise, au pou-
> voir[82].

Dans *Nationalismes et Politique au Québec,* je replace cet argument
dans son contexte historique :

> Le peu d'importance généralement concédé à *Parti pris* par rapport à *Cité libre*
> dont, au contraire, on exagère grandement le rayonnement, tient à trois faits
> principaux : les idées dont *Parti pris* s'est fait le porte-parole, contrairement à
> celles de *Cité libre,* n'ont pas été endossées par un parti politique majeur et ne
> sont pas devenues l'idéologie politique dominante ; aucun rédacteur de *Parti pris*
> n'a jusqu'ici occupé une position officielle de dominance, ceux qui, comme
> Charles Gagnon et Pierre Vallières, ont eu un moment dc notoriété, se sont trou-
> vés, par leurs actes mêmes, « marginalisés » dans l'ensemble de la société québé-
> coise ; enfin, le doctrinarisme poussé de la revue a fait de cette dernière surtout

une revue d'école et, à certains égards, d'écoliers, éloignant ainsi les intellectuels plus soucieux de coller à la réalité québécoise que de faire de l'exégèse autour du marxisme-léninisme ou encore de la bonne façon d'analyser les conditions québécoises dans l'optique du marxisme-léninisme[83].

En quoi *Parti pris* innove-t-il? Quels objectifs lui sont propres? Il se fait le défenseur de la laïcité, s'associe au Mouvement laïque de langue française (MLF) et à la revue *Liberté* pour combattre le confessionnalisme des écoles et proclamer l'urgent besoin d'une morale laïque. La loi créant un ministère de l'Éducation et un Conseil supérieur de l'éducation en 1964 ayant cédé à la volonté des évêques et des traditionalistes sur ce point, *Parti pris* soutient, là comme ailleurs, que seule la révolution socialiste éliminera la mainmise de la religion sur les écoles et la famille. La religion et l'Église relâchant leur emprise sur la plupart des organisations sociales dès les premières années de la Révolution tranquille, les collaborateurs de la revue ne s'attardent guère à aborder ce thème. Seul Pierre Maheu en parle parfois.

La revue n'innove guère non plus en ce qui concerne sa volonté de promouvoir l'indépendance politique du Québec. Elle adopte la même historiographie que le RIN, celle de l'école historique de Montréal, surtout de son porte-parole le plus combatif, Michel Brunet. Comme le RIN, elle vise à libérer « la nation canadienne-française opprimée par la nation canadienne-anglaise[84] ». Elle songe un moment à une alliance tactique avec le RIN. Elle approuve les manifestations populaires que celui-ci provoque ou auxquelles il participe et elle apporte son appui aux grèves des travailleurs. À la suite de l'expulsion de Chaput en 1963, elle prévoit que le RIN prendra un virage à gauche sous l'influence d'Andrée Ferretti.

Elle doit finalement convenir que le RIN est un mouvement « petit-bourgeois » et elle le récuse dès que, en mars de la même année, il se transforme en parti politique. Le fondement de l'opposition au RIN est radical, et l'indépendance, qui est un objectif en soi pour le RIN, devient pour la revue « un préalable, une étape nécessaire dans une lutte révolutionnaire qui la dépasse et l'amplifie[85] ». En outre, le RIN « ignore les antagonismes internes à la communauté québécoise » et, consensuelle, la revue fait le jeu de la bourgeoisie « comme si les classes n'existaient pas[86] ». Par la suite, elle s'efforce de discipliner son militantisme, cherchant à éviter un « activisme » qui aboutirait à l'anarchie.

Tout comme le RIN, *Parti pris* soutient que le Québec est une colonie du Canada. Lui aussi dénonce l'état de « misérabilisme », de « dépossession », d'« aliénation » dans lequel les Canadiens français croupiraient.

Sous cet aspect encore, il puise une partie de son argumentation dans l'école historique de Montréal. Ainsi, Paul Chamberland déclare :

> C'est donc dire que la société canadienne-française fut toujours une société mineure, infériorisée ; une société coloniale où le rôle du colonisateur fut d'abord joué par l'Angleterre, puis par le Canada anglais. [...] Collectivement, nous n'avons jamais connu la liberté [...]. L'univers canadien [...] c'est un monde bicéphale. Le Canada est une réalité dont l'existence même n'est possible que par la coexistence de deux antagonismes [...]. Nous persistons à croire que nous pouvons être à la fois Québécois et Canadiens, davantage, nous nous sommes persuadés que la meilleure façon d'être Québécois consistait avant tout à être « un bon Canadien ». [...] c'est la réalité *Canadian* qui nous confirme sans cesse dans notre condition de minoritaire et sape à la base nos possibilités d'existence et de progrès[87].

ou encore :

> [...] peu savent la profondeur de notre démence peu la devinent
> *mais tous la vivent* peu d'entre nous parmi les étrangers
> peuple aux mœurs paisibles sereines « peuple sans histoire » et
> « sans littérature » visages hébétés, crispés, consciences nouées
> mains mortes[88].

Robert Major cite de nombreux poèmes, nouvelles, contes d'André Major, Paul Chamberland, Gérald Godin, Jacques Brault, Gaston Miron et Jacques Renaud, qui symbolisent un peuple désespéré, misérable, à l'existence larvaire, larvaire parce qu'elle est colonisée.

Mais la revue ne se borne pas à hurler l'oppression qui est le lot du Canadien français colonisé, elle en cherche les causes. Mais elle pousse sa recherche bien au-delà des réponses de l'historiographie de l'école historique de Montréal. La lecture d'« Orphée noir » de Sartre lui apprend qu'il n'y a de véritable colonisation que « globale » : « Le premier révolutionnaire sera l'annonciateur de l'âme noire, le héraut qui arrachera de soi la négritude pour la tendre au monde, à demi-prophète, à demi-partisan[89]... »

La décolonisation « globale » à laquelle il aspire pour les Canadiens, *Parti pris* en trouve le modèle chez les auteurs de la décolonisation socialiste : Fanon, Berque et Memmi. Les membres dirigeants du RIN connaissent leurs ouvrages, mais ils se limitent à les mentionner sans vraiment tirer de leurs enseignements des leçons pour leur examen du Québec, et surtout sans retenir d'eux leur orientation socialiste. Au contraire, la pensée de ces écrivains marque *Parti pris* d'un sceau indélébile. Pour la revue, ceux-ci sont des prophètes de la décolonisation dans le tiers monde. En s'inspirant de leurs écrits, elle estime être en mesure de transcender le particularisme canadien-français dans lequel se sont enfermés tous les nationalistes et les indépendantistes d'ici, y compris ceux du RIN, et de s'insérer dans la mouvance « universelle » des entreprises de décolonisation en cours. Cependant que la mainmise du colonialisme se relâche partout où elle a sévi, le Québec reste figé dans un régime colonial. C'est à cette tâche de libéralisation que la revue se consacrera. « Au début des années 60, écrit Pierre Noreau, on pouvait encore se permettre d'être souverainiste, parce que le mouvement d'affirmation nationale participait, disait-on, du mouvement plus large de la décolonisation[90]. » Cette proposition vaut plus pour *Parti pris* que pour le RIN.

Dans *Les Damnés de la terre,* rapporté par Lise Gauvin, Fanon écrit de la littérature dans un pays colonisé qu'elle témoigne d'une triple évolution :

> 1) [...] « l'intellectuel colonisé prouve qu'il a assimilé la culture de l'occupant. » [...] C'est la période assimilatrice intégrale. [...] 2) [...] « le colonisé est ébranlé et décide de se souvenir. » Cette seconde période est marquée par l'angoisse, l'expérience de la mort, la nausée. 3) [...] « la littérature de combat proprement dite, en ce sens qu'elle convoque tout un peuple à la lutte pour l'existence nationale[91]. »

Parti pris estime que chez les Canadiens français les trois phases se recoupent, se renforcent mutuellement. Ils vivent la condition d'assimilation économique, culturelle et politique maximale ; ils éprouvent l'état de peur maximale ; ils veulent s'épanouir dans la plénitude de la confiance maximale dans la libération. La crédibilité de la revue tient à la vraisemblance d'une réelle jonction des trois phases dans le contexte des années 1960.

Selon *Parti pris,* les Canadiens français absorbent la culture du colonisateur depuis la Conquête. À chaque instant, ils ressentent la peur de disparaître, l'angoisse de l'assimilation. La volonté révolutionnaire de s'épanouir demain au sein de la nation enfin libérée, tel est l'objectif de la lutte qu'il poursuit au nom des Canadiens français.

Pierre Maheu ridiculise le RIN, qui s'en tient à « une révolution par procuration ». « Le RIN est loin de la devise du Front de libération nationale d'Algérie (FLN), c'est-à-dire : la révolution du peuple par le peuple et pour le peuple[92]. »

Un troisième courant d'idées auquel on pourrait rattacher *Parti pris* est le socialisme canadien et québécois. Le socialisme, ou même la social-démocratie de type britannique ou scandinave, ne peut s'implanter solidement au Québec. L'ancienne Cooperative Commonwealth Federation (CCF), fondée en 1932, est jugée trop anglaise. Elle est rebaptisée en 1961 Nouveau Parti démocratique (NPD). Michael Oliver, professeur à l'Université McGill et homme très bien informé sur les Canadiens français, devient président du Parti. Le NPD se montre favorable à la théorie des « deux nations », il s'injecte une dose de nationalisme, mais un nationalisme plutôt centré sur le Canada que sur le néo-nationalisme québécois. De plus, il hérite de la CCF son biais centralisateur. Il n'y a rien dans le NPD pour charmer les Canadiens français, encore moins une revue comme *Parti pris*. Lui aussi, malgré son idéologie travailliste, tout comme le Parti libéral du Québec, représente pour la revue « les intérêts de la classe dominante », de « la bourgeoisie nouveau style[93] ».

Parti pris n'entretient pas non plus de relations suivies avec l'Action socialiste pour l'indépendance du Québec (ASIC) dont le moyen d'expression est la *Revue socialiste* de Raoul Roy (1960-1965). L'ASIC entend lutter pour « l'indépendance absolue du Québec et la libération prolétarienne des Québécois ». Son rayonnement est faible et certains de ses membres se joignent au FLQ. *Parti pris* n'approuve pas le penchant terroriste de ce mouvement, dont il dénonce l'anarchisme au printemps 1965. L'ASIC n'épouse pas non plus une ligne de pensée marxiste-léniniste stricte.

Parti pris manifeste un certain intérêt pour le Parti socialiste du Québec, en quelque sorte l'aile québécoise du NPD[94]. Il songe un moment à lui accorder un appui tactique. Il y renonce toutefois, le jugeant trop investi par les intellectuels pour attirer les travailleurs et réfractaire à son projet indépendantiste révolutionnaire[95] :

> L'indépendance n'est qu'une étape dans la libération du Québec, mais nous savons parfaitement bien aussi que le socialisme est impossible à réaliser ici sans l'indépendance. Nous croyons que les socialistes qui ne font pas la lutte pour l'indépendance immédiate du Québec font fausse route, que leur opposition est stérile et leur stratégie inappropriée à la situation[96].

En 1964, Pierre Vallières et Charles Gagnon fondent *Révolution québécoise,* qui se veut une revue de combat au service des intérêts des travailleurs. Cette revue se saborde dès 1965, et les deux fondateurs rejoignent l'équipe de *Parti pris*.

Parti pris affiche ses principes comme des dogmes. Nombreux sont les étudiants qui dévorent les textes de ces jeunes penseurs marxistes, au moins réputés tels. *Parti pris* est la première revue qui se réclame inconditionnellement du marxisme-léninisme. Ses collaborateurs, en particulier Jean-Marc Piotte, sont d'ardents propagandistes de cette théorie. La revue entend s'inscrire dans la tradition marxiste-léniniste, « la moins dépassée par l'évolution historique. Le marxisme-léninisme [...] n'est pas un caté-chisme, mais avant tout une méthode d'analyse et de travail[97]. »

Dans un éditorial de 1964, tout en adoptant le marxisme-léninisme, la revue annonce son intention de l'adapter aux conditions du Québec :

> Le marxisme-léninisme [...] nous permet de totaliser la société dans son dyna-misme et son historicité. [...] L'étude des faits économiques, politiques et sociaux nous entraîne à la corriger et à la polir[98].

Trois ans plus tard, elle admet n'avoir franchi qu'une « première étape » de son programme d'adaptation :

> Nous avons voulu élaborer [...] une approche vraiment rigoureuse des diverses manifestations culturelles de notre société. [...] Le travail réalisé ici n'est qu'une première étape de l'étude systématique [...] l'un des meilleurs outils pouvant servir à l'élaboration d'une politique planifiée par la pratique socialiste sur le plan théorique, scientifique, artistique, littéraire, politique, etc.[99].

Jean-Marc Piotte insiste sur la nécessité d'appuyer la théorie sur des faits :

> Nous avons adopté la méthode déductive. [...] le projet fondamental doit s'ap-puyer sur des faits analysables et ces derniers doivent être compris et interprétés à l'aide de ce projet de savoir opératoire et, le fondamental, les analyses scienti-fiques et d'idéologie doivent être unis dialectiquement. L'un éclaire l'autre. Vou-loir les divorcer, c'est désirer séparer l'action de la pensée, l'efficacité du rêve[100].

Dans son analyse de la situation, *Parti pris* s'efforce de démasquer l'aliénation économique, politique et culturelle des Canadiens français.

> [...] C'est toujours le facteur économique (son rôle dans la production) qui per-met de définir les classes [...] il y a des gens qui n'ont que leur travail et qui doi-vent se louer eux-mêmes comme force de travail pour vivre ; et d'autres, les capi-

taux qui leur permettent d'acheter le travail des autres et d'en faire leur profit. Sur ces bases, nous croyons pouvoir définir dans la société québécoise trois grandes classes : les travailleurs, la petite bourgeoisie et la grande bourgeoisie[101].

La grande bourgeoisie possède et contrôle les moyens de production. La classe des travailleurs comprend les cultivateurs, les ouvriers et les cols bleus. La conscience de classe existe-t-elle chez les travailleurs québécois ? Pierre Maheu croit en déceler chez eux un début. Il s'agit surtout d'un sentiment de mécontentement et non de « claire conscience ». Il faut faire en sorte que ce sentiment aboutisse à la pleine conscience de leur condition de prolétaires. « On doit tendre à le consolider, à lui donner les moyens de s'incarner dans une action collective. Il faut s'appliquer à la "constitution" d'un "nous", d'une conscience d'être exploité[102]. »

L'analyse que fait *Parti pris* de la société québécoise lui révèle « la présence d'une troisième force, d'une classe qui peut jouer le rôle de tampon entre le peuple québécois et le capitalisme nord-américain : la bourgeoisie nationale canadienne-française[103] ». La revue constate le déclin de la bourgeoisie « des notables » et la montée d'une néo-bourgeoisie née de la Révolution tranquille. Cette dernière devient de plus en plus consciente et désire améliorer sa condition face au capitalisme étranger[104]. Cette classe néo-bourgeoise, dont les technocrates du gouvernement québécois constituent l'avant-garde et qui comprend les professionnels, les commerçants, les petits industriels et les petits propriétaires terriens, réduit le nationalisme à un instrument de chantage. Cette classe oppose « à la domination coloniale [...] un nationalisme de colonisés[105] ».

Sans le rechercher, la néo-bourgeoisie peut être une alliée tactique provisoire de la classe des travailleurs : elle voit dans le renforcement de l'autonomie politique du Québec ou de l'indépendance un moyen de renforcer sa position. « Pour les travailleurs, elle [cette autonomie ou indépendance] est une étape essentielle de décolonisation, un préalable nécessaire dans la lutte contre-révolutionnaire[106]. » Mais il faudra que la classe des travailleurs écarte le nationalisme de la néo-bourgeoisie dont les assises reposent sur une opposition de caractère ethnique, et qu'elle fonde sa propre opposition sur des bases strictement économiques. Une fois la fonction historique de la classe néo-bourgeoise accomplie, la classe des travailleurs, ayant acquis la pleine conscience de classe, l'éliminera.

Parti pris cherche à infiltrer les syndicats afin qu'ils entraînent les travailleurs à la lutte des classes, nourrissent chez eux la conscience de classe et les incitent à combattre le patronat chaque fois que l'occasion se présente, particulièrement au moment des grèves. Mais il constate que « les dires des dirigeants ne correspondent pas aux préoccupations de la base[107] ». Il se rend compte que les relations patronales-ouvrières au Québec se poursuivent toujours conformément aux règles du « syndicalisme d'affaires » et il se désole de ne pouvoir compter sur l'appui tactique des syndicats pour promouvoir le socialisme : « En Amérique du Nord [...] les syndicats sont un rouage du système, participant à la fixation du prix d'achat du travail mais ne remettant jamais en question les structures de la production et de la propriété[108]. »

Parti pris souhaite que, à la suite de la syndicalisation des cols blancs et des fonctionnaires, les syndicats « deviennent plus conscients des structures de notre société et qu'ils se politisent plus rapidement[109] ».

Au Québec, la situation des travailleurs s'aggrave du fait que « la *business* » parle anglais, du fait qu'à Montréal les affaires se font en anglais. Il s'ensuit que l'aliénation économique entretient directement l'aliénation culturelle : « Pour nous le capital est anglo-saxon et c'est lui qui accomplit le plus sûrement le *génocide culturel*. Il se fait mécaniquement, sans visée précise ; il rayonne le mépris le plus complet pour ce qui est spécificité culturelle, santé sociale d'un peuple[110]. » Ou encore : « Le Canadien est un homme mal à l'aise dans le monde, dans son idéologie et dans sa peau. [...] Nous vivons dans une culture affolée et en pleine désintégration[111]. »

La culture est un produit de classe. D'où le fait que, chez les Canadiens français, elle se dédouble : « L'accès au savoir scientifique et à l'humanisme est réservé à une minorité qui forme une "élite" qui s'infiltre dans l'élite du pouvoir économique [...] les masses sont endormies par les mass-média[112]. » Le renversement de la praxis inaugurera le triomphe du socialisme qui « fait passer dans la réalité l'humanisme que l'idéologie bourgeoise pose abstraitement sans le réaliser concrètement[113] ».

Le texte de présentation de la revue attribue à la parole « une fonction démystificatrice » : « La parole, pour nous, a une fonction démystificatrice ; elle nous servira à créer une vérité qui atteigne et transforme à la fois la réalité de notre société. [...] Nous ne visons à dire notre société que pour la transformer. Notre vérité, nous la créerons en créant celle d'un pays et d'un peuple encore incertains[114]. »

Un an plus tard, Jean-Marc Piotte précise : « Nous n'avons jamais limité la parole à la recherche et à la communication. Dans une société aliénée, et dans la perspective politique que nous choisissons, la parole demeure avant tout un moyen d'action. [...] Moi je me refuse à penser que des intellectuels n'ont comme tâche que de lire et d'écrire[115]. » Pour Gaston Miron, « publier devient un acte aussi probant que l'action politique[116] ». Paul Chamberland écrit qu'il n'existe pas de « *salut individuel* [...] *m'humaniser* par *l'humanisation* de tous, défendre ma liberté en me fondant sur la libération commune[117] ».

Pourtant la question de l'engagement politique pour les écrivains pose à *Parti pris* un problème « existentiel » qui divise très tôt les collaborateurs.

Pierre Maheu et André Major sont les chefs de file de ceux qui, au contraire, se méfient de l'engagement politique : « L'écrivain ne doit pas être "l'homme engagé" de la politique et ne doit être aux gages de personne que lui-même[118] », écrit Pierre Maheu. André Major est encore plus catégorique : « Ce que je tente c'est l'expérience de ma liberté, et cette expérience est plus nécessaire, à mes yeux, que le plus fervent engagement politique [...] de la recherche du pays à la recherche de soi, il y a [...] comme une sorte de pas en arrière[119]. »

Robert Major note que « moins d'un an plus tard André Major aura laissé l'équipe[120] ». En septembre 1965, il commence une collaboration avec *L'Action nationale*.

Pour *Parti pris,* la pauvreté de la langue française au Québec est un reflet fidèle de l'aliénation culturelle. Le joual représente l'expression ultime d'une culture coupée de la source qui devait la nourrir. La revue ne dénonce pas la langue populaire chez les romanciers du terroir, dans les feuilletons télévisés, le théâtre de Michel Tremblay ou les monologues d'Yvon Deschamps. Il existe une abondante littérature à propos de la langue populaire. *Parti pris* se livre également un débat souvent acrimonieux sur la valorisation ou non du français « international », du français « relais européen », du français « classique » tel qu'enseigné dans les anciens collèges[121]. La langue populaire, issue du milieu rural et paysan, est un français relativement pur. Elle est la conséquence de l'isolement dans lequel les Canadiens furent longtemps tenus. La première frégate française qui accoste dans le port de Québec après la Conquête, en 1858, se nomme *La Capricieuse*. La revue ne se contente pas non plus de déplorer la qualité du français, comme le font le frère Untel (Jean-Paul Desbiens) ou André Laurendeau, qui, eux, sont les premiers en 1960 à populariser le terme « joual »[122]. Avec *Parti pris,* on est loin des campagnes du « bon parler français ». Le joual auquel il s'attaque est une réalité bien différente d'une langue « molle ». Il s'agit du parler prolétarien, réalité bien plus dégradante que la langue populaire et dont il entend dévoiler les causes sociologiques. Pour *Parti pris,* le joual est la manifestation la plus flagrante de la dépossession du Canadien français : il le corrompt jusque dans son esprit.

Parti pris puise son argumentation chez les auteurs de la colonisation, particulièrement Albert Memmi. Cet auteur décortique l'idéologie de la négritude.

> L'Africain s'affirme « séparé et différent », il nie l'exclusion du colonisé par la colonisation. Cette négation devient un élément essentiel de sa reprise de soi et de son combat, il va s'affirmer, la glorifier jusqu'à l'absolu. […] Au mythe négatif imposé par le colonisateur, succède un mythe positif de lui-même proposé par le colonisé[123].

André-J. Bélanger a très bien saisi l'existence d'un état d'esprit semblable dans la revue :

> Pour *Parti pris*, le grand atout de *l'autre* c'est sans conteste d'être parvenu à nous faire refouler le ressentiment normal que nous pouvions nourrir contre lui, pour le reporter contre soi sous forme de culpabilité, c'est-à-dire, haine de soi-même. […] Le Québécois est réduit à se rendre coupable de cette relation de subordination[124].

« Nous sommes nos propres bourreaux[125] », écrit Chamberland. Ou encore :

> Je suis un homme qui a honte d'être homme.
> Je suis un homme à qui on refuse l'humanité.
> Je suis un homme agressé dans chacun des miens et qui ne tient
> pas de conduite sensée cohérente devant les hommes tant qu'il
> n'aura pas réussi à effacer l'infamie que c'est d'être Canadien français[126].

Comme le disait Félix Leclerc : « En 1950, on se haïssait à mort. »

En s'appropriant le joual, *Parti pris* clarifie à sa façon le sens véritable de l'expression méprisante qu'est le fameux *speak white*. Le joual est la réponse ironique de *Parti pris* aux détracteurs du français parlé et écrit au Québec : « Vous avez raison. » Si la revue paraît accréditer une telle diffamation, c'est pour démasquer la colonisation anglaise responsable de la contamination de la culture et de la langue françaises : « Voici à quel état de décrépitude la colonisation a réduit notre langue. » Les intellectuels parlent et écrivent une langue plus châtiée que les travailleurs. Pour le colonisateur, la langue est une arme de domination : les différences linguistiques dressent une barrière supplémentaire entre les classes, masquent la prise de conscience de leur commune dépendance et empêchent celles-ci de se solidariser pour se libérer de la tutelle du colonisateur. Le misérabilisme que *Parti pris* claironne en s'appropriant le joual entend démontrer que les intellectuels portent eux aussi comme un stigmate la marque infamante de la profanation de la langue française[127]. Ce stigmate, plutôt que de le dissimuler, ils le montrent au grand jour afin de favoriser la prise de conscience nécessaire au « renversement de la praxis[128] ». La véritable langue de l'écrivain est le joual, la langue du prolétaire. Son français soigné, il le parle et l'écrit comme une langue « empruntée », une langue étrangère.

En s'appropriant le joual, *Parti pris* cherche aussi à démontrer que l'ordre sociopolitique conditionne l'état de la langue. Par la mise à nu de la langue des Canadiens français, il veut prouver que la littérature est « le reflet des aliénations et du mal-vivre québécois[129] ». L'insistance sur le joual poursuit « un but essentiellement *critique,* afin de *dévoiler* un état de désintégration de la langue analogue à celui de la société[130] ». C'est aussi un aveu de culpabilité :

> Choisir le joual équivaut pour un certain nombre d'entre nous à un témoignage de culpabilité. Nous sommes coupables d'être d'origine bourgeoise et, comme tels, d'avoir échappé au mal commun de « joualisation » de notre langue, grâce surtout à l'accès que nous avons eu au cours classique. [...] Et pourtant, nous refusons cette situation qui pourrait être la nôtre. [...] Nous refusons d'être des Français de service ; une couronne française sur une tête jouale. Nous refusons de servir à maquiller par notre beau langage, le langage pourri de notre peuple[131].

Le but véritable visé est « la Rédemption du joual et de ceux qui le parlent[132] ». « Nous devons nous replier sur nous-mêmes afin de mieux bondir et devenir universels[133]. »

Parmi les collaborateurs de *Parti pris*, peu nombreux sont ceux qui font l'apologie du joual et qui, occasionnellement, écrivent en joual. Les principaux sont André Major, Paul Chamberland et Gérald Godin. Aux Éditions Parti pris, un certain nombre d'œuvres expriment l'état de déchéance linguistique et exaltent la volonté de délivrance de l'homme canadien-français[134].

Celui qui a le mieux exprimé la détresse d'écrire et de parler français en terre d'Amérique et la conviction que la « délivrance politique » du Québec assurerait le salut de la langue est un collaborateur épisodique de *Parti pris*. Il s'agit du poète Gaston Miron. L'ensemble du recueil *L'Homme repaillé* est un grand cri du cœur pour le salut du français en terre québécoise. Pourtant, à la suite de la publication de mon livre, *À la recherche du Québec,* un fait m'avait troublé : tous disaient que Miron était notre plus grand poète national, mais bien peu l'avaient lu. Ainsi, quelques citations ne seront pas superflues.

D'abord les poèmes de détresse :

> et pourtant je lutte, je te le jure, je lutte
> parce que je suis en danger de moi-même à toi
> et tous deux le sommes de nous-mêmes aux autres
> Les poètes de ce temps montent la garde du monde[135]

> Le non-poème
> c'est ma langue que je ne sais plus reconnaître
> des marécages de mon esprit brumeux
> à ceux des signes aliénés de ma réalité[136]

Et puis des poèmes d'espoir :

> je n'ai jamais voyagé
> vers autre pays que toi mon pays
>
> ....
>
> un jour j'aurai dit oui à ma naissance
> j'aurai du froment dans les yeux
> je m'avancerai sur un sol, ému, ébloui
> par la pureté de bête que soulève la neige[137]

> Je ne suis plus revenu pour revenir
> Je suis arrivé à ce qui commence[138]

De la sorte, tenaillé entre la détresse et l'espoir, Miron décide un jour que désormais il se murera dans le silence :

Une fois que j'eus assumé ma condition de colonisé, du moins la part en moi qui est colonisée, que je l'eus revendiquée et retournée en une affirmation, j'estimai, face à l'écriture, que la seule attitude convenable résidait dans le silence, forme de protestation absolue, refus de pactiser avec le système par le biais de quoi que ce soit, fût-ce la littérature[139].

Pierre Maheu reproche amèrement à Miron son comportement démissionnaire. Le Québec ne peut se passer de son œuvre poétique, instrument indispensable de libération : « Engueulez Miron[140] », clame-t-il.

Même si la question du joual est loin d'être prépondérante dans *Parti pris,* les personnes qui aujourd'hui font référence à la revue ont souvent à l'esprit ses propos sur ce thème. Robert Major rend fort bien compte de ce fait :

> S'il [le joual] en est venu à caractériser l'ensemble du mouvement *Parti pris,* c'est en bonne partie à cause du complexe québécois de la langue, véritable psychose du bien parler. Aussi parce que le joual servait d'identification facile pour les critiques et qu'il était l'aspect le plus facilement discernable de l'aventure littéraire de la revue […] il ne faut pas non plus négliger l'aspect foncièrement scandaleux du joual. […] En passant du milieu paysan au prolétariat, le parler québécois change de sens. Il n'est plus l'apanage d'un milieu traditionnel et conservateur, mais celui d'une classe mieux organisée, potentiellement révolutionnaire. […] Le joual est dangereux parce qu'il est idéologique, et obéit à une fin extra-littéraire[141].

Pour *Parti pris,* le rapport des Canadiens français au politique représente une source majeure de leur assujettissement. Sur la base du mode de production capitaliste s'élève une superstructure, l'État, dont la finalité est la perpétuation de la domination de la classe dominante — les propriétaires de capitaux — sur ceux qui lui vendent leur force de travail — les prolétaires. L'État a pour finalité de reproduire et de légitimer les contradictions entre le mode et les relations de production capitaliste. Sur ce sujet, les propos de *Parti pris* sont en quelque sorte empruntés à Karl Marx[142].

L'État n'est toutefois pas un simple reflet des intérêts de la classe dominante. Il joue un rôle actif. Il possède une volonté et poursuit des intérêts propres.

« Le pouvoir est omni-présent, […] le pouvoir est force, violence, coercition », écrit Jean-Marc Piotte[143]. Mais cet énorme pouvoir, l'État ne l'exerce que pour soutenir de façon active la classe dominante. Il remplit une fonction de régulation de l'ensemble du système social, par exemple par la récupération des organisations susceptibles d'être contestatrices ou simplement discordantes. En amortissant les crises économiques, il perpétue « à long terme » l'hégémonie du grand capitalisme[144].

La fonction principale de l'État est de masquer les conflits de classes qu'engendre le grand capitalisme.

Pour *Parti pris,* la démocratie est un leurre, une mystification : « [...] il n'y a pas de démocratie possible sans justice économique et sociale[145]. » La volonté populaire se réduit au rituel électoral : « Les élections sont le moment où les mécanismes de la pseudo-démocratie sont peut-être le plus sérieusement investis par le pouvoir de la classe dominante. [...] La démocratie ne fait pas participer [les citoyens] au pouvoir mais simplement décider qui l'exercera en leur nom[146]. »

Les partis ne représentent qu'une « machine à faire des élections ». Ils « dépendent financièrement des grandes compagnies, des grands lobbies. Et ceux qui remplissent les caisses des partis s'arrangent pour en remplir aussi les cadres, pour y placer leurs hommes[147]. »

L'Assemblée nationale n'est qu'une caisse de résonance de la classe dominante, et les débats des députés durant la période des questions sont une pure mascarade.

Le grand capitalisme réduit la fonction judiciaire de l'État à la sauvegarde de l'intégration de toutes les composantes sociales au régime établi : « Le Droit formule des normes [qui visent] toujours à conserver l'ordre social établi et à le justifier idéologiquement du même coup. [...] C'est au niveau judiciaire dans l'application et l'organisation de la société que le pouvoir se démarque le plus[148]. »

« L'ordre policier » est le bras justicier du droit : « La police est le garant du régime établi. Elle s'infiltre dans tous les mouvements subversifs et surveille tous les milieux louches. Le recours à la répression policière pour garantir la sécurité de la bourgeoisie aboutit nécessairement à la violence ouverte, chevaux et matraques[149]. »

L'État est donc une façade du vrai pouvoir, celui que détient la classe bourgeoise capitaliste. Tous les appareils de l'État contribuent au maintien des rapports de production, c'est-à-dire des rapports d'exploitation capitaliste : « Le pouvoir de l'État est confisqué par les classes dominantes à leur profit et il ne reste pas grand pouvoir dans les mains des travailleurs [qui sont exclus] de la classe politique[150]. » L'État bourgeois « finit par n'être qu'une abstraction [...] non seulement il ne les contrôle pas [les vrais pouvoirs], mais ce sont eux au contraire qui l'influencent et l'utilisent[151] ».

Sur la base de leurs convictions théoriques, les collaborateurs de *Parti pris* ne manquent pas de jugements négatifs à l'emporte-pièce quand il s'agit d'évaluer les actions et les décisions du gouvernement du Québec et du gouvernement fédéral. Leur dépréciation systématique de la Révolution tranquille montre le haut degré d'intoxication idéologique auquel leur pseudo-marxisme les condamne.

Le premier ministre Lesage est réduit au statut de « roi nègre » et le chef de l'opposition Johnson, à celui de revenant du conservatisme de l'ancien régime : « Le Parti libéral est le représentant et l'instrument de la bourgeoisie nouveau style, de celle qui fait le passage au néocapitalisme ; l'Union nationale [...] incarne la petite bourgeoisie conservatrice, celle qui tente de conserver les structures antérieures[152]. »

L'État de la Révolution tranquille nationalise les secteurs peu rentables tel celui de l'électricité ; il prend en charge l'éducation, la formation de la main-d'œuvre, la construction et l'entretien des routes ; il subventionne l'entreprise privée par l'intermédiaire de la Société générale de financement (SGF) ; il joue un rôle de « suppléance » par la création de nombreuses régies et sociétés d'État ; avec le Code du travail, il récupère le syndicalisme ; sous le couvert de la planification, « sous une apparence de participation » — comme c'est le cas avec le Bureau d'aménagement de l'Est du Québec (BAEQ) —, il « endort » le mécontentement de la population en lui donnant l'impression qu'il propose les solutions qui résoudraient ses problèmes ; par ses activités de propagande, il contrôle l'opinion publique et mobilise la population en faveur du système[153].

Pour *Parti pris,* le gouvernement du Québec n'est qu'une succursale de « l'État fédéral ». Mais il estime que la forte impulsion vers le néonationalisme, même si celui-ci s'exprime toujours en majeure partie dans le cadre du fédéralisme, conduira le gouvernement du Québec à se distancer de plus en plus du gouvernement fédéral :

> Québec et Ottawa s'orientent nécessairement dans des voies opposées. D'une part, Ottawa [...] pour planifier l'économie du pays et pour pallier la domination économique des États-Unis sur le Canada [...] devra centraliser le maximum de pouvoir entre ses mains. D'autre part, Québec [...] pour combattre la mainmise américaine et « canadian » sur notre économie [...] devra exiger la possession du maximum de leviers politiques[154].

L'évolution que la revue prévoit vers un Québec de plus en plus autonome face à Ottawa aura pour conséquence de rendre caduc le terme « Canadien français ». L'homme d'ici sera désormais un Québécois : « [Il] sera tout autre chose qu'un Canadien français. Ce mot est déjà passé à l'histoire[155]. » Paul Chamberland explique les raisons de ce fait :

> Désormais nous utiliserons les termes *Québec* et *Québécois* de préférence à ceux de *Canada français* et de *Canadien français*. Ce parti pris langagier recouvre une

transformation de concepts qui révèlent une transformation des réalités. Québec ne sera plus une « province » mais un « pays », le nom d'une totalité et non celui d'une partie honteuse d'un ensemble désorganisé. Québec constitue donc l'antithèse irréductible du Canada, du moins de ce qu'a été le Canada jusqu'à maintenant. Il y aura recouvrement, coïncidence entre le territoire, la nation, la patrie et la culture. La suppression du Canada français, du Canadien français signifie clairement celle de l'être minoritaire, de cet homme ou de cette communauté écartelés entre deux mondes, deux ordres de valeur (scission qui était la négation de son être, de son identité, de sa santé, de son existence). La dissolution, la liquidation du Canada est à l'heure actuelle rudement amorcée, et cela à cause d'un nouveau Québec en voie de gestation[156].

Ce terme « Québécois », que comprend-il ? Tous les citoyens du Québec, ou surtout ou même exclusivement les Canadiens français ? Presque tous les textes de *Parti pris* n'ont pour sujet de référence que les Canadiens français. Trente ans après le premier numéro de la revue, Jean-Marc Piotte admet sans réticence ce fait : « On se disait québécois, c'était une idée territoriale, même s'il y avait encore une conception ethnique là-dedans, puisqu'on pensait toujours aux francophones[157]. »

Sous la Révolution tranquille, l'État exerce sur la revue en même temps qu'un mouvement de répulsion un pouvoir d'attraction. Pour *Parti pris,* qui est constamment à la recherche d'alliés au moins tactiques, se pourrait-il que le gouvernement québécois, gouvernement de la Révolution tranquille, sous la direction d'une bourgeoisie néo-nationaliste, crée graduellement les conditions d'une libération politique du Québec ? La Révolution tranquille n'aura-t-elle été qu'une période de transition vers l'indépendance, libérant la voie vers le socialisme ? Selon le « Manifeste 65-66 », une telle évolution est une possibilité réelle :

> Le déplacement du pouvoir qui s'est produit entre les parties des classes dirigeantes n'était [...] qu'un premier moment de la Révolution tranquille. En s'accomplissant, celle-ci débouche sur un affrontement bien plus important. Elle révèle du même coup sa vraie nature : elle n'aura été qu'une période de transition [...] elle portait en soi l'ouverture du conflit fondamental ; en se réalisant, elle laisse face à face les classes travailleuses et la néo-bourgeoisie roi-nègre alliée aux forces coloniales et impérialistes[158].

Parti pris conclut de son examen de la politique, telle qu'elle évolue au cours de la Révolution tranquille, que seule une véritable révolution, une révolution de type marxiste, parviendra à supplanter l'État bourgeois et à lui substituer une organisation politique, communautaire et vraiment résolue à se mettre au service de la classe des travailleurs. Mais ce qui se produira « à l'étage supérieur » aura sa source à « l'étage inférieur », au sein du prolétariat paupérisé au point d'être contraint d'ébranler dans son fondement la classe dominante par le « renversement de la praxis ».

Parti pris se persuade que la possession économique, culturelle et politique, que les difficultés résultant de la conciliation du nationalisme et du socialisme dans les conditions du Québec, que les invraisemblances résultant des emprunts constants à des sources étrangères auxquelles les collaborateurs prêtent la valeur de dogmes, que tout cela se résoudra au grand soir de la Révolution :

> Dès les premiers numéros, il devint évident que toute notre pensée tournait autour d'un maître-mot, qui revenait dans tous les titres : RÉVOLUTION[159].

> Nous n'avons qu'une chose à faire : dire et appeler la révolution jusqu'à la susciter enfin ; nous disons, nous écrivons des choses qui ne sont pas tout à fait vraies, pour qu'elles le deviennent[160].

L'idée de révolution captive les collaborateurs de *Parti pris,* mais ils se sentent impuissants à la concrétiser : « Nous sommes fascinés et enthousiasmés par l'idée de révolution, parce que nous en sentons la nécessité objective, mais nous n'avons pas les moyens concrets de la faire, et jusqu'ici nous n'avons pas travaillé à nous les donner[161]. »

Parti pris se veut le noyau fondateur d'un parti révolutionnaire. Au printemps 1965 naît le Mouvement de libération populaire (MLP), regroupement de plusieurs groupuscules de gauche. Il cosigne le manifeste du Parti socialiste du Québec. Le mouvement se définit comme l'avant-garde révolutionnaire. *Parti pris* refuse de s'identifier à ce mouvement, qui ne parvient pas à prendre son envol malgré des appuis à des grèves et à des manifestations comme « McGill français ». Il doit pourtant convenir que seul il est impuissant à engendrer et à mener à terme son projet révolutionnaire. Depuis les débuts, forcé de s'en remettre à des circonstances favorables imprévisibles, *Parti pris* se cherche une organisation qui lui servirait de soutien pratique : « Si un jour il était possible de prendre le pouvoir par des élections, ou par une insurrection populaire, ou à la faveur d'une grève générale, etc., il faudrait bien entendu saisir l'occasion[162]. »

Pourquoi ne pas épauler ou rallier le FLQ ? C'est la décision que prendront les deux animateurs principaux du défunt MLP, Pierre Vallières et

Charles Gagnon. La plupart des collaborateurs de *Parti pris* choisiront de ne pas les imiter. Néanmoins, certains d'entre eux expriment leur admiration pour la fraction de la jeunesse qui a opté pour le FLQ. Elle a choisi de vivre « avec le maximum d'intensité les contradictions qui déchirent notre société[163] ». Des contacts s'établissent entre *Parti pris* et le FLQ, un échange de lettres se poursuit. La revue a conscience que « sa » révolution n'est que littéraire. Faute de points d'appui, ses collaborateurs ne sauraient élaborer une stratégie concrète cohérente. Se pourrait-il que le FLQ soit ce mouvement d'action qui transmuerait leurs idées en une pratique révolutionnaire ? Ils en doutent : ils se souviennent de la condamnation sans appel de Marx des guérillas anarchiques, vouées d'avance à l'échec. Loin de privilégier la violence, ils la condamnent, à moins que les conditions ne la justifient : « L'usage de la violence reste déterminé par l'ensemble des conditions historiques et ne saurait être l'objet d'un culte mais d'un calcul dicté par le sens des réalités politiques[164]. »

Les collaborateurs de *Parti pris* sont d'anciens étudiants ; aussi maintiennent-ils un contact étroit avec ces derniers. Ils sont bien au fait de la contestation étudiante en cours aux États-Unis et dans la plupart des pays industrialisés, contestation qui s'amorce aussi dans les universités québécoises. La revue s'interroge : « Le pouvoir étudiant exprime-t-il une volonté de participation aux décisions à l'intérieur d'un système accepté ? Ou représente-t-il la recherche d'une autogestion dans une société dont les rapports de production seront profondément modifiés[165] ? »

Parti pris est conscient que la contestation étudiante prend de l'ampleur, mais il doute qu'elle soit porteuse de révolution :

> L'agitation étudiante sur le campus universitaire est [...] une force de contestation globale d'un univers ou d'un système qui fondamentalement ne s'est pas modifié depuis des siècles. [...] La seule méthode valable pour interpréter les conflits à l'origine de la revendication et de la contestation des étudiants consiste à identifier ces conflits comme le résultat de causes objectives, et historiquement déterminées, de façon à agir sur ces causes pour modifier une situation. La revendication est à la contestation ce que la révolte est à la révolution : une prise de conscience subjective des conflits vécus et du sentiment de devoir modifier certains rapports de structures pédagogiques, mais non reliée, non intégrée à la nécessité de transformer la structure même[166].

Les étudiants parviendront-ils à développer une « véritable praxis révolutionnaire lorsqu'ils auront saisi que les structures universitaires reflètent les rapports socioéconomiques d'une société bourgeoise et capitaliste[167] ? »

La revue *Parti pris* s'éteint en 1968, au moment où la contestation étudiante déferle sur les campus américains et européens, atteint les cégeps et les universités du Québec, et juste avant que les dirigeants syndicaux endossent en bonne partie leur programme de rénovation sociopolitique. Si elle avait survécu une seule autre année, aurait-elle cru trouver dans cette contestation le prolongement concret qui lui a manqué pour démontrer ses convictions ? Dès le début, elle avait affirmé qu'« écrire, c'est combattre ». Aurait-elle estimé que cette contestation lui procurait un soutien suffisant pour la révolution radicale qu'elle préconisait depuis 1963 ?

Le RIN rejoint beaucoup d'étudiants, bien des professeurs et certains syndicalistes de l'époque en entretenant chez eux l'espoir de l'indépendance. *Parti pris* va convaincre un bon nombre d'entre eux que renverser l'organisation hiérarchique des établissements d'enseignement et abolir l'enseignement « bourgeois » lui-même représentent des conditions du renversement de l'ensemble du « système » sociopolitique de l'époque. Ces étudiants ont aujourd'hui quarante ans et plus ; ces professeurs, cinquante ans et plus. Quels jugements portent-ils sur leur contestation d'alors ? Combien se souviennent, combien ont oublié ? L'agitation étudiante d'octobre 1968, inspirée surtout de la révolution de mai en France, s'est poursuivie au nom de l'utopie libertaire et de la révolution spontanée (grèves, occupation des locaux, etc.) Elle a surtout abouti au démantèlement des associations étudiantes : l'Association générale des étudiants (AGEQ), l'Association générale des étudiants de l'Université de Montréal (AGEUM), l'Association générale des étudiants de l'Université Laval (AGEL) et l'Association générale des étudiants de l'Université de Sherbrooke (AGES). Chez les étudiants, c'est l'anarchie. Privés d'organisations, il n'y a plus personne d'autorisé pour les représenter auprès des instances des collèges et des universités. Ce n'est que dans les années 1970 que la contestation étudiante acquerra une portée sociale au-delà des campus en participant aux mouvements de revendication tels le Mouvement Québec français et la contestation syndicale.

Un événement d'une grande signification politique se produit en 1967 : la création du Mouvement souveraineté-association (MSA) sous la direction de l'influent ministre libéral dissident René Lévesque. Toujours à la recherche d'un allié tactique, *Parti pris* ne peut ignorer cet événement imprévu. Quelle position adopter vis-à-vis de ce parti en herbe ? Les avis sont partagés.

Gilles Bourque dénonce la thèse de la souveraineté-association, qui n'illustre que l'impossibilité de réaliser une véritable révolution de la part de la bourgeoisie[168]. Pierre Maheu s'interroge à plusieurs reprises sur la position que la revue doit adopter à l'égard du MSA : « Quelle(s) classe(s) et quels intérêts représente le MSA ? Quel est son avenir au Québec ? Selon son programme et le rapport de forces politiques, évoluera-t-il vers l'indépendance du Québec ou vers un fédéralisme mitigé ? Vers le socialisme ou vers le néocapitalisme (ou capitalisme d'État)[169] ? »

Parti pris consacre à ce sujet son éditorial d'avril 1968 :

> La création du Mouvement souveraineté-association a perturbé l'équilibre déjà instable des forces politiques au Québec. [...] La gauche québécoise en général, et *Parti pris* en particulier, s'interroge sur la signification de la naissance de ce mouvement politique pour l'avenir du Québec et sur l'attitude à prendre. Cette interrogation reflète à nos yeux l'ambivalence de la gauche ou des gauches — et sa difficulté à élaborer une stratégie unique dans un rapport de forces donné[170].

Convient-il, pour *Parti pris,* d'accorder un appui tactique au MSA ? Pierre Maheu estime qu'un « homme de gauche ne peut qu'appuyer ce parti parce qu'il nous fera franchir une indispensable étape en créant l'État de démocratie nationale [...] transition vers le socialisme[171] ».

Les divisions au sein de *Parti pris* en 1967-1968 s'expliquent en partie par les difficultés qu'éprouvent ses collaborateurs à se situer par rapport au MSA. La revue change de format et devient une « revue-magazine » beaucoup plus commerciale. L'équipe de rédaction se renouvelle ; Philippe Bernard en devient le directeur, un titre inédit. Le désaccord éclate entre Paul Chamberland et Jean-Marc Piotte, deux piliers de *Parti pris* depuis le début. Ils ne font plus partie du comité de rédaction (d'ailleurs ils ne publient plus depuis 1966). Pierre Vallières et Charles Gagnon ont déjà quitté la revue.

La fondation du MSA consomme l'adieu à l'objectif de *Parti pris* de convertir le Québec à la laïcité, à l'indépendance et au socialisme. Bien d'autres motifs, plus fondamentaux, sont également en cause. La revue a dû s'astreindre à rédiger en cinq ans trois manifestes dans une tentative pour restaurer la juste ligne théorique propre à guider ses collaborateurs dans la poursuite du renversement de l'ordre établi, et de l'avènement d'un ordre nouveau. C'est beaucoup. La certitude de tenir enfin, définitivement, cette ligne correcte s'évanouit chaque fois dans les mois qui suivent, et chaque fois la revue se trouve devant un constat d'échec. L'incertitude renaît, condition insupportable pour un groupe convaincu d'appliquer l'orthodoxie du marxisme-léninisme. Avec les années, les divergences de vues, les dissensions deviennent fréquentes. Plutôt que l'unité, c'est la division qui marque la fin de la revue.

En 1968, les collaborateurs qui persévèrent constatent que *Parti pris* « manque de souffle », qu'il « s'est refroidi ». Une revue ne saurait être à elle seule le moteur d'une révolution. *L'Iskra* (l'étincelle), la revue de Lénine, se serait éteinte si ses idées n'avaient pas pénétré par une multitude de relais les masses paysannes : « [...] il y a même quelque chose de paradoxal, écrit Pierre Maheu dès 1964, dans notre tentative de dire une révolution qui n'est encore qu'en état de germe[172]. »

Dans un communiqué signé par sept collaborateurs et adressé aux abonnés, *Parti pris* annonce que la revue « se conteste et se remet en question ». Elle est suspendue « pour une période indéterminée ». La principale raison invoquée : « [...] ses rédacteurs se refusent à publier une revue qui ne les satisfait pas[173]. »

Ce communiqué du 10 octobre 1968 sera le chant du cygne de *Parti pris*. Mais le projet indépendantiste et socialiste de la revue ne sombre pas avec elle. Il survit dans la contestation étudiante, la crise syndicale et les Comités d'action politique (CAP) des années 1970. Je ferai état de ces mouvements qui contestaient le système en place dans la section suivante. À l'influence du RIN et de *Parti pris* s'ajoutera celle du journal *La Forge* (octobre 1975-août 1979), organe d'expression de la Ligue communiste marxiste-léniniste canadienne.

Que conclure de l'aventure de *Parti pris*? Loin de s'inscrire, comme il le croyait, dans le sens du déroulement de l'histoire, particulièrement de l'histoire québécoise, ses prémisses et ses conclusions vont à contre-courant. Ses sources théoriques empruntées au marxisme-léninisme, aux théoriciens de la décolonisation de l'Algérie et de l'Afrique noire et, à un degré moindre, à l'existentialisme de Sartre ne sont pas pertinentes pour le Québec, dans les conditions qui sont les siennes, l'universalisme dont il se réclame n'étant qu'illusion.

Les étapes du processus révolutionnaire aboutissant à l'éclatement du système capitaliste, telles qu'exposées dans *Le Capital* de Marx, sont d'une infinie complexité : loi de la plus-value, loi des profits déclinants, loi d'airain des salaires, loi de la prolétarisation croissante qui conduit à la suppression de toutes les classes et déclenche la révolution dont le signal est l'abolition de l'État capitaliste et l'avènement d'une communauté humaine et égalitaire précédée peut-être par une « dictature du prolétariat ».

Partout où un régime de type socialiste s'est institué, ce ne fut pas selon le schéma marxiste, mais plutôt à cause d'événements catastrophiques d'origine circonstancielle comme dans la Russie tsariste ou en Chine, à cause de révoltes contre des empires coloniaux épuisés comme en Afrique et grâce à l'appui non des travailleurs industriels, mais des masses rurales et paysannes.

Comment croire que les conditions au Québec favorisaient le déroulement de la praxis révolutionnaire marxiste ? Depuis la Seconde Guerre mondiale, l'économie du Québec était de plus en plus prospère, la condition matérielle des travailleurs, y compris des Canadiens français, s'améliorait et, à compter de 1960, les initiatives de réforme du gouvernement du Québec revêtaient une ampleur telle qu'on les désignait sous le vocable de Révolution tranquille.

Les collaborateurs de *Parti pris* étaient conscients que le Québec n'était pas une colonie africaine. Comment rendre compte du fait qu'ils identifièrent subjectivement la condition des Canadiens français à celle des peuples africains et des Noirs américains ?

> Le succès de librairie au Québec du livre de Frantz Fanon *Les Damnés de la terre* et surtout l'influence que ce livre exerça sur les socialistes et nombre d'indépendantistes québécois montrent bien que la convergence du séparatisme et du socialisme au Québec représente un projet qui a sa source bien à l'extérieur du Québec. Mais si la plupart des libérations nationales se font au nom d'un nationalisme socialiste, pourquoi le Québec échapperait-il à la règle[174] ?

La réponse à cette interrogation : aux conditions internationales incitatives s'ajoutent les facteurs d'ordre interne. S'ils paraissent se prêter à la même argumentation que les premières, c'est que *Parti pris* effectue un transfert idéologique : tout comme le RIN, la revue endosse les enseignements de l'école historique de Montréal. Pour cette dernière, depuis la Conquête anglaise, les Canadiens français sont dans un état permanent de colonialisme. Un pareil transfert idéologique témoigne de l'absence de rigueur sociologique de *Parti pris*. La revue succombe à une foi irréaliste. Dans son égarement romantique, elle rêve d'une révolution stable et totale qui n'a aucune chance de se déclencher au Québec durant les années 1960.

Dans un beau livre autobiographique, Jean-Marc Piotte confesse :

> Il me semble alors que l'échec du MLP (Mouvement de libération populaire) et donc aussi de *Parti pris* dont il ne cherchait qu'à pratiquer les idées, résulte d'une

connaissance insuffisante du marxisme, […] l'espoir d'une société sans classes s'évanouit. Ne me reste qu'un savoir marxiste étriqué et troué de sorte qu'il me serait très difficile aujourd'hui de dire en quoi je suis marxiste et en quoi je ne le suis plus[175].

Piotte étend beaucoup plus loin son autocritique. Le voici qui réhabilite la Révolution tranquille :

Le Québec des années soixante et soixante-dix a connu des progrès remarquables. […] Les Québécois ont acquis une confiance en eux-mêmes qui leur manquait. L'État du Québec a renforcé ses pouvoirs face à Ottawa et à l'entreprise privée[176].

Parti pris contribua-t-il à ces progrès ? Piotte en est convaincu :

Comment ne pas reconnaître que ces transformations n'auraient pas eu la même ampleur ni la même profondeur si des milliers de militants, par leur radicalisme, leur activisme, n'avaient pas cherché à pousser le peuple québécois au-delà de ses limites[177] ?

Puis-je faire mien ce jugement ? Voici que j'hésite. Ces jeunes écervelés qui avaient vingt-quatre ans en 1963 et vibraient d'une foi désespérée en une cause inaccessible, auraient-ils influé sur le cours de la Révolution tranquille, l'auraient-ils accéléré, réorienté ?

N'est-ce pas Laurendeau qui écrit en février 1964 : « Au fond, il me semble que *Parti pris* a raison contre le RIN : seule une révolution pourrait permettre d'atteindre ces buts (s'ils sont accessibles) ; mais à quel prix ? » Il est moins conciliant à l'endroit des adeptes du RIN : « Je le croirais davantage si je les sentais plus réalistes. Mais ils ne me paraissent pas bien comprendre les mécanismes de la société, ni mesurer la passivité qui demeure dans les masses[178]. »

Abstraction faite de l'irréalisme des fondements théoriques de la critique de *Parti pris* de la société de son temps, on doit convenir que ses dénonciations à l'emporte-pièce du système existant visaient des cibles bien réelles : l'emprise débridée du libéralisme économique, la prédominance d'une rationalité instrumentale, le pouvoir incontrôlé des grandes organisations, la croissance de hiérarchies impersonnelles et centralisatrices omniprésentes et omniscientes au sein des gouvernements, des universités et des syndicats, la non-participation réelle des citoyens, la marginalisation des communautés éloignées et des quartiers urbains populaires privés de véritables moyens d'exposer leurs problèmes ; la dénonciation de tout cela, et de bien d'autres débordements, il faut l'attribuer à *Parti pris*.

Robert Major exprime ainsi son jugement sur *Parti pris* :

> Le Québec, tant sur le plan littéraire qu'idéologique, n'a pas revu l'équivalent de *Parti pris*. Nous vivons encore en période post-partipriste. Mais une révolution ne se fait pas en cinq ans. [...] C'est pourquoi, malgré ses grandes qualités, malgré ses incontestables réussites, et malgré son enthousiasme communicatif, *Parti pris* rend triste. Comme tellement d'autres aventures, il aura manqué de souffle[179].

Le jugement de Daniel Latouche sur la revue respire également la nostalgie :

> *Parti pris* a eu la chance de paraître durant cet âge d'or de nos incertitudes heureuses. [...] Le Québec et surtout ceux qui aiment parler en son nom n'en sont jamais revenus de cet âge d'or où les certitudes les plus contradictoires pouvaient coexister. [...] Refus, révolte, collectif, ces mots paraissent étranges vingt-cinq ans plus tard. De toute évidence, il était facile et de bon ton intellectuel d'être révolté en 1963. [...] La seule certitude qui demeure est celle que le Québec a une bonne partie de son avenir derrière lui[180].

Comme Robert Major, l'aventure de *Parti pris* me « rend triste ». Toutefois, mes sentiments à l'endroit de la revue diffèrent des siens. Contrairement à Daniel Latouche, je n'éprouve aucune nostalgie pour ce temps révolu : « [...] âge d'or de nos certitudes heureuses », écrit-il. Âge d'or pour qui ? Pour les dirigeants syndicaux qui, dans une bonne mesure sous l'influence de *Parti pris,* s'égarèrent dans un radicalisme préjudiciable aux intérêts des travailleurs dans les années 1970 ? Pour la masse de la population qui resta absolument étrangère aux idées des adeptes du marxisme-léninisme et qui, au cours de ces années, se vit privée d'une orientation valable de la part de nombreux intellectuels ? Pour les étudiants dont la formation humaniste et scientifique fut déroutée ?

Qu'advint-il des rédacteurs de *Parti pris* et de ceux-là, nombreux, qui épousaient leurs orientations ? Certains continuèrent à militer au sein des Comités d'action politique dans les quartiers démunis des villes, d'autres rejoignirent le Front de libération du Québec ou simplement se réconcilièrent avec cet ordre social que dans leur jeunesse ils voulaient démolir. Le témoignage d'un des principaux d'entre eux est si pathétique qu'il convient de le citer au terme de cet exposé :

> En remplaçant le christianisme par le marxisme, j'avais ignoré que je conservais de celui-là les trois vertus théologales (la charité ou le dévouement, la foi et l'espérance), et, dans mes engagements, je ne savais pas que je reproduisais la communauté vécue dans la ruelle de mon enfance. Cette démarche de remise en question radicale de vingt années de ma vie […] je l'ai vécue dans la plus extrême douleur, dans la plus grande confusion, dans la plus totale dépression. […] J'allai en thérapie […] avant de me résoudre à vivre dans un monde sans foi, sans espérance et sans esprit communautaire, dans un monde désenchanté où la seule valeur partagée est de s'occuper de soi-même […]. Un échec important qui questionne l'espoir véhiculé, la dissolution de l'organisation à laquelle on adhère ou son rejet par le groupe d'appartenance ouvre la crise du militantisme. […] La critique du passé par la plupart des militants est sévère, impitoyable, implacable. Les espoirs poursuivis se sont dissipés. […] Sans valeur transcendante à laquelle se raccrocher, sans modèle de société à poursuivre, sans vie exemplaire à imiter, chacun est réduit à l'étroitesse de sa quotidienneté. […] L'Église, malgré tout ce qu'on peut lui reprocher, nous a transmis son bel héritage : les valeurs d'espoir, de foi, de dévouement[181].

Le témoignage de Piotte est d'autant plus instructif que plusieurs jeunes dans les années 1960 et 1970 projetèrent dans le marxisme-léninisme la foi chrétienne qu'ils rejetaient. Pour eux, le marxisme-léninisme représentait un substitut de religion, devenait leur religion. Dans mes échanges avec les étudiants durant ces années, particulièrement à l'Université du Québec à Montréal, je constatai que plusieurs d'entre eux étaient d'anciens fervents chrétiens ou d'anciens religieux. On imagine l'ampleur de leur désenchantement quand ils comprirent que le nouveau dogme qu'ils professaient avec la même foi ardente que celle qu'ils avaient perdue en rejetant le christianisme n'était pour eux que du vide.

V. LE FRONT DE LIBÉRATION DU QUÉBEC

Le 7 avril 1963, trois bombes incendiaires éclatent dans les casernes du Royal Montreal Regiment à Westmount. Depuis 1962, les signes de l'existence d'un mouvement terroriste se sont multipliés. En octobre 1962, des indépendantistes, qui estiment que la voie démocratique leur est fermée, ont fondé le Réseau de résistance (RR). L'aile radicale de ce mouvement a joint le FLQ en mars 1963. Les bombes du 7 avril sont les premières manifestations d'un mouvement terroriste organisé, le Front de libération du Québec (FLQ), qui revendique ce coup d'éclat[182]. Le 20 avril 1963, l'explosion d'une bombe dans une caserne de l'armée à Montréal provoque la mort du gardien de nuit, Wilfrid O'Neil. Le FLQ revendique encore l'attentat. L'événement tragique du 20 avril horrifie André Laurendeau : « Les embusqués ont tué, ça devait venir. Le FLQ est allé jusqu'au bout du crime. C'est le feu d'artifice de la haine[183]. » Vingt-trois présumés terroristes sont arrêtés. Ils sont très jeunes, au début de la vingtaine. La plupart sont membres du RIN. Une bonne partie du public s'apitoie sur eux quand ils sont traduits devant le coroner. Un comité d'aide aux « prisonniers politiques », le comité Chénier constitué de neuf membres, lance une pétition en leur faveur. Jean-Marc Léger, Pierre de Bellefeuille, Marcel Rioux, Michel Chartrand et René Chaloult sont au nombre des signataires. Le 10 juin, vingt et un détenus sont tenus pour criminellement responsables de la mort du gardien de nuit. À l'automne, seize d'entre eux seront condamnés à des peines plus ou moins longues d'emprisonnement.

Le 21 juin 1963, dans « Réflexions au lendemain d'une enquête du coroner », un article publié dans Le Devoir, je mettais le public en garde contre l'attendrissement compréhensible mais délétère qu'il pouvait éprouver en apprenant que les terroristes arrêtés n'étaient pas des bandits notoires mais des quasi-adolescents : « Ils pourraient être nos propres enfants », soupirait-on. Cet article m'a valu bien des critiques mais aussi des approbations, dont celle d'André Laurendeau : « Donc une certaine demi-complicité que Léon Dion a admirablement analysée[184]. »

Le 16 avril, le mouvement fait parvenir un message de Pierre Vallières à la nation qu'aucun média ne publie à l'époque : « L'indépendance seule ne servira à rien. Elle doit à tout prix être complétée par la révolution sociale. [...] Patriotes du Québec, aux armes ! L'indépendance ou la mort[185]. »

Ce message marque le début d'une escalade de déclarations de plus en plus enflammées. Une revue qui circule principalement dans les collèges et les universités, La Cognée, propage le projet révolutionnaire. Pierre Vallières et Charles Gagnon sont les penseurs des divers groupuscules et cellules du mouvement. Leurs messages sont diffusés sous différentes formes dans les médias. Le livre Nègres blancs d'Amérique de Pierre Vallières renferme la synthèse des idées qu'il dissémine depuis quatre ans[186]. Toutes ces opérations ont des échos incommensurables, surtout dans les cercles d'étudiants et de syndicalistes. Le slogan « Nous vaincrons » est le cri de ralliement des apprentis révolutionnaires. Le gouvernement fédéral permet la lecture sur les ondes, le 7 octobre 1970, du véritable dernier manifeste : *Manifeste du Front de libération du Québec* :

> Le Front de libération du Québec [...] est un regroupement de travailleurs québécois qui sont décidés à tout mettre en œuvre pour que le peuple du Québec prenne définitivement en main son destin.
>
> Le Front de libération du Québec veut l'indépendance totale des Québécois, réunis dans une société libre et purgée à jamais de sa clique de requins voraces [...].
>
> Le Front de libération du Québec n'est pas un mouvement d'agression, mais la réponse à une agression, celle organisée par la haute finance par l'entremise des marionnettes des gouvernements fédéral et provincial [...].
>
> Faites vous-mêmes votre révolution dans vos quartiers, dans vos milieux de travail. [...]
>
> Il nous faut lutter, non plus un à un, mais en s'unissant jusqu'à la victoire, avec tous les moyens que l'on possède, comme l'ont fait les Patriotes de 1837-1838 [...].
>
> Nous sommes des travailleurs québécois et nous irons jusqu'au bout. Nous voulons remplacer avec toute la population cette société d'esclaves par une société libre, fonctionnant d'elle-même, une société ouverte sur le monde.
>
> Notre lutte ne peut être que victorieuse. On ne tient pas longtemps dans la misère et le mépris un peuple en réveil.
>
> Vive le Québec libre !
> Vive les camarades prisonniers politiques !
> Vive la Révolution québécoise !
> Vive le Front de libération du Québec[187] !

Ainsi s'est clos sur des torrents d'impuissante véhémence l'épisode le plus tragique de l'histoire du Québec. Ce sont là les véritables vociférations utltimes d'un mouvement qui recourt depuis sept ans au terrorisme pour propager une fin prétendument juste : saborder un ordre social dont il condamne à juste titre les nombreuses tares, mais dont il ignore et la structure et le fonctionnement. Il a fallu la séquestration du diplomate James Richard Cross et l'enlèvement et l'assassinat du ministre Pierre Laporte pour que le public soit saisi de stupeur. Le caractère absurde de cette présumée justice parallèle dont se réclame le FLQ devient alors transparent.

Pourtant, dans les mois et les années qui suivent, bon nombre manifestent à l'endroit du FLQ une indulgence certaine dont je tenterai par la suite d'expliquer les raisons.

Les documents officiels communs émanant du gouvernement fédéral et de celui du Québec ne permettent pas d'établir de façon sûre leur rôle respectif au cours de cette période. La lumière se fait graduellement sur ces événements complexes.

Dans ses *Mémoires politiques,* le premier ministre Trudeau écrit que la multiplication des actes terroristes au Québec avait contraint le gouvernement fédéral à faire enquête sur la situation des événements d'octobre :

> Effectivement, en décembre 1969, près d'un an avant la Crise d'octobre, un comité ministériel se penchait sur les problèmes de sécurité publique en général et celui du FLQ en particulier. Et je disais entre autres choses aux responsables de la GRC que je comptais sur eux pour « amasser de l'information sur les sources de financement des mouvements séparatistes au Québec, l'influence séparatiste au sein du gouvernement du Québec, de la fonction publique, des partis politiques, des universités, des syndicats et des professions, enfin, sur les troubles politiques au Québec ». Il me semble bien clair, d'après cette citation, que j'avais en tête deux choses : certainement l'activité des terroristes et autres fauteurs de violence qui, depuis 1963, multipliaient les attentats ; mais je pensais aussi à l'importance pour les hautes instances de la GRC, de s'éduquer sur la nature même du mouvement séparatiste et sur les circonstances qui amenaient ce mouvement à chercher la dissolution du Canada, soit par des moyens démocratiques, soit par la violence et le terrorisme[188].

Mais Trudeau rejette l'accusation selon laquelle il a fait espionner le Parti québécois par la gendarmerie et voler des cartes de membres.

> Et quand certains politiciens ont conclu qu'il fallait espionner l'activité globale du Parti québécois, ils se sont trompés. La gendarmerie avait certes le droit et même le devoir de dépister ceux qu'elle soupçonnait de trahison, même si ces derniers s'abritaient au sein de partis démocratiques. Mais elle ne devait pas prendre pour cible un parti démocratique comme tel. Dès que j'ai eu connaissance d'une surveillance abusive, j'exigeai qu'on l'interrompe. J'ai même porté cet ordre à la connaissance du Parlement, comme en fait foi le Journal officiel[189].

Trudeau rejette également une autre accusation portée contre lui : celle d'avoir suscité l'initiative du gouvernement du Québec de demander l'intervention de l'armée et de faire proclamer la Loi des mesures de guerre. Selon lui, au contraire, c'est le premier ministre Bourassa qui lui a adressé ces requêtes quelques heures après l'enlèvement de Pierre Laporte :

> Et je lui faisais une réponse à deux volets : « Pour ce qui est de l'armée, tu connais la loi canadienne de la Défense : elle nous oblige à répondre positivement. Il suffit que ton procureur général demande en bonne et due forme l'intervention des forces armées pour qu'elles arrivent presque aussitôt. Mais le recours aux mesures de guerre, le seul moyen dont nous disposions pour déclarer l'état d'urgence, c'est une tout autre histoire. Les conséquences d'un tel recours seraient très graves et nous n'avons pas de preuve qu'il soit nécessaire. Je préfère ne pas y penser. » En somme, je répondais oui à la première demande, comme la loi m'y obligeait, et non à la seconde. J'ajoutai : « Voyons d'abord comment la situation va évoluer. » Et Bourassa fut d'accord[190].

Toutefois, le gouvernement fédéral ne reste pas inactif. Après l'enlèvement de Cross, deux cellules de crise sont créées. La première relève du ministère des Affaires extérieures, la seconde, la Strategic Operation Center (SOC), est dirigée par trois hommes de confiance, dont Marc Lalonde, qui informent directement Trudeau. Selon Pierre Godin, Marc Lalonde aurait participé à la rédaction de la lettre que le premier ministre Bourassa adressa au premier ministre Trudeau le 15 octobre à 18 heures[191]. Robert Bourassa conteste cette assertion :

> Non, j'ai toujours été, même très tôt dans ma carrière politique, imperméable aux pressions de cette nature-là. […] Il y a eu des discussions entre Julien Chouinard[192] et Marc Lalonde, c'est clair. Je me souviens aussi que monsieur Marchand voulait me rencontrer, ce que j'avais accepté. […] Selon les informations qu'on avait, il était difficile de tirer des conclusions quant à l'importance des effectifs du FLQ. […] On était toujours incapables de retrouver les ravisseurs. […] La question qui me restait à trancher, c'était de savoir jusqu'à quand j'attendrais. J'ai pris la décision le jeudi soir [le 14 octobre]. Il y avait le risque d'un autre incident. […] C'est que si j'avais attendu et qu'il y avait eu un autre enlèvement, ma légitimité politique aurait été remise en cause[193].

La lettre signée conjointement par le premier ministre du Québec, Robert Bourassa, et le maire de Montréal, Jean Drapeau, demande au gouvernement fédéral la proclamation immédiate des mesures de guerre. Le lendemain, l'état d'insurrection appréhendée est déclaré. Au nombre des quatre cent cinquante personnes écrouées se trouvent des personnalités aussi suspectes d'action subversive que Pauline Julien, Claire Bonenfant et Gaston Miron ! Trente-six personnes seront accusées « d'appartenance au FLQ et de conspiration séditieuse en vue de renverser le gouvernement du Canada par la force ». Toutes ces accusations seront retirées dix mois plus tard par une « ordonnance générale de nolle prosequi ».

Louis Fournier relate les tragiques événements des jours suivants :

> À 4 heures du matin, le vendredi 16 octobre 1970, le cabinet fédéral décrète l'état d'« insurrection appréhendée ». Il adopte du même coup un règlement en vertu de la vieille loi datant de 1914. La Déclaration canadienne des droits est suspendue. Le F.L.Q. est déclaré « association illégale » et les effets de cette mesure sont rétroactifs. [...] À l'aube, la police aidée de l'armée, commence la razzia. Au-delà de 500 citoyens seront écroués incommunicado à la suite des rafles de ce « Vendredi noir » et des jours qui suivront. [...] La mort de Pierre Laporte est certes le plus tragique des événements d'octobre 1970. Elle est survenue en fin d'après-midi, le samedi 17 octobre[194] [...].

Le 17 octobre, la cellule Libération émet un dernier communiqué. En réponse au gouvernement fédéral qui « a déclaré la guerre », le FLQ annonce que le diplomate britannique James Cross est désormais un « prisonnier de guerre ». Quant à Pierre Laporte, « la cellule Chénier étudie présentement son cas et fera connaître sa décision sous peu[195] ».

Dans ses *Mémoires politiques,* Trudeau explique :

> Ce qui, en dernière analyse, emporta mon adhésion, c'est le fait que la crise commençait d'affoler beaucoup de gens qu'on aurait cru plus raisonnables. Je songe à la déclaration signée par un groupe de chefs de file québécois qui parut dans les grands journaux de Montréal.
>
> *Le Devoir* (15 octobre 1970) publiait à la une cet incroyable document [...]. Cette démarche [...] consistait à soutenir le gouvernement dans son intention de négocier et à donner « essentiellement notre appui le plus pressant à la négociation d'un échange des deux otages contre les prisonniers politiques[196].

Les seize signataires étaient des politiciens, des universitaires, des syndicalistes, donc des leaders d'opinion jouissant d'une très grande influence au Québec : René Lévesque, Jacques Parizeau, Camille Laurin, Guy Rocher, Fernand Dumont, Paul Bélanger, Marcel Rioux, Marcel Pépin, Louis Laberge, Jean-Marc Kirouac, Fernand Daoust, Yvon Charbonneau, Mathias Rioux, G.-Raymond Laliberté, Alfred Rouleau et Claude Ryan.

Or, dès le début de la crise, le premier ministre Trudeau avait clairement exposé la position du gouvernement fédéral :

> Dans l'immédiat, ma première réaction fut sans équivoque et j'ai toujours main-
> tenu par la suite la même position : il n'était pas question de négocier avec les ter-
> roristes, même pas pour obtenir la libération d'un otage[197].

cit

Durant ces jours sombres, les médias relatent les propos d'intellectuels
et de personnalités politiques. Parmi les déclarations de ces dernières se
distingue celle de l'Assemblée des évêques. Le vendredi 16 octobre à
10 heures, le cardinal Maurice Roy m'appelle à mon bureau de l'Université
Laval et m'informe du fait que les évêques songent à rédiger une déclaration. Or, la veille au soir, le premier ministre Bourassa m'a informé de sa
décision de réclamer du gouvernement fédéral la promulgation des
mesures de guerre. En pleine connaissance de l'urgence de la situation,
j'interjette : « Ce n'est plus le temps de "songer" à agir, c'est aujour-
d'hui même qu'il faut agir. » Le cardinal Roy relate dans une note auto-
graphe : « 16 octobre 70, 10.00 A.M., tel. à Léon Dion. Voit urgence
réunion dès aujourd'hui. Essayons. » La séance débute à 16 heures à l'ar-
chevêché de Québec et se termine à 23 heures 45. Sont présents Mgr Roy,
Paul-Émile Charbonneau, Gaston Hains, Guy Bélanger, Jean-Marie Lafontaine, J.-G. Hamelin, Gérard Dion, André Naud, Réal Cardin, Jean-Charles
Bonenfant et moi. La déclaration est enregistrée à la télévision le
17 octobre à 7 heures 30 au Parlement. Les journaux, dont *Le Devoir,*
publient la déclaration des évêques :

> [...] Le cercle de la violence se renferme sur nous. [...] L'injustice nourrit la vio-
> lence. Les groupes comme les individus sont donc conviés à agir en toute urgence
> et avec réalisme pour assurer une distribution équitable des richesses et des
> chances devant la vie. Justice doit être également faite aux légitimes aspirations
> des collectivités. [...] Le respect des personnes est l'âme de toutes les vraies
> réformes. On ne construit pas un avenir collectif sur l'esprit de haine. [...] La
> paix, dans la justice, est le besoin le plus urgent de notre monde : c'est le moment
> de la construire[198].

16 oct.

Le même jour, à 21 heures, la voix de la démocratie fait place à celle de
la raison d'État. Dans un message dramatique à la télévision, le premier
ministre Trudeau cimente la peur que les messages et les actions du FLQ
ont déjà distillée dans les esprits : « Les ravisseurs auraient pu s'emparer de

n'importe qui, de vous, de moi, ou même d'un enfant. [...] Demain, la victime aurait été un gérant de caisse populaire, un fermier, un enfant[199]. »

Une vingtaine de militants et de sympathisants actifs, dont Paul Rose, Jacques Simard et Jacques Rose, sont condamnés à des peines de prison. D'autres, les ravisseurs de James Cross, Jacques Lanctôt, Marc Carbonneau, Yves Langlois, Suzanne Lanctôt et le couple Cossette-Trudel, négocient le 3 décembre leur exil pour Cuba en échange de la libération de James Cross qu'ils retiennent toujours en captivité.

L'état d'exception reste en vigueur jusqu'au 30 avril 1971. Des soldats occupent les sites stratégiques du Québec et « protègent » des centaines de citoyens que menacent prétendument des terroristes, qui sont pourtant, pour la plupart, identifiés, partis en exil, sous les verrous ou mis d'une autre façon hors d'état d'agir. Citons une fois encore la déclaration des évêques du 16 octobre : « La violence des événements ne doit pas faire perdre le sens de la mesure. Il doit y avoir de la mesure dans les accusations qu'on porte, dans les revendications qu'on fait, dans les paroles publiques qu'on prononce et dans l'exercice du pouvoir. »

Peu de Québécois sont en mesure d'apprécier l'ampleur de la menace que le FLQ fait planer sur eux et sur les dirigeants dans les différents secteurs de la société politique. Dans l'immédiat, une grande majorité approuve l'action du gouvernement fédéral. D'après le sondage Omnifacts du 15 novembre 1970, 84,8 % des Québécois estiment que ce gouvernement a raison de recourir à la Loi des mesures de guerre ; le taux est de 72,8 % dans le sondage du 27 novembre[200]. Les chiffres masquent une partie importante de la réalité. Parmi les opposants se trouvent nombre de Québécois parmi les plus articulés et les plus influents.

Les événements d'octobre 1970 ne marquent pas la fin des activités du FLQ. En décembre 1970, la police arrête une vingtaine de partisans et de sympathisants du FLQ, mais elle n'appréhende aucun membre de la cellule Information Viger, pas même Nigel Hamer, l'un des ravisseurs de Cross, qui ne sera traduit en justice qu'en juillet 1980. Cette cellule restera active dans les deux années suivantes[201].

Des quarterons de felquistes se réorganisent avec plus ou moins de succès. Ils se livrent à des activités terroristes qui font les manchettes. Mais la chaîne de commandement s'est rompue. C'est souvent à partir de l'étranger — France, Algérie, Cuba, Palestine — qu'ils essaient de se réorganiser. Les procès politiques des membres du FLQ arrêtés sont amplement médiatisés.

La Gendarmerie royale du Canada téléguide nombre d'actions attribuées à des organisations terroristes. Elle crée au moins un faux FLQ, s'approprie une feuille modèle avec le sigle du FLQ et publie de faux communiqués, télécommande des actes terroristes, s'implante dans les fragments d'organisations terroristes, soudoie des indicateurs, se livre à des actes criminels qu'elle impute au FLQ (vol d'armes et d'explosifs, incendie d'une grange, etc.), se procure la liste des membres du Parti québécois et met sous surveillance les mouvements indépendantistes.

Dans ses *Mémoires politiques,* Trudeau affirme que le gouvernement fédéral ne s'est prêté à aucune manœuvre ayant pour objectif « d'écraser le séparatisme québécois ». Il estime par contre que le Parti québécois a pu souffrir « de la Crise d'octobre mais uniquement à cause des proclamations séparatistes du FLQ, de la complaisance affichée par de nombreux sympathisants péquistes à l'égard du terrorisme et du fait que l'aile irresponsable du parti a plus tard réservé un accueil délirant aux felquistes libérés, voire à un membre de la cellule qui avait kidnappé et assassiné Pierre Laporte. Il faut rendre cette justice au leader : René Lévesque n'a jamais excusé, encore moins approuvé les actions du FLQ[202]. »

René Lévesque a la violence en horreur. Son unique déclaration équivoque sur le sujet remonte à 1964, alors qu'il était ministre du gouvernement Lesage : « Le seul statut qui convient au Québec est celui d'État associé qu'il faudra négocier avec le reste du Canada, sans fusils ni dynamite autant que possible[203]. » Cette seule allusion malheureuse à la possible légitimité d'un recours au terrorisme, ce que les médias anglophones ont pu la lui reprocher !

Le SOC du gouvernement fédéral et la Gendarmerie royale continuent leurs investigations. De son côté, le gouvernement du Québec fonde le Centre d'analyse et de documentation (CAD), auquel la GRC et la Sûreté du Québec collaborent, et qui est rattaché directement au bureau du premier ministre Bourassa. Le Centre dispose d'un réseau d'informateurs, compile des dossiers, etc. On ignore à quel usage les informations ainsi recueillies ont pu servir.

Les derniers soubresauts du FLQ se produisent en 1972. La rupture définitive entre Gagnon et Vallières est l'événement marquant de cette année[204]. Gagnon rompt avec le FLQ et Vallières sort de la clandestinité pour joindre le Parti québécois. Eux qui ont été le fer de lance intellectuel et stratégique du FLQ, voici que leurs voies se séparent pour ne plus jamais se rejoindre.

Gagnon se donne pour mission d'aider les travailleurs à « bâtir leur propre parti en y mettant les énergies et le temps qu'il faudra[205] ». Dans ce but, il fonde en 1971 un groupe clandestin d'orientation marxiste-léniniste teintée de maoïsme. Son organe d'expression, lui aussi clandestin, *Vaincre,* ne survit que quelques mois. D'ex-felquistes se joignent à Gagnon. Le groupe fonde le journal *En lutte* en 1973, qui circule sous le manteau dans les collèges et les universités, et qui rejoint également les dirigeants syndicaux. Louis Fournier écrit à propos de ce groupe : « La surveillance policière ne se relâchera pas au cours des années suivantes, notamment grâce à l'aide d'indicateurs comme François Séguin[206]. »

D'anciens membres du FLQ adhèrent à la Ligue communiste marxiste-léniniste canadienne, qui publie le journal *La Forge* (décembre 1975-août 1979)[207].

C'est dans une tout autre direction que Pierre Vallières s'engage. Plutôt que de se présenter en cour le 7 septembre 1971 alors qu'il est en liberté sous caution, il prend le maquis. Avec d'anciens militants du FLQ, il fonde l'embryon d'une organisation clandestine armée. Dans un communiqué, il explicite son programme :

> C'est principalement l'action clandestine armée qui crée les conditions de développement de toute organisation révolutionnaire de masse. […] Il est illusoire et extrêmement dangereux de penser ou de faire croire qu'un parti révolutionnaire de masse puisse surgir un jour de l'action légale et ouverte[208].

Quatre mois plus tard, Vallières sort de la clandestinité et se livre à la police. En septembre 1972, il est de nouveau libéré, cette fois sans condition. Durant ces mois de réclusion volontaire, a-t-il seulement tenté de mettre en pratique son programme d'action clandestine révolutionnaire ? Il s'est plutôt livré à une autocritique sévère de ses prises de position passées qu'il a exposées dans un livre : *L'Urgence de choisir.*

Sur le strict plan des idées, Vallières ne renie aucune de celles qu'il a déjà développées dans *Nègres blancs d'Amérique.* Au contraire, il en rajoute. La régénération du Québec ne requiert toujours rien de moins qu'une révolution nationale et sociale radicale, rien de moins que l'indépendance politique et le renversement du capitalisme monopolistique au profit « d'un système économique qui soit véritablement au service du développement *social* de l'ensemble de la population[209] ».

C'est à propos du FLQ que Vallières fait l'essentiel de son autocritique :

> L'erreur subjective et politique du FLQ […] est de se croire une espèce de
> « foyer » révolutionnaire qui libérera le peuple par la contagion de ses idées et de

ses actions, par la propagation spontanée de ses tactiques [...] tout cela par le simple effet politico-magique de sa violence. [...] Au Québec, il ne fait aucun doute que l'agitation armée n'a rien à voir avec la lutte armée [...] parce qu'au Québec la lutte de masse peut emprunter le processus électoral normal et l'emprunte effectivement[210].

Vallières estime qu'« aucune victoire n'est maintenant possible en dehors [...] d'un parti politique solidement organisé [...]. Ce parti existe depuis 1968. C'est le Parti québécois[211]. » Certes, la « composition sociale » du Parti québécois est surtout petite-bourgeoise, mais :

[...] cette « composition sociale » ne peut que se transformer et s'enrichir à mesure que grandira le nombre des *Québécois* engagés *concrètement* dans l'effort collectif poursuivi par les membres et les dirigeants actuels du Parti québécois. Voilà ce que signifie le mot d'ordre du P.Q. : conduire à la victoire *un parti populaire*[212].

Or, c'est en s'assurant de l'appui des syndicats et des comités populaires d'action politique que le Parti québécois deviendra un véritable parti de masse en mesure d'accomplir la révolution nationale et sociale qui s'impose :

[...] le « contenu » de l'indépendance se définit *à la base* (syndicats, comités de citoyens, organisations locales du P.Q., front de libération des femmes québécoises, etc.) et doit s'intégrer à l'action politique du Parti québécois (parti de masse)[213].

Ces organisations constituent l'ensemble du mouvement de libération nationale et sociale.

Ainsi se termine l'odyssée révolutionnaire de Vallières. Il prévient René Lévesque de sa rupture avec le FLQ et de son adhésion circonstancielle au Parti québécois : « Nous eûmes un entretien chaleureux et franc[214]. »

Plusieurs anciens camarades du FLQ, parmi ceux qui n'ont pas suivi la voie radicale axée sur la patiente persuasion des travailleurs adoptée par Gagnon, s'orientent vers le Parti québécois en même temps que Vallières. Gagnon réprouve cette orientation réformiste :

Il est juste de rompre avec le FLQ, en ce sens que les conditions objectives de la lutte armée n'existent pas au Québec *actuellement*. La violence spontanéiste et coupée

des luttes populaires ne constitue pas en soi une voie révolutionnaire. Ce qui est
tout à fait erroné et indéfendable, c'est l'adhésion totale de Vallières au P.Q.[215].

La rupture entre Gagnon et Vallières signe la fin du FLQ, mais elle ne
met pas un terme à la turbulence au Québec. Elle se prolonge durant quatre
ans encore. En avril 1976, le Comité d'information sur les prisonniers politiques (CIPP) est fondé afin de hâter la libération des ex-militants du FLQ
encore incarcérés[216]. L'Opération libération lance une pétition qui recueille
50 000 signatures. Des manifestations sont organisées, d'autres prévues.

Depuis sa création en 1968, le Parti québécois sort grandi par ses prises
de position réfléchies durant les dernières saccades de la turbulence felquiste : il sait apaiser l'amertume de ses sympathisants, exprimer sa compassion envers les prisonniers felquistes qui ne sont pas des criminels et il
bénéficie de l'adhésion de la plupart des indépendantistes.

La victoire, surprenante mais méritée, du Parti québécois le 15 novembre 1976 met fin à tous les remous imputables au FLQ. Grâce à l'expérience
politique et à la rectitude démocratique qui ne tolère aucun faux-fuyant de
son président, René Lévesque, ce parti est parvenu à devenir crédible aux
yeux d'électeurs de plus en plus nombreux durant la plus tumultueuse
période que le Québec moderne ait vécue.

La victoire du Parti québécois donne aux felquistes en exil le signal de
rentrer au Québec. Louise Lanctôt, Jacques Cossette-Trudel, Jacques Lanctôt, Marc Carbonneau, Yves Langlois, Pierre Charette, Alain Allard, Michel
Lambert, tout comme les prisonniers « politiques » québécois traduits en
justice, après avoir subi une condamnation de quelques années, sont libérés avant la fin de leur peine. Paul Rose est mis en liberté conditionnelle en
1982. Les tribunaux, reflétant à cet égard le sentiment de l'ensemble de la
société, se sont montrés indulgents.

La majorité des ex-felquistes et de leurs sympathisants, généralement
bien éduqués, sont devenus enseignants, fonctionnaires, professionnels,
gens d'affaires… capitalistes, Jacques Lanctôt, éditeur, etc.

La fin de son odyssée révolutionnaire et son adhésion circonstancielle
au Parti québécois ne procurent pas la paix à Pierre Vallières. Le Parti québécois le déçoit. À la suite de l'adoption de la formule de l'« étapisme » en
1973, l'espoir qu'il a mis en ce parti s'évanouit :

Malheureusement, très vite, trop vite, les politiciens professionnels réussissent à
drainer l'espoir sous le couvercle de l'État. Tour à tour, le Parti libéral (sous Jean
Lesage), l'Union nationale (sous Daniel Johnson) et le Parti québécois (sous René

Lévesque) ont étouffé le rêve sous un nationalisme étriqué et démagogique qui servait admirablement bien les intérêts électoraux des partis mais qui, en même temps, marginalisait la révolution. [...] Je n'étais pas devenu indépendantiste et révolutionnaire au début de la Révolution tranquille, pour réapprendre sous René Lévesque le goût de la soumission, du compromis et de l'embrigadement aveugle[217].

Après d'amères déceptions et conséquemment à une sérieuse intros-pection, sa « soif d'absolu[218] », Vallières la cherche en Shiva, Kali, Bouddha, Jésus. Il trouve Dieu.

Même athée, j'étais croyant, je cherchais Dieu. Je L'ai cherché longtemps sans pouvoir ni vouloir Le nommer. Aujourd'hui, je Le nomme [...] et Le cherche *autrement* en répondant à son invitation. Invitation à marcher, à reprendre la route. À entreprendre Autre Chose[219].

Les voies de Dieu sont vraiment impénétrables. Cette intense recherche de la paix intérieure, que seule la découverte de l'Absolu paraît avoir assouvie, nous apprend beaucoup sur le tortueux cheminement de Vallières, mais aussi, d'une autre façon sans doute, sur celui de ses jeunes compagnons terroristes.

Aujourd'hui, nous retenons du FLQ surtout les bombes, les attentats et quelques messages virulents fortement médiatisés. Mais le FLQ, c'est plus que des bombes. Il véhicule aussi une idéologie qui mérite un examen attentif afin que l'on puisse bien apprécier la nature du mouvement. Je pré-viens le lecteur que les écrits du FLQ risquent de lui paraître fastidieux.

Je n'ai pas pris connaissance de tous les documents et écrits du FLQ depuis avril 1963 jusqu'aux événements d'octobre 1970, mais seulement de ceux qui ont été rendus publics jusqu'ici. Je ne sais l'ampleur des informa-tions qu'apporterait un examen complet des archives du FLQ.

Louis Fournier décrit fort bien l'organisation du FLQ: ses cellules, réseaux, comités, son organe central de direction, les dispositifs intermé-diaires favorisant les contacts avec les sympathisants et le grand public. Mal-gré l'amateurisme des jeunes felquistes, les failles dans les structures qu'ils mettent en place, la grande autonomie des cellules, les incompatibilités per-sonnelles, l'organisation fonctionne et se révèle suffisamment efficace pour impressionner une population que le terrorisme a jusque-là épargnée.

Pour rejoindre le grand public, le FLQ dispose d'une abondance de véhicules. Outre, bien entendu, les actes terroristes de diverses natures qui

font les manchettes et lui procurent une publicité gratuite, quatre messages
ou manifestes sont repris à profusion dans les médias : le message du FLQ
à la nation le 16 avril 1963, le *Manifeste du mouvement pour la défense des
prisonniers politiques* du 30 juin 1968, le *Manifeste du Front de libération du
Québec* du 23 juin 1970 et le *Manifeste du Front de libération du Québec* le
7 octobre suivant. Sous les auspices du FLQ et de ses sympathisants, des
spectacles-bénéfices du genre « Poèmes et Chansons de la résistance » sont
organisés pour venir en aide aux prisonniers politiques. Des felquistes traduits devant le tribunal, surtout Vallières et Gagnon en 1968, se livrent à de
longs témoignages largement reproduits dans les médias afin de promouvoir la cause. Le FLQ publie plusieurs revues ou journaux, la majorité
éphémère : *L'Avant-Garde,* un journal interne ; *Mobilisation,* revue du
Front de libération populaire (FLP), une organisation connexe qui se joint
au FLQ. Le livre de Pierre Vallières, *Nègres blancs d'Amérique,* écrit en prison et publié en 1967, connaît un immense succès de librairie. Il condense
l'essentiel de l'idéologie du FLQ. L'ouvrage de Comeau, de Cooper et de
Vallières, *Le FLQ : un projet révolutionnaire,* rassemble nombre de textes
felquistes, incluant des documents internes, des lettres écrites en prison ou
en exil ainsi que des témoignages postérieurs à 1970.

Le principal organe de propagande du FLQ est le journal *La Cognée,*
qui publie 66 numéros tirés à 2 000 exemplaires d'octobre 1963 à avril
1967. *La Cognée* circule librement dans les collèges et les universités. À
l'époque, plusieurs numéros me tombent sous la main : des étudiants me
les prêtent ou je les retrouve ici et là dans les cafétérias, les salles de cours
ou les corridors. Les textes publiés dans *La Cognée* sont signés de noms fic-
tifs. Les auteurs principaux sont Vallières et Gagnon. En 1963, le premier a
vingt-cinq ans et le second, vingt-quatre ans. Leur itinéraire est déjà imposant : *Cité libre* — Vallières, conjointement avec Jean Pellerin, dirige la
revue en 1963 —, le RIN, la revue *Parti pris* et le Mouvement de libération
populaire. À l'exception de *Cité libre,* ces activités, Vallières et Gagnon les
exercent presque simultanément puisqu'ils joignent le FLQ en 1965 tout en
continuant à écrire dans *Parti pris.*

Ont-ils des maîtres à penser ? Vallières rend hommage à Gaston Miron,
« ce grand poète vivant qui est le père spirituel (malgré son jeune âge) du
FLQ, de *Parti pris,* de Révolution québécoise, de *Liberté* et de bien d'autres
mouvements politiques ou littéraires[220] ». Miron, âgé de trente-cinq ans en
1963, méritait-il tous ces honneurs, y compris celui d'être le « père spirituel » de *Parti pris* et du FLQ ?

Quelle représentation les membres du FLQ se font-ils de leur mouvement ? Eux aussi, comme les collaborateurs de *Parti pris,* militent pour « la libération nationale du peuple québécois », mais, contrairement à *Parti pris,* ils sont convaincus que cette libération « telle que la voit le FLQ sera une lutte volontaire et organisée ». Cette « hypothèse », tous les partisans l'ont acceptée. Il s'ensuit que le travail initial du FLQ consiste à organiser la violence[221].

En 1966, des « camarades » déplorent que le FLQ fasse moins exploser de bombes. Pourtant, « c'était le bon temps ; ça bougeait au Québec, [...] ça nous donnait le goût de nous embarquer ». La rédaction de *La Cognée* les rassure :

> La révolution au Québec, pas plus qu'ailleurs, ne se fera sans bombes ni propagande. Il s'agit de renverser l'ordre établi ; nous ne devons reculer devant aucun moyen pour y arriver. Ces moyens sont ceux que la puissance de l'ennemi nous force à employer. [...]
>
> Nous sommes les descendants des patriotes de 1837-1838. Nous continuerons leur lutte, leur guerre révolutionnaire jusqu'à la victoire finale.

Quels sont ces moyens, comment les employer, qui sera appelé à les utiliser ?

> [...] La guerre des guérillas est souvent assimilée au romantisme révolutionnaire. [...] Au contraire, cette guerre est vieille comme le monde. C'est la guerre des faibles contre les forts [...] guérillas veut dire harcèlements, sabotages, petites guerres d'escarmouches, attentats. [...]
>
> La nécessité d'agir clandestinement ne permet pas dans un pays industrialisé comme le nôtre la concentration au même endroit d'une grande quantité d'hommes et d'équipements. La guerre de partisans se concrétise, au contraire, par la *dispersion des hommes* en petits groupes extrêmement mobiles sur une grande portion du territoire et par la *concentration des décisions politiques.* [...]
>
> Les milices ne sont pas des groupes armés à plein temps. Elles sont formées de citoyens qui, à tour de rôle, se relaient pour la défense de leur quartier, de leurs terres ou de leurs usines[222].

Pourquoi faut-il recourir sans relâche à la violence, et jusqu'à quel point ? La réponse du FLQ est limpide :

> Ce ne sont pas les bombes qui créent la répression mais la répression qui rend les bombes — prélude à la guérilla urbaine et à la lutte armée — nécessaires. Et la

répression, ce n'est pas seulement la matraque ou la prison. C'est depuis des siècles que durent l'exploitation du travail humain, la dictature politique et économique de la bourgeoisie, l'aliénation culturelle, etc.[223].

Dans une longue lettre adressée à ses camarades le 29 avril 1968, dans les jours qui suivent sa condamnation à perpétuité[224], Pierre Vallières revient à plusieurs reprises sur les thèmes de la violence et de la répression. Ceux qui, de bonne foi ou tenaillés par la peur, « dénoncent les "terroristes" font le jeu de la répression ». Les felquistes, estime-t-il, ne sont pas des criminels, mais des victimes d'un ordre politique répressif :

> Nous n'avons pas fini de souffrir d'être matraqués, d'aller en prison… Mais nous vaincrons parce que nous sommes les plus forts. […] Plus vite les nègres que nous sommes s'armeront de courage et de fusils, plus vite notre libération de l'esclavage fera de nous des hommes égaux et fraternels. Utopie[225] ?

Ou encore dans *La Cognée* : « La lutte que nous avons entreprise n'est pas une aventure, c'est une véritable guerre, soumise aux lois scientifiques de la guerre. L'amateurisme ne peut que nous conduite à la faillite[226]. »

Mais le FLQ affirme qu'il n'est pas seulement un mouvement de résistance armée. S'il recourt au terrorisme, c'est qu'il entend défendre un projet de société que les dirigeants ont trahi. Ce projet, qu'en est-il ? Quel discours le FLQ tient-il ? La principale tâche des révolutionnaires consiste à renverser le pouvoir politique en place :

> Toute lutte révolutionnaire naît d'une volonté politique bien affirmée : le renversement du pouvoir. […] L'ennemi du révolutionnaire est un régime politique injuste favorisant une minorité de privilégiés étrangers et autochtones aux dépens de la majorité d'une population donnée. Toute la stratégie révolutionnaire est fonction d'un objectif bien précis : le renversement par la prise du pouvoir de l'« injustice-établie-en-système-politique » et l'instauration d'une véritable démocratie, d'un pouvoir populaire[227].

La grande bourgeoisie est le premier ennemi à abattre. Les bourgeois sont des traîtres à la nation qui exploitent impitoyablement les travailleurs :

> Le grand malade de l'heure, c'est l'ordre bourgeois, l'ordre capitaliste et impérialiste. Au Québec, la situation économique et le climat politique se détériorent rapidement. Même ses initiateurs doivent reconnaître que la « révolution tran-

quille » n'a été qu'un feu de paille, de la poudre aux yeux. Le Québec se dirige vers une crise économique sérieuse qui, jointe aux tensions politiques croissantes du régime fédéral « canadian » et à la poussée revendicatrice des collectivités opprimées de toute l'Amérique du Nord, va constituer le milieu idéal pour le développement du mouvement révolutionnaire québécois[228].

Aux yeux du FLQ, la démocratie parlementaire n'est qu'un instrument de contrôle de la grande bourgeoisie sur la population. Déjà en octobre 1962, des indépendantistes, persuadés qu'il était illusoire de croire en la possibilité de créer l'État indépendant du Québec par la voie démocratique, avaient fondé le Réseau de résistance (RR), dont l'aile radicale se joignit au FLQ en mars 1963.

Les patriotes qui ont atteint la conscience révolutionnaire ne se laissent pas prendre à ce jeu. Quand Gérard Pelletier, André Laurendeau, Jean-Charles Harvey et tous les autres collaborateurs disent : « les libertés constitutionnelles et les garanties démocratiques permettent aux partis séparatistes de militer légalement et de prendre le pouvoir par la voie électorale », nous répondons : « nous refusons même d'envisager cette fausse formule ». Il est facile de saisir qu'elle conduirait à un échec certain, et que les prétendues garanties constitutionnelles ne servent qu'à maintenir au pouvoir la puissance impérialiste et sa valetaille[229].

Pendant ce temps-là, les politiciens parlent de justice sociale! Ils peuvent bien parler, c'est à peu près tout ce qu'ils peuvent faire à part des lois pour faire plaisir aux « grosses » compagnies, tout en essayant de ne pas perdre les prochaines élections. Des fois ça marche, mais pas toujours[230].

Si les élections sont une activité propre à la classe dirigeante et à la classe dirigeante seulement, on voit mal comment le peuple arriverait à en faire un moyen d'éliminer la classe dirigeante[231].

Dans un tel système qui nie les droits fondamentaux de la Démocratie, que faire? Il faut porter au pouvoir un gouvernement révolutionnaire, par une insurrection populaire organisée, Seul un gouvernement révolutionnaire pourra créer cette liberté politique, apanage d'un peuple souverain et libre. […] La prise de conscience populaire se manifeste […]. Nous assumerons alors la volonté d'un peuple qui veut briser les liens d'asservissement à une nation étrangère, par la décolonisation intégrale[232].

Si les felquistes insistent tant sur la nécessité d'abattre la bourgeoisie, de mépriser les supposées libertés constitutionnelles, d'abolir la démocratie parlementaire, c'est, prétendent-ils, pour faire un travail d'épuration institutionnelle préalable à l'avènement des conditions requises pour la libération des travailleurs. Leur objectif est de recréer une communauté humaine dans laquelle la véritable liberté et la justice prévaudront. Les felquistes sont intarissables sur ce sujet :

> Le combat du FLQ est le combat de tout le peuple québécois. Le combat du FLQ est un combat pour une société meilleure, organisée en fonction des besoins et des aspirations de tous. Il s'ensuit qu'il ne s'agit pas uniquement de détruire, mais *avant tout de construire*. Si nous détruisons, c'est d'ailleurs pour pouvoir construire vraiment[233].

> Le FLQ doit bâtir un Québec nouveau, un Québec libre, un Québec populaire et progressiste, un Québec indépendant et démocratique[234].

Le Québec de demain sera libéré de toutes les entraves qui empêchent son épanouissement aujourd'hui. Les felquistes fondent leurs espoirs sur la jeunesse dont plusieurs d'entre eux font partie :

> Le Québec de demain, c'est-à-dire un Québec souverain, libéré des entraves du colonialisme, maître de ses destinées. Un Québec où la justice et l'égalité formeront les bases de la société, où le progrès présidera à l'orientation de l'économie. Un Québec où n'existera plus l'exploitation de la majorité nationale par une minorité étrangère, où les décisions politiques et économiques seront prises en fonction des intérêts réels de toute la population. Un Québec où la sécurité sociale sous toutes ses formes protégera tout le monde[235].

Dans *Nègres blancs d'Amérique*, Vallières s'épanche à plusieurs reprises sur la volonté du FLQ de créer, sur les ruines du système oppressif en place, une société vraiment humaine au service des travailleurs :

> Notre idéal se fonde entièrement sur l'humain, sur les hommes, sur leurs activités, sur leurs capacités de produire et de créer, de détruire et de recréer, de transformer, de défaire et de refaire, etc.
> Nous ne pourrons réellement « bâtir la paix » que le jour où la violence révolutionnaire, armée et consciente, contrera celle que les capitalistes, colonialistes et impérialistes, que les exploiteurs du peuple exercent quotidiennement contre les

travailleurs, contre les étudiants, contre les jeunes, contre les intellectuels progressistes, contre 90 % de la population du Québec. Quand le système actuel sera détruit nous bâtirons ensemble la paix en même temps que la fraternité et la justice. […] Nous deviendrons libres dans la mesure où, ensemble, nous aurons le courage de nous donner les armes de notre libération et de nous battre pour vaincre. Nous pourrons bâtir la paix, l'égalité, la fraternité et la justice dans la mesure où, ensemble, nous saurons gagner la guerre que nous impose notre condition de nègres blancs. Il nous faut gagner la guerre, et non pas seulement une bataille par-ci par-là, tous les cinquante ans[236].

Le FLQ se perçoit comme l'avant-garde révolutionnaire de la période de la prise de conscience des masses :

La participation populaire à l'indépendance ne se manifestera que lorsque le mouvement révolutionnaire se situera à l'avant-garde et lui montrera la route à suivre. Attendre que la population participe d'elle-même à la lutte de libération est un mythe que j'ai personnellement dénoncé, mythe qui conduit à l'attentisme le plus stérile[237].

Mais il faut se refuser à tenter un coup d'État. Il faut au contraire procéder à l'intégration consciente des masses dans la lutte :

Un coup d'État est un renversement ou un transfert du pouvoir établi sans participation des masses : il est toujours accompli par une minorité de militaires et de civils qui se croient investis de la mission de « rétablir l'ordre »[238].

Le véritable mot d'ordre final des felquistes se trouve dans le *Manifeste du Front de libération du Québec* d'octobre 1970 que j'ai cité au début de cette section : « Faites vous-mêmes votre révolution dans vos quartiers, dans vos milieux de travail. » Pour eux qui savent que leur terrorisme, leurs dénonciations du système, leur incapacité d'exposer des propositions plausibles de remplacement ont fait d'eux des traqués et les ont réduits à l'impuissance, c'est là le comble de l'illusion ou, plutôt, de l'admission de l'échec.

Au-delà du fatras de dénonciations hargneuses de la bourgeoisie capitaliste, de la démocratie parlementaire, des élections, les felquistes ne proposent pas l'embryon d'un programme socioéconomique et politique favorisant l'établissement d'un Québec indépendant et d'un socialisme adapté aux conditions du Québec qui serait propre à assurer la « libération du peuple québécois de l'oppression ». Ici et là, tout au long de leurs fastidieux exposés, par exemple dans des esquisses à peine ébauchées d'un ordre plus humain, on voit poindre l'idéologie de l'autogestion qui circule dans les collèges et les universités des années 1970. L'examen du discours du FLQ, durant sa période militante, révèle le vide de son « projet de société ».

Daniel Latouche écrit en 1990 : « [...] aucun événement de notre passé politique immédiat n'a plus vieilli que cette crise d'octobre[239]. » Il convient toutefois de rendre compte des raisons de la sympathie et de l'indulgence d'une bonne partie du public envers les felquistes, même durant la période où ils réussirent partiellement à répandre la terreur et dans les années qui suivirent.

On aurait pourtant tort de refouler dans l'oubli les événements tragiques de ces années-là. Ils font partie de l'expérience vécue, ils doivent également faire partie de la mémoire. Les Québécois devraient se garder de croire qu'ils sont à jamais immunisés contre un éventuel nouvel assaut du terrorisme. Les conditions actuelles sont-elles si dissuasives ? Et qu'en sera-t-il demain ? Il suffit de presque rien, de la pénétration d'une idéologie radicale — et de telles idéologies, il s'en répand tant dans le monde ! — pour insuffler parmi un petit groupe, surtout chez les jeunes particulièrement vulnérables en raison de leur idéalisme et de leur inexpérience de la vie et dont un si grand nombre sont aujourd'hui aux abois, la tentation du passage à la violence.

Il faut se poser la question : malgré la véhémence et l'ineptie de la plupart des propos felquistes, pourquoi y a-t-il eu une certaine complaisance à leur endroit dans une partie de la population ? Comment en rendre compte ? Pourquoi une fraction assez large du public ridiculise-t-elle les forces de l'ordre chaque fois qu'elles interviennent, de façon maladroite ou excessive, il faut le concéder, pour mater les terroristes ? Pourquoi cette indulgence de nombreux citoyens à l'égard des felquistes présumés coupables d'actes terroristes quand ils sont traduits devant le tribunal ?

Outre le fait premier de l'illégalité des actes perpétrés, se pose celui de l'évidence, pour toute personne raisonnablement informée de la situation, de l'absence de chances que des procédés aussi aberrants puissent aboutir à un quelconque gain. Le terrorisme ne peut devenir une menace sérieuse pour l'ordre établi que s'il bénéficie de complicités étendues parmi la population. Or, celles-ci se sont limitées à quelques individus et groupuscules isolés.

Les nombreuses bourdes des forces policières, la longue insouciance et à la fin l'affolement du gouvernement du Québec et des dirigeants sociaux, les propos absurdes de ministres fédéraux et les interventions disproportionnées du gouvernement fédéral durant la Crise d'octobre et les mois qui suivirent expliquent, dans une certaine mesure, l'indulgence d'une partie du public à l'endroit du FLQ. En outre, certains projetaient dans le FLQ les fins du RIN et de la revue *Parti pris*. Ils y voyaient le prolongement de ces mouvements, un prolongement aberrant sans doute, mais qui, à sa manière tortueuse, cherchait à propager les mêmes objectifs de l'indépendance politique du Québec et d'une réforme sociale radicale.

La jeunesse des felquistes appréhendés et le fait qu'ils « auraient pu être nos enfants » jouèrent également en leur faveur.

Enfin, pour les Québécois des années 1960, l'explosion du terrorisme est une expérience inédite. Ils ne connaissent de la violence qu'un certain nombre de grèves musclées, quelques crises majeures : la crise de la conscription de 1917, qui s'est effacée de la mémoire collective, ou les courts déferlements de violence sporadique (l'affaire Maurice Richard le 17 mars 1955, le défilé de la Saint-Jean-Baptiste le 24 juin 1968, la manifestation des employés de *La Presse* le 24 octobre 1971). Les felquistes ne sont pas des criminels de grand chemin. Plusieurs endossent l'expression « criminels collectifs » par laquelle les felquistes eux-mêmes se définissent.

Pierre Vallières a bien saisi la tolérance de certains à leur endroit et il a tenté de l'exploiter au profit du FLQ :

> L'histoire pardonnera facilement au FLQ son inexpérience des années 60 et retiendra comme positif, à bien des égards, beaucoup de ce qu'il a accompli au plan du réveil politique des Québécois, de la critique de la société et de la définition des devoirs et des aspirations populaires. Le peuple en a déjà fait malgré eux des héros, à cause de cela[240].

Pour ma part, je ne pouvais trouver aucune justification au FLQ. J'abhorre la violence sous toutes ses formes. Dans mes nombreux entretiens privés et publics à cette époque, je m'étonne que plusieurs distinguent, au-delà des vitupérations des felquistes, l'écho de leurs propres sentiments, de leur déception devant la dérive des atermoiements de la Révolution tranquille auxquels les exigences de la politique obligent les promoteurs à se livrer et devant leurs déviations déjà perceptibles des cibles visées, leur peur du risque de voir s'évanouir les rêves de régénération nationale et sociale qu'ils avaient placés dans le gouvernement Lesage le soir du 22 juin 1960.

Moi aussi, non pas en 1963, en 1966 mais en 1969 et en 1970, je constate que le grand souffle de la Révolution tranquille s'est affaibli. Mais je suis plus conciliant que d'autres. Malgré ses malheureux virages et le ralentissement de ses réalisations, il m'apparaît qu'elle n'est pas détournée de sa course d'une façon irrémédiable. La politique a toujours été pour moi le domaine par excellence de la contingence. Même les meilleurs gouvernements ont comme principaux atouts l'art du compromis, le phénomène incontournable de la dérivation imperceptible de leurs engagements… et le temps. Des demandes incessantes d'action politique émanant de la société civile pressent les gouvernements de l'époque d'agir dans les plus brefs délais. À défaut de pouvoir s'exécuter au rythme exigé, les gouvernants se livrent à l'inflation verbale et contribuent de la sorte à nourrir des rêves démesurés.

Il reste à expliquer pourquoi les felquistes ont cru nécessaire, pour la poursuite de leurs fins, de faire basculer le Québec dans le drame. Leur but n'est certainement pas de faire exploser des bombes, de commettre des enlèvements et un assassinat par simple plaisir ou par sadisme. Comment rendre compte de cette flambée aberrante, morbide même, d'actes terroristes ?

La Révolution tranquille est une période de grande effervescence et d'heureuse insouciance. Il semble que tout peut être remis en question. Dans le brassage d'idées qui se produit, rien ne paraît impossible. En 1960, dans plusieurs domaines de la pensée et de l'action, les Québécois de langue française partent de presque rien. Souvenons-nous de ces merveilleux commencements, de ces rapides progrès dans le cinéma, la télévision, le théâtre, le roman, la chanson, la recherche scientifique, la formation de la jeunesse, le syndicalisme, le patronat… Le début des années 1960, c'est l'adolescence des premiers baby-boomers, c'est l'apparition, au Québec, du mouvement de libération des femmes. Et l'année 1967, c'est, à Montréal, l'Exposition universelle *Terre des hommes,* l'événement peut-être le plus rassembleur qui se soit jamais produit au Québec et le plus grandiose pour tous les Canadiens.

La société tout entière tente de se recentrer au gré de multiples pulsions, tantôt convergentes, tantôt discordantes, que les dirigeants dans tous les domaines, les gouvernants eux-mêmes, pour la plupart néophytes dans leur fonction de direction, pressés d'agir sans avoir pu élaborer un programme d'ensemble, sont susceptibles d'exacerber plutôt que de canaliser. L'évolution dont ils sont censés être les maîtres d'œuvre risque d'être chaotique et d'engendrer des remous imprévisibles et non désirables. Dans leur heureuse mais dangereuse insouciance, les gouvernants se montrent très conciliants à l'égard des organisateurs qui réprouvent, à des degrés divers, l'ordre établi.

Dans le Québec des années 1960, le processus de changement s'accélère. Il se met au diapason du monde. Il s'ouvre sans réserve aux préceptes de l'État-providence qu'énoncent le gouvernement fédéral canadien, les États-Unis et les pays industrialisés d'Europe.

Dans le vent du changement qui souffle alors, il est essentiel de considérer l'afflux d'idées et de mouvements de l'extérieur. Divers groupes, surtout parmi les jeunes, se montrent très réceptifs aux différentes influences étrangères. Les nombreux mouvements qui entendent exprimer l'émancipation des jeunes dans les campus américains et ailleurs — déjà les hippies et les beatniks font leur apparition —, les flambées révolutionnaires de décolonisation qui embrasent l'Algérie, l'Afrique noire, Cuba et la Chine de Mao se répercutent parmi la jeunesse. Certains intellectuels et dirigeants de mouvements sociaux s'identifient aux Noirs américains plutôt qu'aux Blancs dominateurs, aux travailleurs plutôt qu'à la bourgeoisie, aux colonisés plutôt qu'aux colonisateurs. Ici comme ailleurs, des groupes radicaux contestent, âprement, des jours entiers, les fondements économiques, sociaux et politiques du système en place.

La disparition des associations étudiantes entraîne l'anarchie. Il n'y a plus d'organisations. Il n'y a plus personne pour discuter des problèmes des étudiants avec les instances des collèges et des universités.

Les dirigeants de la Révolution tranquille ne sont pas loin de considérer les mouvements qui se forment au Québec sous l'influence plus ou moins directe des invasions contestatrices de l'extérieur comme des soutiens de leurs propres objectifs, par exemple dans leurs revendications auprès du gouvernement fédéral. Ainsi, ils estiment que le RIN stimule le néo-nationalisme qu'eux-mêmes et les intellectuels fédéralistes professent. La revue *Parti pris* peut servir de repoussoir en raison de ses prises de position marxistes, menaçantes pour le grand capitalisme, et inciter ce dernier à faire preuve de souplesse face aux réformes très modérées adoptées pour redresser le statut économique des Canadiens français.

Mais en quoi le FLQ est-il susceptible de favoriser les indépendantistes, les socialistes, les artisans les plus progressistes de la Révolution tranquille ? Il se moule dans le même tissu social que le RIN, *Parti pris,* le mouvement syndicaliste plus radical qui s'amorce avec Michel Chartrand et les trois chefs des grandes centrales syndicales, les revendications étudiantes, les Opérations dignité du curé Charles Bainville, cette explosion de

contestations que j'examinerai plus loin. Le FLQ lui aussi amplifie ce vent
de revendications issu du projet initial de la Révolution tranquille. Il synthétise, d'une façon perverse, les insatisfactions du peuple qui s'expriment
dans les domaines qui ont le plus mis leurs espoirs en ce projet.

Comme le RIN, le FLQ préconise l'indépendance du Québec. Comme
Parti pris, il soutient que seule une révolution socialiste peut rendre possible l'instauration d'un ordre nouveau au Québec. Mais il estime que
ces objectifs sont voués à l'échec sans le passage à l'action directe, sans
le recours à la révolution. Il conclut à la nécessité pour cette révolution
d'être « sociale, radicale, et globale[241] », et d'aboutir au sabordement
de l'ensemble de l'organisation socioéconomique et politique en place.
C'est en cela que le FLQ dépasse les limites du tolérable et qu'il mérite
la plus entière réprobation. Cependant, dans le contexte extravagant des
premières années de la Révolution tranquille, plusieurs hésitent à affirmer que ses revendications sont non seulement excessives, mais aussi
irrecevables.

Nous savons aujourd'hui, surtout grâce aux déclarations postérieures
à octobre 1970 que firent certains felquistes et sympathisants, qu'eux aussi
crurent au réveil de 1960 et qu'ils vibrèrent intensément. Voici certains
propos des deux principaux penseurs du FLQ, Charles Gagnon et Pierre
Vallières. Charles Gagnon, en prison à New York, en 1966 :

> Montréal 1960, 61, 62, 63, c'est la « révolution tranquille ». Il y a des gens pour
> dire qu'on peut changer des choses, qu'on a une littérature, qu'on a une identité
> nationale, qu'on a des droits constitutionnels. […] le Québec changeait, non pas
> à cause d'un homme ni d'une poignée d'hommes, mais parce que le Québec,
> collectivité nationale particulière, réagissait à sa façon aux transformations,
> aux tensions, aux contradictions que l'évolution du système économique nord-
> américain entraînait[242].

Ou encore Pierre Vallières sortant de la clandestinité en 1971 :

> Je souhaite que cet essai soit prochainement complété par une étude en profon-
> deur de « la révolution tranquille » des années 60, car la sous-estimation des
> transformations qu'elle a opérées au sein de la collectivité québécoise est, à mon
> avis, l'une des principales causes de notre difficulté à saisir correctement la nature
> et les caractéristiques particulières de la lutte de libération au Québec en même
> temps que les conditions objectives qui en déterminent l'évolution[243].

Enfin, Pierre Vallières en 1986 :

> Notre soif d'absolu venait d'un amoncellement silencieux, quantitatif et qualita-
> tif, de désirs longtemps interdits, voire même inavouables, pendant des années et
> des années. Accumulation de ce qui s'était rêvé, imaginé, dans le désert politique
> et culturel de l'hiver québécois, à travers le long régime obscurantiste et oppri-
> mant qui avait succédé à la rébellion de 1837-1838. […] Je ne peux m'empêcher
> de trouver dommage — pour le Québec et pour le monde — que le mouvement
> de libération nationale, amorcé au début de la Révolution tranquille, ait échoué
> aussi lamentablement à la fin des années soixante-dix[244].

Pierre Vallières écrit « à la fin des années soixante-dix ». Le choix des
années est étonnant. Le FLQ commet ses premiers attentats en avril 1963.
À cette date, comme dans les années suivantes, c'est en plein cœur de la
Révolution tranquille qu'il frappe. À l'entendre, ce serait seulement quinze
ou dix-sept ans plus tard qu'elle aurait « échoué lamentablement ».

D'autres écrits d'ex-felquistes font ressortir un aspect peu connu et
peut-être essentiel de leurs motivations. Il semble que même la volonté de
renouvellement qui s'est exprimée au début de la Révolution tranquille
n'ait pas dissipé chez eux, et chez bien d'autres sans doute, le souvenir des
frustrations vécues durant les années de « grande noirceur » et qu'ils aient
cru percevoir, dès le commencement de la Révolution tranquille, des
relents de cette période, ce qui d'ailleurs est exact : une société ne se transforme pas du jour au lendemain.

Tous ces éclaircissements postérieurs aux événements ne seraient-ils
pas des rationalisations qui masquent le fait que, chez les felquistes et
parmi les cercles proches du FLQ, le mouvement de renouveau n'a pas été
suffisamment ressenti pour dissiper le souvenir des frustrations vécues
durant les années de leur adolescence, celles dites de la grande noirceur ?
N'auraient-ils pas perçu, dès le début des années 1960, une survivance
effectivement apparente de cette période ? Les élites traditionnelles, vite
écartées des postes de direction, sont toujours en réserve et prêtes à assumer de nouveau leurs fonctions de direction d'antan.

Mais les déclarations tardives des ex-felquistes recouvrent autre chose :
les actes de terrorisme qui se multiplièrent de 1963 jusqu'à la Crise d'octobre 1970 contribuèrent certainement à redonner espoir à ces élites traditionnelles qu'ils redoutaient. Plus encore, j'estime que les assauts terroristes
servirent d'arguments à ces dernières pour miner la confiance de la population à l'endroit des efforts de réforme des dirigeants sociaux et des gouvernants progressistes, et freinèrent la propagation de leurs idées.

VI. LA COMMISSION ROYALE D'ENQUÊTE
SUR LE BILINGUISME ET LE BICULTURALISME

C'est également en 1963 que survient une grande initiative du gouvernement fédéral : la création de la Commission royale d'enquête sur le bilinguisme et le biculturalisme. Elle est le fruit de la Révolution tranquille et de l'affirmation néo-nationaliste dans sa dimension réformiste aussi bien que séparatiste. Par la substance de son rapport et son influence sur le gouvernement du Québec et sur les mouvements nationalistes, elle doit être considérée comme une source de pulsions sociales au même titre que celles qui ont été décrites dans les sections précédentes.

La Commission est instituée à la suite d'une demande émanant de l'un des plus éminents intellectuels du Québec, André Laurendeau. Pour pallier l'écrasante infériorité des Canadiens français dans l'administration fédérale, Laurendeau propose, dans un éditorial du *Devoir,* le 20 janvier 1962, la création, par le gouvernement fédéral, d'une commission d'enquête sur le bilinguisme[245]. Dans *Le Devoir* du 8 décembre 1962, je publie un long article sur le même sujet. Me basant principalement sur des données fournies par John Porter[246], je démontre l'insignifiance de la participation des Canadiens français à la direction des entreprises du secteur privé, au Québec même et dans la fonction publique fédérale. À mon tour, je réclame la création d'une commission fédérale d'enquête pour faire la lumière sur ces questions. À plusieurs reprises, Laurendeau fait référence à ce texte qui affirme sa proposition initiale[247].

Le 8 décembre, l'Université Laval célèbre l'obtention de ses chartes (royale, en 1852, et pontificale, en 1876). Le premier ministre Jean Lesage, invité d'honneur à la réception, me prend à part et me félicite chaleureusement de mon article. À la demande de l'éditeur du *Globe and Mail,* sous le titre général « The New Regime », je publie du 10 au 14 décembre 1962 une série de cinq articles que le journal reproduit sous forme de brochure[248]. J'y esquisse les caractéristiques du « nouveau Québec », y analyse les problèmes qu'il pose et va poser au fédéralisme canadien, l'urgent besoin d'une commission d'enquête pour faire l'examen des moyens propres à satisfaire ce nouveau Québec au Canada et pour proposer des réformes. Le 6 mars 1963, dans une conférence à la Gray Memorial Lectureship de l'Université de Toronto, je développe, sous le titre « The significance of the new Quebec for Canada's future », les thèmes du néo-nationalisme et réclame encore une fois la formation d'une commission d'enquête fédérale sur les meilleurs moyens pour le Canada de répondre aux attentes nouvelles du Québec. Les journaux de langues anglaise et française reproduisent de longs comptes rendus de cette conférence. Ici, également, je déborde la question de la participation des Canadiens français à l'administration publique fédérale. C'est sur l'ensemble du problème que pose le nouveau Québec au Canada et le besoin de réformes du fédéralisme que porte ma réflexion.

La réaction du premier ministre canadien John Diefenbaker fut un *no* retentissant à la demande de Laurendeau. Lester B. Pearson, devenu premier ministre au printemps 1963, lui prête une oreille plus attentive. Maurice Lamontagne, récemment élu dans la circonscription d'Outremont et nommé secrétaire d'État, le presse d'acquiescer à la requête de Laurendeau. Le 19 juillet 1963, le premier ministre du Canada annonce la création de la Commission royale d'enquête sur le bilinguisme et le biculturalisme. Lamontagne sollicite l'avis d'intellectuels québécois et, probablement après avoir consulté le premier ministre Lesage, rédige le mandat de la Commission. Ce mandat excède largement la proposition initiale de Laurendeau :

> […] pour faire enquête et rapport sur l'état présent du bilinguisme et du biculturalisme au Canada et recommander les mesures à prendre *pour que la Confédération canadienne se développe d'après le principe de l'égalité des deux peuples qui l'ont fondée,* compte tenu de l'apport des autres groupes ethniques à l'enrichissement culturel du Canada, ainsi que des mesures à prendre pour sauvegarder cet apport[249].

La nomination d'André Laurendeau à la présidence conjointe s'impose. Il s'est lui-même enrôlé à l'avance. Il est l'un des intellectuels qui comprennent le mieux le nouveau Québec qui s'affirme et dont le prestige est reconnu même des personnes qui ne partagent pas son nationalisme. Il sera le principal architecte des travaux de la Commission. Ses collègues le nomment administrateur en chef. On le désigne communément sous l'appellation de « ministre de l'intérieur ». Le président conjoint anglophone, Davidson Dunton, à ce moment principal de l'Université Carleton, a été le premier président de la société Radio-Canada (1945-1958). Il connaît très bien le Québec, parle couramment le français et comprend la mentalité des Canadiens français. Le premier geste des présidents conjoints, Laurendeau et Dunton, consiste à rencontrer le premier ministre Lesage afin de s'assurer de sa collaboration. Ce dernier pose une condition : la Commission doit compter autant de membres francophones qu'anglophones. Cette condition est acceptée.

Un premier fait à noter : la Commission est largement composée d'intellectuels informés sur le Québec et généralement bien disposés à l'endroit des aspirations qui s'y expriment. André Laurendeau, Frank R. Scott, Jean-Louis Gagnon, Clément Cormier, Jean Marchand et Davidson Dunton sont des personnalités bien connues. Le cinquième commissaire francophone, Paul Wyczynski, d'origine polonaise, est professeur à l'Université d'Ottawa et exégète du poète Émile Nelligan. Les secrétaires conjoints, Paul Lacoste et Neil M. Morrisson, amis de Laurendeau, sont également de fervents admirateurs du Québec français. Le directeur de la recherche, Michael Oliver, professeur à l'Université McGill, a rédigé sa thèse de doctorat sur l'idéologie nationaliste des années 1920-1945[250]. Je suis nommé conseiller spécial à la recherche. Nos recherchistes principaux, André Raynault, John Meisel, Blair Neatby, Kenneth McRae, John Jonstone, Oswald Hall, Jean Fortier, Soucy Gagné et Jean Éthier-Blais, sont bien renseignés sur le Québec et, à des degrés divers, favorables à ses aspirations.

La Commission publie une trentaine d'études et d'essais portant sur des sujets qui ont rarement été abordés de manière systématique par les chercheurs universitaires. Ces travaux, achevés au cours de la seconde moitié des années 1960, apportent des éléments nouveaux de première importance pour la connaissance des sociétés canadienne et québécoise. L'œuvre entière de recherche marque d'une façon radicale et décisive la méthodologie et les techniques de travail dans les sciences humaines. Tous les jeudis, les responsables de la recherche, David Easton, conseiller épisodique, et des invités de l'extérieur choisis parmi les meilleurs dans leur domaine tiennent une réunion de travail que des témoins considèrent comme « le meilleur séminaire de recherche en sciences sociales au Canada ». Dans la foulée de ces recherches, le programme de subvention du Conseil des Arts du Canada dans ces disciplines connaît un bond prodigieux tant sur le plan du nombre des candidats que sur celui des budgets requis.

Il est utile de préciser quelque peu la façon dont cette commission remplit — ou ne remplit pas — le mandat qui lui a été donné[251].

Le président conjoint André Laurendeau insiste sur la nécessité de prendre en tout premier lieu le pouls des Canadiens sur les questions que la Commission aura pour tâche d'approfondir. Le président conjoint, Davidson Dunton, et Jean-Louis Gagnon ne ressentent pas ce même besoin, mais ils endossent finalement le projet. Laurendeau inaugure les treize rencontres, dont cinq au Québec, en posant inlassablement la même question aux participants :

Ces deux peuples, l'anglophone et le francophone, peuvent-ils et veulent-ils vivre ensemble?

À quelles conditions nouvelles?

Et ces conditions, sont-ils prêts à les accepter[252]?

Le *Rapport préliminaire* paraît le 1er février 1965. Son jugement, la Commission le formule dans le préambule : « Le Canada traverse actuellement, sans toujours en être conscient, la crise majeure de son histoire. […] Cette crise a sa source dans le Québec[253]. »

Au cours des cinq rencontres tenues au Québec — Sherbrooke, Trois-Rivières, Rimouski, Chicoutimi et Québec —, de nombreux participants s'inquiètent du devenir de la langue française. Ils sont conscients que le faible prestige du français auprès des non-francophones est intimement lié au statut socioéconomique inférieur des personnes qui parlent cette langue. Les uns déplorent cette situation, d'autres la considèrent comme une condition irrémédiable : l'anglais est la langue des affaires en Amérique du Nord. « Les gens n'apprennent une autre langue que si les pressions d'ordre économique et social les y poussent », dit un intervenant. Un autre déclare : « Je crois que l'on s'en vient dans un monde de plus en plus technique où on ne peut éviter d'apprendre l'anglais. » Mais un autre encore estime qu'un avenir meilleur se dessine pour le français : « On a bâti Shipshaw en anglais mais l'Hydro vient de bâtir la Manicouagan en français[254]. »

Les participants reprennent avec ardeur les formules que les néo-nationalistes de toutes tendances et les personnalités politiques propagent depuis quatre ans. Les uns et les autres rivalisent dans l'emploi du terme qui leur paraît exprimer le mieux leur état d'esprit : la théorie du pacte entre les deux peuples fondateurs, les deux nations, un statut particulier, la société distincte, les États associés, l'indépendance. Le Nouveau Parti démocratique et le Parti progressiste-conservateur se laissent piéger par cette surenchère verbale. Pour un temps, avec plus ou moins de conviction, ils endossent certaines de ses formules, en particulier celle des « deux nations ».

Les revendications devenues routinières au Québec sont reprises : le Québec veut se libérer économiquement, socialement et, à des degrés divers, politiquement ; il faut mettre un terme à la condition de minorité des Canadiens français ; la modération louable des anglophones masque une incompréhension qu'il importe de dissiper :

« Écrasante majorité », « société », « nation » : qu'est-ce à dire? On désigne ainsi les formes d'organisations et les institutions qu'une population assez nombreuse, animée par la même culture, s'est données et a reçues, dont elle dispose librement sur un territoire assez vaste et où elle vit de façon homogène, selon des normes et des règles de conduite qui lui sont communes. Cette population a des aspirations qui lui sont propres, et ses institutions lui permettent de les réaliser dans une mesure plus ou moins grande. Quoi qu'il en soit, telle nous est apparue la population française du Québec. Ceux qui formulaient devant nous des plaintes ou des revendications n'ont pas tenté de définir la société qui les enserre, mais ils paraissaient s'appuyer très consciencieusement sur cette réalité historique et culturelle, sociale et politique[255].

Des participants exposent, généralement avec sobriété, la position indépendantiste :

On ne reproche absolument rien au Canada anglais; ils ont agi comme toutes les majorités agissent. Ce que nous désirons c'est beaucoup plus simple que ça. Nous désirons tous les pouvoirs fiscaux pour mettre en application ces pouvoirs politiques, afin de nous permettre d'organiser nos institutions et atteindre, en définitive, l'épanouissement complet de la nation canadienne-française. [...] Si la Commission en venait à la conclusion qu'en fait la cohabitation est impossible ou non désirée par les deux nations, elle pourrait faire comme nous, les avocats, nous faisons quand nous sommes dans de pareilles situations; nous recommandons aux époux qui ne peuvent s'entendre de s'éloigner quelque peu, de s'organiser chacun chez eux[256].

Ou encore :

Vous direz à ces messieurs d'Ottawa que la nouvelle génération du Québec n'est plus influencée par les deux heures de la bataille des plaines d'Abraham... ce qui intéresse et ce qui donne une grande dignité à la jeunesse canadienne-française, présentement, c'est qu'elle prend l'essor nécessaire pour être capable de se conduire seule. L'avenir du Canada français n'est pas dans la Confédération, mais dans l'indépendance du Québec[257].

La réaction de certains anglophones envers les séparatistes est parfois radicale : « Qu'ils s'en aillent. »
Selon des intervenants à Yarmouth et à Kingston :

Si le Québec s'imagine un instant que nous — le reste du pays, soit peut-être 12 à 13 millions de gens — nous allons laisser la province de Québec établir un État dans l'État, nous enlever le tiers de notre population et le quart de nos richesses, nous lui réservons une surprise.

Si le Québec veut se séparer, qu'il soit libre de le faire ; mais alors nous pourrions former un parti d'union… qui demanderait aux États-Unis de nous annexer[258].

Pour la Commission, l'état d'esprit le plus répandu chez les participants aux rencontres régionales du Québec est la recherche d'une réforme « modérée ». Par ailleurs, à en juger par les interventions les plus dynamiques, elle conclut à l'existence de deux orientations marquées : « [Le Québec] procède à *un examen très dur de lui-même* […] une frénésie d'autocritique. […] Il manifeste *une volonté très nette de "libération"* dont l'émancipation politique devient à la fois le moyen et le symbole[259]. »

Et le *Rapport préliminaire* poursuit :

Il nous semble vital pour tous les Canadiens, quelle que soit leur origine, que soient résolus les problèmes aigus provoqués par la dualité du Canada. Nous devons rappeler que dans les secteurs les plus extrêmes, nous avons rencontré, parmi ceux qui sont, par ailleurs, des « modérés » :
— des anglophones, de diverses origines, qui rejettent l'idée même de l'égalité ;
— des francophones qui refusent la notion même de « partenaires »[260].

Le *Rapport préliminaire* aurait dû, ici également, faire état des propos entendus à satiété dans les provinces de l'Ouest : entre autres ceux des groupes ethniques qui estiment qu'accorder une attention particulière au français, c'est faire passer leurs propres doléances au second plan, commettre une injustice à leur endroit.

En conclusion, la Commission s'engage à produire un *Rapport final* propre à guider une « négociation » sous la responsabilité principale des gouvernements :

Cependant, nous l'entendons ici [cette négociation] dans un sens beaucoup plus large. Elle doit impliquer la totalité des deux sociétés qui coexistent au Canada. Notre espoir, quand viendra le moment des conclusions et des recommandations, sera de contribuer au débat et à la négociation qui doivent se poursuivre[261].

Le *Rapport préliminaire* est dédaigné par les recherchistes de la Commission qui, à l'exception du directeur de la recherche, Michael Oliver, et de moi agissant comme conseiller spécial, n'ont pas participé aux rencontres régionales ni contribué à sa rédaction. Il est jugé alarmiste par les politiciens du Canada anglais et sans valeur scientifique par les intellectuels de *Cité libre*. Par contre, publié en langue anglaise et en langue française, il est le livre de chevet d'un grand nombre d'intellectuels et de personnalités politiques du Québec. C'est un succès de librairie.

Aussi instructive que puisse être la multitude des données qu'une équipe spéciale a soigneusement compilées et mises sur fiches, les commissaires constatent qu'elle ne fait pas le poids face à la rigueur et à l'ordonnance des connaissances que la recherche produit. Les informations recueillies, selon une technique empirique forcément sélective, ne leur seront d'aucune utilité par la suite. Ils n'ont pas le choix : s'ils veulent tenir l'engagement inscrit dans la conclusion du *Rapport préliminaire,* à savoir « contribuer au débat et à la négociation qui doivent se poursuivre », leur seul recours sera de s'appuyer sur la recherche. Avant d'entreprendre les rencontres régionales, ils ont donné leur aval au programme général de recherche. Les présidents conjoints surtout ont étroitement collaboré à cette opération initiale. Les grands axes sont fixés. En appendice au *Livre I,* le directeur de la recherche, Michael Oliver, décrit l'organisation et l'état actuel du développement de la recherche[262].

Le programme de recherche se répartit en huit champs : les langues officielles, le monde du travail, le gouvernement et l'entreprise privée, l'éducation, les autres groupes ethniques, les arts et les lettres, les médias, les institutions gouvernementales ainsi que les associations volontaires.

Au retour des rencontres régionales, les commissaires se trouvent devant un problème de taille. Après une année presque entière de diversion épuisante, salutaire sans doute, mais périlleuse pour l'exécution de leur mandat, ils constatent que l'équipe de recherche qui s'est formée durant leur absence a déjà abattu un travail colossal. Durant les mois d'été, le nombre de recherchistes, choisis parmi les meilleurs professeurs et étudiants des universités du pays, sont plus de cent. Ils resteront nombreux tout au long de l'année jusqu'en 1968.

Le 17 juin 1964, à l'occasion d'une session spéciale de la Commission au Manoir Saint-Castin, près de Québec, André Laurendeau demande de développer davantage la recherche sur les institutions gouvernementales : « Décision en vertu de laquelle nous étendrons davantage le champ de recherche dans le domaine constitutionnel, parce que des réformes de moindre ampleur risquent de ne plus correspondre à la situation. » Déjà, il a le sentiment que des collègues endossent mollement la décision : « Ceci est ma conviction personnelle depuis le début, je l'ai plusieurs fois affirmé, mais des hommes comme Dunton et Scott y résistaient plus ou moins de sorte qu'ils n'ont pas tout à fait enregistré même les décisions collectives prises à ce sujet[263]. » Il aurait également pu noter que Jean-Louis Gagnon non plus n'avait pas « tout à fait enregistré [...] les décisions collectives »...

Cette session spéciale doit entériner la décision de publier un rapport préliminaire. L'atmosphère exaltée qui règne ce jour-là ne prête guère à un examen sérieux des questions touchant la recherche et, surtout, à la prise de « décision » ferme d'accroître les efforts dans le domaine politique et constitutionnel. Je propose que la notion de crise soit le thème unificateur de ce *Rapport préliminaire*. La Commission endosse cette proposition[264].

Les commissaires passent des mois à assimiler la méthode et les techniques de travail rigoureuses que les recherchistes ont élaborées sans leur concours et à se familiariser avec les connaissances innombrables accumulées et analysées sur des sujets que certains d'entre eux maîtrisent mal. Deux commissaires sont délégués, l'un à titre principal, l'autre à titre auxiliaire, pour représenter la Commission à chacune des huit grandes divisions de la recherche. Certains s'acquittent bien de leur responsabilité. D'autres, dépassés par la complexité des travaux, sont au contraire encombrants. Dans la plupart des cas, leur présence est épisodique et d'une utilité marginale. Ce sont surtout Michael Oliver et moi qui rendons compte, au comité exécutif (composé des deux présidents conjoints, des deux secrétaires conjoints, du directeur de la recherche et du conseiller spécial à la recherche), de l'avancement de la recherche au cours des réunions plénières de la Commission. Oliver est nommé vice-principal de l'Université McGill en 1967. Sa présence devient graduellement plus sporadique. Je suis parfois le seul porte-parole de la recherche auprès de la Commission, tant pour la recherche elle-même que pour la mise au point des derniers livres du rapport.

Les études en cours risquent de dégager des conclusions valables, mais elles sont de nature sectorielle. En outre, elles respirent l'académisme. Le *Rapport préliminaire* de la Commission doit déboucher sur une vision d'ensemble de la situation et doit être allégé des complexités d'une méthodologie qui se veut rigoureuse et d'une terminologie propre aux sciences sociales, mais parfois difficilement compréhensible pour le grand public auquel la Commission s'adresse en premier lieu. Nous faisons face, les commissaires, Oliver et moi, à un autre problème : les intrigues politiques. « Au fur et à mesure que les travaux de la Commission avancent, et même si les recherches continuent [...] l'aspect politique des travaux s'affirme, aux dépens de la recherche pure[265]. »

Ce n'est ni le premier ministre Pearson ni, à mon sens, Pierre Elliott Trudeau jusqu'en 1968 — alors que les positions de base de la Commission sont prises depuis 1966 — qui tentent d'influencer la Commission. Les présidents conjoints rencontrent le premier ministre Pearson à plusieurs reprises : les entretiens sont cordiaux. Celui-ci s'inquiète de l'ampleur du programme de recherche, de l'importance du budget, des réactions du public à l'égard des travaux de la Commission, notamment du titre *La Crise canadienne* du *Rapport préliminaire*. Mais jamais les présidents conjoints ne déplorent une ingérence, même minime, de sa part dans les travaux de la Commission. Durant leurs rencontres, le premier ministre s'adresse surtout à Dunton, un intime de longue date et un compagnon de ses randonnées de ski. Laurendeau en fait la remarque : « Pearson parle toujours en regardant Dunton droit dans les yeux sauf quand je parle, et c'est rare, Pearson s'adresse constamment à Dunton ; je crois qu'il se sent mal à l'aise avec moi, je ne suis pas de sa race[266]. » J'ignore si des commissaires se sont livrés à un marchandage politique dès les débuts de la Commission, mais je sais que les présidents conjoints ont rigoureusement pris le parti de la recherche chaque fois qu'il a pu y avoir tentative d'ingérence politique[267].

À ma connaissance, Pierre Elliott Trudeau n'est pas intervenu directement auprès de la Commission, au moins jusqu'à ce qu'il devienne premier ministre en 1968. André Laurendeau fait mention d'une rencontre, le 19 juillet 1966 (alors qu'il était secrétaire parlementaire du premier ministre Pearson), qu'il commente ainsi : « Pierre m'a paru sympathique, a même paru prêt à agir [en faveur de la Commission][268]. » La Commission n'a pas été mise au courant de la teneur des rencontres avec le premier ministre Trudeau, s'il y en a eu, du moins pas en séances plénières. Des conciliabules ont-ils existé entre le premier ministre et des commissaires ? Des rumeurs circulent en ce sens, mais je ne prête pas la moindre attention à ces racontars.

La véritable question à poser est la suivante : quelle réception Trudeau a-t-il accordé aux recommandations de la Commission ? Il a fait adopter avec empressement les recommandations touchant le bilinguisme qui relevaient de la compétence fédérale. Mais il a froidement rejeté la notion de biculturalisme. Elle était pourtant inscrite dans la désignation même de la Commission. Faut-il le lui reprocher ?

La Commission fait peu de cas de la notion de « biculturalisme ». Elle recourt plutôt à l'expression : « les deux cultures principales ». Dans les « pages bleues », il est dit du biculturalisme qu'il fait référence à trois réalités : l'état des deux cultures, les chances de chacune d'elles d'exister et de s'épanouir selon son génie spécifique, de même que les conditions d'une coopération entre les membres de l'une et l'autre culture. Il faut alors se demander si les deux cultures possèdent les institutions requises, si elles sont représentées adéquatement dans les organisations communes et si les membres de ces organisations ont la possibilité de conserver et d'exprimer leur culture propre[269].

Ni dans ses exposés ni dans ses recommandations, la Commission ne s'attarde par la suite sur les termes « biculture » et « biculturalisme ». Je m'en félicite. Elle a de la sorte évité de retomber dans le charabia du « chevauchement des cultures » auquel je m'étais rigoureusement opposé dans les années 1950. La notion de multiculturalisme, qu'adopte le gouvernement Trudeau, est donc étrangère au discours de la Commission. Les recommandations du *Livre IV* sur l'apport culturel des autres groupes ethniques, par contre, lui fournissent une ample matière pour expliciter sa conception du multiculturalisme. Je n'apprécie pas davantage cette notion de multiculturalisme que celle de biculturalisme, mais je ne vois pas en quoi une politique de reconnaissance d'autres cultures que l'anglaise et la française peut contrarier la promotion des deux langues officielles et des deux cultures principales, du moins si la volonté d'agir en ce sens ne vacille pas.

Ce sont le chef de l'opposition officielle, John Diefenbaker, le Conseil du Trésor et des mandarins, francophones autant qu'anglophones — ces « Outaouais supérieurs » que Laurendeau fustige en formules lapidaires à plusieurs reprises dans son *Journal* — qui cherchent et parfois parviennent à entraver les travaux de la Commission. Diefenbaker, qui a répondu *no* à la demande de Laurendeau de créer une commission d'enquête sur le bilinguisme, harcèle le premier ministre au sujet des « coûts exorbitants », de l'« ampleur » et de la « lenteur » des travaux de recherche et des faits et gestes de la Commission. Il provoque une véritable crise interne en interdisant aux députés de sa formation politique de répondre au questionnaire des recherchistes. Passant outre à cette directive, plusieurs députés conservateurs répondent à ce questionnaire pour lui préserver sa validité.

Au début de 1966, la Commission doit faire face à un premier problème sérieux : quel « format » adopter pour le rapport final ? Perplexe, le comité exécutif décide que chacun rédigera un mémoire sur sa préférence quant à la structure et à la substance du rapport. Tous les membres s'exécutent dans les semaines suivantes. On me charge de synthétiser leurs propos. Deux orientations diamétralement opposées s'affrontent. L'une estime qu'il faut procéder de façon empirique, c'est-à-dire aborder successivement chacun des aspects particuliers sur lesquels la recherche se penche. L'autre conçoit le rapport de façon synthétique ; il s'agit alors de maintenir

le cap sur les principes directeurs esquissés, notamment dans les premiers
documents de travail et les schémas préparés en vue des rencontres régionales, tout en se servant des différents aspects scrutés par les recherchistes
en guise d'arguments et d'exemples.

Pour sa part, Laurendeau produit l'ébauche d'un projet de rapport de
synthèse centré sur le concept fondamental des « deux peuples » et sur les
façons d'assurer entre eux « une mesure d'égalité ». Frank R. Scott préconise un format descriptif et analytique tirant profit directement du produit
de la recherche. Michael Oliver se range du côté de Scott ; moi, de celui de
Laurendeau. Les préférences des commissaires sont aussi partagées. Le
débat qui suit est courtois mais fort vif. Laurendeau et Scott témoignent
d'un profond respect mutuel, mais ils s'opposent sur la plupart des questions fondamentales reliées, ainsi que les perçoit Laurendeau, au mandat
de la Commission[270]. Je me suis exprimé ailleurs sur la nature de leurs
divergences radicales de vues :

> C'est très tôt dans les travaux de la Commission que Laurendeau prit conscience
> d'une incompatibilité d'orientation entre Scott et lui. […] À la mi-août 1965, je
> ne fus pas surpris de recevoir de lui une lettre dans laquelle il me demandait
> d'identifier pour lui les bases *intellectuelles* des divergences entre eux.
> En date du 23 août, je lui adressai un mémoire de neuf pages portant le titre élo-
> quent de *Deux optiques*. J'y montrai que l'analyse de Scott était de nature juri-
> dique et centrée sur l'individu tandis que la sienne était sociologique et fondée
> sur la notion de groupe. Scott niait toute relation entre culture et politique tan-
> dis que Laurendeau, préoccupé de l'inégalité des rapports de force entre les deux
> groupes culturels, préconisait un soutien politique pour la culture française au
> Québec même. Scott considérait que le Canada devait devenir un pays intégrale-
> ment bilingue *from coast to coast* alors que Laurendeau favorisait le maintien ou
> même la création au Québec de vastes régions unilingues de façon à ce que le
> bilinguisme ne devienne pas un cimetière pour le français. Scott considérait que
> la Constitution canadienne avait bien servi le Canada et que de légers amende-
> ments allaient suffire à l'épanouissement des individus et à la protection des deux
> langues. Laurendeau, pour sa part, partait de la nécessité de procurer au Québec
> un statut constitutionnel très spécial, cette province étant la pierre d'assise et le
> garant du français pour tout le pays. Scott était d'avis que les Canadiens étaient
> en général bien disposés à l'égard du français et de l'anglais et qu'il suffisait
> d'orienter les recommandations de la Commission en se fondant sur cette don-
> née pour garantir le progrès d'un Canada bilingue. Laurendeau, pour sa part,
> soutenait qu'il se sentait refusé « comme Canadien français » dans neuf provinces

sur dix. Pour lui, la condition d'existence des Canadiens français était la persistance de la société qu'ils avaient façonnée. Si le français avait survécu au Canada, c'était grâce à cette dernière et aussi parce que le Québec était doté d'un centre de décision politique[271].

J'ignorais à ce moment que Frank Scott avait écrit, en date du 11 août, une lettre à Laurendeau dans laquelle il exposait sa vision du Canada :

> Personnellement, je suis opposé à toute tentative de récrire la Constitution à ce moment. […] Mon but est de faire du Canada dans son ensemble un lieu où les deux cultures peuvent se développer librement […]. Je préférerais la reconnaissance des deux langues partout de sorte que chaque groupe linguistique puisse se sentir raisonnablement chez lui dans chaque partie du pays[272].

C'est la conception de Scott qui triompha. Jean-Louis Gagnon, fervent partisan de la position de Scott, rapporte un long et pénible échange qu'il eut avec Laurendeau sur le sujet. Gagnon chercha à démontrer à Laurendeau qu'il n'aurait pas le soutien de la Commission s'il persistait à vouloir fonder le rapport sur « l'existence de deux sociétés et ce qui en découle » :

> Vous aurez sûrement l'appui de Léon Dion. Mais il ne vote pas. De Paul Lacoste ? Probablement. Et la sympathie d'un ou deux collègues anglophones. Mais nous sommes dix autour de la table et les autres diront non. […] Si vous conservez vos idées et moi les miennes, il y en aura deux [rapports] puisqu'elles expriment deux conceptions du Canada. Mais je conçois mal qu'André Laurendeau, président, puisse signer un rapport minoritaire. Ce serait défaire l'œuvre qui aurait été accomplie jusque-là. […] il vaudrait mieux en effet y renoncer [au projet de livre synthétique][273].

Oliver et moi ne votions pas mais nous prenions une part très active aux délibérations. Notre opposition, dramatisée par le vote des commissaires, aurait eu de lourdes conséquences pour la recherche. Paul Lacoste — secrétaire conjoint de la Commission nommé commissaire à la suite du départ de Jean Marchand en 1965 — partageait substantiellement la conception de Laurendeau. Ses lourdes responsabilités de vice-recteur de l'Université de Montréal l'empêchaient toutefois de participer activement aux délibérations. Je le lui reprochais. Stanley Laing et Royce Frith étaient les deux commissaires anglophones qui auraient opté pour la position de Laurendeau. Par égard pour Laurendeau et pour la dimension symbolique qu'il revêtait au Québec, le président conjoint Davidson Dunton se serait probablement abstenu de voter. Le résultat du vote aurait pu être quatre voix favorisant la position de Laurendeau et de cinq contre.

Laurendeau finit par se rendre à l'argumentation de Gagnon : « Je ne vois pas comment il peut en être autrement à la lumière de votre arithmétique[274]. » Des divergences aussi tranchées sur le sens même de la structure du rapport risquent de faire éclater la Commission au moment où son véritable travail débute. Laurendeau fait preuve de prudence en cédant à la volonté de la majorité, mais c'est au prix des convictions profondes pour la promotion desquelles il a accepté la présidence de la Commission. Dans son *Journal,* en date du 25 juin 1966, il décrit le processus de l'évolution de sa pensée :

> Depuis la présentation du premier schéma de travail (mercredi le 8 juin), je me pose la même question : est-ce vraiment la meilleure façon d'organiser la présentation publique du rapport ? […] La synthèse préparée par Léon permet de ramasser, en quelques centaines de pages, les conclusions auxquelles les membres de la Commission sont parvenus après trois ans d'enquête. […] L'opinion publique […] est loin d'avoir parcouru les mêmes routes que la Commission. Or lui proposer, *dès le début,* liées logiquement et massivement, l'ensemble de nos conclusions générales, c'est
> 1) ne pas nous donner l'occasion de manifester dans un premier livre la connaissance de la situation que nous avons acquise, en particulier par la recherche ;
> 2) avoir l'air d'idéologues ou de prophètes[275].

Au cours d'échanges avec lui, j'eus le sentiment que c'était sous l'influence de l'option majoritaire contraire à celle qu'il avait initialement préconisée et non par conviction qu'il aboutissait à ces conclusions. Le RIN, *Parti pris* et le gouvernement du Québec avaient depuis six ans préparé l'opinion publique à prendre connaissance de ses recommandations synthétiques dans le sens de l'esquisse des « pages bleues » que la Commission avait formulées en 1967. Dans une lettre datée du 16 juillet, Laurendeau me dit en effet :

> Je continue d'espérer que nous aurons en main, au début de septembre, un brouillon du premier volume — mais un brouillon très informé [d'un rapport de synthèse] qu'on mettra du temps à parfaire. Il y aurait bien d'autres sujets à aborder, notamment la publication des projets de recherche (en particulier celui d'André Raynault si c'est possible) *avant* la publication du premier volume du rapport final.

Dans les semaines qui suivent, cinq projets différents à partir du format analytique et descriptif sont soumis à la Commission. Aucun d'eux ne convient à Laurendeau. Le 25 août 1966, il se range à l'opinion majoritaire, mais il y met une condition : « […] revenir à cinq [projets] force à s'arrêter. Par contre, *y revenir en conclusion générale* [à un rapport de synthèse][276]. » En fin de compte, la Commission parvient à un compromis : une première tranche du rapport portera sur les analyses et les conclusions dans les divers champs de recherche ; une seconde tranche fera une synthèse de l'ensemble qui débouchera sur l'examen de la question politique et constitutionnelle.

Depuis quelques semaines, Laurendeau s'applique à élaborer le schéma du rapport synthétique qu'il a proposé en juin. Pour apaiser leur mauvaise conscience ou pour le rallier au choix de la majorité, les commissaires lui demandent de le terminer. Telle fut l'origine des « pages bleues » produites en guise d'introduction générale au *Livre I* que les néo-nationalistes canadiens-français du Québec accueillirent si favorablement. On dit des « pages bleues » qu'elles sont le testament intellectuel d'André Laurendeau. Cette opinion est vraie dans la mesure où elles représentent l'expression ultime sous forme écrite de sa pensée. Laurendeau, pourtant, considère comme un pensum la rédaction de ce texte. Il n'est pas dupe du fait que, dans l'esprit de certains commissaires, cet essai est une concession faite pour ménager sa susceptibilité et feindre leur assentiment à ce livre de synthèse qui doit exposer la vision d'un Canada renouvelé suivant le principe général de l'égalité des deux peuples fondateurs.

Contrairement à ce que veut l'opinion reçue, Laurendeau ne prête à ce texte en voie de rédaction qu'une importance relative. Il sait parfaitement que « la question ne sera pas reprise plus tard ». Dans la lettre qu'il m'adresse le 16 juillet 1966, il s'épanche en ces termes :

> Entre nous, le résultat actuel [une ébauche qui ne fut que retouchée dans les semaines suivantes] me paraît sommaire, et sans doute médiocre, quand j'y songe — non en fonction de nous-mêmes, car chaque phrase a un sens, mais en fonction du public qui nous lira. *Quand on pense que la question ne sera pas reprise plus tard,* que nous écrivons après 3 ans de travaux, il me semble que ceci (même sensiblement amélioré) sera jugé faible sur un pareil sujet. Et ce que je mets en cause ici, une fois de plus, c'est l'idée même de commencer par nos conclusions, donc par la partie la plus dogmatique, la plus abstraite sans que tout ceci ne soit précédé par nos analyses et conclusions particulières dans chacun des vastes domaines que nous avons examinés. *C'est une tactique très déplorable.* Je ne

la *subis* que parce que nous sommes pressés de publier et que les retards des recherchistes nous interdisent de commencer par des monographies.

Ces propos désabusés montrent que Laurendeau, tout en s'étant rallié au choix de la majorité, se sentait obligé, à ce stade avancé des travaux, de publier ne serait-ce qu'un exposé sommaire et imparfait des conclusions. Cette lettre attestait qu'il acceptait le compromis quant au format du rapport, mais qu'il ne croyait pas au livre de synthèse promis. À plusieurs reprises, je lui fis part de mon appréhension concernant le retard pris pour constituer une équipe chargée d'examiner la question politique et constitutionnelle de façon systématique. Il évitait de répondre à mes interrogations, renvoyait constamment à plus tard l'examen des conditions de la création d'un groupe de travail. Il n'avait plus assez d'énergie pour faire entreprendre l'étude approfondie requise. Certains de ses collègues, surtout Frank Scott et Jean-Louis Gagnon, objectaient déjà que cette question n'était pas du ressort de la Commission et outrepassait sa compétence.

Les « pages bleues », rédigées principalement par Laurendeau, scrutent les questions cruciales de majorité et de minorité pour les Canadiens français. Pour pallier l'infériorité numérique, sociale, économique et politique de ces derniers au Canada, elles s'interrogent sur les mesures juridiques et politiques propres à contrarier la « loi des nombres », à établir « une mesure d'égalité » entre les partenaires et à procurer aux Canadiens français des « chances réelles » sur les plans individuel et institutionnel. Dans les « pages bleues », les deux principes de la dualité et de l'égalité sont formulés d'une façon si juste et si complète qu'ils deviennent les pierres d'assise, du point de vue du gouvernement du Québec, de toute réforme constitutionnelle acceptable. Elles contiennent également un passage, souvent cité, fort pertinent au regard des questions soulevées dans cette section :

> La majorité qui domine un cadre politique considère facilement ses avantages comme allant de soi et ne mesure pas les inconvénients subis par la minorité, surtout lorsque celle-ci est traitée avec une certaine libéralité au point de vue culturel, ou du moins avec une apparence de libéralité. Mais la minorité, du moment que sa vie collective lui apparaît comme un tout, peut fort bien en vouloir la maîtrise et regarder au-delà des libertés culturelles. Elle pose alors la question de son statut politique. Elle sent que son avenir et le progrès de sa culture ont quelque chose de précaire et, peut-être, de limité dans un cadre politique dominé par une majorité constituée par l'autre groupe : par la suite, elle tend vers une autonomie constitutionnelle plus grande. Cette autonomie, elle la désire idéalement pour l'ensemble de la communauté, mais faute de pouvoir réaliser cet objectif, la

minorité peut vouloir concentrer son effort sur un cadre politique plus restreint mais dans lequel elle est majoritaire[277].

Le *Livre I* du rapport est publié en février 1967, le *Livre V* et le *Livre VI*, en février 1970. Aucun des six livres ne se réclame des questions soulevées — mais sans propositions de solutions — dans les « pages bleues ». Ce sont les analyses et les conclusions de la recherche dans chacun des domaines que la Commission a étudiés qui dictent l'essentiel de la substance du rapport. Les recommandations sont discutées et adoptées au cours des réunions de la Commission, mais, par la logique des choses, elles peuvent difficilement déroger à la substance des documents de la recherche. Des huit domaines prévus, six seulement font l'objet d'un livre. À l'automne 1970, la Commission se penche sur le manuscrit d'un possible livre VII sur les arts, les lettres et les médias qu'une équipe de recherche, œuvrant dans une large mesure en vase clos, a eu pour mandat d'étudier. Après de nombreuses séances de travail avec les responsables de cette division de la recherche, au cours de l'été 1970, j'en arrive malheureusement à la conclusion que le manuscrit est un brouillon irrécupérable. À titre de conseiller spécial, je recommande le rejet de ce manuscrit, jugeant qu'il ne respecte pas les normes élevées de qualité que la Commission s'est fixées. Les commissaires endossent ma recommandation. Il n'y a pas de livre VII.

Il n'y a pas non plus de livre VIII sur les institutions gouvernementales et politiques. Un certain nombre d'études et de documents rédigés à l'extérieur, sans une véritable supervision de la part de la direction de la recherche, sont publiés sur ces questions[278]. Aucune équipe interne n'a été constituée pour mener ses propres recherches sur le sujet et intégrer ces travaux qui ont cependant une valeur certaine.

En décembre 1968, par acquit de conscience, me basant sur les diverses sources dont dispose la Commission (les schémas rédigés durant l'été 1966 sur le format de rapport, les « pages bleues » et les travaux externes, à ce moment tous déposés), je rédige un document de onze pages : *Projet préliminaire de plan pour le livre sur la dimension politique.* Les présidents conjoints Dunton et Gagnon demandent aux commissaires de le commenter. Le 10 janvier 1969, Frank Scott remet ses observations. Elles sont plutôt constructives, mais sa position reste inchangée : le mandat de la Commission exclut l'examen de la Constitution canadienne :

> J'ai déjà dit, et je répète, qu'il ne relève pas de notre Commission d'entreprendre la révision de la Constitution canadienne, elle n'a pas l'équipe requise, et la

recherche qui justifierait le volume proposé n'a pas été faite [...]. Bien que je ne puisse souscrire à son projet, je le félicite [le Pr Dion] d'avoir courageusement tenté d'accomplir une tâche impossible[279].

Dans les circonstances que Scott a en grande partie lui-même créées, il faut de ma part, en effet, une bonne dose de « courage » pour tenter l'« impossible ». Vieillis et épuisés après six ans d'intense labeur, c'est avec soulagement que la majorité des commissaires se rangent à l'opinion de Scott. Il n'y aura pas de livre VIII.

À l'automne 1970, le président conjoint Jean-Louis Gagnon rédige pour la Commission un texte intitulé « Conclusions », qui renseigne sur l'état d'esprit de plusieurs commissaires à ce moment :

Pour sa part, la Commission estime que l'examen de conscience amorcé par son rapport préliminaire doit se continuer. Elle reconnaît que le problème canadien se pose aussi en termes politiques et qu'à ce titre, les solutions qui peuvent être envisagées se rattachent nécessairement à la réforme des institutions et à la réforme constitutionnelle. Mais elle juge que cette tâche appartient maintenant aux organismes dûment mandatés à cet effet. [...] Si la Commission agissait autrement, elle excéderait son mandat et assumerait des devoirs qui sont ceux des représentants élus du peuple canadien.

Dans ses mémoires, Jean-Louis Gagnon conclut son exposé sur la Commission :

En vérité, la Commission avait accompli sa tâche et fait son temps. Certes quelques-uns rêvaient d'un baroud d'honneur à la mémoire d'André Laurendeau. Mais comment parvenir à l'envoi sans succomber à la tentation d'un statut spécial, incompatible avec l'objectif du bilinguisme institutionnalisé — sans lâcher la proie pour l'ombre[280] ?

L'intention du commissaire Gagnon était de proposer d'inclure les « Conclusions » à la fin du livre VII sur les arts, les lettres et les médias. Le manuscrit du livre VII n'ayant pas reçu l'aval de la Commission, il n'y eut pas non plus de « Conclusions ». Quel triste reniement des « pages bleues » du *Livre I* les « Conclusions » auraient été si elles avaient été publiées ! La suite des événements permet de présumer de la dissidence de trois commissaires face aux « Conclusions ».

Le *Livre I : Les Langues officielles,* donne lieu à des débats animés au

sein de la Commission. Les commissaires s'entendent tous sur une première recommandation : « que l'anglais et le français deviennent les
langues officielles du parlement du Canada, des tribunaux fédéraux, du
gouvernement fédéral et de l'administration fédérale ». Tous s'opposent à
l'unilinguisme français au Québec, question qui est à l'ordre du jour parmi
les indépendantistes de cette province. Laurendeau, selon le principe qu'il
énonce fréquemment — « Le plus vaut mieux que le moins » —, favorise la
recommandation que, à l'instar du Québec, l'Ontario et le Nouveau-
Brunswick deviennent des provinces officiellement bilingues. Cette position est conforme au vœu général de la Commission. Elle fait l'objet de la
recommandation § 293 : « Nous recommandons que les provinces du
Nouveau-Brunswick et de l'Ontario déclarent l'anglais et le français
comme langues officielles et qu'elles acceptent les régimes linguistiques
qu'une telle reconnaissance implique. »

Laurendeau souhaiterait que des régions du Québec soient déclarées
unilingues françaises. Il appuie sa position sur l'opinion du Pr William
Mackey, conseiller auprès de la division de recherche sur les langues officielles, qui estime que la survivance d'une langue en situation minoritaire
dans un contexte bilingue dépend de l'existence de régions unilingues. Plusieurs commissaires s'opposent à cette position. Ils pensent qu'elle déborde
le bilinguisme institutionnel et touche le principe de territorialité. Ils ont
gain de cause. La deuxième partie du *Livre III* : *Le Monde du travail* consa-
crée à l'administration fédérale reprendra cette idée, mais dans une
optique strictement institutionnelle. La Commission recommande que
« dans chacun des ministères, sociétés de la Couronne et autres organismes
fédéraux, on établisse des unités francophones » (recommandation n° 1,
p. 359). En conformité cette fois avec la proposition du Pr Mackey, la Commission recommande la création de districts bilingues dans les régions où
la minorité de langue française dépasse 10 % (recommandation § 303,
p. 99). Un conseil consultatif des districts bilingues est institué. Composé
de dix membres sous la présidence de Paul Fox, il remet, le 1er octobre
1975, un volumineux rapport. Les membres de ce conseil ne parviennent
pas à un consensus. Quatre d'entre eux produisent des rapports minoritaires. Aucune suite n'est donnée à ce rapport[281].

La loi concernant le statut des langues officielles du Canada, adoptée le
9 juillet 1969, se moule sur le *Livre I* de la Commission. Le gouvernement
fédéral et l'administration fédérale, les tribunaux et les sociétés publiques
dans la capitale et dans toutes les provinces deviennent officiellement
bilingues. C'est un acquis inestimable pour le français. L'Ontario ne sera

pas une province officiellement bilingue; quant au Nouveau-Brunswick, il le deviendra quelques années plus tard.

Les recommandations de la Commission conviennent aux minorités de langue française dans les provinces anglaises et à la minorité anglaise au Québec. Par contre, la majorité de langue française y réagit très négativement.

La Loi sur les langues officielles est mal reçue au Québec, particulièrement par les Canadiens français. Pour les minorités françaises, elle se révélera presque suicidaire. Ainsi, en Alberta, les francophones, au nombre d'environ 60 000, doivent inscrire leurs enfants d'âge scolaire (combien sont-ils?) dans des écoles dites d'immersion fréquentées par plus de 100 000 anglophones! Quant à ses effets concrets sur l'usage du français dans l'ensemble des services fédéraux des provinces anglaises, sauf dans les régions de l'Ontario et du Nouveau-Brunswick où les francophones sont concentrés, ils sont à peu près nuls.

Dans un livre d'importance majeure qui devrait être traduit en français, Ray Conlogue écrit au sujet de la Loi sur les langues officielles:

> [...] Pierre Trudeau avait injecté une dose massive de non-sens dans la psyché canadienne. Ses motifs étaient admirables — il voulait libérer le Québec de son réflexe séculaire de survivance qui risque de le couper du monde — et son objet de référence — lui-même — semblait fournir une réponse. En bref, si Pierre Elliott Trudeau pouvait devenir intégralement bilingue, pourquoi chacun ne le pourrait-il pas[282]?

D'ailleurs, le Québec ne demeurera pas longtemps la province officiellement bilingue modèle que la Commission et Trudeau souhaitent. Le 9 décembre 1968, le gouvernement du Québec crée la Commission d'enquête sur la situation de la langue française et sur les droits linguistiques au Québec (commission Gendron du nom du Pr Jean-Guy Gendron)[283]. Le *Livre I: La Langue de travail* recommande que « le gouvernement du Québec se donne comme objectif général de faire du français la langue commune des Québécois » (recommandation n° 1). Il conseille en outre au gouvernement du Québec « de proclamer dans une loi cadre le français langue officielle du Québec » (recommandation n° 2).

Le 30 juillet 1973, le gouvernement Bourassa adopte le projet de loi n° 22 qui rend le français « seule langue officielle » au Québec. La loi institue des tests d'aptitudes pour les enfants désireux de fréquenter les écoles anglaises. Cette clause soulève la controverse tant chez les anglophones que chez les francophones. En 1977, le gouvernement Lévesque adopte le projet de loi n° 101 qui renforce le caractère officiel du projet de loi n° 22 et en supprime les « irritants ».

Le *Livre II* de la Commission royale d'enquête sur le bilinguisme et le biculturalisme, *L'Éducation,* suscite de longs échanges, mais le manuscrit remis par la division de l'éducation, sous l'excellente supervision du Pr Blair Neatby, est adopté sans modifications sérieuses. Les plus importantes recommandations concernent l'octroi, par le gouvernement fédéral, aux provinces de 10 % du coût de l'éducation des étudiants de la minorité (à tous les niveaux, de l'école primaire à l'université (recommandations n°s 26-30, p. 302). La mise en vigueur de ces résolutions par le gouvernement fédéral entraînera l'octroi à la minorité anglophone du Québec de la moitié, et même davantage, des sommes versées en conformité avec la formule proposée. C'est ainsi que le principe d'égalité entre les deux peuples — c'est-à-dire *les deux majorités linguistiques* — se convertit en principe d'égalité entre *les deux minorités linguistiques,* favorisant de la sorte outrageusement la minorité anglophone, déjà tellement avantagée sur les plans institutionnel, économique et culturel. Dans ses rapports annuels, le commissaire aux langues officielles veillera à dénoncer toute dérogation à ce principe.

Le commissaire J. B. Rudnyckyj investit beaucoup d'énergie dans le *Livre IV*: *L'apport culturel des autres groupes ethniques.* Il ne parvient pas à imposer le principe de langues régionales pour les provinces de l'Ouest. Le gouvernement Trudeau puisera sans peine dans les seize recommandations de ce livre les arguments propres à paver la voie au multiculturalisme. Il crée le Conseil consultatif canadien du multiculturalisme. L'organisme tient sa première conférence en 1975, sa deuxième en 1976. Cette dernière revêt une portée majeure pour la compréhension de la politique canadienne sur le multiculturalisme[284]. Alliance Québec sera créée pour veiller à la protection et à la promotion — particulièrement sur le plan linguistique — de la minorité anglophone de la province.

Le *Livre V*: *La Capitale fédérale* comprend dix-sept recommandations, dont la désignation d'une région de l'Ontario et du Québec comme capitale fédérale. Il y est recommandé que cette région soit déclarée bilingue et qu'une Commission de la capitale nationale soit instituée dans cette région afin de veiller à ce que les institutions provinciales et municipales de cette région se conforment au principe de bilinguisme.

Le *Livre VI*: *Les Associations volontaires* est un résumé du manuscrit des professeurs John Meisel et Vincent Lemieux sur la question des « relations ethniques au sein des associations volontaires canadiennes ». Il ne comprend aucune recommandation formelle.

C'est à propos de la troisième partie du *Livre III*: *Le Monde du travail* portant sur le secteur privé, dont le professeur André Raynault supervisa la recherche, que le conflit latent entre Laurendeau et Frank Scott éclate. Dès lors qu'il s'agit du seul Québec, Laurendeau se sent en terre familière. Il ne ressent plus le devoir, sacré pour lui, de protéger « nos minorités françaises ». Cette fois, il ne tergiverse plus. Il a gain de cause. La dissidence de Scott porte sur la recommandation n° 42 : « Nous recommandons que, pour le secteur privé au Québec, les pouvoirs publics et l'entreprise privée se donnent pour objectif que le français devienne la principale langue de travail à tous les échelons, et qu'en vue de cet objectif on adhère aux principes suivants : *a*) que le français soit la principale langue de travail dans les grandes entreprises établies dans la province[…]. »

Cette partie du *Livre III* est publiée en septembre 1969, c'est-à-dire plus d'un an après le décès de Laurendeau. Le commissaire Scott rédige son opinion dissidente avant ce tragique événement. Plusieurs motifs justifient sa dissidence, et surtout le fait que la recommandation n° 42 s'inspire du principe de territorialité et non plus du principe institutionnel qui est la règle suivie jusque-là. Selon lui, elle s'écarte des principes énoncés dans l'introduction au *Livre I*, particulièrement celui d'« égalité ». Il estime en outre que l'adoption de cette résolution aurait des conséquences néfastes pour le Québec : elle porterait préjudice à son économie, la grande entreprise dans le contexte américain devant nécessairement employer de manière prépondérante la langue anglaise; elle entraverait la liberté de commerce et même la liberté de parole[285].

Jusque-là, personne ne dispose d'études permettant de mesurer avec exactitude l'ampleur de l'infériorité économique des Canadiens français. Les chiffres de l'étude d'André Raynault faite pour le compte de la Commission royale d'enquête sur le bilinguisme et le biculturalisme provoquent une commotion générale. Ils révèlent la faible participation des Canadiens français à l'économie du Québec, l'insignifiance de leur contrôle sur les leviers économiques majeurs ainsi que la toute-puissance des investisseurs américains et canadiens-anglais. L'étude démontre le caractère intangible du lien entre l'économie et le statut de la langue française au Québec. Elle justifie la conviction des gouvernements selon laquelle la seule création de régies et de sociétés d'État parviendra à redresser la situation économique en faveur des Canadiens français. Elle stimule également la vague indépendantiste et le tournant socialiste[286].

Des parties de l'étude d'André Raynault, *La Répartition des revenus selon les groupes ethniques,* filtrent dans les médias. On accuse la Commission de chercher à camoufler les conclusions, jugées accablantes, de cette étude. Le rapport de la Commission est un condensé fidèle de la magistrale étude de Raynault. Sa publication tardive est due aux intenses échanges au sein de la Commission qu'entraînent les données sur la faible participation des Canadiens français à l'économie québécoise et canadienne ainsi qu'à la divergence des vues entre Scott et Laurendeau.

J'ai raconté ailleurs[287] que le président Davidson Dunton m'offrit la coprésidence de la Commission après le décès d'André Laurendeau le 1er juin 1968. Je refusai pour deux raisons : je ne pouvais me résoudre à quitter l'Université Laval, mon premier et dernier port d'attache, et je savais, après ma « courageuse mais impossible » tentative de décembre 1968-janvier 1969 pour renflouer le *Livre VIII*, que je ne pouvais réussir là où Laurendeau avait échoué. Dunton m'affirma que la Commission approuvait à l'unanimité ma nomination. Le commissaire Scott lui aurait dit : « Le départ de Laurendeau a rompu l'équilibre au sein de la Commission. La nomination de Léon Dion le rétablira. » Frank Scott était un gentilhomme qui avait le sens du fair-play. Né d'un père archiprêtre anglican à Québec en 1899 — « le siècle de la Confédération », disait-il —, il me parlait souvent de ses bagarres d'enfant avec de petits Canadiens français. Il en rêvait encore la nuit, mais, assurait-il, ce n'étaient pas des cauchemars. Aux séances de la Commission, mon siège fut voisin du sien durant trois ans. Il me griffonnait de petits poèmes que je n'ai malheureusement pas conservés. Nos opinions divergeaient souvent, mais les échanges se déroulaient dans une ambiance de courtoisie. Il me dit un jour : « Léon, soyez toujours près de votre peuple. » Venant de lui, cette phrase est demeurée pour moi une énigme. Peut-être m'a-t-elle inconsciemment marqué[288].

Dunton, semble-t-il, ignorait que Jean-Louis Gagnon s'opposait farouchement à ma nomination[289]. Ce dernier serait nommé président conjoint le 1er mars.

La dernière réunion de la Commission se tient le 27 février 1971 — la seule à laquelle je ne suis pas invité. L'objet de la rencontre : écrire à Pierre Elliott Trudeau afin de l'informer qu'il n'y aura pas de livre sur la question politique et constitutionnelle, et que la Commission met fin à ses travaux. La lettre au premier ministre, datée du 1er mars, que seuls signent les présidents conjoints, explicite les raisons de la mésentente :

> [...] une diversité notable d'opinions s'est faite jour entre les commissaires sur deux points : dans quelle mesure devrions-nous nous prononcer en ce domaine [la question constitutionnelle] et quelles suggestions de fond seraient utiles ? Or

nous n'avons pu réaliser l'unanimité sur des conclusions concrètes [...]. En conséquence, nous proposons qu'il soit officiellement mis fin à la Commission le 31 mars 1971.

Même à cette ultime séance, trois commissaires, soit Gertrude Stanley Laing, Paul Lacoste et Royce Frith, persistent à exiger que la Commission soumette des recommandations précises sur les bases des « pages bleues » et de quelques études et documents pertinents.

Que reste-t-il en 1976 de l'œuvre de la Commission royale d'enquête sur le bilinguisme et le biculturalisme qui a duré six ans et demi, et composée de membres cultivés et de bonne volonté ayant à leur disposition le service de recherche le plus imposant, le mieux formé et le plus équipé jamais rassemblé jusque-là dans le domaine des sciences sociales dans les universités ou les centres de recherche privés et publics du Canada ? Il reste des recommandations qui se sont traduites en lois, règlements ou programmes fédéraux touchant le statut des langues officielles ; l'aide financière aux minorités officielles dans le domaine de l'éducation et autres matières ; la reconnaissance d'autres cultures que les cultures française et anglaise ; le statut et la protection du français dans l'appareil politique, administratif et judiciaire fédéral, dans la capitale et dans les services fédéraux aux provinces ; la connaissance des deux langues officielles par un nombre croissant de fonctionnaires et, par un effet d'entraînement, de politiciens ; la création de la Commission de la capitale nationale dont la compétence s'étend à une région de l'Ontario et du Québec. Ces résultats ont une portée majeure. Certains conviennent aux minorités officielles. Nombre de mesures politiques issues des recommandations de la Commission provoquent des réactions très négatives au sein de la majorité anglaise, surtout dans les provinces de l'Ouest, mais elles s'atténuent avec le temps. La majorité de langue française s'estime également lésée. La minorité de langue anglaise, déjà favorisée, bénéficie des mêmes privilèges que les minorités françaises défavorisées.

Le legs de la Commission, c'est aussi l'examen serré et factuel de la faiblesse de la participation des Canadiens français à l'administration publique fédérale et de l'insignifiance de leur contrôle des grands leviers de l'économie québécoise, à l'exception de l'agriculture. C'est également, dans le *Rapport préliminaire,* le cri d'alarme lancé aux Canadiens anglais, simple écho des sentiments d'insatisfaction, sourds ou virulents, qui s'exprimèrent au Québec à l'égard du statut du Québec et des Canadiens français au sein de la fédération. C'est enfin, et peut-être surtout, dans les « pages bleues », la formulation et l'ordonnance de concepts susceptibles de permettre aux architectes d'un éventuel renouvellement de la fédération canadienne de répondre aux attentes du gouvernement du Québec afin qu'il puisse bien remplir son rôle de soutien et d'encadrement d'une société civile en ébullition. Dans ses meilleurs élans, la Commission royale d'enquête sur le bilinguisme et le biculturalisme, organisme du gouvernement fédéral, rejoint et stimule les aspirations des néo-nationalistes non indépendantistes, affermit, sans l'avoir cherché, les convictions indépendantistes et guide les gouvernements du Québec successifs. Selon les indépendantistes, elle entonne le chant du cygne du Canada auquel ils avaient cru. Pour les autres, elle résulte d'un effort colossal pour renouveler le Canada. Cet effort, même s'il fut un demi-succès, aura tracé des voies prometteuses.

Quant aux dispositions des Canadiens anglais et des Québécois, les propos qu'ils tinrent à l'occasion des rencontres régionales en 1964 sont consignés dans le livre de Ray Conlogue :

> Ce n'est pas sans éprouver une certaine gêne que je me rends compte qu'il y a cinq ans, quand je déménageai au Québec, je ne voyais rien d'exceptionnel dans la récrimination générale : *Comment le Québec peut-il se plaindre alors que nous lui avons tant donné ?* Il me fallut beaucoup de temps pour comprendre que le simple fait de croire que « nous » sommes en position d'octroyer des droits ou des sommes d'argent plutôt que de nous enquérir de ce dont la minorité a besoin pour survivre, cela est en soi presque assez pour détruire un pays[290].

Les commissaires se séparent malgré tout la conscience en paix, satisfaits du travail accompli. Ils ont rempli une partie de leur mandat, celle à laquelle Pierre Elliott Trudeau les pressait de se limiter au cours de la première rencontre de la Commission avec des intellectuels en septembre 1963. Mais ils se sont divisés à propos de la question constitutionnelle : dans ce domaine, il n'y a rien eu, aucun livre, nulle recommandation. Sous cet angle, la distance entre cette triste fin et les attentes de Laurendeau lorsqu'il accepta la coprésidence de la Commission se mesure en années-lumière. Laurendeau faisait preuve de prémonition lorsqu'il m'écrivait le 16 juillet 1966 : « Quand on pense que la question ne sera pas reprise plus tard [...]. »

Quels sentiments Laurendeau éprouvait-il à la fin des longues journées de travail qu'il s'imposait ?

Le véritable testament d'André Laurendeau, ce ne sont pas les « pages bleues », mais le journal qu'il rédige du 20 janvier 1964 au 3 décembre 1967, chronique des incidents qui marquent sa vie de président conjoint de la Commission. Les « pages bleues », il en est le rédacteur principal mais sous la surveillance de « stylistes », du comité exécutif et, en dernier lieu, de la Commission réunie en séance plénière. Souvent les commentaires, les ajouts et les suppressions des uns et des autres le contraignent. Voir son style chloroformé le blesse. Dans son journal, il est libre de toute contrainte, sans doute parce qu'il croit qu'il ne sera jamais lu. Au fil des jours, il se sent seul face à ses sentiments de satisfaction ou d'amertume. Il s'épanche à propos d'un événement, d'une rencontre, de la réaction d'un collègue ou d'un collaborateur. Le lecteur y observe l'écriture nerveuse, intuitive, introspective, inquiète de ses éditoriaux du *Devoir*, de ses romans et de son théâtre.

Première constatation : son « pèlerinage en vrai Canada[291] » réveille en lui les sentiments séparatistes qu'il éprouvait durant la première moitié des années 1930, celles de sa dévotion pour l'abbé Groulx, celles du mouvement Jeune-Canada. Les rencontres régionales dans l'Ouest canadien le stupéfient. À Vancouver, un Canadien français se confie : on le rudoie s'il parle français. Des participants l'apostrophent : « *Speak white* » ; « *Go back to Quebec* » ; « *Why don't you go back to Quebec?* » Des interventions de cette nature hérissent Laurendeau : « Pourquoi ces insultes ? Visent-elles l'homme ou la langue qu'il parle ? » Chez lui qui, trois ans plus tôt, écrivait : « Il est normal, ou en tout cas fort acceptable, qu'on soit séparatiste à vingt-cinq ans ; cela devient plus inquiétant si on a trente-cinq[292] », voici que l'ancienne tentation séparatiste refait surface :

> Mais pour l'instant il est vrai que, laissé à moi-même, j'éprouve quelques fois chaque semaine, et même quelques fois par jour, de véritables poussées intérieures vers le séparatisme. Il s'agit là de réactions élémentaires, à caractère émotif, auxquelles je n'accorde pas plus d'importance qu'il ne faut. Mais la densité, la profondeur de l'ignorance et des préjugés sont vraiment insondables[293].
>
> Devant certains anglophones, j'éprouve intérieurement des poussées de séparatisme : « Ils sont trop bêtes, ils ne céderont que devant la force. » Revenu ici, les séparatistes me rendent au Canada : ils sont trop naïfs, trop loin des réalités politiques — ou bien curieusement mobiles et superficiels[294].

Sa véritable évolution intérieure à propos du Canada, il la formule en ces termes :

> Au début de l'enquête, j'aurais été porté à concevoir l'ensemble canadien comme un pays bilingue, à l'intérieur duquel on aurait reconnu au Québec des préroga-

tives particulières. Aujourd'hui, le problème me paraît se poser à l'inverse ; le statut particulier du Québec est une exigence première : comment parvenir à intégrer, sans l'étouffer, le nouveau Québec qui se manifeste depuis 1959[295] ?

« Laurendeau ne connaissait pas le Canada », écrit Jean Éthier-Blais[296].
Ce jugement est-il exact ? Laurendeau lui-même s'inquiète : « La coexis-
tence [entre les deux peuples] sera plus difficile encore que je l'imaginais. »
Il ajoute que je pourrais l'éclairer là-dessus : « J'aimerais causer de cela avec
un homme comme Léon Dion, qui connaît mieux que moi d'autres
milieux humains, et me permettrait ainsi de mieux faire la part des
choses[297]. » Cette meilleure connaissance d'autres milieux humains qu'il
me prête ne m'a pas empêché, un soir de février 1971 à Edmonton, à la
suite d'une conférence que j'estimais convaincante sur les revendications
du Québec, de rétorquer à une auditrice qui, comme première question,
me lançait le fameux « *What does Quebec want ?* » : « *I am a tired federalist.* »
 Outre l'incompréhension, parfois la méchanceté, de nombreux Canadiens anglais, ce que Laurendeau découvre et qui le blesse, c'est la lourdeur
et l'insensibilité de l'appareil administratif fédéral, la morgue des mandarins, « ces Outaouais supérieurs ».
 Envers les recherchistes, en particulier les professeurs, il éprouve des
sentiments ambivalents. Il admire, envie leurs connaissances, la confiance
qu'ils mettent en eux, mais il méprise leur façon de porter des jugements
catégoriques, leur jargon pseudo-scientifique. « J'appelle un chat un chat »,
m'interrompt-il un jour à propos des distinctions jugées tranchées que je
faisais entre langue et culture. Il déplore « la médiocrité de nos ressources
intellectuelles » : « On dirait que, parvenus dans le domaine qui est nôtre,
les meilleurs esprits s'embourbent, et il est difficile de comprendre pourquoi[298]. »
 Ici et là, Laurendeau confie à son journal ses états d'âme. Il s'y montre
inquiet, tourmenté, angoissé, pris de panique même. Ainsi, un soir à Wind-
sor, en Ontario :

> Là-dessus, me voilà seul. Il faut changer de ton, et écrire, presque un journal
> intime. Tout paraît sombre et menaçant — menaçant même, le cas échéant, pour
> nos vies […]. Cette nuit, à cause de la fatigue, cette pensée prend du corps et du
> relief ; elle est une forme de l'angoisse de la mort. […] Il faut donc accueillir cette
> nouvelle menace, très vague d'ailleurs, et l'intégrer. En période de guerre, le
> risque de mort grandit de façon extrême ; il s'agit dans le présent d'une fraction
> qui s'ajoute aux autres[299].

Cette référence à la guerre étonne. Elle révèle la profondeur du désespoir qui l'étreint, car, enfin, la Commission ne fait pas la guerre ; les deux peuples ne sont pas en guerre.

Un autre souci, qui s'insinue en lui, l'afflige : celui d'un milieu qui change et dont une partie de la jeunesse refuse d'entendre ce qu'on lui dit :

> Me voici donc coupé de ceux qui m'intéressent le plus. […] Les années s'annoncent comme ingrates. […] Une seule chose me répugne plus que d'être chahuté par la jeunesse, et c'est de la flatter démagogiquement. Voici un nouveau domaine où je serai condamné à la solitude. La vie ne me sourira plus guère[300].

Laurendeau s'est recruté lui-même pour une mission impossible. Être missionnaire de Dieu, ce n'est pas de tout repos, même pour celui qui a la foi. Être missionnaire pour une cause profane, surtout politique, cela peut être suicidaire. Il pose et repose le problème : comment permettre au nouveau Québec de s'intégrer dans le Canada ? Il ne trouve pas la réponse. La Commission d'enquête qu'il préside avec Dunton ne parvient pas non plus à la trouver, refuse même de la chercher. Le sentiment dominant qui transpire dans son journal page après page, sans qu'il puisse le dissimuler, c'est la peur de l'échec, la certitude même, par moments, de l'échec. Aurait-il mieux contribué à la promotion de l'État du Québec, expression qu'il endosse avec enthousiasme[301], si, au lieu d'accepter la coprésidence de la Commission royale d'enquête sur le bilinguisme et le biculturalisme, il avait continué à écrire des éditoriaux percutants dans le journal *Le Devoir*, tel un phare, pour guider les mouvements d'idées qui s'agitaient au Québec ? Peut-être. Mais alors, il n'y aurait pas eu de Commission.

CHAPITRE V

Valorisation du politique

Les changements politiques survenus au cours de la Révolution tranquille tranchent d'autant plus que, dans le passé, les Canadiens français, pourtant férus de politique, se confinaient aux luttes partisanes et au favoritisme et que les intellectuels nourrissaient le plus grand mépris à son endroit sans se préoccuper sérieusement de le réhabiliter jusque dans les années 1950.

C'est sans conteste l'une des manifestations les plus éclatantes de la Révolution tranquille que d'avoir donné au politique ses lettres de noblesse auprès des Canadiens français qui, grâce en particulier au style et à l'éloquence de Jean Lesage, le découvrent dans toute sa grandeur.

Le gouvernement Lesage, qu'une vague de renouveau a porté au pouvoir, par souci d'émulation, de conviction, de récupération ou de simple calcul électoral, n'a d'ailleurs pas le choix : il se doit de se mettre au diapason des fortes pulsions émanant des éléments progressistes de la société, voire de s'y arrimer.

Les politiciens ne sont pas les seuls — ils ne sont même pas toujours parmi les plus convaincants — à valoriser le politique. Mais s'ils ne se faisaient pas l'écho des idées qui s'agitent au sein des mouvements nationalistes, s'ils ne permettaient pas également la formulation de ces idées, les multiples pulsions sociales manqueraient de cibles et se dissiperaient dans le vide ou se traduiraient, encore davantage, par des révoltes vite réprimées par un ordre public qui leur serait absolument réfractaire. Georges-Émile

Lapalme exprime bien le rôle essentiel que le politique a alors rempli à l'égard de la société : « La force naturelle prend souvent conscience d'elle-même dans les lois[1]. »

Pour que le politique soit perçu comme catalyseur et agent indispensable des changements souhaités, il est au premier chef requis que les politiciens rectifient dans leurs discours la perception négative du politique qu'une large partie de la population a ancrée dans son esprit.

I. LA CONSÉCRATION DE « L'ÉTAT DU QUÉBEC »

Pour les mouvements nationalistes et indépendantistes, on l'a vu, le terme « province de Québec », que la Constitution de 1867 a choisi et que Lesage a consacré, ne traduit plus la haute dignité à laquelle ils élèvent le politique. Ils lui substituent l'expression « État du Québec » qui acquiert aussitôt une valeur symbolique de première grandeur. Jean-Marc Léger est probablement le premier à suggérer, dans *Le Devoir* du 4 février 1960, c'est-à-dire avant même la victoire du Parti libéral du Québec, que le terme « État du Québec » remplace celui de « province de Québec ».

Dans les mois qui suivent la victoire du PLQ, des néo-nationalistes, dont les membres du RIN, s'empressent de proclamer que telle sera désormais leur façon de désigner le Québec.

Marcel Rioux a bien saisi la signification politique de ce simple changement de termes :

> Le changement capital des années 1960, et c'est en cela que la situation est révolutionnaire, c'est qu'au Québec on a commencé à faire une distinction entre Québec et Canada français. [...] Il n'est plus question de Canada français, ni de bilinguisme, ni de biculturalisme, mais des pouvoirs de l'État du Québec et de l'organisation de la vie collective des Québécois[2].

Changement révolutionnaire, oui, mais seulement parce que les politiciens ont, à leur tour, adopté cette désignation : « État du Québec ». Le premier ministre Lesage s'empresse de la sanctionner pour ainsi dire officiellement. L'occasion se présente le 5 mars 1961, le jour de la création du ministère des Affaires culturelles, dont les titulaires sont précisément Georges-Émile Lapalme, ministre, et Guy Frégault, sous-ministre. Toutefois, rapporte *Le Devoir* du 6 mars 1961, le premier ministre précise que cette appellation ne doit pas signifier que le Québec s'octroie le statut de pays souverain, mais qu'il est « le point d'appui collectif de la communauté canadienne-française et, à l'heure actuelle, l'instrument nécessaire de son progrès culturel, économique et social. Il faut savoir l'utiliser sans excès, mais aussi sans fausse crainte. L'État québécois n'est pas un danger pour nous, au contraire, il est à nous. Il nous appartient et émane de notre peuple. »

Le 3 juin 1961, le premier ministre Lesage définit la mission unique de l'État pour la promotion de la « minorité » :

> […] le seul puissant moyen que nous possédons, c'est l'État du Québec. […] Si nous refusions de nous servir de notre État, par crainte ou préjugé, nous nous priverions alors de ce qui est peut-être l'unique recours qui nous reste de survivre comme minorité[3].

À l'occasion de l'inauguration officielle de la Délégation générale du Québec à Paris, le 5 octobre 1961, le premier ministre Jean Lesage est reçu avec tous les honneurs d'un chef d'État par le président Charles de Gaulle, « même si on ne [peut] pas le publier ouvertement[4] ». Charmé de l'importance que la presse française lui accorde, Lesage recourt lui-même à quelques reprises à l'expression « État du Québec ». La manchette du *Soleil* du 5 octobre, « L'État du Québec s'implante en Europe », s'étale sur cinq centimètres. Mais dans le discours que Jean Lesage prononce deux jours plus tard à l'occasion de l'inauguration de la Maison du Québec à Paris, il tient à expliquer que le terme « "État du Québec" ne signifie pas que le Québec soit devenu un pays distinct, mais qu'il est plutôt le point d'appui commun, le levier qui assure la survivance du peuple canadien-français dans un milieu culturel nord-américain étranger au sien propre ». Devant la Chambre de commerce du Canada, en octobre 1963, il déclare :

> Les Québécois n'ont qu'une institution puissante : leur gouvernement. Et maintenant ils veulent se servir de cette institution pour construire l'ère à laquelle ils ne pourraient pas aspirer autrement[5].

Dans le discours du budget de 1962, le premier ministre Lesage reprend l'idée courante que le Québec, État français, représente un gouvernement unique en Amérique du Nord :

> Nous formons le seul groupement humain d'expression française en Amérique du Nord. Cela constitue à la fois un titre de gloire et un défi difficile à relever. […] Notre survivance collective, à certains points de vue, est presqu'une anomalie

historique. […] En effet, nous ne sommes pas assez nombreux ni assez riches pour étonner le reste du monde par des réalisations matérielles comparables à celles de nos voisins du Sud. […] En somme, il s'agit pour l'État moderne de réduire dans la mesure du possible l'inégalité des chances au point de départ[6].

Le 20 septembre 1964, il déclare encore :

[…] nous croyons que le Québec est l'expression politique du Canada français et qu'il joue le rôle de mère patrie de tous ceux qui, au pays, parlent notre langue. Cela, je l'ai probablement dit des douzaines de fois, partout au Canada[7].

Sous la direction de Guy Frégault, l'Office de la langue française décrète en 1964 que l'expression « État du Québec » remplace le mot « province ». Une fois de plus, le premier ministre « se rebelle », d'après Dale C. Thompson :

Le gouvernement n'avait pris aucune décision de ce genre, déclara-t-il publiquement, bien que ses collègues et lui se servissent de l'expression *État du Québec* lorsqu'ils parlaient de leur démarche visant à développer l'appareil gouvernemental dans le sens de « *la politique de grandeur* »[8].

Pour exprimer le sens de l'action du gouvernement, le premier ministre affectionne également l'emploi du terme « révolution ». Il n'est pas le seul. D'autres emploient ce mot dans un sens bien différent de celui que Jean Lesage a à l'esprit. Il doit rager lorsqu'il entend Pierre Bourgault, dans une allocution prononcée devant la Fraternité des policiers de Montréal, le 6 décembre 1961, clamer : « Nous sommes la révolution, nous sommes la nation : nous sommes la révolution nationale. »

Nicole Laurin-Frenette écrit de cette phrase qu'elle « résume pour l'essentiel le discours de la Révolution tranquille et en fournit explicitement la clé[9] ». Elle impute aux gouvernants un degré d'intoxication idéologique auquel ils sont bien loin d'avoir succombé.

La montée du RIN, la création de *Parti pris,* les premiers éclats du FLQ, pour qui le terme « État » est central et considéré dans son sens fort, incitent le premier ministre à la prudence. D'autres faits — les incidents survenus au cours de la visite de la reine en octobre 1964 qui requièrent l'intervention musclée de la police et que les indépendantistes stigmatisent comme « le samedi de la matraque », les échos désapprobateurs venus des autres provinces et d'Ottawa, surtout à la suite de son voyage dans l'Ouest canadien en 1965, et les excès nationalistes auxquels, selon lui, se livrent de plus en plus certains de ses collègues ministres, dont René Lévesque — le contraignent également à modérer son langage.

Malgré les nuances que Lesage prend soin d'apporter dans ses propos quand, à l'occasion, l'expression « État du Québec » y affleure encore, bien des Québécois ne retiennent que le ton, ignorent ces subtilités[10] et frémissent de fierté et d'espoir. Le discours de la politique de grandeur, excessif mais combien gorgé de promesses, fascine !

Le premier ministre Lesage n'est pas la seule personnalité politique à endosser l'expression « État du Québec » ni à employer le mot « révolution » pour stimuler les sentiments de la population au sujet des objectifs du gouvernement. Georges-Émile Lapalme, René Lévesque, Paul Gérin-Lajoie, Daniel Johnson, Robert Bourassa et d'autres encore sont des émules dont il ne saurait ignorer l'ardeur ni l'influence qu'ils sont susceptibles d'exercer.

En mars 1961, récemment nommé ministre des Affaires culturelles, Georges-Émile Lapalme s'adresse à l'Alliance française de New York. Il qualifie le Québec de « Parlement des Canadiens français » :

> Québec, aux yeux de ceux qui, sur ce continent, parlent français, c'est le Parlement des Canadiens français. Québec, c'est la force française. [...] Québec, c'est l'espoir de ceux qui, en dehors de ses frontières, luttent dans le maquis anglo-saxon[11].

Le ministre René Lévesque est sans conteste le principal propagandiste de la nouvelle mystique de l'État au service des Canadiens français. En janvier 1961, dans un discours à l'Assemblée législative, il déclare que le seul levier de leur développement dont les Canadiens français disposent vraiment, c'est l'État : « L'État doit être pour nous, Canadiens français, une des notions les plus précieuses, parce que nous sommes une nation minoritaire. Il faut que les Canadiens français se servent de leur État pour se tirer de leur situation d'asservissement[12]. » À l'extérieur de l'Assemblée, il renchérit : « L'État, c'est pourtant l'un des nôtres [...] c'est même le plus musclé des nôtres[13]. » Au cours de sa campagne pour la nationalisation de l'électricité, il précise les raisons pour lesquelles il juge nécessaire de promouvoir l'idée de l'État :

> Je n'ai pas, je n'ai jamais eu, et je n'aurai jamais l'intention de proposer quoi que ce soit qui ressemble à la notion totalitaire de l'État. Mais nous avons été habitués

depuis si longtemps à une notion si insignifiante de l'État, que toute tentative de lui attribuer sa force normale est assez pour provoquer chez beaucoup d'âmes timides ainsi que chez les quelques surprivilégiés une panique véritable ou bien simulée[14].

En mars 1965, c'est au tour du chef de l'opposition, Daniel Johnson, de porter encore plus loin le flambeau de la mystique de l'État :

> [...] la nation canadienne-française tend, de toutes ses forces, de toutes ses fibres, à se réaliser sur le plan de l'État et ses aspirations sont strictement normales et légitimes. [...] Les Canadiens français cherchent à s'identifier à l'État du Québec, le seul où ils puissent prétendre être maîtres de leur destin et le seul qu'ils puissent utiliser à l'épanouissement complet de leur communauté, tandis que la nation canadienne-anglaise tend de son côté à faire d'Ottawa le centre de sa vie communautaire. [...] *Les Canadiens français veulent faire du Québec leur État national.* Et encore là, je ne vois pas pourquoi on voudrait les en empêcher[15].

En septembre 1967, Robert Bourassa publie un long article dans la revue *Maintenant* intitulé « Instruments de notre libération ». À l'époque, il est conseiller et émule de René Lévesque. Plusieurs passages de cet article préfigurent la substance du livre *Option Québec* que ce dernier publiera l'année suivante :

> [...] à défaut de posséder l'initiative, la tradition, des cadres et un pouvoir économique bien étayé, la collectivité doit se servir de l'État comme seul levier capable de lui fournir les moyens de prendre en mains son activité et son économie[16].

Ce texte ne doit pas laisser supposer que Bourassa glisse vers la souveraineté comme c'est le cas de René Lévesque. Dans le numéro suivant de *Maintenant,* il publie « Aspects économiques d'un Québec indépendant » et précise que, pour des motifs d'ordre économique, il rejette tout projet indépendantiste. Il ne le dit pas mais une autre raison l'éloigne de cette option : la volonté de conquérir lui-même le pouvoir politique qu'il sent déjà à portée de la main[17]. Dans l'éditorial de ce même numéro de *Maintenant,* on peut lire : « L'État structure tout et devient la clé de voûte qui tient en place l'édifice national. Dans ce contexte, se contenter d'un État parcellaire, c'est se résigner à la paralysie ». C'est la première fois que *Maintenant* prend ouvertement parti pour l'indépendance.

Sur un ton plus serein que bien d'autres, en 1970, Jacques Parizeau, alors professeur à l'École des hautes études commerciales résume bien la pensée des dirigeants et de nombreux Canadiens français :

> Au Québec il faut faire intervenir l'État. C'est inévitable. C'est ce qui nous donne une allure plus gauche. Si nous avions, au Québec, 25 entreprises Bombardier et si nous avions des banques importantes, la situation serait peut-être différente. Nous n'avons pas de grosses institutions, il faut donc les créer[18].

Bombardier inc. est fondé en 1942 par J. Armand Bombardier. Au début l'entreprise ne fabrique que des motoneiges. Par la suite, elle s'engage dans l'assemblage des locomotives. En 1974, elle obtient le contrat de fabrication de quatre cent vingt-trois voitures pour le métro de Montréal. En 1970, les entreprises économiques les plus importantes dirigées par des Canadiens français sont le Mouvement Desjardins (caisses populaires), Hydro-Québec et, déjà, la Caisse de dépôt et de placement.

Tous n'adoptent pas le style sobre de Parizeau. Au sujet de la faiblesse économique des Canadiens français, relisons le programme du Parti libéral du Québec à l'occasion des élections générales de 1962. Il cherche à justifier la « nationalisation » par le gouvernement de onze compagnies de production et de distribution d'électricité :

> Le 22 juin 1960, la population approuve le programme du Parti libéral du Québec et lui confie le mandat d'organiser la vie nationale et économique de façon à mettre en valeur les caractéristiques propres des citoyens du Québec et à favoriser leur bien-être. [...] La nouvelle Hydro permettra la formation plus poussée et la promotion de nos jeunes techniciens qui eux pourront, par la suite, participer de façon efficace à la poursuite de notre œuvre de *libération économique*. [...] la nationalisation de l'électricité est une grande et fructueuse affaire, non seulement pour le bien-être matériel du Québec, mais tout autant pour la santé sociale et l'avenir national du Canada français. [...] Un peuple comme le nôtre doit se servir des instruments de libération économique dont il peut disposer. [...] Nous en avons fini d'être *spectateurs* de l'activité des autres. Nous devons être actifs si nous voulons survivre... [...] le moment est venu de nous attaquer à fond, sans délai et sans hésitation, à l'œuvre exaltante de la *libération économique du Québec*. [...] Pour la première fois dans son histoire le peuple du Québec peut devenir maître chez lui ! L'époque du colonialisme économique est révolue. Nous marchons vers la libération !
> Maintenant ou jamais ! MAÎTRES CHEZ NOUS !!![19]

La rédaction du programme de 1962 a été confiée à la Commission politique du PLQ où siègent Georges-Émile Lapalme, Philippe Casgrain, Maurice Leroux et Guy Gagnon. René Lévesque et Claude Morin y ont pris une part très active du début à la fin. Jean Lesage, lui-même, a fait rayer le « *soyons* maîtres chez nous » du texte original et lui a substitué l'expression moins groulxiste « maîtres chez nous ». (Dans un discours, le 27 janvier 1943, dans la même veine, Duplessis avait déclaré : « Nous voulons être maîtres chez nous ».) Je tiens ces précisions de Claude Morin.

Le projet de nationalisation de l'électricité, certes, est de grande envergure. Mais le contenu du programme excède ce seul engagement. Il revendique le contrôle de l'ensemble de l'économie. Il fait expressément mention de Canadiens français. Pour les auteurs, c'est avant tout leur promotion économique qui est importante. Le projet, aussi considérable soit-il, requiert-il le recours à des termes aussi radicaux que ceux de « libéralisateur », de « libéralisation économique », de « colonisation », de « maître chez nous » ? Ce texte montre les signes du nationalisme intransigeant qu'on trouve fréquemment chez les indépendantistes qui assimilent la condition de la collectivité canadienne française dans son ensemble à la classe prolétarienne.

Au cours de la campagne de 1962, c'est le premier ministre Lesage et non René Lévesque qui scandera avec le plus d'éloquence : « Rendez au peuple du Québec ce qui appartient au peuple du Québec ! Maintenant ou jamais… MAÎTRES CHEZ NOUS[20] !

En 1976, Guy Frégault cerne en ces termes une caractéristique, sinon première, du moins essentielle de la Révolution tranquille : « Telle est bien, saisie sur le vif, la grande idée des années 1960 : faire servir, comme dans tous les pays, l'État a des fins nationales[21]. »

Cette « grande idée », en effet, est bien au cœur de la pensée des néo-nationalistes indépendantistes. Mais les politiciens qui l'adoptent, y compris René Lévesque jusqu'à la défaite électorale du PLQ en 1966, ne le font pas dans le même esprit que les indépendantistes. Comme on l'a vu, à compter de 1965, le premier ministre Lesage renonce à employer l'expression « État du Québec », ou, si parfois il ose encore le faire, c'est du bout des lèvres, en recourant à d'infinies circonlocutions. Le plus souvent, il reprend les appellations naguère conventionnelles de « province de Québec » ou plus simplement « le Québec ».

Les politiciens espéraient récupérer le discours des indépendantistes sur le sujet de l'État ; ce sont eux qui tombent dans une souricière.

Dès 1961, j'ai prévenu le gouvernement des risques irréfléchis que l'on prenait en ayant recours à l'expression « État du Québec ». Cette expression a une longue histoire dans notre milieu. Et cette histoire, c'est l'aventure peu glorieuse, toujours frustrée mais toujours reprise, de notre pensée nationaliste et séparatiste. Pour les séparatistes, l'expression est claire et n'a rien d'ambigu. C'est donc à M. Lesage qu'il revient de la dissocier du symbolisme dont la tradition l'a revêtue. Celui qui désire influencer l'esprit et les actions des hommes par la manipulation des symboles doit être en mesure de canaliser et de contrôler les passions que ces résidus d'histoire figée, qu'on appelle les sentiments collectifs, peuvent déchaîner[22].

La question se pose : pourquoi pareille emphase chez les politiciens sur le terme « État » et la mise en sourdine, et même le rejet chez d'aucuns, de celui de « province » ? Quelle collectivité nouvellement distinguée, quelle réalité nouvellement découverte, cherche-t-on par là à singulariser ? On ne peut pénétrer la nature profonde de la Révolution tranquille tant que l'on n'a pas saisi que les pulsions qui l'agitent visent en priorité la promotion des Canadiens français et le redressement de leur condition. N'eût été, chez nombre de leaders, une prise de conscience aiguë de la précarité de la situation et de l'urgence d'y remédier d'abord par le truchement de l'appareil politique, la victoire libérale du 22 juin 1960 n'aurait pas déclenché des secousses qui s'apparentaient à une révolution. Elle aurait simplement entraîné l'intronisation d'une gouverne progressiste en accord avec les secteurs dynamiques de la société.

D'où l'ambiguïté du changement de la terminologie. Certes, durant cette période, le gouvernement régit le Québec dans son ensemble et tous les Québécois, y compris les non-francophones. Par contre, quand intellectuels et politiciens emploient l'expression « État du Québec », le contexte révèle souvent que la référence concerne exclusivement les Canadiens français. Les autres, les Québécois anglophones et allophones semblent oubliés, parfois exclus. Dans les premières années de la Révolution tranquille, ceux-ci ne semblent pas conscients de cet oubli, de cette exclusion. Du moins, ils ne formulent guère de protestations publiques.

Reposons la question : pourquoi tant d'insistance de la part des néo-nationalistes non indépendantistes et des personnalités politiques sur la nécessité pour l'« État du Québec » de se mettre en priorité au service des Canadiens français ? Quels sont leurs motifs ? Ceux-ci résident bien entendu dans la mission que le gouvernement s'est assignée et qui consiste à défendre et à promouvoir la langue et la culture françaises, ces structures verbales et mentales par le truchement desquelles les élites et l'ensemble de la population formulent leur conception du monde et de la vie.

La sauvegarde de la langue et de la culture françaises ne deviendra un problème impératif pour le gouvernement qu'à mesure que le mouvement pour l'unilinguisme français s'intensifiera à la suite de la prise de conscience chez plusieurs que la proportion de Canadiens français dans l'île de Montréal menace de diminuer. Selon le recensement de 1961, dans cette région, 35,8 % de la population est d'origine autre que française et, pour 35,2 %, la langue usuelle n'est pas le français[23]. Ce mouvement amplifiera le mouvement inverse vers l'anglophobie. Des non-francophones ressentent la volonté d'une plus grande pénétration du français comme une menace, notamment en ce qui a trait à l'accès pour les non-francophones aux écoles anglaises. L'urgence d'une législation sur la langue va s'accroître d'année en année. Le gouvernement adoptera le projet de loi n° 63 en 1969 ; on en connaît le résultat.

Durant les années 1960, les esprits, certes, se préoccupent du devenir des Canadiens français. Plusieurs se rendent compte que le prestige de la langue française est faible parce que le statut socioéconomique des gens qui parlent cette langue est bien inférieur à celui des non-francophones partout au Canada, et d'abord au Québec même.

Les nouveaux gouvernants ne sont pas les derniers à déplorer l'infériorité économique abyssale des Canadiens français de même que leur contrôle infime des grands leviers économiques. Mais, contrairement à leurs prédécesseurs, ils se refusent à y voir une fatalité historique inéluctable, une caractéristique fondamentale de la culture française. Ils se gardent de feindre le mépris pour la dimension « matérielle » de l'existence. La Commission royale d'enquête sur le bilinguisme et le biculturalisme leur fournit la preuve chiffrée de l'ampleur de l'infériorité des Canadiens français sur le plan économique. Depuis le début de la Révolution tranquille, les nouveaux gouvernants exercent auprès du gouvernement fédéral des pressions visant la fiscalité, le renouvellement du fédéralisme et la révision de la Constitution.

J'ai qualifié d'« autonomie positive » l'orientation du gouvernement Lesage vis-à-vis du fédéral. Une meilleure désignation aurait été « autonomie agressive ».

À la conférence interprovinciale du 7 août 1962, le premier ministre Lesage souligne la grande infériorité numérique des Canadiens français. Il dit « espérer que [...] des structures politiques bien orientées pourront peut-être permettre à notre peuple de survivre et de s'étendre sur le territoire ». Et il conclut :

La réponse qui sera donnée à cette question de la place du Québec au sein de la Confédération rejoint le problème de la survivance des Canadiens français comme groupe ethnique[24].

À la conférence de novembre 1963, il précise :

Nous devons exercer une vigilance constante […] nous ne pouvons pas, même lorsqu'il s'agit de questions d'apparence secondaire, demeurer passifs devant des initiatives fédérales que nous jugeons nuisibles à l'exercice des pouvoirs confiés aux provinces[25].

Dans une allocution à l'Université Western, en Ontario, le 24 mai 1963, il va jusqu'à déclarer :

Si jamais la Confédération se démembrait, ce ne serait pas parce que le Québec, expression politique du Canada français, s'en serait séparé, ce serait parce qu'on n'aurait pas su l'y garder[26].

Le 31 octobre 1966, devenu premier ministre, Daniel Johnson poursuit sur la même lancée :

Si Ottawa veut nous expulser de la Confédération, c'est son affaire ! Le jour où l'on nous dira franchement que nous sommes de trop, vous verrez, nous en sortirons très vite[27] !

Pareilles déclarations rappellent la motion que le député libéral Joseph-Napoléon Francœur déposait à l'Assemblée législative le 17 janvier 1918 :

Que cette Chambre est d'avis que la Province de Québec serait disposée à accepter la rupture du pacte confédératif de 1867 si, dans les autres provinces, on croit qu'elle est un obstacle à l'Union, au progrès et au développement du Canada.

Cette motion ne fut jamais soumise à un vote. Bien d'autres personnalités publiques ont tenu des propos semblables. Ainsi, Maurice Duplessis déclarait, le 23 janvier 1953 :

[…] si les autres provinces étaient d'avis que le Québec est un embarras pour le reste du Canada cette province serait prête à se retirer de la Confédération[28].

Les demandes de renouvellement du fédéralisme vont s'exprimer sous diverses formes, notamment un statut spécial pour le Québec et les États associés. Les premières requêtes concernent la question des ressources financières requises pour rendre possible le renforcement de l'État du Québec. Elles vont aussi prendre la forme de revendications fiscales auprès du gouvernement libéral. Elles sont d'une ampleur telle qu'elles rejettent dans l'insignifiance l'affrontement Duplessis-Saint-Laurent de 1954-1955 à la suite de l'imposition par le gouvernement du Québec d'un impôt provincial de 10 %.

II. LES RÉALISATIONS DE LA RÉVOLUTION TRANQUILLE

L'évolution des dépenses publiques et la croissance institutionnelle sont les deux indicateurs majeurs de la croissance de l'État durant la période 1960-1965. Nous examinerons d'abord le premier indicateur, pour nous interroger ensuite sur le développement institutionnel de l'État durant cette courte période. Le troisième indicateur est l'accroissement de la fonction publique.

1. L'évolution du budget du Québec[29]

D'après Tom Sloan, le budget du Québec aurait été multiplié par cinq entre 1959 et 1968. Cette approximation n'est pas loin de la réalité.

Ces chiffres donnent lieu à plusieurs questions complexes. Les deux auteurs qui ont étudié ces données, James Iain Gow et Daniel Latouche, parviennent parfois à des réponses concordantes ; cependant, sur certains aspects importants, leurs réponses sont discordantes. Ainsi, le taux de croissance annuelle par habitant aurait été de 3,9 % entre 1954 et 1959 et de 12,6 % entre 1960 et 1965 selon Gow, alors que les estimations de Latouche, citées du reste par Gow, sont de 7,4 % pour la dernière période de l'Union nationale et de 16,6 % pour les belles années de la Révolution tranquille. Ces écarts, qui vont toutefois dans le même sens, indiquent une forte progression des taux de croissance entre ces deux périodes. D'ailleurs, Gow explique ces écarts par la différence des méthodes de calcul de même que par l'absence de concordance des taux d'inflation établis par l'un et l'autre.

Différences entre Gow et Latouche concernant le taux de croissance moyenne annuelle des dépenses par habitant en dollars constants (1945-1970)[30]		
	Chiffres de Gow	Chiffres de Latouche
1945-1953	5,2	8,9
1954-1959	3,9	7,4
1960-1965	12,6	16,6
1966-1970	6,8	6,9

Les dépenses continuent toutefois de croître en chiffres absolus après 1964. Si l'on fait état du premier budget du gouvernement Duplessis, celui de 1945, lorsque les dépenses publiques s'élevaient à 98,6 millions de dollars, et de son dernier budget, celui de 1959-1960, où elles atteignirent 588,7 millions, même en ne tenant pas compte de l'inflation, l'accroissement est de 495 % pour cette période de quinze ans. Les dépenses passent de 736,5 millions de dollars en 1960-1961 à 1 837,7 millions en 1965-1966, un accroissement de près de 149 % en cinq ans[31]. Il est important de noter que, tant chez Latouche que chez Gow, les chiffres chutent durant la période qui suit la Révolution tranquille (1966-1970), le taux de croissance étant, selon Gow, de 6,8 % et, selon Latouche, de 6,9 %.

Les dépenses publiques totales d'activité en pourcentage du produit national brut ne sont pas moins instructives. Latouche rapporte qu'elles sont passées de 7,5 % en 1960 à 12,5 % en 1965, soit une augmentation de 5 %.

Gow est plus clair puisqu'il donne les dépenses en chiffres et en pourcentage année par année et en pourcentage de dollars constants (déterminés sur la base de 1961 = 100). Pour l'année 1959-1960, les dépenses publiques sont de 588,692 millions de dollars, soit 147,96 dollars constants de 1961 par habitant, tandis qu'elles grimpent en 1965-1966 à 1 837,508 millions de dollars, soit 280 dollars constants par habitant de 1961. L'augmentation est de plus de 90 % entre les deux périodes.

Si l'on considère les divers secteurs d'activité durant les périodes 1959-1960 et 1964-1965, on obtient, toujours d'après Gow, les résultats suivants en pourcentage de l'ensemble des dépenses publiques :

1) Les transports et les communications passent de 25,8 % à 17,3 %.

2) La santé passe de 12,8 % à 17,3 % (les pourcentages de Latouche sont les mêmes).

3) Le bien-être social passe de 5,9 % en 1955 à 10,9 % en 1965.

4) L'éducation passe de 22,7 % en 1955 à 27,4 % en 1965.

Latouche note à ce sujet :

Dans la mesure où le volume des dépenses gouvernementales constitue un indice
fiable et valide des efforts de la classe dominante pour consolider sa position, on
peut donc dire que la Révolution tranquille fut bel et bien caractérisée par (1) un
accroissement considérable des capacités potentielles d'intervention de l'État
québécois et par (2) une présence accrue de l'État québécois dans le système économique[32].

En outre, il note fort justement un changement dans l'ordre des priorités gouvernementales :

1. Une augmentation considérable de l'importance accordée aux secteurs de la
santé, du bien-être et de l'éducation qui passent durant cette période de 34,7 % à
67,6 % des dépenses gouvernementales.
2. La chute vertigineuse des dépenses consacrées aux transports et aux ressources
naturelles qui n'accaparent plus que 13,7 % des dépenses en 1969 contre 35,7 %
vingt ans plus tôt.
3. Une légère baisse des dépenses consacrées à l'administration, à la protection
des personnes et à la propriété et au service de la dette.
Ces changements révèlent une modification profonde des priorités de la classe
dominante québécoise en 1945 et 1970. On cesse de s'intéresser de façon prioritaire au développement de l'agriculture et de la colonisation pour s'intéresser à
celui de l'industrie et du commerce[33].

À propos des contraintes gouvernementales exercées sur les dépenses
budgétaires, il est instructif de noter que l'effet d'inertie dont fait état
Réjean Landry[34] ne joue, et encore partiellement, que pour cet aspect des
dépenses publiques : leur distribution par secteur. Tant chez Latouche que
chez Gow, à peu près les mêmes pourcentages vont réapparaître dans les
années postérieures à la Révolution tranquille. Deux secteurs, toutefois,
échappent totalement à l'effet d'inertie :

1) le secteur des transports, qui continue de chuter :

	Gow	Latouche
1964-1965	17,3 %	17,3 %
1969-1970	9,7 %	9,4 %

2) le secteur de la santé, qui continue à augmenter :

	Gow	Latouche
1964-1965	17,3 %	17,3 %
1969-1970	25,4 %	24,6 %

Le rattrapage tant recherché face à l'Ontario ne semble toutefois pas s'être produit, ni au cours de la Révolution tranquille ni par la suite. Certes, les dépenses brutes du Québec et de l'Ontario se rapprochent. Le rapport entre les deux provinces, qui était de 0,55 en 1959, atteignait 1 dès 1963 ; puis le Québec dépassa l'Ontario en 1967 (1,03). Pour le reste, toutefois, si l'on se reporte à l'excellent article de Gary Caldwell et de B. Dan Czarnocki, l'écart put être diminué, mais non comblé, dans certains cas, comme les immobilisations, le taux de relance économique, la hausse de la consommation, l'augmentation des naissances et le taux de chômage. Ce dernier, notamment, resta toujours beaucoup plus élevé au Québec qu'en Ontario ; et l'écart s'amplifia[35].

Latouche conclut sur une note plutôt pessimiste la partie de son exposé sur les dépenses budgétaires :

> La Révolution tranquille a donc multiplié considérablement le rythme d'accroissement des capacités financières de l'État. Par contre cette même Révolution tranquille ne semble pas avoir modifié la répartition de ces capacités selon les catégories fonctionnelles. Ainsi, alors que notre extrapolation [à partir des années 1950] avait prévu qu'en 1965 29,3 % des dépenses gouvernementales seraient affectées au bien-être et à la santé, 29,2 % des dépenses de 1965 y ont été réellement affectées. [...] On peut donc dire que la Révolution tranquille a multiplié les capacités d'intervention de l'État qui ont cependant continué à être réparties selon la tendance établie durant la décade 1950-1960[36].

Cela confirmerait la théorie de l'inertie de Réjean Landry. Latouche relève un autre aspect très instructif :

> De plus, si on examine de près le budget gouvernemental des récentes années, on y découvre de nombreux postes inconnus il y a 15 ans : environnement, institutions financières, affaires culturelles, immigration, affaires inter-gouvernementales[37].

Et plus récemment encore, sous le gouvernement Lévesque, relations internationales et commerce international.

La plus belle preuve du changement de régime survenu dans les dépenses publiques fut la réaction populaire. Pour l'ensemble de la population, l'augmentation rapide des taxes de toute nature durant ces courtes années parut plus importante que les avantages obtenus sur les plans individuel et familial. En 1964, Jean Lesage, en tant que ministre des Finances, fit adopter une taxe de vente uniforme de 6 %. L'accroissement annuel de l'impôt sur le revenu eut pour effet de « créer » 200 000 nouveaux contribuables au Québec, c'est-à-dire 200 000 personnes qui n'avaient jamais jusque-là payé d'impôt au provincial. Aussi, la gouaille populaire qualifia Jean Lesage de « Tit-Jean la taxe ». Ce surnom eut aussitôt son effet : Lesage déclara en 1965 que « le peuple [était] las des réformes ». Certes, les dépenses publiques continuèrent à augmenter par la suite, pour dépasser 3 milliards de dollars en 1970 et 15 milliards en 1997. Mais ce fut la conséquence de ce que Réjean Landry appelle l'« effet d'inertie » bien plus que l'expression d'une ferme volonté gouvernementale. En outre, il faut tenir compte de l'accroissement anormal du taux d'inflation qui vient gonfler le budget public. Il importe de faire la constatation suivante : durant la période 1976-1980, les dépenses augmentent, mais l'âme de la Révolution tranquille est morte.

2. La croissance institutionnelle

Dans cette section sur ce deuxième indicateur de la croissance politique de l'État, je me référerai, surtout pour les données chiffrées, à l'article de Daniel Latouche déjà mentionné.

Pendant cette période, nous assistons surtout à une nouvelle définition du rôle de l'État : il perd son rôle supplétif traditionnel pour devenir interventionniste, comme tous les gouvernements de l'Amérique du Nord et de l'Europe au cours des trente années précédentes. Il s'agit d'effectuer à une vitesse accélérée et en y mettant le prix fort la mutation vers le tertiaire qui se produit déjà ailleurs.

a) L'accroissement de la fonction publique

L'augmentation du nombre de fonctionnaires est l'indicateur, qui résume tous les autres, de la progression institutionnelle de l'État du Québec. Les chiffres comprennent toutes les administrations et les régies d'une part et les entreprises publiques d'autre part.

En ce qui concerne les administrations et les régies, Latouche dénombre 13 030 fonctionnaires en 1945, 22 298 en 1960 et 41 847 en 1965, soit 42,8 % de plus qu'en 1960. De 1965 à 1970, l'effet d'inertie jouant, le nombre de fonctionnaires continue à augmenter, passant à 53 700, mais le taux d'augmentation n'est que de 28,3 %.

En ce qui concerne les entreprises publiques, le nombre d'employés passe de 7 468 en 1960 à 14 441 en 1965, augmentation de 93 %, ce qui indique une forte croissance de l'interventionnisme gouvernemental. Ce taux d'accroissement n'est plus que de 13,6 % entre 1965 et 1970, ce qui indique un tassement majeur des activités du secteur public. Le pourcentage d'augmentation pour tous les secteurs entre 1960 et 1965 est de 53 %.

Les effectifs de l'administration québécoise 1945-1970[38]					
	administrations et régies		entreprises publiques		total
année	nombre	augm.	nombre	augm.	nombre	augm.
1945	13 030	—	3 346	—	16 376	—
1950	17 141	31,6 %	5 146	53,8 %	22 287	36,0 %
1955	22 266	30,0 %	6 044	17,5 %	28 310	27,0 %
1960	29 298	31,6 %	7 468	17,5 %	36 766	30,0 %
1965	41 847	42,8 %	14 411	93,0 %	56 258	53,0 %
1970	53 700	28,3 %	16 366	13,6 %	70 066	24,5 %

Non seulement la fonction publique s'accroît énormément durant la période de la Révolution tranquille (53 % au total compte tenu des entreprises publiques et non seulement des fonctionnaires et des régies proprement dites), mais encore elle est renouvelée. De nombreux cadres supérieurs sont nommés. La plupart d'entre eux sont issus des universités et de la fonction publique fédérale où plusieurs ne parvenaient pas à trouver un emploi à la mesure de leur talent.

b) *Mœurs parlementaires*

On doit dire avec le recul dont on dispose que la Révolution tranquille a beaucoup contribué à rasséréner les mœurs électoraux et parlementaires.

Ainsi, un observateur attentif de cette période, Normand Girard, écrit : « Dans ce domaine comme dans tant d'autres, le gouvernement Lesage entreprit le processus d'une longue réforme qui comprenait jusqu'à l'interdiction faite aux compagnies par le gouvernement du Parti québécois de contribuer au financement des partis[39]. »

Voici quelques-unes des mesures qui furent prises alors :

— Entrée en vigueur le 10 janvier 1964 d'une loi limitant les dépenses électorales et prévoyant le remboursement par l'État des dépenses faites par les partis politiques.

— Abolition par le gouvernement Bourassa, en 1970, des comités dits « protégés » depuis 1867.

— Institution d'une commission permanente de la réforme des districts électoraux aboutissant à la loi de juillet 1972 qui fixe le nombre de circonscriptions électorales à 110 (nombre qui sera porté à 122 le 13 mars 1985).

— Présentation par le Parti québécois, en 1976, d'une loi ébauchée sous le gouvernement Bertrand sur le financement des partis.

— Adoption par le gouvernement du Parti québécois, le 23 juin 1978, de la Loi sur le référendum, ce qui dote le Québec d'un moyen de consultation supplémentaire des électeurs.

— Adoption par le gouvernement du Parti québécois, le 13 décembre 1979, d'une autre loi électorale qui oblige le directeur général des élections à tenir un concours pour le recrutement des présidents d'élections, la nomination desquels relève toujours du gouvernement, qui doit choisir entre trois candidats désignés par le Directeur général. (Depuis 1983, il appartient au Directeur général de désigner les présidents d'élections.)

c) *Réforme parlementaire*

Le Conseil législatif est aboli par le gouvernement Jean-Jacques Bertrand le 18 décembre 1968.

L'Assemblée législative se dénommera désormais l'Assemblée nationale.

On crée de nouvelles commissions parlementaires dont le nombre est toutefois réduit à huit. Elles seront dorénavant permanentes et auront davantage de pouvoirs.

d) *Révision des relations fédérales-provinciales*

Les Québécois apprennent à agir comme un peuple et non plus comme une minorité trop souvent servile devant les anglophones du Québec, ceux des autres provinces et le gouvernement fédéral.

Jean Lesage, ancien ministre fédéral, se place d'emblée sur un pied d'égalité avec ses homologues. Il est puissamment aidé par Claude Morin, un génie pour trouver des formules. Tous deux vont procurer au Québec de puissants moyens d'action et le doter d'une équipe qui lui permettra de parler d'égal à égal avec le fédéral au cours des conférences fédérales-provinciales et dans toutes les tractations entre les divers ministères. Et cela, jusqu'au référendum et aux négociations constitutionnelles postréférendaires.

En 1961, le ministère des Affaires fédérales-provinciales est créé. Il deviendra plus tard le ministère des Affaires intergouvernementales. Une foule de comités conjoints de travail sont aussi institués.

3. *Les institutions économiques*

Daniel Latouche écrit :

À première vue, il semble bien que parallèlement à l'accroissement des capacités d'intervention, il y a eu, depuis 1960, une expansion et une redéfinition des fonctions de l'État. Au plan institutionnel, cette réorientation est évidente. Depuis 1960, il s'est créé au Québec 49 institutions administratives supérieures (27 entre 1960 et 1966) contre 39 pour toute la période 1867-1960[40].

Il faut noter que plusieurs réformes institutionnelles ne furent qu'esquissées. Elles furent achevées dans les années qui suivirent (1966-1976) et reprises, parfois avec plus de vigueur, au cours de la deuxième phase de la Révolution tranquille (1976-1980).

a) *La nationalisation de l'électricité : Hydro-Québec*

Le terme Hydro-Québec existait depuis la nationalisation partielle sous Godbout en 1944.

Plusieurs raisons militent en faveur de la nationalisation de l'électricité en 1962. L'électricité est considérée comme la base de l'industrie, la « clé du royaume ». La nationalisation est donc une étape essentielle de la planification de l'économie. Par ailleurs, étant donné que les services d'utilité publique ne paient pas d'impôt fédéral, on peut escompter une économie de 15 millions et une réduction du coût de l'électricité en Gaspésie, sur la Côte-Nord, etc.

Hydro-Québec fait désormais partie de la mythologie québécoise, une puissante impulsion donnée au nationalisme. En détenant l'entier contrôle du développement futur du pouvoir hydraulique du Québec, le gouvernement est en mesure d'accroître et de montrer son savoir-faire technologique. Lévesque affirme que « l'électricité est la pierre angulaire de tout notre avenir », l'essor économique à venir du Québec. Pour Lesage, la nationalisation de l'électricité est « clairement la mesure la plus importante et la plus rentable économiquement jamais introduite au Québec »[41]. Tels sont les slogans de l'élection de 1962 : « Maîtres chez nous », « les clés du royaume ».

La nationalisation de l'électricité ne fut pas contestée, sauf par quelques économistes comme Maurice Lamontagne et Pierre Trudeau. Ils craignaient que le coût des investissements (600 millions au total), ne fût exorbitant et inutile parce que le Québec pouvait, selon eux, obtenir le même degré de contrôle sur les industries d'électricité en leur imposant des réglementations sévères plutôt qu'en les achetant à gros prix.

Georges-Henri Lapalme écrit, non sans un brin d'amertume, au sujet du comportement de Lévesque lors de la nationalisation de l'électricité :

À travers ce labyrinthe [les réalités vétustes du passé] l'entrée de René Lévesque eut un effet magique ; elle gonflait d'orgueil et de respect de soi-même la population francophone du Québec quand il lui montrait une image de sa force matérielle et la puissance du levier qu'elle détenait ; il ajoutait à cette vanité collective la projection d'un rêve : avec l'électricité, nous serions demain les maîtres de notre destinée et les dessinateurs de la vie américaine de l'est, tributaire du Québec[42].

Lapalme, qui était un tantinet jaloux de Lévesque, cette étoile montante au firmament de la politique, reconnaît ses mérites. Mais on sait, par ses propos et ceux, plus récents, de Lévesque, que c'est finalement Lapalme qui fit pencher la balance et fit accepter la nationalisation par un cabinet réticent et un Lesage qui y était au début complètement opposé et qui traitait même le projet de « dernière folie[43] ». Lesage, en réalité, changea d'idée quand il eut l'intuition, au milieu de son mandat, que la situation s'annonçait plutôt difficile pour les libéraux. La nationalisation pouvait servir de levier électoral très rentable, levier qu'il utilisa d'ailleurs avec le succès que l'on sait.

Même le chanoine Groulx reconnaît les mérites de Lesage dans cette affaire. Le journal *La Presse* du 15 septembre 1962 rapporte cette déclaration éloquente :

Vous voyez actuellement l'affaire de la Shawinigan. Je ne peux m'empêcher d'admirer le courage de M. Lesage quand il dit que l'ère de la colonisation économique est finie dans le Québec. C'est la première fois qu'un premier ministre tient pareil langage dans le Québec.

Lapalme commente :

Pour nous, ce témoignage s'élevait au niveau du sublime. Sur le thème grandiose dont il reste maintenant des lueurs qui illuminent la baie James, une voix s'élevait après de longues accumulations de silence pour attester que l'histoire du Québec s'ouvrait une porte vers le large. C'était lyrique[44].

b) *Autres institutions économiques*

La Société générale de financement est créée en 1963. Elle est autorisée à se donner un capital de 50 millions de dollars. Son premier président est Gérard Filion. Mauvais choix selon Lapalme qui l'estime mal préparé : « [...] nous ne voyions dans la vie passée du journaliste aucun élément pouvant justifier l'élévation à un tel poste[45]. »

Le but de la société est de développer l'industrie secondaire de l'acier, de stimuler l'investissement au Québec, surtout dans l'industrie manufacturière.

La création du Régime des rentes et de la Caisse de dépôt en 1965 est probablement l'action la plus révélatrice de la nouvelle force du Québec auprès du gouvernement fédéral et des autres provinces en même temps que la plus profitable à long terme pour le Québec. Les actifs de la Caisse de dépôt sont aujourd'hui considérables. La Caisse est non seulement active dans le domaine des obligations, mais aussi dans celui des valeurs mobilières. Le gouvernement fédéral et certaines provinces s'inquiètent, à l'occasion, de cette formidable arme économique que les Québécois ont entre les mains.

D'autres institutions sont créées à cette époque :
— Société de développement industriel (SDI).
— Régie des marchés agricoles — 1963.
— Société québécoise d'exploration minière (SOQUEM) — 1965.
— Commission des institutions financières — 1967.
— Office du crédit industriel — 1967.
— SIDBEC (société de sidérurgie) — 1968.
— Société québécoise d'initiative pétrolière (SOQUIP) — 1969.

L'effet d'inertie noté par Réjean Landry se manifeste également dans la création des institutions économiques et autres. La plupart avaient été envisagées et mises à l'étude durant la période 1960-1965 et furent créées de façon plutôt automatique par la suite.

4. *La réforme de l'éducation*

Avant 1961, une dizaine d'organismes administratifs se partagent la responsabilité de l'éducation : « Le département de l'Instruction publique pour le primaire et le secondaire, le ministère de la Jeunesse pour l'enseignement technique et professionnel, le ministère de l'Agriculture pour l'enseignement agricole, le ministère de la Pêche pour les pêcheries, etc. C'était un vrai fouillis », déclarera plus tard l'ex-ministre de l'Éducation, Paul Gérin-Lajoie[46].

Pour le collège classique, l'école normale et les cours spécialisés, non gratuits, il faut s'inscrire dans des institutions privées dirigées par des communautés religieuses. Les villes sont favorisées[47]. Un petit nombre seulement de jeunes ont accès au collège classique : six ans de grec et de latin, français, anglais, mathématiques, histoire, géographie, religion, philosophie, physique et chimie. Tous obligatoires, ces cours mènent au fameux B.A. ès arts qui, en principe, permet d'accéder à l'université confessionnelle, privée et elle aussi non gratuite.

Paul Gérin-Lajoie déplore le « chaos » du régime éducationnel québécois : « Le Québec n'a pas de système scolaire mais une multiplicité d'autorités[48]. » Il est admis que l'Église décide du contenu de l'éducation. Le Conseil de l'instruction publique comprend deux comités : le comité catholique où siègent les vingt évêques et archevêques du Québec et le comité protestant[49]. Les membres sont nommés à vie. Le Conseil, présidé par un surintendant, est autorisé à créer des comités d'experts pour l'assister, mais il ne le fait jamais. De plus, de 1908 à 1960, il ne s'est même jamais réuni. Il le fait en 1960 pour célébrer le centenaire de sa création. Il se réunira une seconde fois en 1962 afin de préparer son mémoire pour la commission Parent. Ce sont les comités existants qui prennent en charge les religieux et religieuses ainsi que le clergé séculier et régulier.

Tout à coup, un vent du large commence à disloquer ce vétuste édifice. Dès 1961, la gratuité totale pour tous de l'enseignement et la scolarité obligatoire sont établies jusqu'à l'âge de quinze ans. Le gouvernement Lesage crée, le 21 avril 1961, la Commission d'enquête sur l'enseignement sous la présidence de Mgr Parent. Dans un premier bref rapport le 23 avril 1963, la commission Parent ne fait qu'une seule recommandation : elle propose la création du ministère de l'Éducation et d'un Conseil supérieur. Bien que le premier ministre Lesage ait dit en 1961 que jamais, sous son gouvernement, un ministère de l'Éducation ne serait créé, le projet de loi n° 60 (le *bill* 60) est déposé à l'Assemblée législative le 26 juin 1963. Il soulève des protestations multiples, notamment celle des évêques. Ces protestations provoquent son retrait le 8 juillet[50].

Le moment est venu pour le ministre Gérin-Lajoie d'exercer sa propre autorité. Sans beaucoup d'appui de la part de ses collègues ministres qui sont tous sur la corde raide, et face à la totale indifférence que manifeste René Lévesque lui-même, Gérin-Lajoie, seul, fait ses bagages et, durant l'été et l'automne 1963, arpente la province. Il rencontre prélats, évêques, supérieurs de collèges. La plupart sont récalcitrants mais certains se montrent intéressés par ce qu'une éventuelle vente de leurs collèges — payés par les pauvres gens de leurs diocèses au cours des ans — pourrait leur rapporter. Finalement, les évêques, grâce surtout au doigté et à l'autorité de Mgr Roy, évêque de Québec, donnent leur approbation au projet de loi à condition que dix amendements qu'ils proposent concernant l'enseignement religieux y soient apportés. Cette condition me fait conclure que, de son point de vue tout au moins, l'Église signe un véritable « concordat » avec l'État. Les autres opposants — syndicats, Mouvement laïque de langue française ou, au contraire, conservateurs catholiques intégristes, etc. — ne font pas le poids. Déposé de nouveau le 14 janvier 1964 à l'Assemblée législative, le projet de loi est adopté en février et sanctionné le 19 mars.

Les avantages que la réforme de l'éducation a apportés sont nombreux : gratuité de l'enseignement sauf à l'université, fréquentation scolaire obligatoire jusqu'à l'âge de quinze ans soumise à une plus étroite surveillance, accès pour tous aux études secondaires, collégiales et par conséquent universitaires, qui jusque-là étaient le monopole de fils de riches (fils — et plus tard, filles — de professionnels ayant eux-mêmes fait des études et de cultivateurs qui se saignaient à blanc pour que leurs enfants deviennent, eux aussi, des notables qui plus tard aideraient la famille).

Mais il y a aussi plusieurs effets pervers à la réforme. La création de polyvalentes aboutit à la fermeture non seulement des écoles de rang, mais aussi de villages. Des millions d'écoliers doivent désormais prendre l'autobus très tôt le matin pour rentrer chez eux fourbus à la nuit tombante. L'époque où les gens « instruits » du Québec formaient une élite solidement unie par des liens de camaraderie établis au collège est révolue. Dorénavant, des millions de jeunes vont s'entasser dans les polyvalentes, et plus tard dans les universités, sans parvenir à recréer les conditions de solidarité et de leadership dans tous les domaines d'activité dont une société a besoin et dont l'absence se fait si cruellement sentir au Québec.

Une bonne part de la crise endémique et profonde dont la jeunesse souffre aujourd'hui prend sa source dans cet isolement, cette solitude, ce vide affectif du système d'éducation glacial et inhumain qui s'est substitué au fouillis de l'époque antérieure. Le projet de loi n° 40 de Camille Laurin, qui visait la qualité de l'acte éducatif, ne touchait pas à cette condition invivable dans laquelle on maintient notre jeunesse depuis plus de vingt ans.

L'Union nationale, dans l'opposition, fait de la réforme de l'éducation son principal cheval de bataille pour la campagne électorale de 1966. Daniel Johnson est vitriolique. Parlant de Paul Gérin-Lajoie, il déclare : « Mettez [lui] des overalls et une barbe et c'est Castro faisant campagne à Québec : un vrai lessivage de cerveaux[51]. »

Durant la campagne électorale, il répète maintes fois que la première tête à faire rouler, à la suite d'une victoire de l'Union nationale sera celle d'Arthur Tremblay, le très influent sous-ministre de l'Éducation. Il n'en fera rien. Sous les régimes subséquents, la réforme amorcée durant la Révolution tranquille se continuera, mais à un rythme moins rapide.

J'estime que toute cette campagne au sujet de la réforme de l'éducation a mis en relief une dimension fondamentale de la société québécoise : la polarité des idéologies conservatristes et progressistes. Les conservateurs québécois n'avaient pas disparu après l'élection de 1960, ils attendaient simplement le retour du balancier. Et il vint plus rapidement que prévu, c'est-à-dire lors des élections provinciales de juin 1966 qui remirent l'Union nationale au pouvoir. Mais les conservateurs durent composer avec une réalité nouvelle du Québec moderne qui avait commencé à s'édifier durant les brèves années de la Révolution tranquille. Daniel Johnson comme son successeur Jean-Jacques Bertrand comprirent le sens de l'évolution. En réalité, après 1965, on peut parler d'un tassement de la Révolution tranquille, d'un ralentissement du rythme des changements, et non pas de mise au rancart et encore moins de retour aux années de l'ancien régime conservateur.

5. Vers la planification de la société québécoise

Le gouvernement Lesage n'arrive pas à doter le Québec d'un véritable organisme de planification. Dès 1960, il fonde le Conseil d'orientation économique qui ne parvient pas à démarrer. Finalement, l'Office de planification et de développement du Québec (OPDQ), créé en 1969, est presque totalement laissé aux mains des fonctionnaires et des spécialistes. Les efforts faits pour former une coalition ou une concertation de partenaires intéressés sont abandonnés.

La tentative de décentralisation amorcée par la délimitation du Québec en dix régions économiques avorte parce que, au lieu de favoriser la participation des groupes concernés dans chaque région, elle « raffermit l'emprise du centralisme bureaucratique en remettant sur pied les voies du contrôle traditionnel qui passe par les élites locales »[52].

Le Bureau d'aménagement de l'est du Québec (BAEQ)

En 1963, à la suite d'une allocution de Maurice Lamontagne à la chambre de commerce de Rimouski et d'une promesse de Lesage, le Bureau d'aménagement de l'est du Québec (BAEQ) est formé conformément à la loi ARDA du fédéral qui a déjà été mise en œuvre en Saskatchewan.

Le BAEQ est un véritable laboratoire de sciences sociales, le premier avec la Commission royale d'enquête sur le bilinguisme et le biculturalisme. Au plus fort des travaux de 1965, soixante-cinq chercheurs et vingt animateurs sociaux s'affairent au projet[53].

Dès le début, une vaste méprise s'installe dans la région sur les objectifs du BAEQ : alors que son but principal, sous la direction d'un jeune diplômé de l'université, Grey Coulombe, est de mener une étude avec la participation de la population sur les ressources et les potentialités de la région, les habitants, eux, s'attendent plutôt à ce que l'organisme s'occupe en priorité des projets de développement. Gérard Fortin est conseiller de l'organisme.

Plusieurs décisions douteuses sont prises par les directeurs du projet. Les notables locaux (maires, députés, curés agronomes) sont tenus à l'écart au profit de la nouvelle élite. L'accent est mis sur la participation et l'éducation populaires grâce à la technique de l'animation sociale, mais peu de personnes en vue de la région prennent une part active aux délibérations, sauf le notaire Georges-Henri Dubé et le député fédéral Pierre de Bané. D'où l'opposition larvée, et même ouverte, de la plupart de ces « notables légitimes » au projet.

Les « recherchistes » engagés par le BAEQ viennent en majorité de l'extérieur de la région. Ils sont surtout recrutés à l'Université Laval et sont mal vus par la population. L'animateur de l'émission qui est présentée, le dimanche après la grand-messe, par la chaîne de télévision CJBR, imite l'accent paysan local ; cela froisse les gens de l'endroit qui, estimant qu'on se moque d'eux, dénoncent cette émission. Une conclusion du rapport voulait que plusieurs paroisses dites marginales soient abandonnées et que des HLM soient construits à Matane, à Rimouski ou à Québec pour accueillir la population ainsi délogée. On ferme donc solennellement une paroisse dite marginale du nom prophétique — et surtout ironique — de Saint-Octave de l'Avenir. Cette fermeture, filmée par l'Office national du film, est montrée à toutes les autres paroisses du Bas-Saint-Laurent, de la Gaspésie et du Témiscouata jugées, elles aussi, marginales.

Les habitants de ces régions refusent de quitter leurs villages, s'organisent et mettent en place, sous la direction du curé Charles Banville, les Opérations dignité. Les gouvernements fédéral et provincial finissent par endosser le projet de travail en forêt mis de l'avant par ces opérations[54].

Le BAEQ peut être considéré comme une grande déception, il est préférable de s'abstenir de prononcer son nom devant les gens du Bas-Saint-Laurent et de la Gaspésie. Les Conseils régionaux de développement (CRD), formés après le rapport du BAEQ, connaissent eux aussi un échec partiel. Il faudrait au moins y inclure Montréal qu'on ignore cependant. L'effort de concertation par l'organisation de sommets socioéconomiques sera comme une sorte de formule de remplacement après l'échec du BAEQ.

En réfléchissant sur l'expérience vécue, Michel Bélanger déclare :

> S'il y a un résultat négatif de la Révolution tranquille, c'est la centralisation. On a voulu faire trop gros, trop uniforme ! Cela ne correspond pas à la réalité de la société québécoise. Il faudra revenir à une vision de la société très diversifiée, plus ressemblante au marché où les choses se règlent de façon plus pratique[55].

6. *Réforme de la justice*

En 1965, le ministère du Procureur général est dédoublé : on crée un véritable ministère de la Justice. La même année, le gouvernement s'engage à mettre à jour le Code civil. Toutefois, les réformes concrètes devront attendre jusqu'aux années 1970 et se feront sous l'impulsion de Jérôme Choquette, ministre du gouvernement Bourassa. Le gouvernement du Parti québécois, au cours de son premier mandat, y ajoutera des éléments inspirés de ses orientations sociales-démocrates.

L'augmentation du budget du ministère de la Justice témoigne de sa progression : de 33 millions de dollars qu'il était en 1965, il passe à 628 millions en 1985, soit dix-neuf fois le montant initial. Mais la proportion du budget consacré à la justice par rapport au budget total reste la même, soit environ 2,5 % depuis dix ans[56].

Quelques grandes réformes :

— Création de l'aide juridique (1972) grâce à laquelle l'État paie les honoraires d'avocats et de notaire aux citoyens qui ont de faibles revenus.

— Création de la division des petites créances à la Cour provinciale.

— Création d'un fonds d'indemnisation destiné aux victimes d'actes criminels.

— Création de la Commission de police (1968) dotée plus tard de pouvoirs spéciaux d'enquête (exemple : la CECO, en 1974, spécialisée dans la poursuite des barons du crime organisé).

— Adoption de la Charte québécoise des droits et libertés de la personne (1975).

— Création de la Commission de la protection de la jeunesse.

— Création du Recours judiciaire collectif (1977).

— Campagne de sensibilisation aux agressions contre les femmes (1982).

— Début de la mise à jour du droit de la famille (projet de créer un tribunal de la famille).

— Adoption de mesures visant à réduire l'engorgement des établissements carcéraux : centres de travaux communautaires, causes jugées de manière intermittente, établissement du système de libération conditionnelle dans les prisons provinciales.

7. *Réforme de la santé et de la sécurité sociale*

La Révolution tranquille veut substituer la sécurité garantie par l'État à la charité publique, apanage surtout des communautés religieuses.

Le fait que la santé et la sécurité sociale sont un domaine de compétence partagé avec le fédéral, et que ce dernier tient à conserver ses droits, pose un obstacle de taille. Malgré tout, les efforts de réforme aboutissent à une véritable nationalisation des services sociaux et des services de la santé. Mais c'est bien après la Révolution tranquille que les réformes amorcées commencent à se réaliser.

En 1961, une première loi sur les services hospitaliers est promulguée et la Régie d'assurance-hospitalisation est créée, ce qui permet de rattraper les réformes de la législation fédérale de 1958. Le ministère des Affaires sociales n'est institué qu'en 1970 grâce aux efforts de Claude Castonguay, ex-président d'une grande commission d'enquête instaurée par Johnson en 1966.

Mentionnons diverses mesures :

— Publication du rapport de la commission Boucher, créée en 1961, qui recommande l'adoption d'une loi cadre de l'aide sociale (1963). La recommandation ne sera suivie qu'en 1969, première étape de l'assurance-maladie.

— Création du Régime québécois de retraite (1965) ainsi que de la Caisse de dépôt et du Régime québécois des rentes.

— La crise syndicale dans les milieux hospitaliers (1966), durant la dernière année du régime Lesage, entraîne l'instauration de la Commission d'enquête sur la santé et le bien-être social sous le gouvernement Johnson (commission Castonguay-Nepveu).

— L'immense effort d'intégration de services et de participation se fait à la suite des recommandations de cette commission. La première étape est la création de la Régie de l'assurance-maladie en 1969 qui provoque un exode des médecins et une crise qui dégénère en grève des médecins spécialistes en septembre 1970, grève à laquelle les événements d'octobre causés par le FLQ mettent brutalement fin.

— La fusion des ministères de la Santé, du Bien-être et de la Famille réalisée par le ministre Claude Gastonguay, à la suite des recommandations du rapport Castonguay-Nepveu, complète en 1970 l'intégration des services sociaux et des services de la santé. Toutes les structures s'incorporent pour la création des Centres locaux de service communautaire (CLSC) et des Conseils régionaux de la santé et des services sociaux (CRSSS).

L'idéologie de la participation est grandement mise de l'avant dans le rapport, surtout dans l'étude de Gérald Fortin, et elle est adoptée partout : dans les hôpitaux, les CLSC, les CRSSS, etc. Cette vague de participation, souvent illusoire, finit par fatiguer la population. D'où l'expression « gaspar », gaspillage de participation.

Avec la réforme de l'éducation et la nationalisation de l'électricité, la réforme de la santé et de la sécurité sociale est l'une des principales réalisations de la Révolution tranquille.

8. Les Affaires culturelles et l'écologie

Pour plusieurs analystes, comme Fernand Dumont et Guy Rocher, les changements survenus au cours de la Révolution tranquille sont avant tout culturels, ou, tout au moins, pour eux, la Révolution tranquille est surtout d'essence culturelle.

Le ministère des Affaires culturelles est créé en 1961. Son premier titulaire est un homme très cultivé, au passé politique impressionnant : Georges-Émile Lapalme. Cependant, on ne lui donne pas les moyens financiers et humains d'agir. Lui qui croyait pouvoir reproduire au Québec, à plus petite échelle, le ministère français des Affaires culturelles confié par de Gaulle à André Malraux, en est réduit au donquichottisme. Malgré la présence d'un sous-ministre prestigieux, l'historien Guy Frégault, et la création de l'Office de la culture française dirigé par Jean-Marc Léger, le ministère végète.

Le ministère des Affaires culturelles est, à l'époque comme aujourd'hui, celui qui a le plus petit budget.

On crée également l'Office de la langue française. Lapalme déplore le peu d'importance que les gouvernements ont jusque-là accordé à la culture, aux arts, aux musées, à l'histoire de l'art, aux œuvres québécoises (le Musée du Québec ne contient aucun tableau de Riopelle en 1962).

> On voyait très mal le travail souterrain de la culture, érigée officiellement en institution publique. [...] Les rires fusaient. [...] Alors que pour nous, c'était comme une civilisation, un art de vivre, ou, comme l'a dit André Malraux, ce qu'il y a de mieux dans ce qui survit de l'homme[57].

Néanmoins, Lapalme affirme lui aussi que l'essence de la Révolution tranquille a été culturelle :

> Un premier ministre du Canada m'a reproché un jour d'avoir fait une politique nationaliste. Fernand Dumont écrit que la Révolution tranquille a été une révolution culturelle. Là, la chair est vive et la raison est victorieuse.
> Durant dix ans, sans jamais nier l'existence d'un cercle économico-culturel, je n'ai cessé de donner au culturel le rang ou la priorité de l'esprit ou du savoir sur une petite richesse communautaire comme la nôtre. Les textes sont là, par cen-

taines. « Ce n'est pas par l'argent que nous gagnerons sur les Américains ou les Anglais. C'est par la culture. L'économique suivra forcément car personne alors ne pourra partager notre culture ou nous en enlever une parcelle[58]. »

C'est encore, et pour longtemps, du fédéral, notamment du Conseil des Arts, du Conseil national de la recherche scientifique, de l'Office national du film et de Radio-Canada, que les créateurs dans tous les domaines, les artistes, les scientifiques, etc. obtiennent des subventions leur permettant d'exercer leur métier. Et cela va aboutir en 1973 au slogan creux de Bourassa de « la souveraineté culturelle » pour le Québec. Jean-Paul L'Allier, alors ministre des Affaires culturelles, publie un Livre blanc qui renferme les principaux éléments d'une véritable politique culturelle pour le Québec. Le gouvernement n'y donnera aucune suite.

Durant toute cette période, on ne lance qu'un seul programme politique visant à remédier à la détérioration rapide du milieu : la création de la Régie d'épuration des eaux. Il est vrai qu'alors le mouvement écologique en est encore à ses premiers balbutiements.

9. Les relations internationales

Le ministère des Relations internationales est créé en 1961.

À la même époque, on ouvre la Maison du Québec à Paris, dont Charles Lussier est nommé délégué général, puis une agence générale à Londres, dirigée par Hugues Lapointe, à New York et, enfin, un bureau commercial à Milan.

Le Québec prend, à partir de 1964, une part plus active dans la francophonie, en particulier dans les relations avec l'Afrique francophone.

Les relations internationales continuent à se développer malgré de nombreux conflits avec le fédéral.

10. La condition féminine

L'adoption, en 1964, d'un projet de loi dit « *bill* révolutionnaire » marque le début de l'autonomie des femmes. Proposée par Mme Kirkland-Casgrain, ministre d'État et première femme à siéger à l'Assemblée législative, cette loi reconnaît à toute femme ayant atteint sa majorité une capacité juridique égale à celle de l'homme. Ironiquement, seules les femmes non mariées jouissaient jusqu'alors de cette égalité !

En 1970, durant la deuxième étape de la réforme du Code civil, le projet de loi n° 10 change les régimes matrimoniaux. Les couples mariés peuvent désormais remplacer leur régime matrimonial, jusque-là intouchable, en adoptant la communauté réduite aux acquêts. On reconnaît donc l'égalité entre les époux, leur indépendance pendant le mariage et le partage des acquêts en cas de divorce.

Le Code civil continuera à légiférer sur la condition des femmes après 1980 : conservation du nom de naissance pour la femme mariée et transmission possible de ce nom à ses enfants, aucune distinction entre enfant naturel et enfant légitime, pension obligatoire en cas de divorce, etc.

11. *La politique linguistique*

Trois lois successives sont votées au cours de la Révolution tranquille :

— 1968 : le projet de loi nº 63, présenté par l'Union nationale, provoque une levée de boucliers après l'affaire de Saint-Léonard dont je parlerai plus loin.

— 1974 : le projet de loi nº 22 reconnaît le français comme langue officielle, mais des amendements en affaiblissent la portée, notamment la fameuse « Grand Father Clause » qui prévoit des tests de connaissance de l'anglais pour permettre aux enfants non anglophones de fréquenter l'école anglaise.

— 1977 : la Charte de la langue française de Camille Laurin (« loi 101 ») est battue en brèche par les tribunaux et en partie désavouée dans le Livre beige de Claude Ryan qui accorde la priorité linguistique non aux provinces mais à la Cour suprême du Canada. Cette loi, sous plusieurs aspects essentiels, reste encore aujourd'hui menacée, notamment par l'article 59 de la Loi constitutionnelle de 1982 en vertu duquel les citoyens canadiens « dont la première langue apprise et encore comprise est celle de la minorité francophone ou anglophone de la province où ils résident vont à l'école de leur choix ». Tant que l'article 59 n'est pas adopté par le Québec, il ne s'applique pas dans la province.

La question linguistique est peu discutée durant les premières années de la Révolution tranquille. Elle est abordée au cours de la campagne électorale de 1966, mais reste un thème mineur. Le *Livre III* de la Commission royale d'enquête sur le bilinguisme et le biculturalisme, *Le Monde du travail*, publié en 1969 et qui se fonde sur une étude d'André Raynault, fait état de la piètre condition du français dans le milieu des affaires de Montréal. Il dénonce la faiblesse du revenu des Canadiens français par rapport aux autres groupes ethniques : leur revenu moyen vient tout juste au-dessus de celui des Indiens et des Italiens, mais il est bien inférieur à celui des juifs et des anglophones. Même ceux qui sont bilingues parmi les francophones ont un revenu inférieur à celui des gens qui parlent seulement anglais.

C'est en 1969, sous le gouvernement de Jean-Jacques Bertrand que la question linguistique devient pressante et prend un caractère passionnel. C'est à Saint-Léonard, banlieue de Montréal où la minorité de la population est d'origine italienne, que la première crise linguistique éclate. Les Italiens inscrivent leurs enfants dans des classes dites bilingues où près des trois quarts des cours sont donnés en anglais. En 1967, les commissaires d'école, en majorité francophones, décident d'abolir les classes bilingues et de les remplacer par des classes unilingues françaises. Les Italo-Québécois s'opposent à cette mesure et créent la Saint-Léonard English Catholic Association of Parents. À leur tour, les francophones fondent le Mouvement pour l'intégration scolaire (MIS). Il s'ensuit une période d'acerbes discussions, de poursuites devant les tibunaux, etc. En 1969, une manifestation organisée par le MIS tourne à l'émeute. Le mouvement reçoit des appuis de plus en plus nombreux de l'extérieur.

Devant l'ampleur croissante de la crise, le gouvernement Bertrand doit intervenir. À la suite de débats acerbes à l'Assemblée nationale et de manifestations populaires passionnées, le projet de loi n° 63 est finalement adopté. En règle générale, cette loi institue le principe du libre choix de l'école anglaise ou de l'école française. Le ministre Jean-Guy Cardinal, parrain de cette loi, la défend à contrecœur. Le premier ministre Bertrand, luimême fortement ébranlé, me téléphone à ce sujet. Une minuscule opposition, dite « circonstancielle », composée d'Yves Michaud, de Jérôme Proulx et de quelques autres, combat âprement le projet de loi. Mais en vain. Le premier ministre maintient sa décision.

> Cette promesse inconsidérée qu'il avait faite à quelque cercle francophone, il continua de mettre un point d'honneur à la remplir coûte que coûte et l'exécrable loi finit par passer. Mais on savait à coup sûr, désormais, que le gouvernement Bertrand ne ferait pas de vieux os[59].

Aux élections suivantes, l'Union nationale est battue, en partie à cause du projet de loi n° 63.

En 1974, le projet de loi n° 22 ne satisfait ni les francophones ni les anglophones. Camille Laurin déclare dans le *Journal de Québec* du 23 juin 1985 :

> Cette loi corrigeait la loi 63 mais était pleine de compromis et de timidité. Elle consacrait, dans son premier article, le français langue officielle, mais les articles suivants étaient des exceptions qui en affaiblissaient la portée.

La loi contient en effet deux clauses difficilement applicables. La première permet l'affichage bilingue à la condition que le français soit prioritaire. La deuxième oblige les enfants de parents allophones à passer des tests de connaissance de l'anglais qui détermineront s'ils peuvent être admis dans une école anglaise. Cette loi, qui fera elle aussi beaucoup de tort au Parti libéral de Bourassa, est une cause importante de sa défaite en 1976[60]. Le Mouvement du Québec français (MQ) est créé pour la combattre.

Puis en 1977 vient le projet de loi n° 101 dont l'inspirateur est le ministre des Affaires culturelles, Camille Laurin.

> La loi 101 a fait du français la seule langue officielle au Québec. Elle est devenue la langue des communications, celle du travail, de la justice et surtout celle de l'enseignement.
>
> On savait que la Charte violait l'article 133 de la Constitution. Mais le français est maintenant présent partout malgré les adoucissements qui ont été apportés à la loi[61].

La « clause Québec » permet l'accès à l'école anglaise aux enfants dont l'un des deux parents a fait ses études primaires en anglais.

Cette loi est bien accueillie par les francophones, mais suscite la colère des anglophones. Toutefois, avec le temps, cette colère semble s'atténuer et seuls certains « irritants » imputables à la réglementation et à l'action parfois abusive du Conseil de la langue française posent problème. Le Livre beige du Parti libéral du Québec (1980) critique cette loi et la Charte constitutionnelle de 1982, dont l'article 23 notamment, rend inconstitutionnels des pans entiers de la Charte de la langue française. Cette dernière est encore affaiblie par diverses mesures du deuxième gouvernement Bourassa.

III. L'ÉTAT ET LA SOCIÉTÉ CIVILE

Dans un régime démocratique, les associations volontaires ou libres sont censées être l'épine dorsale qui soutient toute l'armature sociale, la jonction entre État et société civile.

L'une des grandes faiblesses de la société québécoise — sinon sa faiblesse principale — fut la carence constante de ses groupes d'action ou de ses associations « libres », c'est-à-dire non dépendants directement ou indirectement de l'État et, dans le cas du Québec, de l'Église. Même les syndicats ouvriers, notamment la CSN et la CEQ (dénommées alors CTCC et CIC), et les Caisses populaires ne jouissaient pas d'une autonomie complète par rapport à l'Église ; la présence d'un aumônier dans chaque syndicat et dans chaque caisse garantissait la prédominance de la doctrine sociale de l'Église, presque élevée ici au niveau d'un dogme. Le père Lévesque fut le premier ardent défenseur du processus de laïcisation dans les années 1940. Par cette attitude, considérée comme hérétique par les autorités ecclésiastiques et politiques, il risquait toute sa carrière d'universitaire et de dominicain. Il fut jugé à Rome comme il le serait à trois autres reprises par la suite.

Cette faiblesse pour ainsi dire congénitale des groupes d'action québécois se corrige quelque peu au cours de la Révolution tranquille, mais, malgré la laïcisation qui s'étend graduellement à tous les groupes (la CTCC en 1960, la CIC en 1967), leur dépendance à l'égard du nouveau régime politique libéral subsiste plus qu'il ne paraît à première vue tout en changeant radicalement de nature. La plupart d'entre eux se sentent en effet tellement soulagés de leur liberté retrouvée par rapport à la religion et à la politique que l'acuité de leur sens critique devant les exigences et les actions du nouveau gouvernement à leur endroit s'en trouve fortement affectée. Ce n'est qu'à partir du milieu des années 1960, et surtout dans la première moitié des années 1970, que les plus puissants d'entre eux, principalement les syndicats, se montrent de plus en plus réticents face au système sociopolitique et deviennent même, pour un temps, crûment « antisystème », du moins dans leur discours. Peut-être leur très grande complaisance envers le gouvernement au cours de la Révolution tranquille, jusqu'en 1964 au moins, doit-elle être tenue pour partiellement responsable de la détérioration rapide de leurs relations avec le gouvernement dans les années qui suivront.

Le progressisme plutôt modéré, admettons-le, dont le gouvernement Lesage fait preuve, est suffisant pour prévenir, ou tout au moins atténuer ou canaliser, durant quelques années, les contestations radicales que les déceptions accumulées peuvent faire éclater : quartiers délabrés des villes, pauvreté des régions excentriques, dislocation des structures sociales protectrices traditionnelles (famille, paroisse, école), négligence de plusieurs problèmes — détérioration du milieu, condition féminine, question linguistique, etc.

Certains soutiennent que l'État doit désormais remplir tous les rôles sociaux que l'Église avait joués depuis plus de cent ans et que la classe montante des intellectuels, des spécialistes des sciences sociales et des fonctionnaires, qu'on dénomme parfois « nouveaux clercs », doit se substituer au clergé séculier et régulier. Il est toutefois clair que l'État ne peut prétendre au prestige et à la solidité de l'Église de naguère et que les nouveaux « clercs » ne peuvent se présenter devant la population avec le naturel et la légitimité de l'ancienne élite : la rationalisation, la planification, la bureaucratisation, l'idéologie de participation elle-même ne font pas le poids face à la grâce sacramentelle dont étaient auréolés les religieux.

Sans aucun doute, le « réformisme » des premières années du gouvernement libéral permit de tarir pour un temps les nombreuses sources de récriminations. Même les gouvernements antérieurs étaient parvenus avec plus ou moins de succès à contenir l'insatisfaction des travailleurs syndiqués malgré plusieurs grèves très longues et très agressives. Ils s'étaient approprié suffisamment les objectifs des mouvements de contestation pour les endiguer et, finalement — l'insurrection de 1837-1838 et, plus tard, le Front de libération du Québec exceptés — les faire se dissoudre eux-mêmes sans avoir à recourir à des mesures policières ou militaires d'exception.

Le Ralliement des créditistes au fédéral pendant les années 1960 et à l'Union nationale de 1944 à 1960 répondait assez bien aux besoins de la petite bourgeoisie et des milieux ruraux pour prévenir la montée de sentiments hostiles au régime politique en place parmi ces catégories sociales. De son côté, le succès du Parti libéral du Québec, élu en 1960, par sa récupération des propositions de réformes démocratiques et sociales des intellectuels et de mouvements comme les coopératives et les fédérations syndicales de travailleurs, fut tel qu'il s'assura de leur support actif durant les années qui suivirent. Enfin, la création, l'ascension et l'accession au pouvoir du Parti québécois eurent pour résultats non seulement la disparition complète du terrorisme depuis le tournant de la décennie 1970 jusqu'à aujourd'hui, mais aussi la canalisation politique des fortes impulsions indépendantistes qui surgissaient depuis les années 1950. Ces résultats, ni le discours autonomiste ni les commissions d'enquête — Commission d'enquête sur le bilinguisme et le biculturalisme (1963-1971), Commission d'enquête sur la situation de la langue française et sur les droits linguistiques au Québec (1968-1972), les États généraux du Canada français (1964-1967) ou la Commission d'enquête sur l'unité canadienne (1977-1979) — ne les avaient obtenus.

Toutefois, le gouvernement Lesage paie le prix de cette louable tentative de résorber la contestation sociale, urbaine et rurale accumulée au cours des décennies antérieures. Ce prix est la maladie de la sur-bureau-cratisation, lot de tout régime qui s'efforce d'accomplir des réformes sociales à un rythme rapide. Le gouvernement lui-même, le « système », comme le dénomment les contestataires dont le nombre ne cesse de croître, devient l'une des principales cibles de la contestation. Il est de plus en plus plausible de l'associer au système capitaliste dénoncé par un nombre considérable d'individus et de collectivités.

Tout cela ne se produit pas en une nuit. Les symptômes qui vont par la suite aboutir à une contestation violente apparaissent dès les premières années de la Révolution tranquille.

Les intellectuels commencent à débattre du rôle de l'État et les étudiants à s'agiter dans les campus, précédent des grandes manifestations de 1968 et de 1969. On ne parle plus de départ, on ne s'exile plus mais ceux qui n'en peuvent plus de désespérance et de déception, comme Hubert Aquin, se suicident.

Sans endosser tous les termes employés par Dorval Brunelle pour décrire l'impact de la Révolution tranquille sur l'ensemble de la société québécoise secouée en 1960 par de fortes vagues de fond potentiellement révolutionnaires, je suis d'accord avec l'essentiel de son interprétation :

> Cette opposition [entre révolution et tranquille] est intéressante : elle laisse supposer que les premières années de la décennie pourraient donner lieu à des interprétations fort différentes selon que l'on choisit de faire porter l'analyse sur les remous et les mouvements sociaux plutôt que de s'attacher aux réformes politiques et administratives d'un gouvernement en place.
>
> Est-ce que cette opposition ne trouverait pas alors sa solution dans ce fait simple que la société québécoise était secouée de soubresauts révolutionnaires, c'est-à-dire enferrée dans des contradictions sociales explosives, *mais* que ces remous ont été récupérés, c'est-à-dire « tranquillisés » par le gouvernement en place ?
>
> Si tel était le cas, la Révolution tranquille apparaîtrait ainsi sous un double aspect : à la fois comme période potentiellement révolutionnaire sur le plan social — parce que c'est toujours à ce niveau qu'une révolution se joue —, à la fois comme période véritablement contre-révolutionnaire ou réactionnaire sur le plan politique — parce que c'est toujours là que les revendications sociales sont satisfaites ou récupérées[62].

Une précision s'impose : quand Brunelle dit que la Révolution tranquille apparaîtrait comme une période « potentiellement révolutionnaire sur le plan social », il ne faudrait pas conclure que c'était toute la société civile qui était parvenue à ce point d'ébullition. Au contraire, c'était d'abord à l'échelle de la société civile que les contradictions se jouaient essentiellement. Certes, certaines formations sociales comme les mouvements de quartiers, surtout à Montréal, qui se transformaient en Comités d'action politique (CAP), un début d'infiltration « gauchiste » des syndicats qui ne deviendrait vraiment apparente que dans les années 1970, la pénétration du marxisme dans les universités et, quand ils furent créés, dans les cégep, la formation des premiers mouvements radicaux autour de *Parti pris* et, plus tard, *En lutte,* les premières manifestations du FLQ, tout cela laissait bien transparaître au cours de ces années la montée d'une opposition plus ou moins radicale au système en place. Par contre, les associations patronales et professionnelles, la presque totalité des médias, les milieux ruraux, les dirigeants dans la plupart des secteurs d'activité et même les syndicats apportaient de fermes appuis aux politiques gouvernementales, même s'ils les trouvaient parfois osées.

Le gouvernement Lesage et ceux qui suivirent s'efforcèrent un certain temps de canaliser et de récupérer les récalcitrants. Ils échouèrent et furent rapidement conduits à faire des compromis avec les groupes dominants. Il en résulta une recrudescence des impulsions contestataires et ces gouvernements furent bientôt considérés comme une composante majeure du système à abattre.

Une identité incertaine[1]

Aucune représentation des êtres et des choses n'échappe aux deux catégories fondamentales de l'esprit : le temps et l'espace. Chacun vit dans le temps réel et imaginaire de son histoire, et se meut dans les bornes qu'il fixe à son univers. Il lui arrive de figer ce temps et cet espace en les mythifiant. C'est dans le creuset de ces deux mythes qu'un individu ou une collectivité se forme une personnalité. « La vie d'un peuple, comme celle d'un individu, ai-je écrit, s'accomplit dans le tracé de deux grands mythes : celui de l'origine et celui de la destinée[2]. »

Toute collectivité qui naît, comme tout individu, reçoit un nom, aménage un espace, forge une histoire, acquiert une personnalité. Ses expériences, ses succès et ses déboires sont des maillons qui soudent la chaîne de sa vie. Peu à peu émerge un individu, une classe, une nation, un peuple, s'épanouit un soi individuel ou un soi collectif, un soi en relation ou non avec autrui. Dans le parcours vers la maturité, ce soi reste en rapport avec lui-même et les autres, le temps, l'espace. Il change, il grandit, il s'étale dans un environnement. Il repousse, grâce à l'imaginaire, jusqu'à l'inaccessible rêve, les bornes que la réalité lui impose. Une personnalité unique se projette dans le monde et poursuit jusqu'à la mort la recherche de son identité.

Se poser la question : quelle est l'identité de la société canadienne-française ? oblige à la fois à un retour aux origines et à une plongée sur le possible destin.

Au soir de sa vie, muni d'inépuisables connaissances historiques, c'est en usant de mille précautions que Fernand Braudel entreprend de cerner l'identité de la France. Mieux que quiconque, il perçoit l'ambiguïté de ce concept d'identité : « [...] il est une série d'interrogations ; vous répondez à l'une, la suivante se présente aussitôt, et il n'y a pas de fin. » Et il s'interroge :

> Alors qu'entendre par identité de la France ? Sinon une sorte de superlatif, sinon une problématique centrale, sinon une prise en main de la France par elle-même, sinon le résultat vivant de ce que l'interminable passé a déposé patiemment par couches successives, comme le dépôt imperceptible de sédiments marins a créé, à force de durer, les puissantes assises de la croûte terrestre ? En somme un résidu, un amalgame, des additions, des mélanges. Un processus, un combat contre soi-même, destiné à se perpétuer. S'il s'interrompait, tout s'écroulerait. Une nation ne peut *être* qu'au prix de se chercher elle-même sans fin, de se transformer dans le sens de son évolution logique, de s'opposer à autrui sans défaillance, de s'identifier au meilleur, à l'essentiel de soi, conséquemment de se reconnaître au vu d'images de marque. [...] Se reconnaître à mille tests, croyances, discours, alibis, vaste inconscient sans rivages, obscures confluences, idéologies, mythes, fantasmes... En outre, toute identité nationale implique, forcément, une certaine unité nationale, elle en est comme le reflet, la transposition, la condition[3].

Et Braudel résume son beau livre en ces termes :

> Dans le processus d'unification de la France sont ainsi à l'œuvre toutes les forces mêlées de l'Histoire : celles de la société, celles de l'économie, celles de l'État, celles de la culture — la langue française (issue de l'Île-de-France), la langue du pouvoir, outil administratif de cette réduction à l'ordre[4].

Écoutons maintenant mon camarade Fernand Dumont ouvrant son maître ouvrage, *Genèse de la société québécoise* :

> Où finit la genèse ? On ne s'attend pas à ce que j'indique une date approximative. La genèse est achevée lorsque la *référence* est complétée : quand, à partir du sentiment d'une identité commune, on est passé aux conditions de la vie politique, au discours national, à des projets collectifs, à une mémoire historique, à l'institution d'une littérature. En d'autres termes, quand une collectivité est parvenue à la conscience historique. Certes, la genèse ainsi entendue n'est pas une implacable fatalité qui influera ensuite sur le cours de l'histoire. Elle n'en est pas moins la forme première d'un destin que les sociétés doivent assumer même quand elles songent à s'en affranchir[5].

Et Dumont ferme son livre sur cette triste constatation :

> Il est des peuples qui peuvent se reporter dans leur passé à quelque grande action fondatrice : une révolution, une déclaration d'indépendance, un virage éclatant qui entretient la certitude de leur grandeur. Dans la genèse de la société québécoise, rien de pareil. Seulement une longue résistance. [...] Pourquoi une si longue hibernation[6] ?

Combien compatibles sont les objectifs liminaires des deux écrivains. Combien contrastées sont leurs conclusions à la fin de leur voyage dans le temps et l'espace de leur patrie respective. Tous deux cherchent des points d'ancrage, des référents sur la base desquels les personnages, les événements, les institutions, par-delà les drames et les ruptures et même parfois à la faveur des crises les plus éprouvantes, auraient enrichi la mémoire collective de diverses façons pour la fixer dans la durée. Braudel renoue sans peine le fil de la continuité. Dumont le cherche, il l'entrevoit, toujours il lui échappe et se rompt.

Jean-Charles Falardeau a écrit que le Canadien français est « un homme pluriel[7] ». Il serait plus juste de dire qu'il est un homme indécis, incertain de son identité. La recherche de l'identité des Canadiens français est une entreprise complexe qui ne saurait jamais être élucidée sous tous ses aspects avec certitude. Cette complexité transparaît dès lors que l'on s'attache à les désigner, à délimiter leur espace, à scruter leur histoire, à fixer leur statut politique, à considérer le rôle de l'Église, à évaluer le statut et l'avenir de la langue française, et à caractériser leur société dans les conditions de la modernité.

I. UN NOM

Pour une collectivité, comme pour un individu, le fait initial, c'est le nom reçu ou choisi. Ce nom la désigne, il acquiert un sens à la mesure de ce qu'elle devient, il l'identifie. Or, les Canadiens français du Québec se cherchent aujourd'hui un nom qui les désigne à leurs propres yeux et aux yeux des autres. Sans nom précis et indiscuté, leur identité collective serait ambiguë et peu valorisante pour les individus et les collectivités particulières. Dans le village de mon enfance, ils se nommaient « Canadiens ». Confrontés aux autres par suite de leur migration en ville, de l'industrialisation, des conditions de la Seconde Guerre mondiale, de l'immigration et de l'envahissement croissant du gouvernement fédéral dans leur vie quotidienne, ils devinrent des « Canadiens français ».

Au détour de la Révolution tranquille, la représentation de soi change. Pour plusieurs, «Canadien français» n'exprime plus la confiance et la fierté collectives acquises. Des intellectuels, des personnalités publiques, une fraction de la population éprouvent un malaise croissant à se dénommer et à s'entendre dénommer de ce terme générique qui s'applique à tous les individus qui parlent français au Canada. Ceux qui, précisément, cherchent pour le Québec un statut politique particulier — ou surtout l'indépendance — se sentent amoindris. Le nouveau soutien institutionnel public qui transforme en profondeur la recherche de l'identité culturelle restreint l'univers de référence du terme «Canadien français». À l'exception du régime fédéral, remis en question à des degrés divers, il n'y a pas de cadre institutionnel public qui relie les provinces les unes aux autres ni guère de liens formels entre les Français des provinces canadiennes. L'ancien sentiment de fraternité se perd, l'obligation que les Canadiens français du Québec ressentaient de protéger leurs frères de la diaspora s'émousse.

La recherche d'un nom propre à exprimer leur singularité a conduit nombre de Canadiens français du Québec à se désigner du terme «Québécois». Paul Chamberland fut le premier à exposer clairement les raisons de ce choix:

> Nous utilisons les termes *Québec* et *Québécois,* de préférence à ceux de *Canada français* et de *Canadiens français.* Le parti pris langagier recouvre une transformation des réalités. Québec ne sera plus une province mais un pays, le nom d'une totalité et non celui d'une partie honteuse d'un ensemble désorganisé. Québec constitue l'antithèse irréductible du Canada, du moins de ce qui a été le Canada jusqu'à maintenant. Il y aura recouvrement, coïncidence entre le territoire, la nation, la patrie et la culture[8].

Ici, l'intention est clairement exprimée: elle est politique. Chamberland suppose que le Québec est devenu un pays et que la langue et la culture de ce territoire sont exclusivement françaises.

Quel débat passionné suscite ce choix d'une fraction de l'élite intellectuelle! De nombreuses personnalités publiques l'adoptent plus ou moins dans son sens premier. Fédéralistes et indépendantistes montent aux barricades pour faire triompher leurs versions respectives du sens du terme «Québécois». Ils partent au combat pour la conquête des vrais et des faux Québécois. Un certain nombre d'indépendantistes prêtent à la désignation «Canadien français» une connotation humiliante et proclament qu'elle n'a de sens que pour les fédéralistes à tous crins. Dans la mesure où un nom suffit pour fixer l'identité d'un peuple, les individus qui s'enferment de la sorte dans un carcan idéologique fracturent, sans en prendre conscience, notre histoire en deux parties : celle qui précède la Révolution tranquille et celle qui débute avec cette dernière. L'ardeur de certains à renouer avec les patriotes de 1837-1838, dont des chefs finirent par rêver d'une République du Bas-Canada, manifeste le besoin d'un rattachement symbolique à une tranche, même malheureuse, du passé.

Jacques Godbout, auteur d'un article sur le thème de l'identité qui illustre le caractère passionné de ce débat en même temps que la difficulté de le trancher, subit l'assaut verbal de Serge Cantin. Jacques Godbout a osé écrire :

> Qu'est-ce qu'un Québécois ? Toute personne qui habite le territoire du Québec et entend participer à la vie collective. [...] Aux yeux du monde entier, s'il fallait établir un palmarès des réputations littéraires, c'est faire injure à personne que de reconnaître en Mordecai Richler le plus grand écrivain québécois [9].

Dans sa longue diatribe, Cantin reproche notamment à Godbout :

> Entre Jacques Godbout et Robert Bourassa, [...] il y a surtout [...] le même profond et délétère attachement à une vision statique et minoritaire du Québec qui contredit le dynamisme de sa durée, [...] il ne suffit pas d'être né et de vivre à Montréal pour être un Québécois, à moins bien sûr d'escamoter la dimension historico-politique de la question et de vider le terme « québécois » de toute signification véritable. [...] Assurément, cette conception territoriale, étroitement positiviste, de la société et de la culture québécoises [...] s'inscrit-elle dans la plus pure tradition de l'individualisme libéral[10].

La grande majorité des Canadiens français estiment, je pense, à l'instar de Jacques Godbout, que la seule qualité requise pour être Québécois est d'habiter le Québec. Il est superflu et même potentiellement discriminatoire d'inclure une sorte de condition telle que « participer à sa vie collective » comme le propose Godbout, ou encore « désirer vivre au Québec » comme d'autres le suggèrent. Par contre, dans le régime politique actuel, tous les Québécois sont citoyens du Canada.

Jacques Godbout va plus loin. Il juxtapose à la dimension territoriale de l'identité une dimension culturelle et se dit prêt à reconnaître en Mordecai Richler, de langue anglaise, « le plus grand écrivain québécois ». Une pareille juxtaposition fait problème : comment, à la mesure du Québec comme « aux yeux du monde entier », peut-on affirmer que Richler, qui écrit en anglais, la langue du continent nord-américain, est un plus grand écrivain québécois que Godbout lui-même, par exemple, qui écrit en français et dont la plupart des références relèvent de la culture canadienne-française? À supposer que Molière et Shakespeare, Honoré de Balzac et Fiodor Mikhaïlovitch Dostoïevski aient, à la même époque, été citoyens du même pays, aient habité la même ville, par quels procédés aurait-on pu établir que l'un était supérieur à l'autre?

Choisir de se désigner « Québécois » est légitime. Toutefois, si la référence est à la langue et à la culture françaises, le terme est restrictif en raison du statut historique et social irrévocable de la langue et de la culture anglaises. Il est d'usage maintenant d'appeler les uns « Québécois francophones » et les autres « Québécois anglophones ». Le terme « francophone » s'applique à tous les individus qui parlent français, qu'ils soient d'origine française ou non. Il omet l'aspect essentiel de la référence à l'origine française que comprend l'expression « Canadien français ». Les expressions « francophone de souche » et « francophone pure laine » sont incongrues. Une désignation adéquate serait « Québécois français[11] ». Elle serait une réplique exacte du terme « Canadien français ». De la sorte, le risque d'une rupture de la continuité historique serait écarté. Cette désignation est elle-même restrictive, car elle exclut les francophones d'élection, ceux qui parlent français mais ne sont pas d'origine française.

Toutes ces appellations sont adéquates dans la mesure où elles renvoient aux aspects de la réalité auxquels elles se rapportent. Dans le présent texte, je m'en tiendrai à l'expression traditionnelle de « Canadiens français » chaque fois que je désignerai les descendants des habitants de la Nouvelle-France vivant au Québec et ceux qui ici parlent leur langue, partagent leur culture et s'émeuvent de leur histoire. On doit reconnaître que l'absence d'un terme non équivoque pour désigner les Québécois révèle une identité ambiguë et incertaine. Andrée Fortin tire de son étude sur les intellectuels québécois et leurs revues la conclusion suivante : « Quand le Nous québécois n'est pas bien défini, celui des intellectuels ne l'est pas non plus[12]. » Cette conclusion vaut non seulement pour les intellectuels mais pour toutes les catégories de la population.

II. UN TERRITOIRE

Un peuple se distingue également par l'espace, le territoire qu'il habite, qu'il cultive et qui le nourrit. Pour les Canadiens français, le Québec est leur territoire et ils proclament que chacune de ses parcelles est inaliénable.

Depuis 1927, date de la partition du Labrador, le territoire du Québec n'a subi aucune modification, mais les Canadiens français n'ont jamais eu conscience de le posséder ou de le maîtriser en plénitude. Au leitmotiv de Ludger Duvernay, « Emparons-nous du sol », a suivi celui de « Maîtres chez nous » d'Honoré Mercier, Maurice Duplessis, René Lévesque et bien d'autres.

Le statut de province limite le gouvernement du Québec à l'exercice des prérogatives politiques que détermine la Constitution canadienne et qu'un rapport variable de force infléchit ou non en sa faveur. De nombreux Québécois d'origine britannique, qui ont absorbé la majorité des immigrants d'autres origines, enracinés et longtemps dominants, habitent des portions considérables du territoire. La langue et la culture anglaises bénéficient de droits intangibles que la majorité française se doit de respecter. En outre, depuis les débats constitutionnels de 1980-1982 et de 1991-1992 et la crise amérindienne d'Oka de 1990, les autochtones réclament une autonomie gouvernementale sur des tranches mal définies du territoire québécois. Cette demande est inquiétante car ils exigent de ne relever que du seul gouvernement fédéral. La portée de ces revendications est d'autant plus significative que, pour eux, la notion de territoire transcende un caractère purement physique, prend valeur de symbole et confine au sacré[13].

Chez les Canadiens français également, le territoire déborde le Québec. L'histoire et l'imaginaire le rattachent intimement et de multiples façons à la Nouvelle-France, au Canada français, à l'Amérique française et à la France contemporaine[14].

Enfin, la zone d'influence de l'environnement des Canadiens français s'étend bien au-delà des frontières du Québec. L'ouverture sur un espace illimité, que la Révolution tranquille a entraînée, a accentué l'incertitude référentielle. Plusieurs, surtout parmi les indépendantistes, proclament néanmoins que le lieu de la conscience est le Québec et ils présentent au monde le salut de « Terre-Québec ». Affirmé avec passion, ce sentiment est vif chez plusieurs. En même temps, au cours de la Révolution tranquille, les Canadiens français s'imprègnent beaucoup plus qu'autrefois de l'Amérique. Henri Bourassa définissait déjà ces derniers comme des « Français d'Amérique[15] ». Combien cette condition est plus aveuglante depuis les dernières décennies qu'elle ne l'était au début du siècle ! Guy Rocher insiste sur ce fait : le Québec est terre d'Amérique et la culture canadienne-française, comme toutes les composantes de la société, subit directement et fortement l'influence des États-Unis[16]. Daniel Latouche confirme :

Mettons tout de suite les choses au clair quant à la carte de visite des Québécois. Ce sont avant tout des Nord-Américains et, à ce titre, ils partagent bon nombre des valeurs, des habitudes, des idées de ceux qui ont, pour l'essentiel, imposé leur définition de l'américanité, c'est-à-dire : les Américains[17].

Les Canadiens français qui ne renâclent pas à la définition, chère à de Gaulle, de « Français du Canada » semblent souvent flattés d'être appelés « Français d'Amérique ». Depuis les débuts, ils se préoccupent des effets sur le destin de la société canadienne-française de ces voisinages consentis ou subis. Anne Hébert exprime admirablement l'ambivalence de leurs sentiments :

> La terre que nous habitons est terre du Nord et terre d'Amérique : nous lui appartenons biologiquement comme la flore et la faune. Le climat et le paysage nous ont façonnés aussi bien que toutes les contingences historiques, culturelles, linguistiques[18].

Mais, destin combien déchirant qu'une appartenance ressentie « comme une épine plantée au cœur du continent américain[19] ».

À la fois terre d'ombres épaisses qui effraient et terre de lumières éclatantes qui éblouissent, les États-Unis demeurent pour la majorité des Canadiens français un vaste univers largement inconnu. Quelle est cette Amérique ? Terre de rêve ou de cauchemar ? Les Canadiens français ont-ils la faculté de lui emprunter ce qui leur convient et de rejeter ce qui risque de dérouter la poursuite de leur identité ?

Malgré la distance que l'histoire a créée entre eux et la France, des liens de toutes sortes, plus nombreux et plus fermes que plusieurs ne l'estiment, rattachent les Canadiens français à leur ancienne mère patrie : la langue d'abord, la culture (du moins en ce qui concerne le fonds ancien), l'afflux de nombreux religieux français au tournant du siècle, de nombreux immigrants, un certain sentiment réciproque d'une affinité à maints égards, des contacts croissants de diverses natures, la conscience qu'a la France d'une responsabilité à l'endroit de la francophonie. Les Canadiens français retirent un profit certain de ces liens. Ils erreraient, toutefois, s'ils se représentaient la France comme le « vieux pays » alors qu'elle se range parmi les pays les plus modernes.

Je suis conscient du fait que l'environnement interne et externe qui enserre le Québec représente pour les Canadiens français des défis permanents et redoutables, sinon pour leur survie, du moins pour leur épanouissement. Ils ont le choix : s'ouvrir à cet environnement envahissant en déployant avec méthode toutes les énergies qu'ils peuvent mettre en œuvre pour l'apprivoiser, refuser les éléments qui leur seraient nocifs, se nourrir de ses innombrables ressources enrichissantes ou, au contraire, se refermer sur eux-mêmes et s'étioler dans la médiocrité.

III. UNE HISTOIRE

Plus que l'espace encore, l'histoire représente pour les Canadiens français une référence majeure de la recherche de leur identité. Le poids du passé les pénètre par tous les pores de leur être et ils ont mis beaucoup d'ardeur non seulement à le reconstituer dans sa réalité, mais encore, et peut-être davantage, à l'adapter afin qu'il soit conforme à leur appréciation du présent et à leurs aspirations pour l'avenir.

Je ne suis pas de ceux qui font dépendre l'ensemble de l'histoire canadienne-française de la Conquête anglaise. Je ne m'apitoie pas sur notre ancienne déchéance, mais je constate qu'elle a provoqué une irréparable rupture. De la Nouvelle-France héroïque, des recommencements qui ont suivi la Conquête anglaise, quelles références reste-t-il aux Canadiens français ? « Société s'étant construite avant tout par en bas[20] », « société préfabriquée[21] », « utopie qui se nomme Nouvelle-France[22] », quelle identité originelle les Canadiens français peuvent-ils retracer ? Oui, les ancêtres apprivoisent l'hiver, trouent la forêt, fertilisent le sol de leur sueur, fondent des bourgades. Une nation naît, fragile encore, mais se croyant promise à grandir en redoublant sans relâche d'efforts. Comme leurs parents avant eux et leurs enfants après eux, les Canadiens français s'instruisent des faits et gestes de Samuel Champlain, Paul de Chomedey de Maisonneuve, François de Montmorency-Laval, Marie de l'Incarnation, Marguerite Bourgeoys, Jeanne Mance, Louis Hébert, Pierre de Varennes de La Vérendrye, et de bien d'autres encore qui ont posé les bases d'un pays à la mesure de leurs rêves. Mais que représentent pour eux les gouverneurs, généraux, trafiquants, tous ces colonisateurs qui, après un séjour — souvent sur commande — en Nouvelle-France, retournaient dans leur pays ? Ces personnages, sont-ils leurs ancêtres, sont-ils de leur famille ? Bien plus qu'aux nobles et aux prélats dont la plupart sont repartis après la Conquête, la langue française, certains traits de caractère, une rare capacité de résistance, le génie innovateur, ils les doivent aux habitants qui sont restés, aux Gagnon, Tremblay, Dumont, Dion et à ceux qui sont venus se joindre à eux pour construire un pays à la mesure de leurs espoirs et de leurs efforts et dont ils ont lieu d'être fiers.

Que reste-t-il pourtant, dans leurs souvenirs, des valeureux efforts de Louis-Joseph Papineau et de la majorité des députés de la Chambre d'assemblée du Bas-Canada pour obtenir une certaine autonomie politique de la part de la Grande-Bretagne impériale ? Ils furent anéantis en 1837-1838 quand les troupes anglaises écrasèrent des poignées de patriotes mal armés à Saint-Denis et Saint-Eustache, à Saint-Benoît et Saint-Charles. Suivent les durs affrontements entre les prélats qui incarnaient l'Église ultramontaine — Mgr Ignace Bourget et Mgr Louis-François Laflèche à la tête de la mêlée — et l'Institut canadien qui propageait les idées libérales et républicaines de la France et des États-Unis — Louis-Antoine Dessaules et Joseph Doutre en étaient les membres les plus ardents. Les prélats triomphèrent des rouges, arrière-garde des résistants de la décennie 1830. Le rejet des idées de l'Institut canadien est définitif ; l'adhésion à l'Empire britannique, indiscutée ; la soumission du peuple aux dirigeants religieux et politiques, garantie. Puis s'installe le long hiver d'une survivance frileuse dans un cadre politique atone, sous le manteau de l'Église ultramontaine et celui de notables peu courageux et souvent profiteurs. Le règne de Duplessis étire ce siècle de vie larvée au cours duquel, ici et là, les Canadiens français ont tout de même grandi.

Ces noyaux forts, ces événements-charnières de l'histoire canadienne-française — la Conquête anglaise, l'échec de la requête pour une plus grande autonomie politique et l'écrasement des Patriotes, la mainmise du cléricalisme et du paternalisme politique sur le peuple, les périodes au cours desquelles la question nationale atteint une phase critique masquée par l'illusoire quiétude que les dirigeants religieux et politiques professent — ont creusé dans l'histoire des discontinuités peu propices à effacer les traces des ruptures et à procurer aux Canadiens français un sentiment de fierté pour leur passé et un regain de confiance en l'avenir.

Poètes, romanciers, chansonniers transposent ces conditions blafardes dans l'imaginaire. Certains appliquent un baume rafraîchissant sur les incertitudes et les angoisses de la nation, la plupart pleurent sur les plaies qu'ils perçoivent béantes. Pour un Antoine Gérin-Lajoie qui croit entendre une voix lui dire : « [...] ne dépend que de toi d'être un jour heureux et paisible possesseur de ce domaine[23] », combien de François-Xavier Garneau pour ancrer le syndrome de l'échec :

> Notre langue, nos lois, pour nous c'est l'Angleterre,
> Nous perdrons langue et lois en perdant notre mère.
> [...] Non, pour nous, plus d'espoir, notre étoile s'efface
> Et nous disparaissons du monde inaperçus[24]...

De ceux qui relèvent la tête et portent le regard vers l'espoir, combien ont été ramenés dans le rang, et souvent par les leurs ?

Les Canadiens français sont-ils condamnés pour longtemps encore à cette vie sans défi ? Resteront-ils toujours impuissants à renouer le fil de la continuité avec ceux des anciens qui ont respiré l'air du large et lutté pour que leur société s'engage sur les voies déblayées par des peuples plus favorisés ? Enfin, la victoire libérale du 22 juin 1960 survient et leur procure la première occasion de se gratifier eux-mêmes d'une identité valorisante. Ce court moment de leur durée les reporte à leur origine et présage un destin plus propice. S'inventent-ils « une identité de façade[25] » pour les besoins du moment ou cherchent-ils à reconnaître dans les expériences vivifiantes qu'ils vont vivre les efforts courageux des anciens pour obtenir de meilleures conditions de vie ? Alors qu'ils sont penchés sur les devoirs que les circonstances leur imposent, leur attention se porte bien peu au-delà des propos tenus par les intellectuels des années 1950, propos que, dans une large mesure, ils vont transposer dans un programme d'action.

IV. UN STATUT POLITIQUE

En 1950 encore, à l'aune de la pensée critique et des composantes sociales dynamiques, une identité collective frileuse était imposée et vécue à la façon d'un dogme que la tradition et les pouvoirs clérical et politique dictaient. Que s'est-il passé ? Quelles furent les conditions de la recherche des Canadiens français sur eux-mêmes ? Que reste-t-il de l'immense espoir mis — à la suite de la victoire au fil d'arrivée des libéraux le 22 juin 1960 sur les fervents partisans de l'Union nationale vouée à la perpétuation de la tradition conservatrice — dans l'épanouissement d'une nouvelle identité ouverte, stimulante, accordée avec les besoins et les aspirations d'une population qui se précipite dans la modernité que les élites avaient longtemps refrénée ? Gaston Miron déplore « la fatigue culturelle » des Canadiens français. Il impute la source de cette fatigue à l'absence d'un sens vif d'une identité politique : « C'est précisément et singulièrement ici que naît le malaise, qu'affleure le sentiment d'avoir perdu la mémoire[26]. » Jean-Marc Léger conclut également à l'échec de la Révolution tranquille sous cet aspect primordial :

> C'est là assurément le plus cruel paradoxe de l'héritage de la Révolution tran-
> quille dont les acquis incontestables, le grand bond en avant, ont masqué un

temps le processus simultané d'affaiblissement moral et de crise identitaire. On ne brade pas impunément, dans une sorte de fièvre destructrice, tout le passé avec ses vertus et ses valeurs, sous prétexte des excès et des erreurs qui l'ont marqué pendant de nombreuses décennies. […] C'est dans cette période allant en gros du début des années 60 au milieu des années 70 que nous avons manqué le plus extraordinaire rendez-vous de notre histoire récente : nous en subissons aujourd'hui, et sans doute pour longtemps encore, les conséquences[27].

Après un siècle d'une certitude trompeuse et stérile, dans les premières années de la Révolution tranquille, la quête d'une identité renouvelée était devenue chez plusieurs l'objet d'une recherche intense. Diverses mesures du gouvernement fédéral (le Conseil des Arts, la péréquation, l'attribution aux provinces de ressources fiscales graduellement plus considérables, etc.) favorisèrent les efforts de ceux qui se vouaient à transformer le gouvernement du Québec en une institution moderne accordée avec une société déjà engagée dans ses secteurs dynamiques sur la voie de la modernité. Plus encore, avec le concours plus ou moins empressé du gouvernement fédéral que la hardiesse et le bien-fondé des propositions québécoises déconcertaient, le gouvernement du Québec se dotait d'appareils et d'établissements, tels que la Caisse de dépôt et de placement, qui accroissaient la vigueur au sein de la société civile. Mais la revendication qui sous-tendait l'action de bien des fédéralistes québécois, « un statut politique particulier pour une société distincte », était incomprise au Canada anglais sauf pour un petit nombre d'intellectuels ; celle des indépendantistes, « faire du Québec un pays », le confondait. Proclamé le moteur du développement dans tous les domaines, le gouvernement du Québec devint l'objet d'une vigilance soutenue de l'extérieur. Partagés entre l'admiration et l'inquiétude, les Canadiens anglais s'interrogeaient : *What does Quebec want ?* Mais ils ne prêtaient guère attention aux multiples tentatives de réponse émanant des chefs de file canadiens-français, ni d'ailleurs aux analyses précises et chiffrées de la Commission royale d'enquête sur le bilinguisme et le biculturalisme explicitant la condition d'infériorité des Canadiens français dans tous les domaines.

De nombreuses causes déroutèrent la Révolution tranquille. La moindre ne fut pas l'épuisement de l'impulsion politique. De Lesage à Bourassa, en passant par Johnson, Bertrand et Lévesque, la politique sombre graduellement dans la médiocrité. L'appel à la grandeur de Lesage s'abîme dans sa propre défaillance à compter de 1965 ; puis il y a l'ambivalence de Johnson, la grisaille de Bertrand, le mirage de Lévesque et le dérapage de Bourassa. Les efforts pour doter le Québec d'un statut particulier à l'intérieur de la fédération canadienne furent vains et découragèrent bien des fédéralistes. La recherche d'une formule qui procurerait au Québec, sinon l'indépendance, du moins une association nouvelle avec le Canada qui lui garantirait une part plus substantielle de sa souveraineté, fut intense dès 1960 mais dispersée. À partir de 1968, cette recherche se concentre dans un seul parti, le Parti québécois, sous la direction d'un des principaux ministres du gouvernement Lesage, René Lévesque, qui se heurte au récif du référendum de 1980. L'échec de cette tentative se répercute dans le rejet de l'Accord du lac Meech en 1990 et des propositions constitutionnelles de Charlottetown soumises aux référendums canadien et québécois de 1992.

Aujourd'hui, les orientations politiques des Québécois alarment les Canadiens anglais et inquiètent bien des Canadiens français eux-mêmes : le Bloc québécois, issu de la déchéance du Parti conservateur, siège au parlement fédéral ; le Parti québécois a triomphé aux élections de septembre 1994 ; la troisième voie prônant une profonde réforme du fédéralisme, proposée avec tant d'ardeur depuis trente ans par les Canadiens français fédéralistes, est, du moins dans un avenir prévisible, mise au rancart. L'avenir politique du Québec et du Canada est plus que jamais aléatoire. Les espoirs et les projets des fédéralistes et des indépendantistes québécois sont d'autant plus opposés qu'ils s'expriment avec netteté.

Par ailleurs, l'incapacité des gouvernements québécois, comme du gouvernement fédéral, de suivre le mouvement de la société civile et de contribuer à articuler au fonds socioculturel des Canadiens français les nouvelles représentations d'eux-mêmes issues des acquis de l'intérieur et des emprunts de l'extérieur accentue la rupture de la continuité historique. Une société déconcertée, qui avait considéré l'État comme un moteur majeur de son développement, assiste aujourd'hui au démembrement de plusieurs rouages qui avaient nourri son dynamisme depuis trente-cinq ans. Dispose-t-on ici d'établissements privés suffisamment aguerris et intéressés pour prendre la relève d'un État qui s'éclipse ? S'en remettra-t-on comme jadis au savoir-faire et aux capitaux étrangers ?

L'issue de la présente conjoncture politique est incertaine dans sa forme et sa durée. Projettera-t-elle plus de lumière sur l'identité que les Canadiens français n'ont eu de cesse de rechercher et d'approfondir ou, au contraire, en résultera-t-il plus d'incertitude et de déception ?

V. L'ÉGLISE

La religion catholique et la langue française représentent les deux sédiments de base sur lesquels s'est fondée l'identité canadienne-française.

Jusque dans les années 1950, la religion était omniprésente. Elle pénétrait en profondeur le culturel, le social et le politique. Tout était catholique : les coopératives, les syndicats, les chambres de commerce, l'idéologie et la pratique politiques ainsi que le credo du nationalisme traditionnel qu'elle nourrissait et sanctionnait. La pénétration de la religion chez les Canadiens français et dans l'ensemble de la société était d'autant plus profonde en même temps que plus étendue qu'elle s'incarnait dans l'Église.

L'Église occupait depuis longtemps une telle position d'hégémonie qu'on peut dire qu'elle était la seule institution ayant la taille et la portée « totalisante » d'un système. Ultramontaine, elle condamnait le libéralisme et, dans les années 1930-1940, des nationalistes d'extrême droite, souvent sous l'influence de clercs, glissaient vers le corporatisme autoritaire et « catholique » de Mussolini, Franco et Salazar. L'Église était le seul lien institutionnel qui rattachait directement les Canadiens français à l'universel, et ce lien était solide. Des revues, des lettres, des récits de missionnaires revenus pour un court séjour relataient dans la plupart des foyers les conditions de vie dans les pays de mission. Même le prélat le plus puissant devait faire preuve d'obéissance à Rome. L'autorité suprême de Rome, elle-même stricte en matière de doctrine et de morale, servait de caution à bien des clercs pour affermir leur emprise sur une population soumise, mais elle dut aussi, parfois, les inciter à modérer leur penchant à l'autoritarisme[28].

La profession de foi au catholicisme des Canadiens français créait un lien non négligeable avec les catholiques canadiens et américains. Il y eut bien des tensions entre les prélats irlandais et les prélats canadiens-français, mais, dans l'ensemble, l'Assemblée des évêques du Canada remplissait une fonction de rapprochement dans la pensée et parfois dans l'action des catholiques de l'ensemble du pays.

L'Église d'ici lutta avec vigueur pour la reconnaissance de la langue française dans toutes les provinces. Elle fut, pour les Canadiens français, un référent essentiel de leur identité canadienne. Sa disparition comme pouvoir dominant dès les premières années de la Révolution tranquille fut un facteur majeur du repli des Canadiens français sur le Québec. Son éclipse comme *pouvoir* au profit du nouvel État tutélaire, due en partie à l'adoption maladroite et précipitée des réformes issues du concile de Vatican II et en partie à l'envahissement des valeurs et des modes de vie associés à la modernité, n'élimina pas pour autant l'influence de la religion dans les attitudes et les comportements des Canadiens français. Elle se prolongea dans la liturgie catholique délestée de son faste et dans de nombreuses organisations religieuses et de sectes gnostiques. Se devine, dans certaines idéologies séculières, une transposition de l'esprit religieux de naguère : engagement fervent dans le Rassemblement pour l'indépendance nationale, conversion naïve au marxisme-léninisme dans sa version eschatologique, adhésion dogmatique au fédéralisme ou à l'indépendance du Québec rappelant la conversion de saint Paul sur le chemin de Damas, participation passionnelle à des mouvements sociaux qui puisent une bonne partie de leur vitalité dans l'esprit de dévouement et le sens de la mission chez les militants. Le zèle des militants pour la cause ne produit malheureusement pas toujours de bonnes œuvres et ils sont souvent déçus et déprimés de leur expérience[29].

VI. LA LANGUE FRANÇAISE

Des vieux rêves catholique et français, il ne reste plus que la langue française qui puisse être vécue comme un projet pour lequel la collectivité entière se rassemble.

Aujourd'hui, la langue constitue la composante première et incontournable de l'identité des Canadiens français. Pourtant, les structures sociales les différencient à un haut degré, et un nombre croissant d'enjeux sociaux les opposent. Les représentations du monde et de la vie chez les personnages de *Bonheur d'occasion* de Gabrielle Roy, des *Plouffe* de Roger Lemelin et des *Belles-sœurs* de Michel Tremblay ne sont plus au diapason des conceptions de la génération montante. Mais les Canadiens français se réclament toujours de la langue française comme on s'accroche à une bouée de sauvetage. Depuis les années 1960, elle est, à certaines heures, devenue un sujet d'angoisse et une cause majeure de sentiments exacerbés et d'actes violents. Elle est la source vive de leur persistance comme nation, bien plus que ce n'est le cas pour plusieurs peuples. La cohésion exemplaire des Suisses existe malgré la disparité linguistique. Même en France, les facteurs de l'émergence de l'idée de nation furent la monarchie, l'aristocratie et une Église hégémonique à forte tendance gallicane. Ce ne fut pas sans peine que le français supplanta le latin, longtemps la langue noble de l'Occident, et délogea les nombreux dialectes régionaux. Ainsi, Colette Beaune écrit :

Le sentiment national français s'est construit lentement durant tout le Moyen Âge. [...] Le français mit donc très longtemps à s'imposer. Il lui fallut être fortement valorisé pour pouvoir être considéré comme une caractéristique de la nation. [...] le succès du français de Paris dans l'ensemble du royaume est beaucoup plus lent, malgré le support de la chancellerie et de l'administration royale. [...] Il fallut attendre 1400 pour voir affirmer que les Français sont nés de la terre de France[30].

Pour les Canadiens français, la langue française est aujourd'hui la seule certitude référentielle commune. Rien de plus normal qu'elle représente pour eux une valeur sans prix, puisqu'elle est le signe premier de leur identité. Ce n'est pas sa survivance parmi les générations à venir qui doit être le principal motif de préoccupation à son sujet, mais plutôt le niveau de qualité qui est aujourd'hui et sera demain le sien et sa pénétration dans l'ensemble de la société. Une langue peu ou prou utilisée dans les domaines stratégiques de la pensée et de l'action est sans attrait auprès des personnes qui, on l'espère, vont l'adopter. Comment pourrait-on s'offusquer de constater que les Canadiens français entendent promouvoir leur langue tout en consentant à de difficiles et périlleux ajustements afin d'empêcher qu'elle ne devienne inapte à nommer un environnement que l'anglais imprègne ? On s'interroge parfois : comment peuvent-ils tant tenir à une langue qu'ils ont tant de mal à bien parler et à bien écrire ? Taire ou nier la présence envahissante de la langue anglaise sous de multiples formes sur le territoire québécois au point que, dans le monde contemporain, il devient d'une nécessité absolue de l'apprendre, donc de devenir bilingue, serait s'obstiner à refuser l'évidence. Pour les Canadiens français, c'est tout un défi : maîtriser leur propre langue tout en apprenant l'anglais. Dans l'idéal, le Québec est, pour moi, une société où le français devient de plus en plus la langue d'usage général dans le respect de la langue des autres, et en premier lieu de la langue anglaise, et où la culture française reçue en héritage s'enrichit chaque jour de l'apport d'autres cultures sans craindre la perte de sa substance originelle. Je sais bien que, surtout dans la région montréalaise, la réalité dégrade cet idéal. Mais il serait vain de rendre les *autres* responsables des atermoiements des dirigeants des institutions publiques et privées et des préjugés persistants au sein des groupes qui entravent une intégration enrichissante pour tous les Québécois à la société telle qu'elle devient et pourrait devenir[31].

VII. UNE SOCIÉTÉ MODERNE

Toute investigation valable des composantes de l'identité canadienne-française se doit, aujourd'hui, d'être menée à travers le prisme de la modernité et, même, de ces changements sans nul doute de grande amplitude dénommés pour l'instant « postmodernes ». Le Québec s'est engagé dans la modernité à peu près à la même époque que les sociétés environnantes, c'est-à-dire depuis la fin de la Première Guerre mondiale, mouvement que la Seconde Guerre mondiale accéléra. Mais le développement social et surtout économique dépendit dans une large mesure de l'action d'une grande bourgeoisie d'affaires canadienne-anglaise et américaine. Les efforts du gouvernement Duplessis, et surtout des gouvernements subséquents, pour faire accéder des Canadiens français au sommet de la hiérarchie financière et industrielle n'obtinrent d'abord que de minces résultats. Grâce toutefois à la création de nombreuses régies publiques, dirigées par des Canadiens français, dans les deux décennies qui suivirent la Révolution tranquille, leur montée dans la hiérarchie des affaires fut de plus en plus appréciable.

Quand je cherche la ressource qui a le plus manqué dans le passé aux Canadiens français pour édifier une société moderne d'où émanerait le sens d'une identité ferme, je la trouve précisément dans l'absence d'une grande bourgeoisie d'affaires qui les aurait placés, sous tous les aspects, au diapason des sociétés qui les encerclaient. Que serait devenue cette société? Qu'aurait été son destin? La population dans son ensemble, longtemps tenue pour rurale et agricole et à l'écart de l'évolution qui s'accomplissait sans son concours et dont elle avait souvent lieu de se plaindre, aurait sans doute, comme ce fut le cas ailleurs, pris plus tôt la parole. La modernité l'aurait moulée, elle se serait émancipée, cabrée, l'esprit critique se serait aiguisé plus rapidement, elle aurait mieux absorbé les changements qui l'envahissaient. Une grande bourgeoisie d'affaires d'ici n'aurait en rien changé l'exploitation de la classe ouvrière, mais les Canadiens français se seraient mieux portés, auraient évolué moins brutalement après 1960 et n'auraient pas boudé si longtemps les affaires. Aujourd'hui encore, disposent-ils au moins d'un embryon d'une grande bourgeoisie d'affaires qui serve leurs intérêts, favorise l'essor de la petite et moyenne entreprise et puisse se substituer à l'État-providence vraisemblablement épuisé?

Il me semble que c'est sous son aspect politique que la modernité pose, de la façon la plus précise et la plus contraignante pour chaque nation, la question de son identité. Quand un Occidental aujourd'hui s'interroge : « Qui suis-je? Que puis-je être? », l'humanisme de la démocratie libérale s'impose à lui comme une finalité, une contrainte, sinon première du moins majeure, parmi toutes celles que font peser sur lui les conditions générales de son existence individuelle et collective. Il en est de même pour chaque peuple d'Occident. Chacun découvre son identité propre en cherchant, bien sûr entre autres démarches mais de façon obligée, comment réagir aux prémisses de la démocratie, du libéralisme, du nationalisme et de l'État-providence afin de mieux poursuivre les objectifs particuliers qu'il estime lui être nécessaires pour se réaliser comme il le souhaite.

Ce fut précisément une caractéristique majeure de l'État à l'époque de la Révolution tranquille que d'avoir puissamment contribué à favoriser les transformations qui précipitaient les Canadiens français dans les sentiers les plus modernes de l'économie, de la culture et de l'éducation. Le monde entier les rejoint par l'information diffusée instantanément par le puissant véhicule qu'est la télévision par satellite. Cette dernière dicte une part substantielle de leur mode de vie, elle concourt à former leurs opinions. Ils adoptent avec frénésie les technologies, la plupart du temps produites ailleurs, dont, malheureusement, ils ne se soucient pas d'évaluer les effets sur eux-mêmes et sur la société.

La modernité que poursuit la Révolution tranquille renforce le cadre institutionnel public et met l'État au diapason des composantes dynamiques de la société civile qui accueillent avec enthousiasme tous les nouveaux véhicules de changement. Les Canadiens français dans leur ensemble, qu'un moule institutionnel public, politique et clérical inhibait, se meuvent désormais à l'aise dans un environnement pleinement ouvert à la démocratie à l'intérieur duquel ils acquièrent la plénitude de leurs droits et devoirs de citoyens. Les institutions de la société civile, l'État, *c'est maintenant eux,* et leurs dirigeants agissent sous *leur responsabilité.* La confiance en eux-mêmes illumine ces nouveaux citoyens. Le temps est venu pour eux de changer de vie. Pour quelques années, les conditions leur sont propices. Ils apprennent à se percevoir maîtres plutôt que sujets, ils entendent se faire reconnaître partout dans le monde, ils apprennent à s'aimer. Une âme nouvelle s'éveille en eux. Ils respirent le souffle enivrant d'un pays qui se fait.

Le caractère prédominant, ici comme ailleurs, de cette modernité qui se déploie dans tous les domaines, revêt une forme instrumentale. La société canadienne-française a dû faire face depuis plus de trente ans à de nouveaux démarrages. Les conséquences sur le sens de l'identité de réaménagements toujours provisoires des cadres institutionnels privés et publics sont incommensurables. Aux solidarités communautaires anciennes fondées sur la famille, la parenté, la région, le voisinage, la religion populaire, etc., se sont substituées des solidarités sociétales dont les figures dominantes sont le citoyen, la grande organisation privée, la bureaucratie publique et les groupes de pression. Les rapports interpersonnels directs et spontanés axés sur les conditions de la vie quotidienne se transmuent en relations à distance, empesées, dont les représentations typiques sont le guichet du fonctionnaire anonyme, la mégapole, les télécommunications et l'organigramme. À l'aube de la Révolution tranquille, les relations sociales ne sont pas exclusivement communautaires pour tous les Canadiens français, loin de là, mais, au fur et à mesure de son déroulement, les relations de type sociétal s'amplifient aux dépens des premières. Les exigences de la vie extérieure refoulent la vie intérieure dans des replis de plus en plus obscurs. Dans ce même courant de pensée, Alain Touraine écrit :

> Le triomphe de la modernité rationaliste a rejeté, oublié ou enfermé dans des institutions répressives tout ce qui semblait résister au triomphe de la raison. [...] La pensée moderne n'est-elle pas celle qui cesse de s'enfermer dans le vécu ou la participation mystique ou poétique au monde du sacré pour devenir scientifique et technique, s'interrogeant sur le comment et non plus sur le pourquoi ? L'idée de la modernité s'est définie comme le contraire d'une construction culturelle, comme le dévoilement d'une réalité objective[32].

La rationalité instrumentale pénètre peu à peu tous les pores de la société depuis la Révolution tranquille, remet en question l'identité que les Canadiens français s'étaient donnée ou avaient reçue. D'une façon beaucoup plus généralisée et contraignante que naguère, ils vont chercher à l'extérieur, en Ontario et aux États-Unis, le modèle qui correspond le mieux à leur nouvel idéal individuel et collectif. L'identité qu'ils recherchent tête baissée ne porte malheureusement pas souvent le sceau de l'authenticité. Elle n'est qu'une copie de l'original étranger. Elle est source d'incertitude et de division plutôt que de confiance et de cohésion.

Une dimension majeure de la rationalité instrumentale est le pluralisme des valeurs et des ordres sociaux que la démocratisation des sociétés a sanctionnés. Le pluralisme envahit toutes les facettes de la vie et s'étend à la collectivité entière. Il est un fait sociologiquement indéniable. L'immigration représente une composante importante de ce pluralisme. La fusion des races par suite de l'arrivée massive de cohortes venues des régions surpeuplées et les plus pauvres du monde constituera un phénomène vital pour les pays occidentaux au cours du XXIᵉ siècle.

L'immigration va poser aux Canadiens français un défi de taille. Les immigrants sont et seront de plus en plus nombreux au Québec. Ils sont et seront de langues et de cultures diverses, souvent fort éloignées de la religion chrétienne ainsi que de la langue et de la culture françaises. Chercher à les exclure, à s'isoler d'eux serait immoral et suicidaire. Comment les intégrer sans les dissoudre, comment profiter des valeurs inestimables associées à leurs modes de vie tout en écartant un syncrétisme culturel linéaire, en évitant les pièges grossiers d'un *multiculturalisme* étale? Quels rapports entretenir avec les Québécois de langue anglaise, l'époque stérile et peu glorieuse des « deux solitudes » d'autrefois étant loin d'être révolue en raison des nombreuses barrières toujours dressées? Comment dissuader sans mesures vexatoires les immigrants non francophones d'adopter la langue anglaise — la langue du continent — dont la puissance assimilatrice est presque irrésistible? Ce n'est pas en quelques années, ni même après une génération, qu'un processus aussi complexe que celui de l'arrimage des nouveaux venus à ceux qui sont là depuis longtemps peut se compléter, ni même s'orienter, dans un sens clairement discernable. Cela requiert beaucoup de temps, et il faut faire preuve de sagacité et de confiance en soi, savoir tirer profit des circonstances favorables et déjouer les contraintes qui entravent une issue porteuse de valeurs bénéfiques pour tous.

Les Canadiens français aujourd'hui sont-ils plus rassurés quant au devenir de leur identité collective? Leur confiance en eux-mêmes qui s'était raffermie au début de la Révolution tranquille s'est-elle maintenue ou, au contraire, émoussée? Se donner maintenant comme objectif la simple survivance ne devrait plus être de mise, non plus que de se complaire dans le rappel constant des malheurs anciens. Des cogitations aussi déprimantes porteraient le germe d'un étiolement fatal et seraient susceptibles de précipiter le destin tragique de la disparition que les Canadiens français ont toujours craint tout en s'efforçant de l'écarter par des moyens que, dans des circonstances souvent adverses, ils estimaient les plus propices.

Comme je l'ai dit plus haut, les Canadiens français, du moins nombre de leurs intellectuels, romanciers et artistes, n'ont jamais aimé leur passé. La modernité a broyé les résidus de la société traditionnelle. Loin de cimenter leur unité, elle les a divisés à propos des événements parmi les plus marquants du passé: la rébellion de 1837-1838, la Confédération de 1867, la participation du Canada aux deux grandes guerres du siècle, la Charte des droits de 1982... Notre littérature est remplie de gémissements, de désespérances sur notre passé. Ainsi que l'écrit Marie Desjardins : « De toute évidence, les jeunes sont littéralement écœurés des vaines complaintes, des molles revendications, des griefs mesquins, des sanglots longs des héros (quelle pitié !) de notre littérature[33]. »

En 1995 comme en 1950 et en 1960, les Canadiens français ne ressentent guère la nécessité de renouer avec leur histoire. Ils semblent estimer qu'elle ne leur serait d'aucune utilité pour affronter les temps nouveaux. Ils ne vivent pas cette « communion mystérieuse de l'homme dans l'histoire » dont parle Ariès. Cette « saisie du sacré immergé dans le temps, un temps de progrès qui ne détruit pas, où tous les âges sont solidaires[34] ». Plus grave encore, ils ne ressentent pas comme un manque cette absence de communion avec leur passé. Ici, peut-être, découvre-t-on l'une des raisons majeures de la perte de confiance et d'enthousiasme qui se produisit chez eux une fois passées les premières années de la Révolution tranquille.

Nous ne sommes pas sûrs d'être porteurs d'une histoire valable, de posséder une tradition enrichissante, un héritage d'un mérite certain reconnu dans le monde. Nous n'avons jamais complètement renoué le fil de la continuité que Lord Durham avait tranché. Comme l'écrit Fernand Dumont, les cohérences que la société canadienne-française s'est données ne furent qu'apparentes. Elle s'en est remise « aux mécanismes de défense de ses coutumes. Cela ne lui a pas donné une identité, des procédés de décision, une politique qui eussent pu lui permettre de surmonter les défis et les crises[35]. »

Est-ce à dire que nous devons faire table rase de notre passé, des échecs comme des succès ? S'ensuit-il que toutes les traditions aient été sabordées ou même faut-il conclure sans plus d'examen qu'elles méritent toutes d'être liquidées ? Non. Nous pouvons, nous devons pour nous-mêmes et pour la génération montante, retrouver dans les méandres du souvenir les traces d'un passé qui ne fut pas seulement tragédie et dépossession, mais aussi, à certaines heures du moins, félicité et conquête. Au creux de la mémoire, le passé ne meurt pas. Ses racines se sont étirées, enchevêtrées, greffées, plusieurs ont séché ou ont été extirpées, d'autres restent vivaces. Sous le poids des circonstances et des projets des hommes, des bribes valables de savoir-faire dans tous les domaines, des parcelles riches d'émotions refoulées émergent. Néanmoins, des tris s'imposent. L'historiographie récente déblaie un terroir maintes fois foulé mais peu inventorié de façon systématique.

Cultiver la mémoire nourrit le présent et balise l'avenir. Je ne puis croire que les Canadiens français aient été de la sorte précipités du vide dans la modernité. Je ne puis me résoudre à penser que leur histoire n'est qu'une suite d'humiliations et une accumulation de déboires. Elle est plutôt celle d'une petite nation non sans grandeur même dans ses périodes tragiques. Certes, les intellectuels des années 1950 se sont complu à représenter le Québec français de leur temps comme une société archaïque qu'un ancien régime ayant duré plus de cent ans avait, selon eux, perpétuée sous la gouverne de générations de prélats inquisiteurs et de politiciens mous ou despotiques. Pourtant, nous qui sommes un peuple aux assises fragiles, nous avons besoin plus que d'autres de références stimulantes à une histoire qui nous serait propre, besoin de posséder des « lieux de mémoire » pour nous approprier la *genèse* et l'évolution de notre identité, et pour tirer profit de l'expérience acquise à chaque tournant majeur de notre histoire[36]. Les peuples qui s'engagent dans l'avenir avec confiance et dynamisme cultivent précieusement le souvenir de leur passé, s'y réfèrent avec respect, du moins aux tranches de ce passé qui correspondent aux besoins du présent et aux attentes de l'avenir. Le Japon contemporain témoigne une fois de plus de la vérité de ce fait. « *Historia, magister vitae* » (« Histoire, maître de la vie »), dit Cicéron.

Il faut toutefois en convenir : c'est moins par les stigmates de leur passé que par les représentations de leur présent et les anticipations de leur avenir que les nations affirment et vivent leur identité. C'est dans cette identité qui s'élabore chaque jour qu'elles puisent leur stimulation ou versent dans le pessimisme.

La Révolution tranquille paraît marquer le passage brusque d'un régime de société à un autre, d'une totalité historique à une autre. Il serait erroné de l'élever au rang d'un événement fondateur de la société canadienne-française, mais elle a laissé une trace profonde et indélébile dans les esprits et les institutions. Depuis la Révolution tranquille, à l'instar de toutes les sociétés industrielles et urbaines, les Canadiens français chevillent irrévocablement leur identité aux conditions du déroulement de la modernité. Sous bien des aspects, malheureusement, le vent a abruptement tourné pour eux depuis une quinzaine d'années : accumulation de déceptions sur les plans constitutionnel et politique, privations résultant du marasme économique, désenchantement au sujet de la qualité de l'éducation, inquiétudes concernant le statut et l'avenir de la langue française dans le contexte imprévisible de l'ALÉNA, mouvement des populations, dépendance culturelle et économique, changements technologiques aux conséquences imprévisibles dans tous les domaines, particulièrement dans les communications.

Les Canadiens français, au sein de la génération montante surtout, vivent la modernité (ou la postmodernité) dans l'incertitude d'une identité mal amarrée, une incertitude aussi stérile et plus pathétique qu'autrefois. Naguère, les élites cléricales et laïques veillaient à ce qu'ils taisent leurs divergences et offrent plutôt au monde le spectacle d'une unanimité rassurante pour leur propre souci de pérennité et pour le bien-être, tel qu'elles le concevaient, de leurs sujets dont elles se léguaient la tutelle. À l'ère d'un pluralisme conçu comme une dimension essentielle de la modernité, les représentations et les choix des individus et des collectivités particulières les opposent bien plus souvent qu'ils ne les rassemblent. Ceux qui les dirigent dans la société civile comme dans l'État, plutôt que de les appeler à s'identifier au meilleur, à l'essentiel d'eux-mêmes en préconisant des formules et des projets réalistes propres à les stimuler, accentuent, par leurs querelles étroitement corporatistes et politiciennes, les fragmentations que le pluralisme engendre.

Comment concevoir le Québec comme une société globale qui n'exclut rien ni personne, qui enchante l'imaginaire, stimule les intellectuels, imprègne toutes les classes sociales et l'ensemble du peuple, et qui se projette dans l'universel sous toutes les formes de l'action collective ? Qui, quoi, à défaut des élites déchues, nourrit chez les Canadiens français la conscience d'une identité commune ancrée dans l'origine et fortifiée par l'espérance d'un destin favorable ?

Notes

Introduction générale

1. Dans *Québec 1945-2000*, tome II : *Les Intellectuels et le Temps de Duplessis*, j'ai qualifié d'« ancien régime » la société canadienne-française d'avant 1960, non pas parce qu'elle aurait stagné dans le traditionalisme au sens strict du terme, mais parce que, dominée par un cléricalisme dogmatique, un gouvernement Duplessis réactionnaire et un nationalisme ethnique de survivance, elle était en retard sur plusieurs aspects fondamentaux par rapport aux sociétés modernes qui l'entouraient et avec lesquelles les personnes les plus évoluées, notamment les intellectuels, la comparaient.

2. Jean Lesage, *Lesage s'engage*, p. 110.

3. Sur le changement social, voir : Léon Dion, « Problèmes et méthodes. Les sociétés dans leur changement et leur durée », dans Jean-William Lapierre, Vincent Lemieux et Jacques Zylberberg (dir.), *Être contemporain. Mélanges en l'honneur de Gérard Bergeron*, p. 33-70. Voir aussi : Georges Ballandier (dir.), *Sociologie des mutations*; Alain Touraine, *Production de la société*; Robert A. Nisbet, *Social Change and History*; Gabriel A. Almond, Scott C. Flanigan et Robert J. Mundt (dir.), *Crisis, Choice and Change*; Bernard Barber et Alex Inkeles (dir.), *Stability and Social Change*; David Spitz, *Political Theory and Social Change*; S. N. Eisenstadt, *Tradition, Change and Modernity*; James L. Peacock, *Consciousness and Change*; Neil J. Smelser, *Theory of Collective Behavior*.

4. Léon Dion, « Fondements de la distinction entre droits privés et droits publics et pertinence de cette distinction pour les sociétés occidentales contemporaines », *Mémoires de la Société royale du Canada*, quatrième série, t. XXIII, Ottawa, 1985, p. 69-89.

5. J'ai traité de cette question dans *Les Intellectuels et le Temps de Duplessis*, p. 2-10. Voir aussi : William H. Friedland, « Traditionalism and Modernization : Movements and Ideologies », *The Journal of Social Issues*, vol. XXIV, n° 4, 1968, p. 9-24.

6. Parmi les nombreux ouvrages portant sur la modernité, citons : Yves Barel, *La Société du vide*; Charles Taylor, *Les Sources du moi. La formation de l'identité moderne*; Charles Taylor, *Grandeur et Misère de la modernité*; Alain Touraine, *Critique de la modernité*; Anthony Giddens, *The Consequences of Modernity*; Georges Balandier, *Le Détour. Pouvoir et modernité*. Constatant l'épuisement de caractéristiques associées à la modernité et l'émergence de traits personnels et sociaux inédits, plusieurs concluent que les sociétés sont parvenues au stade de la postmodernité, un terme aussi vague que les traits qu'on lui prête sont généralement flous.

7. Jacques Godbout, « Chère Lise », *Possibles*, vol. 8, n° 3, printemps 1984, p. 143 ; Yves Barel, *La Société du vide*.

8. Georges Balandier, *Le Détour. Pouvoir et modernité*, p. 265.

9. Charles Baudelaire, *Le Peintre de la vie moderne*, t. IV : *La Modernité, Œuvres complètes*, p. 1163.

10. Sur la question des indicateurs sociaux ou psychologiques, outre les ouvrages sur la modernité cités plus haut, voir : Norton E. Long, « Indicators of Social Change in Political Institutions », *The Annals of the American Academy of Political Science*, vol. 388, mars 1970, p. 35-45 ; Nigel Lemon, *Attitudes and their Measurement*.

11. Karl Polanyi, *The Great Transformation* ; Catherine Malamoud et Maurice Angeno (trad.), *La Grande Transformation. Aux origines politiques et économiques de notre temps* ; Alfred von Martin, *Sociologie de la Renaissance*.

12. Parmi les nombreux ouvrages sur l'État-providence, voir : Serge-Christophe Kolm, *Le Libéralisme moderne* ; François Ewald, *L'État-providence* ; Pierre Rosanvallon, *La Crise de l'État-providence* ; OCDE (Organisation de coopération et de développement économique), *L'État protecteur en crise* ; Piet Thoenes, *The Elite in the Welfare State*.

13. Voir à ce sujet : Léon Dion, *Québec 1945-2000*, tome I : *À la recherche du Québec*.

14. Léon Dion, « L'État libéral et l'expansion de l'espace public étatique », *International Political Science Review / Revue internationale de science politique*, vol. 7, n° 2, 1986, p. 190-208.

15. René Lourau, *L'État inconscient*, p. 33.

16. Talcott Parsons, *The Social System*, p. 126 (traduction libre). Voir également : René Lourau, *L'État inconscient*.

17. Raymond Aron, *Démocratie et Totalitarisme*, p. 33.

18. Georges Balandier, *Anthropologie politique*, p. 27. Voir également : *Le Détour. Pouvoir et modernité*.

19. Gérard Bergeron, *Petit Traité de l'État*, p. 181.

20. Sur ce sujet, voir : Léon Dion, « L'État libéral et l'expansion de l'espace public étatique », *International Political Science Review / Revue internationale de science politique*, vol. 7, n° 2, 1986, p. 190-208.

21. Karl Marx, cité dans J. Elleinstein, *Marx, sa vie, son œuvre*, p. 139.

22. John Kenneth Galbraith, *Anatomie du pouvoir*, p. 410.

23. Georges Lavau, « À propos de trois livres sur l'État », *Revue française de science politique*, vol. 30, n° 2, 1980, p. 410.

24. Jürgen Habermas, *L'Espace public. Archéologie de la publicité comme dimension constitutive de la société bourgeoise*, p. 84, p. 260. Voir également : Antonic Gramsci, *Gramsci dans le texte* ; Albert Hirshman, *Bonheur privé, action publique*.

25. Sur ce sujet, voir : Léon Dion, « Des finalités politiques, de leurs expressions culturelles et de leur institutionnalisation », Thomas Dekoninck et Lucien Morin (dir.), *Urgence de la philosophie*, p. 137-163.

26. Ronald Rogowski, « Rationalist Theories of Politics. A Midterm Report », *World Politics*, vol. 30, n° 2, 1978, p. 296-323 (traduction libre).

27. S. B. Barnes, « Natural Rationality : A Neglected Concept in the Social Sciences », *Philosophy of the Social Science*, vol. 6, n° 2, 1976, p. 116 (traduction libre).

28. David Gauthier, *Practical Reasoning* ; Ronald Manzer, « Public Policy-Making as Practical Reasoning », *Canadian Journal of Political Science*, vol. XVII, n° 3, 1984, p. 577-594 ; Don A. Dillman et James Christenson, « Toward the Assessment of Public Values », *The Public Opinion Quarterly*, vol. 39, n° 2, 1974, p. 206-222.

29. Bertrand Badie et Pierre Birbaum, *Sociologie de l'État*.

30. Pierre Manent, *Naissance de la politique moderne. Machiavel, Hobbes, Rousseau*.

31. David Easton, *A System Analysis of Political Life*.

32. René Lourau, *L'État inconscient*, p. 88.

33. Félix Morley, « State and Society », Kenneth S. Templeton Jr et R. M. Hartwell (dir.), *The Politicization of Society*, p. 77.

34. Georges Burdeau, *La Politique au pays des merveilles*, p. 27, p. 29.

35. Julien Freund, *Sociologie du conflit*, p. 19.

36. David Hanson, « Social Processes and the Norms of Authority », *Comparative Political Studies*, vol. 6, n° 1, 1973, p. 36 (traduction libre).

37. Max Horkheimer, *Éclipse de la raison. Raison et conservation de soi. Critique de la politique*; Paul Albou, « Sur le concept du besoin », *Cahiers internationaux de sociologie*, vol. 59, n° 2, juillet-septembre 1975, p. 197-238.

38. Jacques Ellul, *L'Illusion politique*, p. 55.

39. Voir : Charles Taylor, *Les Sources du moi*; Alain Touraine, *Critique de la modernité*.

40. Nicolas Tenzer, *La Société dépolitisée*, p. 25.

41. Georges Balandier, *Le Détour. Pouvoir et modernité*, p. 266.

42. Maria Isaura Pereira de Queiroz, *Réforme et Révolution dans les sociétés traditionnelles*; Guy Fourquin, *Les Soulèvements populaires au Moyen Âge*; Michel Mollat et Philippe Wolff, *Ongles bleus, Jacques et Ciompi. Les révolutions populaires en Europe aux XIVe et XVe siècles*; Roland Mousnier, *Fureurs paysannes : les paysans dans la révolte au XVIIe siècle*; Boris Porchnev, *Les Soulèvements populaires en France au XVIIe siècle*; Nathalie Z. Davis, *Les Cultures du peuple. Rituels, savoirs et résistances au XVIe siècle*.

43. Louis Hartz, *The Founding of New Societies. Studies in the History of the United States, Latin America, South Africa, Canada and Australia*.

44. Léon Dion, *Québec 1945-2000*, tome II : *Les Intellectuels et le Temps de Duplessis*.

Première partie • La Révolution tranquille… Quelle révolution ?

1. Pour obtenir une explication de ce tableau, voir *Revue canadienne de science politique / Canadian Journal of Political Science*, vol. XIV, n° 4, décembre 1981, p. 718-724. Cette grille d'analyse a servi au choix et à l'orientation de l'étude de trente collectivités retenues dans ma recherche sur les cultures politiques au Québec menée de 1972 à 1977.

Chapitre I • La nature de la Révolution tranquille

1. Jean Lesage, cité dans Richard Daignault, *Lesage*, p. 17.

2. Jean Lesage, cité dans Georges-Émile Lapalme, *Mémoires*, tome III : *Le Paradis du pouvoir*, p. 37.

3. Jean Lesage, cité dans *ibid.*, p. 14.

4. Pierre Elliott Trudeau, cité dans Michel Vastel, *Trudeau le Québécois*, p. 121.

5. Pierre Elliott Trudeau, cité dans Peter Gzowski, « Un capitaliste socialisant : Pierre-Elliott Trudeau », *Maclean*, mars 1962, p. 55. Dans ses *Mémoires politiques*, Trudeau écrit qu'avec la Révolution tranquille « la situation politique prenait au Québec une tournure entièrement nouvelle et très positive, du moins dans les deux premières années. […] Mais pourquoi fallait-il que ce bonheur fût d'aussi courte durée ? À peine le mouvement était-il engagé qu'on s'empressa de ressusciter les vieux slogans », p. 73-74.

6. Denis Monière, *Le Développement des idéologies au Québec des origines à nos jours*, p. 319.

7. Marcel Rioux, *La Question du Québec*, p. 103.

8. Marcel Rioux, *Une saison à la Renardière*, p. 13.

9. Marcel Rioux, *Un peuple dans le siècle*, p. 55.

10. Fernand Ouellet, « The Quiet Revolution. A Turning Point », dans Thomas S. Axworthy et Pierre Elliott Trudeau (dir.), *Towards a Just Society. The Trudeau Years*, p. 315.

11. Jean-Marc Piotte, cité dans Denis Monière, « Les débats idéologiques », dans Denis Monière (dir.), *L'Année politique 1988-1989 au Québec*, p. 172.

12. Marcel Mauss, *Sociologie et Anthropologie*, p. 274.

13. André Laurendeau, cité dans Jean Larose, *L'Amour du pauvre*, p. 140.

14. Léon Dion, « De l'ancien… au nouveau régime », *Cité libre*, vol. XII, n° 38, juin-juillet 1961, p. 14, p. 7, reproduit dans Léon Dion, *La Prochaine Révolution*, p. 27, p. 19.

15. Alexis de Tocqueville, cité dans Jacques Vallée, *Tocqueville au Bas-Canada*, p. 101, p. 114, p. 169-170.

16. Henry D. Thoreau, *Un Yankee au Canada*, p. 119, p. 121.
17. André Siegfried, *Le Canada, les deux races*, cité dans Gérard Bergeron, *Quand Tocqueville et Siegfried nous observaient…*, p. 112.
18. André Siegfried, *Le Canada, puissance internationale*, cité dans *ibid.*, p. 118.
19. Denis Bertrand et Albert Desbiens, traducteurs et présentateurs, *John George Lambton Durham. Le Rapport Durham*, p. 237.
20. Denis Monière, *Ludger Duvernay*, p. 186.
21. Paul de Malijay, *Saint-Jean-Baptiste, l'Évangile et le Canada (1874)*, cité dans Heinz Weinmann, *Du Canada au Québec. Généalogie d'une histoire*, p. 405.
22. Léon Dion, « Natural Law and Manifest Destiny in the Era of the American Revolution », *The Canadian Journal of Economics and Political Science*, vol. 23, n° 2, 1957, p. 227-247.
23. Jean Larose, *La Petite Noirceur*, p. 202.
24. Jocelyn Létourneau, « L'histoire québécoise d'après-guerre et la mémoire collective de la technocratie », dans Diane Vincent (dir.), *Des analyses de discours*, p. 13.
25. Daniel Jacques, *Les Humanités passagères. Considérations philosophiques sur la culture politique québécoise*, p. 142.
26. Philippe Ariès, *Le Temps de l'histoire*, p. 23.
27. Marc-Adélard Tremblay, *L'Identité québécoise en péril*, p. 27.
28. Marcel Trudel, *La Population du Canada en 1663*; *Montréal, la formation d'une société, 1642-1663*; *Les Débuts du régime seigneurial au Canada*; *Mémoires d'un autre siècle*; *Le Terrier du Saint-Laurent en 1663*; Jean-Pierre Wallot, « Le régime seigneurial et son abolition au Canada », *Canadian Historical Review*, vol. L, n° 4, décembre 1969, p. 367-393.
29. Sylvie Dépatie, Mario Lalancette et Christian Dessureault, *Contribution à l'étude du régime seigneurial canadien*.
30. Fernand Dumont, *Genèse de la société québécoise*, p. 321, p. 331.
31. René Lévesque, *Attendez que je me rappelle…*, p. 217, p. 218.
32. Léon Dion, *Québec 1945-2000*, tome II : *Les Intellectuels et le Temps de Duplessis*; Jean-Louis Roy, *La Marche des Québécois. Le temps des ruptures (1945-1960)*; Roch Denis, « Une révolution pas si tranquille… avant 1960 », dans Jean-François Léonard (dir.), *Georges-Émile Lapalme*; Jean-Pierre Wallot, *Un Québec qui bougeait. Trame socio-politique au tournant du XIXᵉ siècle*.
33. Gérard Bergeron, *Incertitudes d'un certain pays 1958-1978. Le Québec et le Canada dans le monde*, p. 133.
34. Marcel Rioux, *La Question du Québec*, p. 172
35. Pierre Vallières, « Sommes-nous en révolution ? », *Cité libre*, n° 64, février 1964, p. 89.
36. Pierre Vallières, *Un Québec impossible*, p. 158.
37. Marcel Rioux, *La Question du Québec. Considérations philosophiques sur la culture politique québécoise*, p. 105.
38. Daniel Jacques, *Les Humanités passagères*, p. 152.
39. Léon Dion, « La polarité des idéologies : le conservatisme et le progressisme », *Recherches sociographiques*, vol. VII, nᵒˢ 1-2, 1966, p. 33-34.
40. Gérard Bergeron, *Pratique de l'État québécois*, p. 74.
41. René Lapierre, « 1960-1990 : photos de la Révolution tranquille », *Liberté*, 195, vol. 33, n° 3, juin 1991, p. 14.

Chapitre II • Les espoirs de la Révolution tranquille

1. Léon Dion, *Québec 1945-2000*, tome II : *Les Intellectuels et le Temps de Duplessis*, p. 320.
2. Voir : François Ricard, *La Génération lyrique. Essai sur la vie et l'œuvre des premiers-nés*.
3. Guy Rocher, *Le Québec en mutation*, p. 18-19.
4. Fernand Dumont, *Le Sort de la culture. Positions philosophiques*, p. 305.
5. Léon Dion, « Varieties of French Canadian nationalism », *Mount Allison University Publications*,

n° 6, 1962, p. 88-100 ; « Vers un nationalisme positif », *Le Devoir*, 8 décembre 1962 ; « Genèse et caractères du nationalisme de croissance », 3e congrès de l'Institut des affaires canadiennes : *Les Nouveaux Québécois*, 1964, p. 59-76.

6. Il convient cependant de mentionner que Guy Frégault, historien de grande valeur, fut le premier sous-ministre de ce ministère.

7. Léon Dion, *Le Bill 60 et le Public*, Les Cahiers de l'ICEA, n° 1, janvier 1966 ; *Le Bill 60 et la Société québécoise*. Ces deux monographies sont d'ordre purement analytique. C'est dans mes articles pour les revues et les journaux que mon engouement pour la réforme englue mon esprit critique. Voir notamment : « La tournée de Monsieur Gérin-Lajoie manifeste la foi du ministre en la démocratie », *Le Maclean*, octobre 1963, vol. 3, n° 10, p. 5-6.

8. Jean Lesage, cité dans Jean Provencher, *René Lévesque. Portrait d'un Québécois*, p. 219.

9. René Lévesque, cité dans *ibid.*, p. 219.

10. Francine Vachon, entrevue avec René Lévesque, 5 octobre 1971, citée dans *ibid.*, p. 219.

11. Alain-Gérard Slama, *Les Chasseurs d'absolu. Genèse de la gauche et de la droite*.

12. Albert Hirshman, *Bonheur privé, action publique* (traduit de l'américain par Martine Leyris et Jean-Baptiste Grasset).

13. Daniel Jacques, *Les Humanités passagères. Considérations philosophiques sur la culture politique québécoise*, p. 146.

14. Léon Dion, *Québec 1945-2000*, tome II : *Les Intellectuels et le Temps de Duplessis*, p. 8.

15. Andrée Fortin, *Passage de la modernité. Les intellectuels québécois et leurs revues*, p. 198.

16. Jean-Jacques Rousseau, *Du contrat social*, p. 53-54.

17. Raymond Ruyer, *L'Utopie et les Utopies*, p. 9.

18. Herbert Marcuse, *L'Homme unidimensionnel. Essai sur l'idéologie de la société industrielle avancée*.

19. À ce sujet, voir : Léon Dion, *Québec 1945-2000*, tome II : *Les Intellectuels et le Temps de Duplessis*, p. 55-60, p. 90-96, p. 320-335.

20. Sur la dynamique endogène et exogène de la modernisation, voir John H. Kautsky, *The Political Consequences of Modernization*.

21. Georges Balandier, *Commentaires*, cité dans Daniel Mercure (dir.), *La Culture en mouvement. Nouvelles valeurs et organisations*, p. 25.

22. Charles Alexis Clérel de Tocqueville, *L'Ancien Régime et la Révolution*, p. 115.

23. François Furet, *Penser la Révolution française*, p. 115.

24. D'une cruauté inouïe, Ivan IV, comme Staline, nourrissait le culte de la grande Russie. Il s'appropria la prédiction du moine Coccinus Philotheus (1300-1379) : « Deux Romes sont tombées, celle d'Occident et celle de Byzance. Moscou sera la troisième Rome et son règne n'aura pas de fin. »

25. Marie Desjardins, « Les idées se répètent », *Cité libre*, vol. XXI, n° 4, octobre-novembre 1993, p. 13. Sur le sujet, voir : Andrée Fortin, *Passage de la modernité. Les intellectuels québécois et leurs revues*.

26. Guy Rocher, *Le Québec en mutation*, p. 61.

Deuxième partie • Une société à recentrer

1. Jean-Marc Léger, « Le néo-nationalisme, où conduit-il ? », *Les Nouveaux Québécois*, 3e congrès de l'Institut des Affaires canadiennes 1963, p. 49.

2. Daniel Jacques, *Les Humanités passagères. Considérations philosophiques sur la culture politique québécoise*, p. 142, p. 153.

3. Guy Rocher, *Le Québec en mutation*, p. 89-108 ; Jean-François Lisée, *Dans l'œil de l'aigle. Washington face au Québec* ; Pierre Godin, *René Lévesque, héros malgré lui (1960-1976)*, p. 313-369.

4. À ce sujet, voir l'excellente analyse qu'en fait C. Wright Mills, *Sociological Imagination*, p. 182.

5. Michel Crozier, *Le Phénomène bureaucratique*.

6. Jean-Guy Genest, *Godbout*, p. 283-288.

7. Georges-Émile Lapalme, *Pour une politique. Le programme de la Révolution tranquille*.

8. Léon Dion, *Québec 1945-2000*, tome II : *Les Intellectuels et le Temps de Duplessis*, p. 247-313.

9.   À ce sujet, voir : Philippe Paradis et Denis Simard, « J'accuse ma génération », *L'Action nationale*, vol. LXXXIII, n° 10, décembre 1993, p. 1338-1360.
10.   Léon Dion, *La Prochaine Révolution*, surtout p. 320-356.

Chapitre III • Le néo-nationalisme

1.   Jocelyn Létourneau, « Le lieu (dit) de la nation : essai d'argumentation à partir d'exemples puisés au cas québécois », *Canadian Journal of Political Science / Revue canadienne de science politique*, vol. XXX, n° 1, mars 1997, p. 82.
2.   André Laurendeau, « Y a-t-il une crise du nationalisme ? », *L'Action nationale*, vol. XV, décembre 1952.
3.   André Laurendeau, « Pour continuer la lutte », *Le Devoir*, 9 septembre 1947 ; cité dans Robert Lahaise, *Le Devoir, reflet du Québec au XXe siècle*, p. 349.
4.   Léon Dion, « Le nationalisme pessimiste. Sa source, sa signification, sa validité », *Cité libre*, n° 18, novembre 1957, p. 18. André-J. Bélanger cite ce texte et ajoute qu'il « ouvre une perspective qui ne sera malheureusement pas reprise », dans *L'Apolitisme des idéologies québécoises. Le grand tournant de 1934-1936*, p. 82.
5.   Fernand Dumont, « Faites vos jeux : de quelques obstacles à la prise de conscience chez les Canadiens français », *Cité libre*, n° 19, janvier 1958, p. 28.
6.   Maurice Séguin, *L'Idée d'indépendance au Québec. Genèse et historique*, p. 10.
7.   Robert Comeau (dir.), *Maurice Séguin, historien du pays québécois vu par ses contemporains* suivi de *Les Normes de Maurice Séguin*, p. 215. Sur l'école historique de Montréal, voir Jean Lamarre, *Le Devenir de la société québécoise selon Maurice Séguin, Guy Frégault et Michel Brunet, 1944-1969*.
8.   Léon Dion, « Le nationalisme pessimiste. Sa source, sa signification, sa validité », *Cité libre*, novembre 1957, p. 3-18.
9.   Fernand Dumont, *Le Sort de la culture*. Éditions philosophiques, Montréal, p. 300.
10.   Le Rassemblement fut fondé le 8 septembre 1956 par les dirigeants de *Cité libre*, qui souhaitaient regrouper des citoyens désireux de « construire dans cette province une société vraiment démocratique ». Sur ce sujet, voir : Léon Dion, *Québec 1945-2000*, tome II : *Les Intellectuels et le Temps de Duplessis*, p. 283-290.
11.   Jean-Marc Léger, « Le néo-nationalisme, où conduit-il ? », *Les Nouveaux Québécois*, 3e Congrès des affaires canadiennes, p. 55.
12.   Voir : Pierre Godin, *Les Frères divorcés*, p. 334-335. Sur les structures, l'idéologie et les modalités d'action de l'Ordre de Jacques Cartier, voir : G.-Raymond Laliberté, *Une société secrète : l'Ordre de Jacques-Cartier*.
13.   Léon Dion, « Genèse et caractères du nationalisme de croissance », *Les Nouveaux Québécois*, 3e Congrès des affaires canadiennes, p. 76.
14.   André Laurendeau, *Ces choses qui nous arrivent*, p. 44.
15.   J'accorde une importance telle à l'imaginaire dans le cours de la vie collective que je lui ai consacré un livre. Léon Dion : *Québec 1945-2000*, tome I : *À la recherche du Québec* ; voir aussi : « Propos désabusés d'un fédéraliste fatigué », dans C. E. S. Franks, J. E. Hodgetts, O. P. Dwivedi, Doug Williams et V. Seymour Wilson, *Canada's Century Governance in a Maturing Society. Essays in Honor of John Meisel*, p. 89-91. Sur les intellectuels : *Québec 1945-2000*, tome I : *À la recherche du Québec*, p. 313-374.

Chapitre IV • Les pulsions au sein de la société civile

1.   Michael B. Stein, *The Dynamics of Right Wing Protest. A Political Analysis of Social Credit in Quebec*.
2.   Léon Dion, « The General Federal Election of 1962 in Quebec », dans John Meisel (dir.), *Collected Papers on the General Federal Election of 1962*, p. 109-129.
3.   Sur ce sujet, voir : Vera Murray, *La Fonction tribunitienne et le Ralliement créditiste au Québec*.

4. Claude Edgar Dalphond et Laval Tremblay, *Les Correspondants de* Défi *ou la Perpétuation de la société traditionnelle.*

5. Sur les origines de la Société Saint-Jean-Baptiste, voir : Denis Monière, *Ludger Duvernay*; Robert Rumilly, *Histoire de la Société Saint-Jean-Baptiste de Montréal. Des patriotes au fleurdelisé, 1834-1948.*

6. Jean-Pierre Blain, *L'Idéologie nationaliste de la Société Saint-Jean-Baptiste de Montréal*; voir surtout : Jacques Hamel, « Le mouvement national des Québécois à la recherche de la modernité », *Recherches sociographiques*, vol. XIV, n° 3, 1973, p. 341-361.

7. Gabriel Gaudette, *La SSJB de Montréal et sa représentativité dans le milieu francophone de Montréal.*

8. Léon Dion, *Le Bill 60 et la Société québécoise*, p. 113, p. 181.

9. John Trent, « Participation in the Estates General of French Canada ».

10. Cité dans Andrée Ferretti et Gaston Miron, *Les Grands Textes indépendantistes. Écrits, discours et manifestes québécois, 1774-1992*, p. 168.

11. États généraux du Canada français, Assises nationales, *L'Action nationale,* vol. LVIII, n°s 9-10, mai-juin 1969.

12. Manifeste du RIN, dans André d'Allemagne, *Le RIN et les Débuts du mouvement indépendantiste québécois*, p. 33.

13. Annonce dans *Le Devoir,* 29 avril 1961, cité dans *ibid.,* p. 36.

14. *Manifeste du Rassemblement pour l'indépendance nationale,* cité dans Daniel Latouche et Diane Poliquin-Bourassa (dir.), *Le Manuel de la parole,* tome 3 : *1960-1976,* p. 26.

15. André d'Allemagne, *Le RIN et les Débuts du mouvement indépendantiste québécois*, p. 137.

16. Marcel Chaput, *Pourquoi je suis séparatiste.*

17. André Laurendeau, *Le Devoir,* 10 octobre 1961.

18. André d'Allemagne, *Le RIN et les Débuts du mouvement indépendantiste québécois*; *Le Colonialisme au Québec.*

19. Marcel Rioux, préface du *RIN et les Débuts du mouvement indépendantiste québécois*, p. 5.

20. *Manifeste du Rassemblement pour l'indépendance nationale,* cité dans Daniel Latouche et Diane Poliquin-Bourassa (dir.), *Le Manuel de la parole,* tome 3 : *1960-1976,* p. 26.

21. Raymond Barbeau, *Le Québec est-il une colonie?*, p. 127. L'année précédente, il avait publié : *J'ai choisi l'indépendance.* L'Alliance laurentienne fit quelque bruit un certain temps, mais elle n'exerça guère d'influence sur l'évolution des événements au tournant de 1960.

22. « Éditorial », *Vrai,* 29 juin 1957.

23. Michel Brunet, *La Patrie,* 22 octobre 1961.

24. Gérard Pelletier : « *Parti pris* ou la grande illusion », *Cité libre,* n° 66, avril 1964, p. 5.

25. Voir : Réjean Pelletier, « L'idéologie du RIN : une idéologie d'affirmation », Fernand Dumont, Jean Hamelin et Jean-Paul Montmigny (dir.), *Idéologies au Canada français 1940-1976,* tome III : *Les Partis politiques, l'Église*, p. 215.

26. Guy Frégault, *La Guerre de la conquête,* cité dans André d'Allemagne, *Le Colonialisme au Québec,* p. 19.

27. *Ibid.,* p. 19. Marcel Rioux, dans *Les Québécois,* décrit les effets néfastes de la Conquête dans des termes presque identiques.

28. *Ibid.,* p. 14.

29. André d'Allemagne, « Québec, pays colonisé », p. 3, document du RIN non daté, cité dans Réjean Pelletier, « L'idéologie du RIN : une idéologie d'affirmation », Fernand Dumont, Jean Hamelin et Jean-Paul Montminy (dir.), *Idéologies du Canada français 1940-1976,* tome III : *Les Partis politiques, l'Église*, p. 217.

30. Pierre Vallières, *Nègres blancs d'Amérique.*

31. Jean-Marc Léger, « La souveraineté, condition du salut », *Le Devoir,* 25 octobre 1967, cité dans Andrée Ferretti et Gaston Miron, *Les Grands Textes indépendantistes. Écrits, discours et manifestes québécois, 1774-1992,* p. 365, p. 367.

32. André d'Allemagne, *Le Colonialisme au Québec*, p. 54, p. 57-58.

33. Charles O. Bettelheim, *Planification et Croissance accélérée*, cité dans *ibid.*, p. 59.

34. *Ibid.*, p. 79.

35. Pierre Vadeboncœur, *La Dernière Heure et la Première*, p. 59-61.

36. Marcel Chaput, *Pourquoi je suis séparatiste*, p. 41, p. 14.

37. André d'Allemagne, *Le Colonialisme au Québec*, p. 101.

38. *Ibid.*, p. 47-52.

39. Sur le sujet, voir : Jean Provencher, *René Lévesque. Portrait d'un Québécois*, p. 256-257.

40. André d'Allemagne, *Le Colonialisme au Québec*, p. 37-38, p. 42-44.

41. Marcel Chaput, « L'avenir du Canada : séparation, intégration, ou… », conférence au Congrès des affaires canadiennes : « Le Canada, expérience ratée… ou réussie ? », 17 novembre 1961, cité dans Andrée Ferretti et Gaston Miron, *Les Grands Textes indépendantistes. Écrits, discours et manifestes québécois, 1772-1992*, p. 333, p. 336, p. 340-341. En décembre, Chaput démissionne de son poste au Conseil de la recherche pour la défense afin de se consacrer à temps plein à la cause de l'indépendance du Québec.

42. André Laurendeau, « Bloc-notes », *Le Devoir*, 18 novembre 1961.

43. Léon Dion, « Considérations sur le séparatisme », *Le Devoir*, samedi le 25 novembre 1961.

44. *Ibid.*

45. *Ibid.*

46. *Ibid.*

47. André d'Allemagne, *Le RIN et les Débuts du mouvement indépendantiste québécois*, p. 89-97.

48. Pierre Bourgault, « L'union est-elle nécessaire à notre action », *L'Indépendance*, vol. 1, n° 5, Montréal, février 1963, p. 3.

49. André d'Allemagne, « Le FLQ : notre position », *L'Indépendance*, vol. 1, n° 9, juin 1963.

50. André d'Allemagne, *Le Devoir*, 27 avril 1963.

51. Sur ce sujet, voir : Pierre Godin, *Les Frères divorcés*, p. 170-180.

52. Léon Dion, « Genèse et caractère du nationalisme de croissance », dans *Les Nouveaux Québécois*, 3ᵉ congrès de l'Institut des affaires canadiennes, p. 69 et 70.

53. Commission royale d'enquête sur le bilinguisme et le biculturalisme, *Rapport préliminaire*, p. 108-109.

54. André Laurendeau, *Le Devoir*, 20 février, 7 et 8 mars 1961.

55. Pierre Bourgault, *Le Devoir*, 7 mars 1961.

56. André Laurendeau, « Bloc-notes », *Le Devoir*, 28 octobre 1961.

57. Pierre Godin, *Les Frères divorcés*, p. 181.

58. Pierre Bourgault, « Le RIN sans nostalgie », François Aquin *et al.* (dir.), *Le Québec 1967-1987. Du général de Gaulle au lac Meech*, p. 63-66.

59. René Lévesque, *Attendez que je me rappelle…*, p. 268, p. 271, p. 288, p. 308-309.

60. *Ibid.*, p. 313.

61. Édouard Cloutier, Jean H. Guay et Daniel Latouche, *Le Virage. L'évolution de l'opinion publique depuis 1960. Ou comment le Québec est devenu souverainiste*, p. 48.

62. André Laurendeau, *Journal tenu durant la Commission royale d'enquête sur le bilinguisme et le biculturalisme*, 14 février 1964, p. 67.

63. Paul Chamberland, « Un dangereux extrémiste : le Laurendeau-Dunton », *Parti pris*, vol. 2. n° 8, avril 1965, p. 54-57.

64. Marcel Chaput, *Pourquoi je suis séparatiste*, p. 11.

65. Frantz Fanon, *Les Damnés de la terre*; Jacques Berque, *Dépossession du monde*; Albert Memmi, *Portrait du colonisé*.

66. André Laurendeau, *Journal tenu durant la Commission royale d'enquête sur le bilinguisme et le biculturalisme*, 22 février 1964, p. 76.

67. André d'Allemagne, *Le Colonialisme au Québec*, p. 175.

68. André d'Allemagne, *Le RIN et les Débuts du mouvement indépendantiste québécois*, p. 42.

69. Jean Larose, *La Souveraineté rampante*.

70. Marcel Rioux, *Les Québécois*, p. 163.

71. *Parti pris* a fait l'objet de nombreuses études. Parmi elles : James Twaites, *La Revue* Parti pris : *un guide analytique*; Robert Major, *Parti pris : idéologie et littérature*; Lise Gauvin, *Parti pris littéraire*; Jean-Marc Piotte, *La Communauté perdue. Petite histoire des militantismes*; André-J. Bélanger, *Ruptures et Constantes*; André Potvin, *L'Alliée-nation de l'idéologie nationaliste de la revue* Parti pris *ou pour comprendre le nationalisme québécois*; Pierrette Saint-Amant, *La Revue* Parti pris *et le Nationalisme socialiste*.

72. Jean-Marc Piotte, « Autocritique de *Parti pris* », *Parti pris*, vol. 2, n° 1, septembre 1964, p. 37.

73. « Manifeste 63-64 », *Parti pris*, vol. 1, n° 1, octobre 1963, p. 4.

74. Voir mon étude de *Cité libre* dans *Québec 1945-2000*, tome II : *Les Intellectuels et le Temps de Duplessis*, p. 271-313.

75. Paul Chamberland, « Les contradictions de la Révolution tranquille », *Parti pris*, vol. 1, n° 5, février 1964, p. 13.

76. Pierre Maheu, « De la révolte à la révolution », *Parti pris*, vol. 1, n° 1, octobre 1963, p. 12.

77. Pierre Vadeboncœur, « Salutations d'usage », *Parti pris*, vol. 1, n° 1, octobre 1963, p. 50-51.

78. Gérard Pelletier, « *Parti pris* ou la grande illusion », *Cité libre*, n° 66, avril 1964, p. 8.

79. Pierre Elliott Trudeau, « Les séparatistes : des contre-révolutionnaires », *Cité libre*, n° 67, mai 1964, p. 2-6 ; publié dans Pierre Elliott Trudeau, *Le Fédéralisme et la Société canadienne-française*, p. 221, p. 225-227.

80. Léon Dion, *Québec 1945-2000*, tome II : *Les Intellectuels et le Temps de Duplessis*, p. 297-312.

81. Léon Dion, *Société et Politique. La Vie des groupes*, tome I : *Fondements de la société libérale*; tome II : *Dynamique de la société libérale*.

82. Pierre Maheu, « De la révolte à la révolution », *Parti pris*, vol. 1, n° 1, octobre 1963, p. 12.

83. Léon Dion, *Nationalismes et Politique au Québec*, p. 94.

84. Paul Chamberland, « Aliénation culturelle et révolution nationale », *Parti pris*, vol. 1, n° 2, novembre 1963, p. 15.

85. « Manifeste 64-65 », *Parti pris*, vol. 2, n° 1, septembre 1964, p. 11-12.

86. « Le RIN contre le RIN » (éditorial), *Parti pris*, vol. 2, n° 9, mai 1965, p. 40.

87. Paul Chamberland, « Découvrir la raison première de notre aliénation », dans Georges Vincenthier (dir.), *Histoire des idées au Québec. Des troubles de 1837 au référendum de 1980*, p. 321-322, p. 324.

88. Paul Chamberland, « L'inavouable », cité dans Robert Major, *Parti pris : idéologies et littérature*, p. 242-243.

89. Jean-Paul Sartre, « Orphée noir », préface à l'*Anthologie de la nouvelle poésie nègre et malgache de langue française*, de Léopold Sédar Senghor, p. XII.

90. Pierre Noreau, *L'Action nationale*, vol. LXXXVII, n° 6, 1997, p. 13.

91. Franz Fanon, *Les Damnés de la terre*, p. 153-154, p. 169 ; voir : Lise Gauvin, *Parti pris littéraire*, p. 149-150.

92. Pierre Maheu, « Pas de révolution par procuration », *Parti pris*, vol. 2, n° 7, mars 1965, p. 52. Sur ce sujet, voir : Pierrette St-Amant, *La Revue* Parti pris *et le Nationalisme socialiste*, p. 96-99.

93. Adam Ostry, *Fédéralisme, Nationalisme et Social-démocratie. Le Nouveau Parti démocratique et le Québec*.

94. Pour ce qui est du texte du manifeste du PSQ, voir : Daniel Latouche et Diane Polinquin-Bourassa (dir.), *Le Manuel de la parole*, p. 75-79.

95. Pierrette St-Amant, *La Revue* Parti pris *et le Nationalisme socialiste*, p. 66-68.

96. « L'indépendance au plus vite » (éditorial), *Parti pris*, n°s 5-6, janvier 1967, p. 2.

97. Pierre Maheu, « Notes pour une politisation », *Parti pris*, vol. 2, n° 1, septembre 1964, p. 54.

98. « Le socialisme » (éditorial), *Parti pris*, vol. 1, n° 6, mars 1964, p. 2-4.

99. « La présentation » (éditorial), *Parti pris*, vol. 4, n°s 9-12, mai-août 1967, p. 8.

100. Jean-Marc Piotte, « Autocritique de *Parti pris* », *Parti pris*, vol. 2, n° 1, septembre 1964, p. 36. Sur ce sujet, voir : Pierrette St-Amant, *La Revue Parti pris et le Nationalisme socialiste*, p. 18-21.

101. « Manifeste 65-66 », *Parti pris*, vol. 2, n° 1, septembre 1965, p. 7.

102. Pierre Maheu, « Que faire ? », *Parti pris*, vol. 1, n° 5, février 1964, p. 45.

103. « Manifeste 65-66 », *Parti pris*, vol. 3, n° 1, septembre 1965, p. 11.

104. Paul Chamberland, « Les contradictions de la Révolution tranquille », *Parti pris*, vol. 1, n° 4, février 1964, p. 6.

105. Paul Chamberland, « Bilan d'un combat », *Parti pris*, vol. 2, n° 2, septembre 1964, p. 21.

106. Pierre Maheu, « À quand l'indépendance ? », *Parti pris*, vol. 4, n°s 5-6, janvier-février 1966, p. 3.

107. « Bilan syndical » (éditorial), *Parti pris*, vol. 2, n° 5, janvier 1965, p. 4.

108. Pierre Maheu, « La protection de l'État », *Parti pris*, vol. 3, n°s 3-4, octobre-novembre 1965, p. 10.

109. « Bilan syndical » (éditorial), *Parti pris*, vol. 2, n° 5, janvier 1965, p. 3.

110. Paul Chamberland, « De la damnation à la liberté », *Parti pris*, vol. 1, n°s 9-11, été 1964, p. 69.

111. Pierre Maheu, « Le dieu canadien-français contre l'homme québécois », *Parti pris*, vol. 4, n°s 3-4, novembre-décembre 1966, p. 35.

112. « Manifeste 65-66 », *Parti pris*, vol. 3, n°s 1-2, août-septembre 1965, p. 17.

113. Pierre Maheu, « La protection de l'État », *Parti pris*, vol. 3, n°s 3 et 4, octobre-novembre 1965, p. 8.

114. « Présentation », *Parti pris*, vol. 1, n° 1, octobre 1963, p. 2.

115. Jean-Marc Piotte, « Autocritique de *Parti pris* », *Parti pris*, vol. 2, n° 1, septembre 1964, p. 36.

116. Gaston Miron, « Un long chemin », *Parti pris*, vol. 2, n° 5, janvier 1965, p. 30.

117. Paul Chamberland, « Dire ce que je suis — notes », *Parti pris*, vol. 2, n° 5, janvier 1965, p. 37.

118. Pierre Maheu, « Le poète et le permanent », *Parti pris*, vol. 2, n° 5, janvier 1965, p. 5.

119. André Major, « Ainsi soit-il », *Parti pris*, vol. 2, n° 5, janvier 1965, p. 16.

120. Robert Major, *Parti pris : idéologies et littérature*, p. 72. Sur le thème de l'intellectuel et l'engagement politique, voir : *ibid.*, p. 53-78.

121. Voir : Jacques Pelletier, *Les Habits neufs de la droite culturelle*. L'auteur dénonce l'« élitisme » intellectuel des adeptes du « français international », « la sacralisation du modèle classique » qu'il perçoit chez Jean Larose, François Ricard et Jacques Godbout. Pour des points de vue différents, voir : Jean Larose, *La Souveraineté rampante*; Nadine Pirotte, *Penser l'éducation. Nouveaux dialogues avec André Laurendeau*, p. 143-154 ; Jean Marcel, *Le Joual de Troie*.

122. Jean-Paul Desbiens, *Les Insolences du frère Untel*. Sur ce sujet, voir : Léon Dion, *Québec 1945-2000*, tome 2 : *Les Intellectuels et le Temps de Duplessis*, p. 221-227.

123. Albert Memmi, *Portrait du colonisé*, p. 178-180.

124. André-J. Bélanger, *Ruptures et Constantes*, p. 146.

125. Paul Chamberland, « De la damnation à la liberté », *Parti pris*, vol. 1, n°s 9-11, été 1964, p. 59.

126. Paul Chamberland, *L'afficheur hurle*, p. 9.

127. Sur la signification du joual dans la revue *Parti pris* et surtout dans la série d'ouvrages édités par *Parti pris*, voir : Robert Major, *Parti pris : idéologies et littérature*, p. 59-83, p. 273-310 ; Lise Gauvin, *Parti pris littéraire*, p. 55-74.

128. André Brochu, « D'un faux dilemme », *Parti pris*, vol. 2, n° 8, avril 1965, p. 58-59 ; Gérald Godin, « Le joual et nous », *Parti pris*, vol. 2, n° 5, janvier 1965, p. 18-19 ; Gérald Godin, « Le joual politique », *Parti pris*, vol. 2, n° 7, mars 1965, p. 57-59.

129. Robert Major, *Parti pris : idéologies et littérature*, p. 79.

130. André Brochu, « D'un faux dilemme », *Parti pris*, vol. 2, n° 8, avril 1965, p. 58.

131. Gérald Godin, « Le joual politique », *Parti pris*, vol. 2, n° 7, mars 1965, p. 57.

132. Gérald Godin, « Le joual et nous », *Parti pris*, vol. 2, n° 5, janvier 1965, p. 19.

133. Gérald Godin, « L'âme du Canada français », cité dans Lise Gauvin, *Parti pris littéraire*, p. 118.

134. Jacques Renaud, *Le Cassé* ; Gaston Miron, *L'Homme rapaillé* ; André Major, *Le Cabochon, La Chair de poule* ; Gérald Godin, *Les Cantouques, Ils ne demandaient qu'à brûler. Poèmes 1960-1967* ; Paul Chamberland, *L'afficheur hurle, L'Inavouable* ; Hubert Aquin (qui n'a publié que deux textes dans

la revue *Parti pris*), *Prochain Épisode*. Sur le sujet, voir : Robert Major, *Parti pris : idéologies et littérature*, p. 63-77, p. 273-301.

135. Gaston Miron, *L'Homme rapaillé*, p. 61.
136. *Ibid.*, p. 122.
137. *Ibid.*, p. 50.
138. *Ibid.*, p. 5.
139. *Ibid.*, p. 116. Aussi : Gaston Miron, « Un long chemin », *Parti pris*, vol. 2, n° 5, janvier 1965, p. 25-33.
140. Pierre Maheu, « Le Québec en mots dits », *Parti pris*, vol. 5, n° 5, février 1968, p. 48-49.
141. Robert Major, *Parti pris : idéologies et littérature*, p. 285-286.
142. Sur ce thème, je m'appuie sur la recherche de Pierrette St-Amant, *La Revue* Parti pris *et le Nationalisme socialiste*, p. 54-69.
143. Jean-Marc Piotte, *La Communauté perdue. Petite histoire des militantismes*, p. 87.
144. « Manifeste 64-65 », *Parti pris*, vol. 2, n° 1, septembre 1964, p. 16.
145. « Une arme à deux tranchants » (éditorial), *Parti pris*, vol. 3, n° 7, février 1966, p. 5.
146. *Ibid.*, p. 4.
147. Pierre Maheu, « Leur democracy », *Parti pris*, vol. 1, n° 6, mars 1964, p. 8.
148. *Ibid.*, p. 7 et 9.
149. Paul Chamberland, « Le samedi de la matraque », *Parti pris*, vol. 2, n° 3, novembre 1964, p. 2.
150. « Manifeste 65-66 », *Parti pris*, vol. 3, n°s 1-2, août-septembre 1965, p. 16.
151. Pierre Maheu, « Les fidèles, les mécréants et les autres », *Parti pris*, vol. 2, n° 8, avril 1965, p. 28.
152. « Manifeste 65-66 », *Parti pris*, vol. 3, n°s 1-2, août-septembre 1965, p. 19 ; Gérald Godin, « Jean Lesage et l'État béquille », *Parti pris*, vol. 2, n°s 10-11, juin-juillet 1965, p. 2-4.
153. « Une arme à deux tranchants » (éditorial), *Parti pris*, vol. 3, n° 7, février 1966, p. 4 ; Jean-Marc Piotte, « Où allons-nous ? », *Parti pris*, vol. 3, n°s 1-2, août-septembre 1965, p. 68-69 ; Pierre Maheu, « La protection de l'État », *Parti pris*, vol. 3, n°s 3-4, octobre-novembre 1965, p. 10-11 ; « Le BAEQ : socialisme ou néo-capitalisme » (éditorial), *Parti pris*, vol. 3, n° 10, mai 1966, p. 4.
154. Jean-Marc Piotte, « Du duplessisme au FLQ », *Parti pris*, vol. 1, n° 1, octobre 1963, p. 29.
155. Laurent Girouard, « Notre littérature de colonie », *Parti pris*, vol. 1, n° 3, décembre 1963, p. 37.
156. Paul Chamberland, « De la damnation à la liberté », *Parti pris*, vol. 3, n°s 9-11, été 1964, p. 78-79.
157. Jean-Marc Piotte, entrevue dans *Le Devoir*, lundi 20 juin 1994.
158. « Manifeste 65-66 », *Parti pris*, vol. 3, n°s 1-2, août-septembre 1965, p. 23.
159. « Manifeste 64-65 », *Parti pris*, vol. 2, n° 1, septembre 1963, p. 2.
160. Pierre Maheu, « Que faire ? », *Parti pris*, vol. 1, n° 5, février 1964, p. 44.
161. « Manifeste 64-65 », *Parti pris*, vol. 2, n° 1, septembre 1964, p. 9.
162. Pierre Maheu, « Que faire ? », *Parti pris*, vol. 1, n° 5, février 1964, p. 44.
163. Jean-Marc Piotte, « Du duplessisme au FLQ », *Parti pris*, vol. 1, n° 1, octobre 1963, p. 28 ; voir aussi : Gaétan Tremblay, « Le FLQ et nous », *Parti pris*, vol. 4, n°s 3-4, novembre-décembre 1966, p. 2-6.
164. Paul Chamberland et Luc Racine, « Exigences théoriques d'un combat politique » (éditorial), *Parti pris*, vol. 4, n°s 1-2, septembre-octobre 1966, p. 9.
165. Philippe Bernard, « La contestation étudiante » (éditorial), *Parti pris*, vol. 5, n°s 8-9, été 1968, p. 6.
166. *Ibid.*, p. 3, p. 5.
167. *Ibid.*, p. 5.
168. Gilles Bourque, « Québec politique, on n'est pas le Congo », *Parti pris*, vol. 5, n° 5, février 1968, p. 10-11.
169. Pierre Maheu, « Débat forum », *Parti pris*, vol. 5, n° 8, été 1968, p. 36.
170. Philippe Bernard, « *Parti pris*, le RIN et le MSA » (éditorial), *Parti pris*, vol. 5, n° 7, 1968, p. 3.
171. Pierre Maheu, « Québec laïque ou Québec yankee ? », *Parti pris*, vol. 5, n°s 8-9, été 1968, p. 28-29 ; voir aussi : Pierre Maheu, « 1964-1968 : appui tactique à la bourgeoisie », *Parti pris*, vol. 5, n° 7, avril 1968, p. 11-12 ; Luc Racine, « Le congrès du FLQ et la position de René Lévesque », *Parti pris*, vol. 5, n°s 2-3, octobre-novembre 1967, p. 13-20.

172. Pierre Maheu, « Que faire? », *Parti pris*, vol. 1, n° 5, février 1964, p. 38.

173. *Parti pris*, Communiqué, 10 octobre 1968, p. 2.

174. Léon Dion, *Nationalismes et Politique au Québec*, p. 91.

175. Jean-Marc Piotte, *La Communauté perdue. Petite histoire des militantismes*, p. 42, p. 49.

176. *Ibid.*, p. 125.

177. *Ibid.*, p. 126.

178. André Laurendeau, *Journal tenu durant la Commission royale d'enquête sur le bilinguisme et le biculturalisme*, 25 février 1964, p. 79, p. 76.

179. Robert Major, *Parti pris : idéologies et littérature*, p. 321-322.

180. Daniel Latouche, *Le Bazar. Des anciens Canadiens aux nouveaux Québécois*, p. 59-61.

181. Jean-Marc Piotte, *La Communauté perdue. Petite histoire des militantismes*, p. 50, p. 51, p. 113, p. 125, p. 127, p. 132.

182. Le FLQ a fait l'objet de nombreuses publications. Entre autres : Robert Comeau, Daniel Cooper et Pierre Vallières, *Le FLQ : un projet révolutionnaire. Lettres et écrits felquistes (1963-1882)*; Pierre Vallières, *Nègres blancs d'Amérique*; Louis Fournier, *FLQ. Histoire d'un mouvement clandestin*; Marc Laurendeau, *Les Québécois violents*; Malcolm Reid, *The Shouting Signpainters. A Literary and Political Account of Quebec Revolutionary Nationalism*; Jean-Claude Trait, *FLQ 1970 : offensive d'automne*; Jean V. Dufresne, Jean-Pierre Fournier, Jean Paré et Armande Saint-Jean, *Octobre 70. Un an après*; Fernand Dumont, *La Vigile du Québec. Octobre 70 : l'impasse*; Pierre Godin, *René Lévesque héros malgré lui (1960-1976)*; Gérard Pelletier, *La Crise d'octobre*.

183. André Laurendeau, cité dans Pierre Godin, *René Lévesque héros malgré lui (1960-1976)*, p. 292.

184. André Laurendeau, « À cause du respect que j'ai pour l'homme, la violence m'apparaît comme un recul », *Maclean*, août 1963, p. 52.

185. Robert Comeau, Daniel Cooper, Pierre Vallières, *Le FLQ : un projet révolutionnaire. Lettres et écrits felquistes (1963-1982)*, p. 16 et p. 17.

186. Pierre Vallières, *Nègres blancs d'Amérique* (livre rédigé alors qu'il était en prison à New York et à Montréal). « Ce livre, écrit-il, est d'abord un acte politique […]. Cet acte politique est celui d'un membre parmi d'autres du Front de libération du Québec (FLQ) » (p. 12).

187. Robert Comeau, Daniel Cooper et Pierre Vallières, *op. cit.*, p. 234, p. 239.

188. Pierre Elliott Trudeau, *Mémoires politiques*, p. 119-120.

189. *Ibid.*, p. 121.

190. Pierre Elliot Trudeau, *ibid.*, p. 124.

191. Pierre Godin, *René Lévesque, héros malgré lui (1960-1976)*, p. 501.

192. Julien Chouinard était à l'époque premier secrétaire général du Conseil exécutif du Québec.

193. Robert Bourassa, *Gouverner le Québec*, p. 51-53, p. 56.

194. Louis Fournier, *FLQ. Histoire d'un mouvement clandestin*, p. 340, p. 351.

195. *Ibid.*, p. 347.

196. Pierre Elliott Trudeau, *Mémoires politiques*, p. 126-127.

197. *Ibid.*, p. 122.

198. Sources : Archives de l'archidiocèse de Québec (AAQ); Archives de l'Assemblée des évêques du Québec (AEQ). L'abbé Armand Gagné, archiviste diocésain, m'a aimablement fourni ces renseignements.

199. Louis Fournier, *FLQ. Histoire d'un mouvement clandestin*, p. 347.

200. Marc Laurendeau, *Les Québécois violents*, p. 330.

201. Sur le FLQ et l'après-octobre 1970, voir : Louis Fournier, *FLQ. Histoire d'un mouvement clandestin*, p. 375-470.

202. Pierre Elliott Trudeau, *Mémoires politiques*, p. 132-133.

203. René Lévesque, cité dans Pierre Godin, *René Lévesque, héros malgré lui (1960-1976)*, p. 294.

204. Michel Dussault, « Le débat Vallières-Gagnon : tensions à gauche », *Relations*, n° 368, février 1972, p. 44-46.

205. Louis Fournier, *FLQ. Histoire d'un mouvement clandestin*, p. 433.

206. *Ibid.*, p. 462. François Séguin est un felquiste que la police a converti en indicateur.

207. À ce sujet, voir : Pierrette Bouchard, *Le Journal : instrument idéologique d'initiation à la militance chez la ligue communiste marxiste canadienne.*

208. Pierre Vallières, cité dans Louis Fournier, *FLQ. Histoire d'un mouvement clandestin*, p 413.

209. Pierre Vallières, *L'Urgence de choisir*, p. 27.

210. *Ibid.*, p. 113.

211. *Ibid.*, p. 84.

212. *Ibid.*, p. 80.

213. *Ibid.*, p. 107.

214. Pierre Vallières, *Les Héritiers de Papineau. Itinéraire politique d'un nègre blanc (1960-1985)*, p. 231.

215. Charles Gagnon, « Sur la crise du mouvement marxiste-léniniste », *En lutte*, octobre 1981, cité dans Louis Fournier, *FLQ. Histoire d'un mouvement clandestin*, p. 433.

216. *Ibid.*, p. 470.

217. Pierre Vallières, *Les Héritiers de Papineau. Itinéraire politique d'un nègre blanc (1960-1985)*, p. 13-14, p. 263.

218. *Ibid.*, p. 13.

219. *Ibid.*, p. 273.

220. Pierre Vallières, *Nègres blancs d'Amérique*, p. 205. Miron fut également un membre actif du RIN.

221. *L'Avant-garde*, n° 4, juin 1966, cité dans Robert Comeau, Daniel Cooper et Pierre Vallières, *Le FLQ : un projet révolutionnaire. Lettres et écrits felquistes (1963-1982)*, p. 98.

222. *Ibid.*, p. 98, p. 33, p. 133, p. 75-76, p. 138.

223. *Ibid.*, p. 203 (texte écrit en 1968).

224. De 1966 à 1971, Vallières passe cinquante-deux mois en prison, Gagnon, quarante-neuf mois.

225. Pierre Vallières, *Nègres blancs d'Amérique*, p. 401.

226. *La Cognée*, octobre 1965, citée dans Robert Comeau, Daniel Cooper et Pierre Vallières, *Le FLQ : un projet révolutionnaire. Lettres et écrits felquistes (1963-1982)*, p. 42.

227. *L'Avant-garde*, n° 1, janvier 1966, cité dans *ibid.*, p. 64.

228. Texte de Charles Gagnon écrit en prison en décembre 1983, cité dans *ibid.*, p. 188.

229. *La Cognée*, n° 7, 15 mars 1964, cité dans *ibid.*, p. 25.

230. Lettre de Charles Gagnon à son père en 1966, rédigée en prison à New York, citée dans *ibid.*, p. 164.

231. *L'Avant-garde*, n° 4, juin 1966, texte signé par André Jacques, soit Charles Gagnon, cité dans *ibid.*, p. 106.

232. *La Cognée*, n° 7, 15 mars 1964, texte signé du pseudonyme de Paul Lemoyne, cité dans *ibid.*, p. 28.

233. *La Cognée*, n° 56, 1er avril 1966, texte signé par André Jacques, soit Charles Gagnon, cité dans *ibid.*, p. 99.

234. *L'Avant-garde*, n° 2, mars 1966, texte signé par Mathieu Hébert, soit Pierre Vallières, cité dans *ibid.*, p. 89.

235. *La Cognée*, n° 34, 1er mai 1965, texte signé du pseudonyme de Paul Lemoyne, cité dans *ibid.*, p. 37.

236. Pierre Vallières, *Nègres blancs d'Amérique*, p. 316, p. 385-386.

237. *La Cognée*, n° 49, décembre 1965, texte signé du pseudonyme de Paul Lemoyne, cité dans Gérard Pelletier, *La Crise d'octobre*, p. 52.

238. *L'Avant-garde*, n° 1, janvier 1966, texte signé par Mathieu Hébert, soit Pierre Vallières, cité dans Robert Comeau, Daniel Cooper et Pierre Vallières, *Le FLQ : un projet révolutionnaire. Lettres et écrits felquistes (1963-1982)*, p. 72.

239. Daniel Latouche, *Le Bazar. Des anciens Canadiens aux nouveaux Québécois*, p. 63.

240. Pierre Vallières, *L'Urgence de choisir*, p. 135.

241. Pierre Vallières, préface à Robert Comeau, Daniel Cooper et Pierre Vallières, *Le FLQ : un projet révolutionnaire. Lettres et écrits felquistes (1963-1982)*, p. 10.

242. Charles Gagnon, « Je suis né au Bic… », cité dans *ibid.*, p. 228, p. 231. Lettre publiée en partie dans *Maclean* en juillet 1970.

243. Pierre Vallières, *L'Urgence de choisir*, p. 8.
244. Pierre Vallières, *Les Héritiers de Papineau. Itinéraire politique d'un nègre blanc (1960-1985)*, p. 13, p. 270.
245. André Laurendeau, « Éditorial », *Le Devoir*, 9 janvier 1962.
246. John Porter, « The economic elite and the social structure in Canada », *The Canadian Journal of Economic and Political Science*, vol. XXIII, n° 3, 1957, p. 376-395. (L'ouvrage magistral *The Vertical Mosaic* parut en 1965.)
247. Léon Dion, « Vers un nationalisme positif », *Le Devoir*, 8 décembre 1962. Laurendeau fit référence à cet article dans *Le Devoir*, entre autres dans : « La fonction publique : pourquoi tant d'échecs à Ottawa », 8 décembre 1962 ; « Une caste », 15 décembre 1962.
248. Léon Dion, « The New Regime », *The Globe and Mail*, 10-14 décembre 1962.
249. Commission royale d'enquête sur le bilinguisme et le biculturalisme, *Rapport préliminaire*, p. 143.
250. Michael Oliver, *The Passionate Debate. The Social and Political Ideas of Quebec Nationalism, 1920-1945*.
251. Pour un exposé succinct, voir : Michael Oliver, « Laurendeau et Trudeau : leurs opinions sur le Canada », Raymond Hudon et Réjean Pelletier (dir.), *L'Engagement intellectuel. Mélanges en l'honneur de Léon Dion*, p. 339-365. Voir aussi : Jean Éthier-Blais, *Signets IV. Le siècle de l'abbé Groulx*, p. 193-210 ; Dimitrios Karmis et Alain-G. Gagnon, « Fédéralisme et identités collectives au Canada et en Belgique : des itinéraires différents, une fragmentation similaire », *Canadian Journal of Political Science / Revue canadienne de science politique*, vol. XXIX, n° 3, septembre 1996, p. 451-453 ; Jean-François Nadeau, « Itinéraire de la pensée d'André Laurendeau (1912-1968) », *L'Action nationale*, vol. LXXXIII, n° 5, mai 1993, p. 645-658 ; surtout : Denis Monière, *André Laurendeau*, p. 274-347 ; Jean-Jouis Gagnon, *Les Apostasies*, tome III : *Les Palais de glace*, p. 29-183.
252. Commission royale d'enquête sur le bilinguisme et le biculturalisme, *Rapport préliminaire*, p. 22.
253. *Ibid.*, p. 5.
254. *Ibid.*, p. 68-70.
255. *Ibid.*, p. 103.
256. *Ibid.*, p. 84.
257. *Ibid.*, p. 86.
258. *Ibid.*, p. 85.
259. *Ibid.*, p. 106.
260. *Ibid.*, p. 121-122.
261. *Ibid.*, p. 136.
262. Voir : Commission royale d'enquête sur le bilinguisme et le biculturalisme, *Livre I : Les Langues officielles*, appendice IV, p. 185-199.
263. André Laurendeau, *Journal tenu durant la Commission royale d'enquête sur le bilinguisme et le biculturalisme*, p. 245.
264. À ce sujet, voir la préface de Paul-André Comeau au livre d'André Laurendeau, *ibid.*, p. 17.
265. Jean Éthier-Blais, *Signets IV. Le siècle de l'abbé Groulx*, p. 208.
266. André Laurendeau, *Journal tenu durant la Commission royale d'enquête sur le bilinguisme et le biculturalisme*, 29 octobre 1967, p. 384.
267. À plusieurs reprises, dans son *Journal (ibid.)*, Laurendeau fustige en des formules lapidaires les mandarins, ces « Outaouais supérieurs » de la fonction publique fédérale.
268. *Ibid.*, 14 juillet 1966, p. 367.
269. Commission royale d'enquête sur le bilinguisme et le biculturalisme, *Livre I : Les Langues officielles*, p. 22.
270. Sur les orientations de Laurendeau et de Scott, voir Guy Laforest, *Trudeau et la Fin d'un rêve canadien*, p. 81-119.
271. Léon Dion, « Bribes de souvenirs d'André Laurendeau », Nadine Pirotte (dir.), *Penser l'éducation. Nouveaux dialogues avec André Laurendeau*, p. 49-51.
272. « *Personally, I am opposed to any attempt at rewriting the Constitution at this time.* [...] *My aim is*

to make the whole of Canada a place in which both cultures may develop freely [...]. *I would prefer to see both languages recognized everywhere so that each language group can feel reasonably at home in any part of the country.* » Frank Scott, « A view of Canada (confidential) », collection André Laurendeau, 11 août 1965, P2C727, cité dans Denis Monière, *André Laurendeau*, p. 319.

273. Jean-Louis Gagnon, *Les Apostasies*, tome III : *Le Palais de glace*, p. 137.

274. *Ibid.*

275. André Laurendeau, *Journal tenu durant la Commission royale d'enquête sur le bilinguisme et le biculturalisme*, p. 361-362.

276. *Ibid.*, p. 368.

277. Commission royale d'enquête sur le bilinguisme et le biculturalisme, *Livre I : Les Langues officielles*, p. XXXVI.

278. Donald V. Smiley, *Constitutional Adaptation and Canadian Federalism since 1945* ; Ronald L. Watts, *Multicultural Societies and Federalism* ; Peter H. Russell, *The Canadian Supreme Court of Canada as a Bilingual Institution* ; Ramsay Cook, *Provincial Autonomy, Minority Rights and the Compact Theory (1867-1921)* ; Kenneth D. McRae, *The Federal Capital : Government and Institutions*.

279. « *I have said before, and I repeat, that our Commission was not intended to undertake this revision of the Canadian Constitution, it is not equipped for it, and it has not done the research necessary to justify its proposed volume* [...]. *While I cannot agree with its purpose let me congratulate him [professor Dion] on having bravely attempted an impossible task.* »

280. Jean-Louis Gagnon, *Les Apostasies*, tome III : *Les Palais de glace*, p. 177-178, p. 183.

281. *Rapport du Conseil consultatif des districts bilingues* (Ottawa, Information Canada, 1975).

282. Ray Conlogue, *Impossible Nation. The Longing for Homeland in Canada and Quebec*, p. 116 : « [...] *with the Official Language Act Pierre Trudeau had injected a massive dose of intellectual nonsense deep into the Canadian psyche. His motives were admirable — he wanted to save Quebec from a centuries-old survival reflex which risked cutting it off from the world — and his point of reference — himself — seemed to provide an answer. In short, if Pierre Trudeau could become flawlessly bilingual, why couldn't everybody else?* »

283. Le rapport de la commission Gendron comprend trois livres : *Livre I : La Langue de travail* ; *Livre II : Les Droits linguistiques* ; *Livre III : Les Groupes ethniques*.

284. Voir : Deuxième Conférence canadienne sur le multiculturalisme, *Le Multiculturalisme comme politique d'État* (Ottawa, Information Canada, 1976).

285. « Opinion dissidente du commissaire F. R. Scott », Rapport de la Commission royale d'enquête sur le bilinguisme et le biculturalisme, *Livre III, Le Monde du travail*, troisième partie : *Le secteur privé*, 1969, p. 621-623.

286. André Raynault *et al.*, *La Répartition des revenus selon les groupes ethniques*, étude de la Commission royale d'enquête sur le bilinguisme et le biculturalisme. La troisième étude du *Livre III* du rapport de la Commission publié en 1969, *Le Monde du travail. Le secteur privé*, est basée sur l'étude de Raynault. Pour des précisions sur cette étude, voir : Léon Dion, *Québec 1945-2000*, tome II : *Les Intellectuels et le Temps de Duplessis*, p. 326-328.

287. Voir : Nadine Pirotte, *Penser l'éducation. Nouveaux dialogues avec André Laurendeau*, p. 53.

288. Sur Frank Scott, voir : Sandra Djiwa, *The Politics of Imagination. A Life of Frank Scott*.

289. Jean-Louis Gagnon, *Les Apostasies*, tome III : *Les Palais de glace*, p. 140-142.

290. Ray Conlogue, *Impossible Nation. The Longing for Homeland in Canada and Quebec*, p. 9. « *It is chastening to realize that five years ago, when I moved to Quebec, I saw nothing exceptional in the common lament : How can Quebec complain when we have given it so much? It took a long time to understand that assuming that "we" are in a position to bestow, rather than asking the minority what it requires for its survival, is by itself nearly enough to destroy a country.* »

291. Denis Monière, *André Laurendeau*, titre du chapitre XII.

292. André Laurendeau, « Bloc-notes », *Le Devoir*, 8 mars 1961.

293. André Laurendeau, *Journal tenu durant la Commission royale d'enquête sur le bilinguisme et le biculturalisme*, 2 mai 1964, p. 174.

294. *Ibid.*, 22 février 1964, p. 75. Voir aussi : p. 79, p. 243-244, p. 254.

295. *Ibid.*, 18 août 1965, p. 343. Une évolution semblable s'opère aussi chez moi au tournant de 1965. Voir : Léon Dion, *Québec 1945-2000*, tome I : *À la recherche du Québec.*

296. Jean Éthier-Blais, *Signets IV. Le siècle de l'abbé Groulx*, p. 204.

297. André Laurendeau, *Journal tenu durant la Commission d'enquête sur le bilinguisme et le biculturalisme*, 24 avril 1964, p. 174.

298. *Ibid.*, p. 74-75.

299. *Ibid.*, 28 mars 1964, p. 109.

300. *Ibid.*, 20 mars 1964, p. 110 ; 5 juillet 1967, p. 380-381.

301. *Ibid.*, 14 février 1964, p. 61.

Chapitre V • Valorisation du politique

1. Georges-Henri Lapalme, *Mémoires*, tome II : *Le Vent de l'oubli*, p. 16.

2. Marcel Rioux, *La Question du Québec*, p. 150-151.

3. Jean Lesage, cité dans Pierre Fournier, *Les Sociétés d'État et les Objectifs économiques du Québec : une évaluation préliminaire*, p. 3.

4. Dale C. Thompson, *Jean Lesage et la Révolution tranquille*, p. 514.

5. Jean Lesage, cité dans Richard Daignault, *Lesage*, p. 171.

6. Jean Lesage, cité dans *ibid., Lesage*, p. 137-139.

7. Jean Lesage, cité dans Claude Morin, *Le Combat québécois*, p. 68-69.

8. Dale C. Thompson, *Jean Lesage et la Révolution tranquille*, p. 392.

9. Nicole Laurin-Frenette, *Production de l'État et Formes de la nation*, p. 122, n. 1.

10. Roland Parenteau, « Les transformations de l'État », Robert Comeau (dir.), *Jean Lesage et l'Éveil d'une nation*, p. 185-194 ; Réjean Pelletier, « La Révolution tranquille », Gérard Daigle et Guy Rocher (dir.), *Le Québec en jeu. Comprendre les grands défis*, p. 190-624.

11. Georges-Émile Lapalme, cité dans Richard Daignault, *Lesage*, p. 202-203.

12. René Lévesque, cité dans Jean Provencher, *René Lévesque. Portrait d'un Québécois*, p. 166. (La désignation « Assemblée nationale » se substitue à celle d'« Assemblée législative » en 1969 sous le gouvernement Bertrand à la suite de l'abolition du Conseil législatif.)

13. René Lévesque, *Attendez que je me rappelle*, p. 230.

14. René Lévesque, conférence devant les membres du Canadian Club de Montréal, 9 avril 1962, cité dans Jean Provencher, *René Lévesque. Portrait d'un Québécois*, p. 181-182.

15. Daniel Johnson, *Égalité ou Indépendance*, p. 23-24, p. 52.

16. Robert Bourassa, « Instruments de notre libération », *Maintenant*, nos 68-69, septembre 1967, p. 264.

17. Robert Bourassa, « Aspects économiques d'un Québec indépendant », *Maintenant*, n° 70, octobre 1967, p. 309-313.

18. Jacques Parizeau, « Entrevue », Québec-Presse, 15 février 1970, cité dans Pierre Fournier, *Les Sociétés d'État et les Objectifs économiques du Québec : une évaluation préliminaire*, p. 5.

19. Manifeste du Parti libéral du Québec (1962), dans Jean-Louis Roy, *Programmes électoraux du Québec*, tome II : *1931-1966*, p. 390-395.

20. Jean Lesage, cité dans Pierre Godin, *Les Frères divorcés*, p. 200.

21. Guy Frégault, *Chronique des années perdues*, p. 51.

22. Léon Dion, « L'État du Québec : destin d'un mot », *Maclean*, vol. I, n° 5, décembre 1961, p. 2.

23. Commission royale d'enquête sur le bilinguisme et le biculturalisme, *Rapport préliminaire*, p. 6.

24. Jean Lesage, cité dans Jean-Louis Roy, *Le Choix d'un pays*, p. 25.

25. Jean Lesage, cité dans *La Presse*, le 26 novembre 1963.

26. Jean Lesage, cité dans Yves-Henri Nouailhat, *Le Québec de 1944 à nos jours. Un destin incertain*, p. 123.

27. Daniel Johnson, cité dans Pierre Godin, *Daniel Johnson,* tome II : *1964-1968. La difficile recherche de l'égalité,* p. 304.

28. Conrad Black, *Duplessis,* tome II : *Le Pouvoir,* p. 225.

29. Sources indispensables : James Iain Gow, *Histoire de l'administration publique québécoise (1867-1970)* ; Daniel Latouche, « La vraie nature de la Révolution tranquille », *Canadian Journal of Political Science / Revue canadienne de science politique,* vol. VII, n° 3, septembre 1974, p. 525-536.

30. James Iain Gow, *Histoire de l'administration publique québécoise (1867-1970),* p. 22.

31. *Ibid.,* p. 393.

32. Daniel Latouche, « La vraie nature de la Révolution tranquille », *Canadian Journal of Political Science / Revue canadienne de science politique,* vol. VII, n° 3, septembre 1974, p. 532.

33. *Ibid.,* p. 533.

34. Réjean Landry, « L'inertie des dépenses budgétaires », communication préparée pour le Congrès des Sociétés savantes du Canada, Association canadienne de science politique, Winnipeg, juin 1986.

35. Gary Caldwell et B. Dan Czarnocki, « Un rattrapage raté », *Recherches sociographiques,* vol. XVIII, n°s 1 et 3, 1977.

36. Daniel Latouche, « La vraie nature de la Révolution tranquille », *Canadian Journal of Political Science / Revue canadienne de science politique,* vol. VII, n° 3, 1974, p. 535.

37. *Ibid.,* p. 534.

38. Sources : Gérard Lapointe, « Essai sur la fonction publique québécoise », *Rapport de recherche pour la Commission d'enquête sur le bilinguisme et le biculturalisme,* cité dans Daniel Latouche, « La vraie nature de la Révolution tranquille », *Canadian Journal of Political Science / Revue canadienne de science politique,* vol. VII, n° 3, 1974, p. 533 ; James Iain Gow, « L'évolution de l'administration publique au Québec », cité dans *ibid.,* p. 533 ; Provincial Government employment, Ottawa, BFS72-007, 1960-1972.

39. Normand Girard, *Journal de Québec,* 23 mars 1985.

40. Daniel Latouche, « La vraie nature de la Révolution tranquille », *Canadian Journal of Political Science / Revue canadienne de science politique,* vol. VII, n° 3, 1974, p. 532.

41. Sur la nationalisation de l'électricité, voir : *La Presse,* « Plus », 22 juin 1985.

42. Georges-Henri Lapalme, *Mémoires,* tome III : *Le Paradis du pouvoir,* p. 68.

43. *La Presse,* 21 juin 1984.

44. Georges-Émile Lapalme, *Mémoires,* tome III : *Le Paradis du pouvoir,* p. 186.

45. *Ibid.,* p. 220.

46. Paul Gérin-Lajoie, *Journal de Québec,* 23 juin 1985. Propos recueillis par Monique Miller.

47. Voir à ce sujet : Danielle Ouellette, *Adrien Pouliot. Un homme en avance sur son temps.*

48. Paul Gérin-Lajoie, cité dans Léon Dion, *Le Bill 60 et la Société québécoise,* p. 41.

49. Voir : *ibid.*

50. Voir pour toute la question du projet de loi n° 60 : Léon Dion, *Le Bill 60 et la Société québécoise* ; Paul Gérin-Lajoie, *Pourquoi le bill 60* ; Dale V. Thomson, *Jean Lesage et la Révolution tranquille,* p. 361-384.

51. *La Presse,* 30 septembre 1963, cité par Dale V. Thomson, *Jean Lesage et la Révolution tranquille,* p. 376.

52. Dorval Brunelle, *L'État solide. Sociologie du fédéralisme au Canada et au Québec,* p. 36.

53. Sur le BAEQ et les Opérations dignité, voir : Léon Dion, « Vers une conscience autodéterministe », *La Prochaine Révolution,* p. 260-274 ; Paul-André Linteau *et al., Histoire du Québec contemporain,* tome II : *Le Québec depuis 1930.*

54. Charles Banville, « L'origine et l'impact des Opérations dignité » dans Alain G. Gagnon (dir.), *Les Opérations dignité : naissance d'un mouvement social dans l'est du Québec.*

55. Michel Bélanger, *Le Soleil,* 13 juillet 1985.

56. *Journal de Québec,* 23 juin 1985.

57. Georges-Émile Lapalme, *Mémoires,* tome III : *Le Paradis du pouvoir,* p. 85-96.

58. *Ibid.*, p. 29.
59. René Lévesque, *Attendez que je me rappelle*, p. 318-319. Voir aussi : Linteau *et al.*, *Histoire du Québec contemporain*, tome II : *Le Québec depuis 1930*, p. 551.
60. René Lévesque, *Attendez que je me rappelle*, p. 357-358.
61. Camille Laurin, *Journal de Québec*, 23 juin 1985.
62. Dorval Brunelle, *La Désillusion tranquille*, p. 4.

Conclusion • Une identité incertaine

1. Texte écrit pour *L'Horizon de la culture. Hommage à Fernand Dumont*, sous la direction de Fernand Langlois et d'Yves Martin, p. 451-472. Léon Dion est décédé avant d'avoir pu écrire une conclusion à cet ouvrage. Ainsi, ce texte de l'humaniste qu'il était semble approprié.
2. Léon Dion, *Québec 1945-2000*, tome I : *À la recherche du Québec*, p. 4.
3. Fernand Braudel, *L'Identité de la France. Espace et histoire*, p. 17.
4. *Ibid.*, p. 339.
5. Fernand Dumont, *Genèse de la société québécoise*, p. 18.
6. *Ibid.*, p. 331, p. 336.
7. Jean-Charles Falardeau, « Comment peut-on être québécois », dans Jean Sarrazin (dir.), *Dossier Québec*, p. 50.
8. Paul Chamberland, « De la damnation à la liberté », *Parti Pris*, vol. 3, nᵒˢ 9-11, été 1964, p. 75. Voir aussi : Marcel Rioux, *La Question du Québec*, p. 129-160 ; Jean Bouthillette, *Le Canadien français et son double* p. 89. De 1970 à 1990, la tendance des francophones à se dénommer Québécois a presque triplé.

	Canadiens français %	Québécois %	Canadiens %	Autres ou non spécifiés %
1970	44	21	34	1
1984	48	37	13	1
1988	39	49	11	1
1990	28	59	9	2

Source : Maurice Pinard, « The Quebec Independance Movement : A Dramatic Reemergence », *McGill Working Papers in Social Behavior*, p. 31. Maurice Pinard relie ces fluctuations à l'évolution du mouvement indépendantiste. En 1990, l'effet de l'échec de l'entente constitutionnelle du lac Meech est manifeste. D'autres facteurs, telles une identification croissante au territoire du Québec et l'impression grandissante que le gouvernement du Québec les concerne davantage que le gouvernement fédéral, doivent influer sur leurs choix.

9. Jacques Godbout, « Les écrivains sont souverains », *Liberté*, 203, vol. 34, nᵒ 5, octobre 1992, p. 40-41.
10. Serge Cantin, « La fatigue culturelle de Jacques Godbout », *Liberté*, 206, vol. 35, nᵒ 2, avril 1993, p. 27, p. 31, p. 33.
11. Jean-Marc Léger fait la même suggestion : « [...] il faudrait créer le néologisme "Québécois-français" ou "Franco-Québécois" de même qu'hier nous disions, avec raison, sans prétention mais très justement, "Canadien-Français". » *Vers l'indépendance ? Le pays à portée de main*, p. 60.
12. Andrée Fortin, *Passage de la modernité. Les intellectuels québécois et leurs revues*, p. 386. Voir également : Jean-Paul Lemaire, *Nous Québécois*.
13. À ce sujet, voir : Pierre-W. Boudreault, « Entre les Amérindiens et les Québécois : frontières territoriales ou syncrétisme culturel », *Sociétés*, nᵒ 43, 1994, p. 83-97. Les débats politiques de ces dernières années ont stimulé les revendications territoriales des Amérindiens. Ils s'appuient sur d'anciens traités pour exiger leur autonomie gouvernementale.

14. Gilles Sénégal (dir.), *Territoires et Minorités. De l'Amérique française au lac Meech,* Les Cahiers scientifiques, Association professionnelle des géographes du Québec / Association canadienne-française pour l'avancement des sciences (ACFAS), Montréal, 1989. À Québec, le nom de la rue Scott a récemment été changé pour celui de rue de l'Amérique française.

15. Henri Bourassa, *Le Patriotisme canadien-français : ce qu'il est, ce qu'il doit être.*

16. Guy Rocher, *Le Québec en mutation,* p. 89-108. Voir également : « Le Québécois, un certain homme nord-américain », dans Jean Sarrazin (dir.), *Dossier Québec* ; René Dionne, *Le Québécois et sa littérature* ; Yves Eudes, *L'Appareil USA d'exportation culturelle américaine* ; Michel Morin, *L'Amérique du Nord et la Culture. Le territoire imaginaire et la culture* ; Guildo Rousseau, *L'Image des États-Unis dans la littérature québécoise (1775-1930)* ; Giuseppe Turi, *Une culture appelée québécoise* ; Léon Dion, *Québec 1945-2000,* tome I : *À la recherche du Québec,* p. 85-92.

17. Daniel Latouche, *Le Bazar. Des anciens Canadiens aux nouveaux Québécois,* p. 80.

18. Anne Hébert, *Le Devoir,* 22 octobre 1960 (supplément littéraire), citée dans Guildo Rousseau, *L'Image des États-Unis dans la littérature québécoise (1775-1930),* p. 11.

19. Anne Hébert, citée dans *ibid.,* p. 12.

20. Fernand Dumont, *Genèse de la société québécoise,* p. 235.

21. Sifmund Diamond, « Le Canada français du XVIIe siècle : une société préfabriquée », *Annales, Économies, Sociétés et Civilisations,* vol. 16, n° 1, mars-avril 1961, p. 317-357.

22. Luc Bureau, *Entre l'Éden et l'utopie. Les fondements imaginaires de l'espace québécois,* p. 99.

23. Antoine Gérin-Lajoie, *Jean Rivard, le défricheur,* suivi de *Jean Rivard, l'économiste,* p. 14.

24. François-Xavier Garneau, cité dans Fernand Dumont, *Genèse de la société québécoise,* p. 157, p. 239. Dans *Histoire du Canada depuis sa découverte jusqu'à nos jours,* publié entre 1845 et 1859, Garneau trace un tableau généralement moins sombre de la situation. Sur les perceptions qu'ont les intellectuels de leur société, voir : Andrée Fortin, *Passages de la modernité. Les intellectuels québécois et leurs revues.*

25. Michel Morin, *Souveraineté de l'individu,* p. 17.

26. Gaston Miron, *L'Homme rapaillé,* p. 125, p. 126.

27. Jean-Marc Léger, *Vers l'indépendance ? Le pays à portée de main,* p. 22, p. 46.

28. Courroucé par le mépris de Pierre Elliott Trudeau à l'endroit de « l'autorité établie », le cardinal Léger mande les deux directeurs de *Cité libre* et leur déclare qu'il regretterait d'avoir « à condamner la revue pour cette proposition [...] et aussi pour quelques autres ». « Et nous, rétorque Trudeau, nous en appellerions à l'Église universelle, comme c'est notre droit. » Gérard Pelletier, qui évoque cet épisode, ajoute : « [...] le cardinal, interloqué, posa sur Pierre un long regard, hésita un moment puis passa à un autre sujet. » Voir : Gérard Pelletier, *Les Années d'impatience (1950-1960),* p. 162-163. C'est Rome qui prévint à deux reprises la condamnation du père Georges-Henri Lévesque par des clercs et des politiciens d'ici. Rome ne gratifia pas du même secours le frère Untel — Jean-Paul Desbiens — persécuté au Québec par son ordre religieux et des évêques.

29. À ce sujet, voir : Jean-Marc Piotte, *La Communauté perdue. Petite histoire des militantismes.*

30. Colette Beaune, *Naissance de la nation française,* p. 339, p. 293, p. 296, p. 338.

31. Pour une présentation élaborée de mes idées sur ce sujet, voir mon livre : *Québec 1945-2000,* tome I : *À la recherche du Québec,* p. 40-65.

32. Alain Touraine, *Critique de la modernité,* p. 235, p. 238.

33. Marie Desjardins, « Les idées se répètent », *Cité libre,* vol. XXI, n° 4, octobre-novembre 1993, p. 13. Sur ce sujet, voir : Andrée Fortin, *Passages de la modernité. Les intellectuels québécois et leurs revues.*

34. Philippe Ariès, *Le Temps de l'histoire,* p. 23.

35. Fernand Dumont, « Du débat du siècle à la crise de 1929 : un espace idéologique », dans Fernand Dumont *et al., Idéologies au Canada français, 1900-1929,* p. 12-13.

36. Pierre Nora (dir.), *Les Lieux de mémoire* ; Pierre Chaunu, *Pour l'histoire* ; Fernand Braudel, *L'Identité de la France. Espace et histoire.*

Bibliographie

ALBOU, Paul, « Sur le concept du besoin », *Cahiers internationaux de sociologie,* vol. 59, n° 2, juillet-septembre 1975.

ALLEMAGNE, André d', « Le FLQ : notre position », *L'Indépendance,* vol. 1, n° 9, juin 1963.

— *Le Colonialisme au Québec,* Montréal, Éditions R-B, 1966.

— *Le RIN et les Débuts du mouvement indépendantiste québécois,* Montréal, L'Étincelle, 1974.

ALMOND, Gabriel A., Scott C. FLANIGAN et Robert J. MUNDT (dir.), *Crisis, Choice and Change,* Boston, Little, Brown and Co., 1973.

AQUIN, François *et al., Le Québec 1967-1987. Du général de Gaulle au lac Meech,* Montréal, Guérin, 1987.

AQUIN, Hubert, *Prochain Épisode,* Paris, Cercle du Livre de France, 1965.

ARIÈS, Philippe, *Le Temps de l'histoire,* Monaco, Rocher, 1954.

ARON, Raymond, *Démocratie et Totalitarisme,* Paris, Gallimard, 1965.

AXWORTHY, Thomas S., et Pierre Elliott TRUDEAU (dir.), *Towards a Just Society. The Trudeau Years,* Markham, Ontario, Penguin Books, 1990.

BADIE, Bertrand, et Pierre BIRBAUM, *Sociologie de l'État,* Paris, Grasset, 1979.

BALANDIER, Georges (dir.), *Sociologie des mutations,* Paris, Anthropos, 1970.

— *Le Détour. Pouvoir et modernité,* Paris, Fayard, 1985.

— *Anthropologie politique,* Paris, Presses Universitaires de France, 1987.

BARBEAU, Raymond, *J'ai choisi l'indépendance,* Montréal, L'Homme, 1961.

— *Le Québec est-il une colonie ?,* Montréal, L'Homme, 1962.

BARBER, Bernard, et Alex INKELES (dir.), *Stability and Social Change,* Boston, Little, Brown and Co., 1971.

BAREL, Yves, *La Société du vide,* Paris, Seuil, 1984.

BARNES, S. B., « Natural Rationality : a Neglected Concept in the Social Sciences », *Philosophy of the Social Science,* vol. 6, n° 2, 1976.

BAUDELAIRE, Charles, *Le Peintre de la vie moderne, IV : La Modernité, Œuvres complètes,* Paris, NRF, Bibliothèque de la Pléiade, 1961.

BEAUNE, Colette, *Naissance de la nation française,* Paris, Gallimard, 1985.

BÉLANGER, André-J., *L'Apolitisme des idéologies québécoises. Le grand tournant de 1934-1936,* Sainte-Foy, Presses de l'Université Laval, 1974.

— *Ruptures et Constantes,* Montréal, Hurtubise-HMH, 1977.

BERGERON, Gérard, *Incertitudes d'un certain pays 1958-1978. Le Québec et le Canada dans le monde,* Sainte-Foy, Presses de l'Université Laval, 1979.

— *Pratique de l'État québécois,* Montréal, Québec/Amérique, 1984.

— *Petit Traité de l'État,* Paris, Presses Universitaires de France, 1990.

— *Quand Tocqueville et Siegfried nous observaient...,* Sillery, Presses de l'Université du Québec, 1990.

BERNARD, Philippe, « La contestation étudiante » (éditorial), *Parti pris,* vol. 5, nos 8-9, été 1968, p. 3-6.

— « *Parti pris,* le RIN et le MSA » (éditorial), *Parti pris,* vol. 5, no 7, 1968, p. 3.

BERQUE, Jacques, *Dépossession du monde,* Paris, Seuil, 1964.

BETTELHEIM, Charles O., *Planification et Croissance accélérée,* Paris, Maspero, 1964.

BERTRAND, Denis, et Albert DESBIENS (traducteurs et présentateurs), *John George Lambton Durham. Le Rapport Durham,* Montréal, L'Hexagone, 1990.

BLACK, Conrad, *Duplessis. Le pouvoir,* Montréal, L'Homme, 1977.

BLAIN, Jean-Pierre, *L'Idéologie nationaliste de la Société Saint-Jean-Baptiste de Montréal,* thèse de maîtrise, Département de science politique de l'Université de Montréal.

BOUCHARD, Pierrette, *Le Journal : instrument idéologique d'initiation à la militance chez la ligue communiste marxiste canadienne,* thèse de doctorat, Université Laval, 1985.

BOUDREAULT, Pierre-W., « Entre les Amérindiens et les Québécois : frontières territoriales ou syncrétisme culturel », *Sociétés,* no 43, 1994, p. 83-97.

BOURASSA, Henri, *Le Patriotisme canadien-français : ce qu'il est, ce qu'il doit être,* Montréal, Compagnie de publication de la Revue canadienne, 1902.

BOURASSA, Robert, *Gouverner le Québec,* Montréal, Fides, 1995.

— « Instruments de notre libération, *Maintenant,* nos 68-69, septembre 1967.

— « Aspects économiques d'un Québec indépendant », *Maintenant,* no 70, octobre 1967, p. 309-313.

BOURGAULT, Pierre, « L'union est-elle nécessaire à notre action ? », *L'Indépendance,* vol. 1, no 5, février 1963.

BOURQUE, Gilles, « Québec politique, on n'est pas le Congo », *Parti pris,* vol. 5, no 5, février 1968, p. 10-11.

BRAUDEL, Fernand, *L'Identité de la France. Espace et histoire,* Paris, Arthaud-Flammarion, 1986.

BROCHU, André, « D'un faux dilemme », *Parti pris,* vol. 2, no 8, avril 1965, p. 58-59.

BRUNELLE, Dorval, *La Désillusion tranquille,* Montréal, Hurtubise-HMH, 1978.

— *L'État solide. Sociologie du fédéralisme au Canada et au Québec,* Montréal, Sélect, 1982.

BURDEAU, Georges, *La Politique au pays des merveilles,* Paris, Presses Universitaires de France, 1979.

BUREAU, Luc, *Entre l'Éden et l'utopie. Les fondements imaginaires de l'espace québécois,* Montréal, Québec/Amérique, 1984.

CADWELL, Gary, et Dan B. CZARNOCKI, « Un rattrapage raté », *Recherches sociographiques,* n° 1 (p. 9-51) et n° 3 (p. 367-396), 1977.

CANTIN, Serge, « La fatigue culturelle de Jacques Godbout », *Liberté,* 206, vol. 35, n° 2, avril 1993, p. 3-37.

CHAMBERLAND, Paul, « Aliénation culturelle et révolution nationale », *Parti pris,* vol. 1, n° 2, novembre 1963, p. 10-22.

— *L'afficheur hurle,* Montréal, Parti pris, 1964.

— « Les contradictions de la Révolution tranquille », *Parti pris,* vol. 1, n° 5, février 1964, p. 6-29.

— « De la damnation à la liberté », *Parti pris,* vol. 3, n°s 9-11, été 1964, p. 53-89.

— « Bilan d'un combat », *Parti pris,* vol. 2, n° 2, septembre 1964, p. 20-35.

— « Le samedi de la matraque », *Parti pris,* vol. 2, n° 3, novembre 1964, p. 2-5.

— « Dire ce que je suis — notes », *Parti pris,* vol. 2, n° 5, janvier 1965, p. 35-42.

— « Un dangereux extrémiste : le Laurendeau-Dunton », *Parti pris,* vol. 2, n° 8, 1965, p. 54-57.

— *L'Inavouable,* Montréal, Parti pris, 1968.

CHAMBERLAND, Paul, et Luc RACINE, « Exigences théoriques d'un combat politique » (éditorial), *Parti pris,* vol. 5, n°s 1-2, septembre-octobre 1966, p. 2-10.

CHAPUT, Marcel, *Pourquoi je suis séparatiste,* Montréal, Le Jour, 1961.

CHAUNU, Pierre, *Pour l'histoire,* Paris, Périn, 1984.

CLOUTIER, Édouard, Jean H. GUAY et Daniel LATOUCHE, *Le Virage. L'évolution de l'opinion publique depuis 1960. Ou comment le Québec est devenu souverainiste,* Montréal, Québec/Amérique, 1992.

COMEAU, Robert, *Maurice Séguin, historien du pays québécois vu par ses contemporains,* suivi de *Les Normes de Maurice Séguin,* Montréal, VLB, 1987.

— (dir.) *Jean Lesage et l'Éveil d'une nation,* Montréal, Presses de l'Université du Québec, 1989.

COMEAU, Robert, Daniel COOPER et Pierre VALLIÈRES, *Le FLQ : un projet révolutionnaire. Lettres et écrits felquistes (1963-1982),* Montréal, VLB, 1990.

COMMISSION D'ENQUÊTE SUR LA SITUATION DE LA LANGUE FRANÇAISE ET SUR LES DROITS LINGUISTIQUES AU QUÉBEC (commission Gendron).

— Livre I : *La Langue du travail,* 1972.

— Livre II : *Les Droits linguistiques,* 1972.

— Livre III : *Les Groupes ethniques,* 1972.

COMMISSION ROYALE D'ENQUÊTE SUR LE BILINGUISME ET LE BICULTU-RALISME, Ottawa, Imprimeur de la Reine.
— *Rapport préliminaire*, 1965.
— Livre I : *Les Langues officielles*, 1967.
— Livre II : *L'Éducation*, 1968.
— Livre III : *Le Monde du travail*, 1969.
— Livre IV : *L'Apport culturel des autres groupes ethniques*, 1970.
— Livre V : *La Capitale fédérale*, 1970.
— Livre VI : *Les Associations volontaires*, 1970.
CONLOGUE, Ray, *Impossible Nation. The Longing for Homeland in Canada and Quebec*, Stratford (Ontario), Mercury Press, 1996.
CROZIER, Michel, *Le Phénomène bureaucratique*, Paris, Seuil, 1963.
DAIGLE, Gérard, et Guy ROCHER (dir.), *Le Québec en jeu. Comprendre les grands défis*, Montréal, Presses de l'Université de Montréal, 1992.
DAIGNAULT, Richard, *Lesage*, Montréal, Libre Expression, 1981.
DALPHOND, Claude-Edgar, et Laval TREMBLAY, *Les Correspondants de* Défi *ou la Perpétuation de la société traditionnelle*, Laboratoire d'études politiques et administratives, Sainte-Foy, Université Laval, 1974.
DAVIS, Nathalie Z., *Les Cultures du peuple. Rituels, savoirs et résistances au XVIe siècle*, Paris, Aubier-Montaigne, 1979.
DeKONINCK, Thomas, et Lucien MORIN (dir.), *Urgence de la philosophie*, Québec, Sainte-Foy, Presses de l'Université Laval, 1986.
DÉPATIE, Sylvie, Mario LALANCETTE et Christian DESSUREAULT, *Contribution à l'étude du régime seigneurial canadien*, Montréal, HMH, 1987.
DESBIENS, Jean-Paul, *Les Insolences du frère Untel*, Montréal, L'Homme, 1960.
DESJARDINS, Marie, « Les idées se répètent », *Cité libre*, vol. XXI, n° 4, octobre-novembre 1993, p. 12-16.
DIAMOND, Sifmund, « Le Canada français au XVIIe siècle : une société préfabriquée », *Annales, Économies, Sociétés et Civilisations*, vol. 16, n° 1, mars-avril 1961, p. 317-357.
DILLMAN, Don A., et James CHRISTENSON, « Toward the Assessment of Public Values », *The Public Opinion Quarterly*, vol. 39, n° 2, 1974.
DION, Léon, « Natural Law and Manifest Destiny in the Era of the American Revolution », *The Canadian Journal of Economics and Political Science*, vol. 23, n° 2, 1957, p. 227-247.
— « Le nationalisme pessimiste. Sa source, sa signification, sa validité », *Cité libre*, n° 18, novembre 1957, p. 3-18.
— « De l'ancien au… nouveau régime », *Cité libre*, vol. XII, n° 39, juin-juillet 1961, p. 3-14.
— « Considérations sur le séparatisme », *Le Devoir*, 25 novembre 1961.
— « L'État du Québec : destin d'un mot », *Maclean*, vol. 1, n° 5, décembre 1961, p. 1-3.

— « Varieties of French Canadian Nationalism », *Mount Allison University Publications*, n° 6, 1962, p. 88-100.

— « The New Regime », *The Globe and Mail*, 10-14 décembre 1962.

— « Vers un nationalisme positif », *Le Devoir*, 8 décembre 1962.

— « La tournée de monsieur Gérin-Lajoie manifeste la foi du ministre en la démocratie », *Maclean*, octobre 1963, vol. 3, n° 10, p. 5-6.

— « Genèse et caractères du nationalisme de croissance », 3e Congrès de l'Institut des affaires canadiennes : *Les Nouveaux Québécois*, Sainte-Foy, Presses de l'Université Laval, 1964, p. 59-76.

— *Le Bill 60 et le Public*, Les Cahiers de l'ICEA, n° 1, janvier 1966.

— « La polarité des idéologies : le conservatisme et le progressisme », *Recherches sociographiques*, vol. VII, n°s 1-2, 1966, p. 23-35.

— *Le Bill 60 et la Société québécoise*, Montréal, HMH, 1967.

— *Société et Politique. La vie des groupes*, tome I : *Fondements de la société libérale*; tome II : *Dynamique de la société libérale*, Sainte-Foy, Presses de l'Université Laval, 1971 et 1972.

— *La Prochaine Révolution*, Montréal, Leméac, 1973.

— *Nationalismes et Politique au Québec*, Montréal, Hurtubise-HMH, 1975.

— « Fondements de la distinction entre droits privés et droits publics et pertinence de cette distinction pour les sociétés occidentales contemporaines », *Mémoires de la Société royale du Canada*, quatrième série, t. XXIII, Ottawa, 1985, p. 190-208.

— « L'État libéral et l'expansion de l'espace public étatique », *International Political Science Review / Revue internationale de science politique*, vol. 7, n° 2, 1986, p. 190-208.

— *Québec 1945-2000*, tome I : *À la recherche du Québec*; tome II : *Les Intellectuels et le Temps de Duplessis*, Sainte-Foy, Presses de l'Université Laval, 1987 et 1993.

DIONNE, René, *Le Québécois et sa littérature*, Sherbrooke/Paris, Naaman/Agence de coopération culturelle et technique, 1984.

DJIWA, Sandra, *The Politics of Imagination. A Life of Frank Scott*, Toronto, McMillan and Stewart, 1987.

DUFRESNE, Jean V., Jean-Pierre FOURNIER, Jean PARÉ et Armande SAINT-JEAN, *Octobre 70. Un an après*, Montréal, Hurtubise-HMH, 1971.

DUMONT, Fernand, *La Vigile du Québec. Octobre 70 : l'impasse*, Montréal, Hurtubise-HMH, 1971.

— *Le Sort de la culture. Positions philosophiques*, Montréal, L'Hexagone, 1987.

— *Genèse de la société québécoise*, Montréal, Boréal, 1993.

— « Faites vos jeux : de quelques obstacles à la prise de conscience chez les Canadiens français », *Cité libre*, n° 19, janvier 1958.

DUMONT, Fernand *et al.*, *Idéologies au Canada français 1900-1929*, Sainte-Foy, Presses de l'Université Laval, 1974.

DUMONT, Fernand, Jean HAMELIN et Jean-Paul MONTMIGNY, *Idéologies au*

Canada français, 1940-1976, tome III : *Les Partis politiques, l'Église*, Sainte-Foy, Presses de l'Université Laval, 1981.

DUSSAULT, Michel, « Le débat Vallières-Gagnon : tensions à gauche », *Relations*, n° 368, février 1972, p. 44-46.

EASTON, David, *A System Analysis of Political Life*, New York, John Wiley, 1965 (traduction française sous le titre : *Analyse du système politique*, Paris, Colin, 1979).

— *Varieties of Political Theories*, Englewood Cliffs, New Jersey, Prentice-Hall, 1965.

EISENSTADT, S. N., *Tradition, Change and Modernity*, New York, John Wiley and Sons, 1973.

ELLEINSTEIN, J., *Marx, sa vie, son œuvre*, Paris, Fayard, 1981.

ELLUL, Jacques, *L'Illusion politique*, Paris, Robert Laffont, 1965.

ÉTHIER-BLAIS, Jean, *Signets IV. Le siècle de l'abbé Groulx*, Montréal, Leméac, 1993.

EUDES, Yves, *L'Appareil USA d'exportation culturelle américaine*, Paris, Maspero, 1982.

EWALD, François, *L'État-providence*, Paris, Bernard Grasset, 1986.

FANON, Frantz, *Les Damnés de la terre*, Paris, Maspero, 1961.

FERRETTI, Andrée, et Gaston MIRON, *Les Grands Textes indépendantistes. Écrits, discours et manifestes québécois, 1774-1992*, Montréal, L'Hexagone, 1992.

FORTIN, Andrée, *Passages de la modernité. Les intellectuels québécois et leurs revues*, Sainte-Foy, Presses de l'Université Laval, 1993.

FOURNIER, Louis, *FLQ. Histoire d'un mouvement clandestin*, Montréal, Québec/Amérique, 1982.

FOURNIER, Pierre, *Les Sociétés d'État et les Objectifs économiques du Québec*, Éditeur officiel, 1979.

FOURQUIN, Guy, *Les Soulèvements populaires au Moyen Âge*, Paris, Presses Universitaires de France, 1972.

FRANKS, C. E. S., J. E. HODGETTS, O. P. DWIVEDI, Doug WILLIAMS et V. Seymour WILSON, *Canada's Century Governance in a Maturing Society. Essays in Honor of John Meisel*, Montréal/Kingston, McGill/Queen's University Press, 1998.

FRÉGAULT, Guy, *La Guerre de la conquête*, Montréal, Fides, 1955.

— *Chronique des années perdues*, Montréal, Leméac, 1976.

FREUND, Julien, *Sociologie du conflit*, Paris, Presses Universitaires de France, 1983.

FRIEDLAND, William H., « Traditionalism and Modernization : Movements and Ideologies », *The Journal of Social Issues*, vol. XXIV, n° 4, 1968, p. 9-24.

FURET, François, *Penser la Révolution française*, Paris, Gallimard, 1978.

GAGNON, Alain-G. (dir.), *Les Opérations dignité : naissance d'un mouvement social dans l'est du Québec*, Ottawa, Bibliothèque nationale du Québec, Distribution Leméac/Carleton University Bookstore, 1981.

GAGNON, Jean-Louis, *Les Apostasies*, tome III : *Les Palais de glace*, Montréal, La Presse, 1990.

GALBRAITH, John Kenneth, *Anatomie du pouvoir*, Paris, Seuil, 1985.

GAUDETTE, Gabriel, *La SSJB de Montréal et sa représentativité dans le milieu fran-cophone de Montréal,* Sainte-Foy, Laboratoire d'études politiques et adminis-tratives, Université Laval, 1974 (ronéotypé).

GAUTHIER, David, *Practical Reasoning,* Oxford, Clarendon Press, 1963.

GAUVIN, Lise, *Parti pris littéraire,* Montréal, Presses de l'Université de Montréal, 1975.

GENEST, Jean-Guy, *Godbout,* Sillery, Septentrion, 1996.

GÉRIN-LAJOIE, Antoine, *Jean Rivard, le défricheur* suivi de *Jean Rivard, l'écono-miste,* Montréal, Hurtubise-HMH, 1977 (romans d'abord publiés en 1862 et en 1864).

GÉRIN-LAJOIE, Paul, *Pourquoi le bill 60,* Montréal, Le Jour, 1963.

GIDDENS, Anthony, *The Consequences of Modernity,* Cambridge, Cambridge Uni-versity Press, 1990.

GIROUARD, Laurent, « Notre littérature de colonie », *Parti pris,* vol. 1, n° 3, décembre 1963, p. 37.

GODBOUT, Jacques, « Chère Lise », *Possibles,* vol. 8, n° 3, printemps 1984, p. 143.

— « Les écrivains sont souverains », *Liberté,* 203, vol. 34, n° 5, octobre 1992, p. 39-42.

GODIN, Gérald, « Le joual et nous », *Parti pris,* vol. 2, n° 5, janvier 1965, p. 18-19.

— « Le joual politique », *Parti pris,* vol. 2, n° 7, mars 1965, p. 57-59.

— « Jean Lesage et l'État béquille », *Parti pris,* vol. 2, n°s 10-11, juin-juillet 1964, p. 2-4.

— *Les Cantouques,* Montréal, Parti pris, 1967.

— *Ils ne demandaient qu'à brûler. Poèmes 1960-1967,* Montréal, L'Hexagone, 1987.

GODIN, Pierre, *Daniel Johnson,* tome II, *La Difficile Recherche de l'égalité — La Révolution tranquille,* Montréal, L'Homme, 1980; Boréal, coll. « Boréal com-pact », 1991.

— *Les Frères divorcés,* Montréal, L'Homme, 1986.

— *René Lévesque, héros malgré lui (1960-1976),* Montréal, Boréal, 1994.

GOW, James Iain, *Histoire de l'administration publique québécoise (1867-1970),* Montréal, Presses de l'Université de Montréal, 1986.

GRAMSCI, Antonio, *Gramsci dans le texte,* Paris, Éditions Sociales, 1977.

GZOWSKI, Peter, « Un capitaliste socialisant : Pierre Elliott Trudeau », *Maclean,* mars 1962.

HABERMAS, Jürgen, *L'Espace public. Archéologie de la publicité comme dimension constitutive de la société bourgeoise,* Paris, Payot, 1978.

HAMEL, Jacques, « Le mouvement national des Québécois à la recherche de la modernité », *Recherches sociographiques,* vol. XIV, n° 3, 1973, p. 341-361.

HANSON, David, « Social Processes and the Norms of Authority », *Comparative Political Studies,* vol. 6, n° 1, 1973.

HARTZ, Louis, *The Founding of New Societies. Studies in the History of the United States, Latin America, South Africa, Canada and Australia,* New York, Harcourt, Brace and World, 1964.

HIRSHMAN, Albert, *Bonheur privé, action publique,* traduit de l'américain par Martine LEYRIS et Jean-Baptiste GRASSET, Paris, Fayard, 1983.

HORKHEIMER, Max, *Éclipse de la raison. Raison et conservation de soi. Critique de la politique,* Paris, Payot, 1974.

HUDON, Raymond, et Réjean PELLETIER (dir.), *L'Engagement intellectuel. Mélanges en l'honneur de Léon Dion,* Sainte-Foy, Presses de l'Université Laval, 1991.

JACQUES, Daniel, *Les Humanités passagères. Considérations philosophiques sur la culture politique québécoise,* Montréal, Boréal, 1991.

JOHNSON, Daniel, *Égalité ou Indépendance,* Montréal, Renaissance, 1965.

KARMIS, Dimitrios, et Alain-G. GAGNON, « Fédéralisme et identités collectives au Canada et en Belgique : des itinéraires différents, une fragmentation similaire », *Canadian Journal of Political Science/Journal canadien de science politique,* vol. XXIX, n° 3, septembre 1996, p. 451-453.

KAUTSKY, John H., *The Political Consequences of Modernization,* New York, John Wiley and Sons, 1972.

KOLM, Serge-Christophe, *Le Libéralisme moderne,* Paris, Presses Universitaires de France, 1984.

LAFOREST, Guy, *Trudeau et la Fin d'un rêve canadien,* Québec, Septentrion, 1992.

LAHAISE, Robert, *Le Devoir, reflet du Québec au XXᵉ siècle,* Montréal, Hurtubise-HMH, 1994.

LALIBERTÉ, G.-Raymond, *Une société secrète : l'Ordre de Jacques-Cartier,* Montréal, Hurtubise-HMH, 1994.

LAMARRE, Jean, *Le Devenir de la nation québécoise selon Maurice Seguin, Guy Frégault et Michel Brunet, 1944-1969,* Québec, Septentrion, 1993.

LANGLOIS, Fernand, et Yves MARTIN (dir.), *L'Horizon de la culture. Hommage à Fernand Dumont,* Sainte-Foy, Presses de l'Université Laval/Institut de recherche sur la culture, 1995.

LAPALME, Georges-Émile, *Mémoires,* tome II : *Le Vent de l'oubli ;* tome III : *Le Paradis du pouvoir,* Montréal, Leméac, 1970 et 1973.

— *Pour une politique. Le programme de la Révolution tranquille,* Montréal, VLB, 1988.

LAPIERRE, Jean-William, Vincent LEMIEUX et Jacques ZYLBERBERG, *Être contemporain. Mélanges en l'honneur de Gérard Bergeron,* Sillery, Presses de l'Université du Québec, 1992.

LAPIERRE, René, « 1960-1990 : photos de la Révolution tranquille », *Liberté,* n° 195, vol. 33, n° 3, juin 1991, p. 3-14.

LAROSE, Jean, *L'Amour du pauvre,* Montréal, Boréal, 1991.

— *La Petite Noirceur,* Montréal, Boréal, 1987.

— *La Souveraineté rampante,* Montréal, Boréal, 1994.

LATOUCHE, Daniel, *Le Bazar. Des anciens Canadiens aux nouveaux Québécois,* Montréal, Boréal, 1990.

— « La vraie nature de la Révolution tranquille », *Canadian Journal of Political Science/Revue canadienne de science politique,* vol. VII, n° 3, septembre 1974, p. 525-536.

LATOUCHE, Daniel et Diane POLINQUIN-BOURASSA (dir.), *Le Manuel de la parole,* Montréal, Boréal Express, 1979.

LAURENDEAU, André, « Pour continuer la lutte », *Le Devoir,* 9 septembre 1947.

— « Y a-t-il une crise du nationalisme ? », *L'Action nationale,* vol. XV, décembre 1952.

— « Bloc-notes », *Le Devoir,* 8 mars, 28 octobre, 18 novembre 1961.

— « Éditorial », *Le Devoir,* 9 janvier 1962.

— « La fonction publique : pourquoi tant d'échecs à Ottawa ? », *Le Devoir,* 8 décembre 1962.

— « Une caste », *Le Devoir,* 15 décembre 1962.

— « À cause du respect que j'ai pour l'homme, la violence m'apparaît comme un recul », *Maclean,* août 1963.

— *Ces choses qui nous arrivent,* Montréal, HMH, 1970.

— *Journal tenu durant la Commission royale d'enquête sur le bilinguisme et le biculturalisme,* Montréal/Québec, VLB/Septentrion, 1990.

LAURENDEAU, Marc, *Les Québécois violents,* Montréal, Boréal, 1990.

LAURIN-FRENETTE, Nicole, *Production de l'État et Formes de la nation,* Montréal, Nouvelle Optique, 1978.

LAVAU, Georges, « À propos de trois livres sur l'État », *Revue française de science politique,* vol. 30, n° 2, 1980.

LÉGER, Jean-Marc, « Le néo-nationalisme, où conduit-il ? », *Les Nouveaux Québécois,* 3e Congrès des affaires canadiennes, 1963.

— *Vers l'indépendance ? Le pays à portée de main,* Montréal, Leméac, 1993.

LEMAIRE, Jean-Paul, *Nous Québécois,* Montréal, Leméac, 1994.

LEMON, Nigel, *Attitudes and their Measurement,* Londres, B. T. Batsford, 1973.

LÉONARD, Jean-François (dir.), *Georges-Émile Lapalme,* Montréal, Presses de l'Université du Québec, 1988.

LESAGE, Jean, *Lesage s'engage,* Montréal, Éditions politiques du Québec, 1959.

LÉTOURNEAU, Jocelyn, « Le lieu (dit) de la nation : essai d'argumentation à partir d'exemples puisés dans le cas québécois », *Canadian Journal of Political Science/ Revue canadienne de science politique,* vol. XXX, n° 1, mars 1997.

LÉVESQUE, René, *Attendez que je me rappelle…,* Montréal, Québec/Amérique, 1986.

LISÉE, Jean-François, *Dans l'œil de l'aigle. Washington face au Québec,* Montréal, Boréal, 1990.

LONG, E. Norton, « Indicators of Social Change in Political Institutions », *The Annals of the American Academy of Political Science,* vol. 388, mars 1970, p. 35-45.

LOURAU, René, *L'État inconscient,* Paris, Minuit, 1978.

MAHEU, Pierre, « De la révolte à la révolution », *Parti pris,* vol. 1, n° 1, octobre 1963, p. 5-17.

— « Que faire ? », *Parti pris,* vol. 1, n° 5, février 1964, p. 44-45.

— « Leur democracy », *Parti pris,* vol. 1, n° 6, mars 1964, p. 5-23.

— « Le poète et le permanent », *Parti pris,* vol. 2, n° 5, janvier 1965, p. 2-5.

— « Pas de révolution par procuration », *Parti pris,* vol. 2, n° 7, mars 1965, p. 52-55.

— « Les fidèles, les mécréants et les autres », *Parti pris,* vol. 2, n° 8, avril 1965, p. 20-43.

— « Notes pour une politisation », *Parti pris,* vol. 2, n° 1, septembre 1964, p. 45-66.

— « La protection de l'État », *Parti pris,* vol. 3, nos 3-4, octobre-novembre 1965, p. 6-15,

— « À quand l'indépendance ? », *Parti pris,* vol. 4, nos 5-6, janvier-février 1966, p. 2-5.

— « Le dieu canadien-français contre l'homme québécois », *Parti pris,* vol. 4, nos 3-4, novembre-décembre 1966, p. 35-57.

— « Le Québec en mots dits », *Parti pris,* vol. 5, n° 5, février 1968, p. 48-49.

— « 1964-1968 : appui tactique à la bourgeoisie », *Parti pris,* vol. 5, n° 7, avril 1968, p. 11-12.

— « Québec laïque ou Québec yankee ? », *Parti pris,* vol. 5, nos 8-9, été 1968, p. 26-29.

— « Débat forum », *Parti pris,* vol. 5, n° 8, été 1968, p. 32-37.

MAJOR, André, « Ainsi soit-il », *Parti pris,* vol. 2, n° 5, janvier 1965, p. 12-17.

MAJOR, Robert, *Parti pris : idéologies et littérature,* Montréal, Hurtubise-HMH, 1979.

MALAMOUND, Catherine, et Maurice ANGENO (traducteurs), *La Grande Transformation. Aux origines politiques et économiques de notre temps,* Paris, Gallimard, 1983.

MANENT, Pierre, *Naissance de la politique moderne. Machiavel, Hobbes, Rousseau,* Paris, Payot, 1977.

MARCEL, Jean, *Le Joual de Troie,* Montréal, Le Jour, 1973.

MARCUSE, Herbert, *L'Homme unidimensionnel. Essai sur l'idéologie de la société industrielle avancée,* Paris, Minuit, 1968.

MARTIN, Alfred von, *Sociologie de la Renaissance,* Paris, Plon, 1951.

MAUSS, Marcel, *Sociologie et Anthropologie,* Paris, Presses Universitaires de France, 1950.

MEISEL, John (dir.), *Collected Papers on the General Federal Election of 1962,* Toronto, University of Toronto Press, 1964.

MEMMI, Albert, *Portrait du colonisé,* Montréal, L'Étincelle, 1972.

MERCURE, Daniel (dir.), *La Culture en mouvement. Nouvelles valeurs et organisations,* Sainte-Foy, Presses de l'Université Laval, 1992.

MILLS, C. Wright, *Sociological Imagination,* New York, Grove Press, 1958.

MIRON, Gaston, « Un long chemin », *Parti pris,* vol. 2, n° 5, janvier 1965, p. 25-33.

— *L'Homme rapaillé,* Montréal, Presses de l'Université de Montréal, 1979.

MOLLAT, Michel, et Philippe WOLFF, *Ongles bleus, Jacques et Ciompi. Les révolutions populaires en Europe aux XIVᵉ et XVᵉ siècles,* Paris, Calmann-Lévy, 1970.

MONIÈRE, Denis, *Le Développement des idéologies au Québec des origines à nos jours,* Montréal, Québec/Amérique, 1977.

— *André Laurendeau,* Montréal, Québec/Amérique, 1983.

— *Ludger Duvernay,* Montréal, Québec/Amérique, 1987.

— (dir.) *L'Année politique 1988-1989 au Québec,* Montréal, Québec/Amérique, 1989.

MORIN, Claude, *Le Combat québécois,* Montréal, Boréal Express, 1973.

MORIN, Michel, *L'Amérique du Nord et la Culture. Le territoire imaginaire et la culture,* Montréal, HMH, 1982.

— *Souveraineté de l'individu,* Montréal, Les Herbes rouges, 1992.

MOUSNIER, Roland, *Fureurs paysannes : les paysans dans les révoltes du XVIIᵉ siècle,* Paris, Calmann-Lévy, 1967.

MURRAY, Vera, *La Fonction tribunitienne et le ralliement créditiste du Québec,* thèse de maîtrise, Montréal, Université McGill, 1965.

NADEAU, Jean-François, « Itinéraire de la pensée d'André Laurendeau (1912-1968) », *L'Action nationale,* vol. LXXXIII, n° 5, mai 1993, p. 645-658.

NISBET, Robert A., *Social Change and History,* New York, Oxford University Press, 1969.

NORA, Pierre (dir.), *Les Lieux de mémoire,* Paris, Gallimard, 1984.

NOUAILHAT, Yves-Henri, *Le Québec de 1944 à nos jours. Un destin incertain,* Paris, Imprimerie nationale, 1992.

OCDE (Organisation de coopération et de développement économique), *L'État protecteur en crise,* Paris, OCDE, 1981.

OLIVER, Michael, *The Passionate Debate. The Social and Political Ideas of Quebec Nationalism. 1920-1945,* Montréal, Véhicule Press, 1991.

OSTRY, Adam, *Fédéralisme, Nationalisme et Social-démocratie. Le Nouveau Parti démocratique et le Québec,* thèse de maîtrise, Université du Québec et Université Laval, 1983.

OUELLETTE, Danielle, *Adrien Pouliot. Un homme en avance sur son temps,* Montréal, Boréal, 1986.

PARADIS, Philippe, et Denis SIMARD, « J'accuse ma génération », *L'Action nationale,* vol. LXXXIII, n° 10, décembre 1993, p. 1338-1360.

PARSONS, Talcott, *The Social System,* New York, Free Press of Glencoe, 1951.

PARTI PRIS, « Présentation », vol. 1, n° 1, octobre 1963, p. 2 et 4.

— « Manifeste 63-64 », vol. 1, n° 1, octobre 1963, p. 2-12.

— « Manifeste 64-65 », vol. 2, n° 1, septembre 1964, p. 2-17.

— « Manifeste 65-66 », vol. 3, nᵒˢ 1-2, août-septembre 1965, p. 2-25.

— « Le socialisme » (éditorial), vol. 1, n° 6, mars 1964, p. 2-4.

— « Bilan syndical » (éditorial), vol. 2, n° 5, janvier 1965, p. 2-4.

— « Le RIN contre le RIN » (éditorial), vol. 2, n° 9 mai 1965, p. 39-42.

— « Une arme à deux tranchants » (éditorial), vol. 3, n° 7, février 1966, p. 2-7.

— « Le BAEQ, socialisme ou néo-capitalisme » (éditorial), vol. 3, n° 10, mai 1966, p. 4-57.

— « L'indépendance au plus vite » (éditorial), n°s 5-6, janvier 1967, p. 2.

— « La présentation », (éditorial), vol. 4, n°s 9-12, mai-août 1967, p. 5-10.

— « Communiqué », 10 octobre 1968, p. 1-2.

PEACOCK, James L., *Consciousness and Change*, Oxford, Basil Blackwell, 1975.

PELLETIER, Gérard, « Parti pris ou la grande illusion », *Cité libre*, n° 66, avril 1964, p. 3-8.

— *La Crise d'octobre*, Montréal, Le Jour, 1971.

— *Les Années d'indépendance (1950-1960)*, Montréal, Stanké, 1983.

PELLETIER, Jacques, *Les Habits neufs de la droite culturelle*, Montréal, VLB, 1994.

PINARD, Maurice, « The Quebec independence movement: A dramatic reemergence », *McGill Working Papers in Social Behavior*, printemps 1992.

PIOTTE, Jean-Marc, « Du duplessisme au FLQ », *Parti pris,* vol. 1, n° 1, octobre 1963, p. 18-30.

— « Autocritique de *Parti pris* », *Parti pris,* vol. 2, n° 1, septembre 1964, p. 36-44.

— « Où allons-nous? », *Parti pris,* vol. 3, n°s 1-2, août-septembre 1965, p. 64-85.

— *La Communauté perdue. Petite histoire des militantismes,* Montréal, VLB, 1987.

PIROTTE, Nadine, *Penser l'éducation. Nouveaux dialogues avec André Laurendeau,* Montréal, Boréal, 1989.

POLANYI, Karl, *The Great Transformation,* New York, Farrar and Rinehart, 1944.

PORCHNEV, Boris, *Les Soulèvements populaires en France au XVIIe siècle,* Paris, Flammarion, 1972.

PORTER, John, « The Economic Elite and the Social Structure in Canada », *The Canadian Journal of Economic and Political Science,* vol. XXIII, n° 3, 1957, p. 376-395.

POTVIN, André, *L'Alliée-nation de l'idéologie nationaliste de la revue* Parti pris *ou pour comprendre le nationalisme québécois,* thèse de maîtrise, Université d'Ottawa, 1971.

PROVENCHER, Jean, *René Lévesque. Portrait d'un Québécois,* Montréal, La Presse, 1973.

QUEIROZ, Maria Isaura Pereira de, *Réforme et Révolution dans les sociétés traditionnelles,* Paris, Anthropos, 1968.

RACINE, Luc, « Le congrès du FLQ et la position de René Lévesque », *Parti pris,* vol. 5, n°s 2-3, octobre-novembre 1967, p. 13-20.

RAYNAULT, André *et al., La Répartition des revenus selon les groupes ethniques,* étude de la Commission royale d'enquête sur le bilinguisme et le biculturalisme, Ottawa, 1967.

REID, Malcolm, *The Shouting Signpainters. A Literary and Political Account of Quebec Revolutionary Nationalism*, Toronto, McClelland and Stewart, 1972.

RENAUD, Jacques, *Le Cassé*, Montréal, Parti pris, 1964.

RICARD, François, *La Génération lyrique. Essai sur la vie et l'œuvre des premiers-nés*, Montréal, Boréal, 1992.

RIOUX, Marcel, *La Question du Québec*, Paris, Seghers, 1969, 1971.

— *Les Québécois*, Paris, Seuil, 1974.

— *Une saison à la Renardière*, Montréal, L'Hexagone, 1988.

— *Un peuple dans le siècle*, Montréal, Boréal, 1990.

ROCHER, Guy, *Le Québec en mutation*, Montréal, Hurtubise-HMH, 1973.

ROGOWSKI, Ronald, « Rationalist Theories of Politics. A Midtern Report », *World Politics*, vol. 30, nº 2, 1978.

ROSANVALLON, Pierre, *La Crise de l'État-providence*, Paris, Seuil, 1981.

ROUSSEAU, Guildo, *L'Image des États-Unis dans la littérature québécoise (1775-1930)*, Sherbrooke, Naaman, 1981.

ROUSSEAU, Jean-Jacques, *Du contrat social*, Paris, Union générale d'éditions, 1963.

ROY, Jean-Louis, *La Marche des Québécois. Le temps des ruptures (1945-1960)*, Montréal, Leméac, 1976.

— *Programmes électoraux du Québec*, tome II : *1931-1966*, Montréal, Leméac, 1971.

RUMILLY, Robert, *Histoire de la Société Saint-Jean-Baptiste de Montréal. Des patriotes au fleurdelisé, 1834-1948*, Montréal, L'Aurore, 1975.

RUYER, Raymond, *L'Utopie et les Utopies*, Paris, Presses Universitaires de France, 1950.

SARRAZIN, Jean (dir.), *Dossier Québec*, Paris, Stock, 1979.

SÉGUIN, Maurice, *L'Idée d'indépendance au Québec. Genèse et historique*, Trois-Rivières, Boréal Express, 1968.

SÉNÉGAL, Gilles (dir.), *Territoires et Minorités. De l'Amérique française au lac Meech*, Les Cahiers scientifiques, Association professionnelle des géographes du Québec, Association canadienne française pour l'avancement des sciences (ACFAS), Montréal, 1989.

SENGHOR, Léopold Sédar, *Anthologie de la nouvelle poésie nègre et malgache de langue française*, Paris, Presses Universitaires de France, 1948. Préface « Orphée noir » de Jean-Paul Sartre.

SIEGFRIED, André, *Le Canada des deux races*, Paris, Armand Colin, 1906.

— *Le Canada, puissance internationale*, Paris, Armand Colin, 1937.

SLAMA, Alain-Gérard, *Les Chasseurs d'absolu. Genèse de la gauche et de la droite*, Paris, Grasset, 1980.

SMELSER, Neil J., *Theory of Collective Behavior*, New York, Free Press, 1962.

SPITZ, David, *Political Theory and Social Change*, New York, Atherton Press, 1967.

ST-AMANT, Pierrette, *La Revue* Parti pris *et le Nationalisme socialiste*, thèse de maîtrise, Université Laval, 1976.

STEIN, Michael B., *The Dynamics of Right Wing Protest. A Political Analysis of Social Credit in Quebec,* Toronto, University of Toronto Press, 1973.

TAYLOR, Charles, *Sources of the Self. The Making of Modern Identity,* Cambridge, Massachusetts, Harvard University Press, 1989 ; *Les Sources du moi. La formation de l'identité moderne,* Montréal, Boréal, 1998.

— *Grandeur et Misère de la modernité,* Montréal, Bellarmin, 1992.

TEMPLETON, Kenneth S. Jr., et R. M. HARTWELL, *The Politicization of Society,* Indianapolis, Liberty Press, 1977.

TENZER, Nicolas, *La Société dépolitisée,* Paris, Presses Universitaires de France, 1990.

THOENES, Piet, *The Elite in the Welfare State,* Londres, Faber and Faber, 1960.

THOMPSON, Dale C., *Jean Lesage et la Révolution tranquille,* Montréal, Trécarré, 1984.

THOREAU, Henry D., *Un Yankee au Canada* (traduit de l'américain par Adrien Thério), Montréal, L'Homme, 1962.

TOCQUEVILLE, Charles Alexis Clérel de, *L'Ancien Régime et la Révolution,* Paris, Flammarion, 1988.

TOURAINE, Alain, *Production de la société,* Paris, Seuil, 1973.

— *Critique de la modernité,* Paris, Fayard, 1992.

TRAIT, Jean-Claude, *FLQ 1970 : offensive d'automne,* Montréal, L'Homme, 1970.

TREMBLAY, Gaétan, « Le FLQ et nous », *Parti pris,* vol. 4, n°s 3-4, novembre-décembre 1966, p. 2-6.

TREMBLAY, Marc-Adélard, *L'Identité québécoise en péril,* Sainte-Foy, Saint-Yves, 1983.

TRENT, John, « Participation in the Estates General of French Canada », manuscrit inédit, 32 p.

TRUDEAU, Pierre Elliott, *Le Fédéralisme et la Société canadienne-française,* Montréal, Hurtubise-HMH, 1967.

— *Mémoires politiques,* Montréal, Le Jour, 1993.

TRUDEL, Marcel, *La Population du Canada en 1663,* Montréal, Fides, 1973.

— *Le Terrier du Saint-Laurent en 1663,* Ottawa, Éditions de l'Université d'Ottawa, 1973.

— *Les Débuts du régime seigneurial au Canada,* Montréal, Fides, 1974.

— *Montréal, la formation d'une société, 1642-1663,* Montréal, Fides, 1976.

— *Mémoires d'un autre siècle,* Montréal, Boréal, 1987.

TURI, Giuseppe, *Une culture appelée québécoise,* Montréal, L'Homme, 1971.

TWAITES, James, *La Revue Parti pris : un guide analytique,* Sainte-Foy, Presses de l'Université Laval, 1980.

VADEBONCŒUR, Pierre, « Salutations d'usage », *Parti pris,* vol. 1, n° 1, octobre 1963, p. 50-52.

— *La Dernière Heure et la Première,* Montréal, L'Hexagone et Parti pris, 1970.

VALLÉE, Jacques, *Tocqueville au Bas-Canada,* Montréal, Le Jour, 1973.

VALLIÈRES, Pierre, « Sommes-nous en révolution ? », *Cité libre,* n° 64, février 1964, p. 89-100.

— *Nègres blancs d'Amérique,* Montréal, Parti pris, 1967.

— *L'Urgence de choisir,* Montréal, Parti Pris, 1971.

— *Un Québec impossible,* Montréal, Québec/Amérique, 1977.

— *Les Héritiers de Papineau. Itinéraire politique d'un nègre blanc (1960-1985),* Montréal, Québec/Amérique, 1986.

VASTEL, Michel, *Trudeau le Québécois,* Montréal, L'Homme, 1989.

VINCENT, Diane (dir.), *Des analyses de discours,* Centre de recherche en littérature québécoise, Sainte-Foy, Presses de l'Université Laval, 1989.

VINCENTHIER, Georges, *Histoire des idées au Québec. Des troubles de 1837 au référendum de 1980,* Montréal, VLB éditeur/Georges Vincenthier, 1983.

WALLOT, Jean-Pierre, « Le régime seigneurial et son abolition au Canada », *Canadian Historical Review,* vol. L, n° 4, décembre 1969, p. 367-393.

— *Un Québec qui bougeait. Trame socio-politique au tournant du XIXᵉ siècle,* Montréal, Boréal, 1973.

WEINMANN, Heinz, *Du Canada au Québec. Généalogie d'une histoire,* Montréal, L'Hexagone, 1987.

Index

1 00½
1 0.06
1 0.15½
8 15
8 9
8

Table des matières

MISE EN PAGES ET TYPOGRAPHIE :
LES ÉDITIONS DU BORÉAL

ACHEVÉ D'IMPRIMER EN SEPTEMBRE 1998
SUR LES PRESSES DE L'IMPRIMERIE AGMV MARQUIS,
À CAP-SAINT-IGNACE (QUÉBEC).